DIREITO INDUSTRIAL

FACULDADE DE DIREITO DE LISBOA
APDI – ASSOCIAÇÃO PORTUGUESA DE DIREITO
INTELECTUAL

DIREITO INDUSTRIAL

VOL. II

Prof. Doutor José de Oliveira Ascensão
Prof. Doutor Alberto Bercovitz
Des. José Luís Soares Curado
Prof. Doutor Luís Couto Gonçalves
Dr. Carlos Olavo
Dr. Jorge Patrício Paúl
Dr. João Paulo Remédio Marques
Dr. Pedro Sousa e Silva
Dr. Luís Silveira Rodrigues
Dr. Gonçalo Moreira Rato
Dr. Alexandre Libório Dias Pereira
Dr. Alberto Francisco Ribeiro de Almeida

ALMEDINA

TÍTULO:	DIREITO INDUSTRIAL – VOL. II
AUTOR:	ASSOCIAÇÃO PORTUGUESA DE DIREITO INTELECTUAL
EDITOR:	LIVRARIA ALMEDINA – COIMBRA www.almedina.net
LIVRARIAS:	LIVRARIA ALMEDINA ARCO DE ALMEDINA, 15 TELEF. 239 851900 FAX 239 851901 3004-509 COIMBRA – PORTUGAL livraria@almedina.net
	LIVRARIA ALMEDINA – PORTO R. DE CEUTA, 79 TELEF. 22 2059773 FAX 22 2039497 4050-191 PORTO – PORTUGAL porto@almedina.net
	EDIÇÕES GLOBO, LDA. R. S. FILIPE NERY, 37-A (AO RATO) TELEF. 21 3857619 FAX 21 3844661 1250-225 LISBOA – PORTUGAL globo@almedina.net
	LIVRARIA ALMEDINA ATRIUM SALDANHA LOJA 71 A 74 PRAÇA DUQUE DE SALDANHA, 1 TELEF. 21 3712690 atrium@almedina.net
	LIVRARIA ALMEDINA – BRAGA CAMPUS DE GUALTAR UNIVERSIDADE DO MINHO 4700-320 BRAGA TELEF. 25 3678822 braga@almedina.net
EXECUÇÃO GRÁFICA:	G.C. – GRÁFICA DE COIMBRA, LDA. PALHEIRA – ASSAFARGE 3001-453 COIMBRA Email: producao@graficadecoimbra.pt
	JULHO, 2002
DEPÓSITO LEGAL:	152945/00

Toda a reprodução desta obra, por fotocópia ou outro qualquer processo, sem prévia autorização escrita do Editor, é ilícita e passível de procedimento judicial contra o infractor.

A MARCA COMUNITÁRIA

por Prof. Doutor J. OLIVEIRA ASCENSÃO

SUMÁRIO:

> 1. Conformação; 2. Concatenação com marcas e serviços nacionais; 3. A marca comunitária como marca nacional dum Estado-membro; 4. O que pode constituir marca comunitária; 5. Instrução do processo; 6. Prioridade; 7. Motivos de recusa; 8. Sinais e títulos que fundam oposição; 9. Efeitos; 10. Utilização efectiva; 11. Transmissão; 12. Renúncia e não uso; 13. Preclusão por tolerância; 14. Causas de extinção; 15. Invalidade. A nulidade absoluta; 16. Nulidade relativa e anulabilidade; 17. Conjugação de títulos nacionais e comunitários e de nulidade e anulabilidade; 18. Relevância da concorrência desleal; 19. Outros aspectos da relação entre violação de marca e concorrência desleal; 20. Efeitos da extinção do direito à marca; 21. Tribunal competente; 22. Providências de aplicação efectiva; 23. Conexão de matérias em processos diferentes; 24. Marca colectiva e marca de base.

1. Conformação

Quando se formou o Mercado Comum europeu, os principais instrumentos que vinculavam os países participantes, em matéria de marca, eram:

- a Convenção da União de Paris de 1883
- o Acordo de Madrid de 14 de Abril de 1891, sobre o registo internacional das marcas.

Isto não impediu que fossem emitidas fontes comunitárias a disciplinar também a marca, não obstante a "propriedade intelectual" não estar incluída nos sectores de actuação comunitária previstos no Tratado de Roma.

Os esforços no sentido da harmonização culminaram na Directriz n.º 89/104/CEE, de 21 de Dezembro de 1988, relativa à marca.

Posteriormente surgiram novos instrumentos internacionais, tais como:

– o Protocolo ao Acordo de Madrid sobre registo internacional das marcas de 27 de Junho de 1989
– o Tratado das Marcas de 1994
– o ADPIC/TRIPS de 1994.

Paralelamente desenvolveram-se porém outras fontes comunitárias neste domínio. Observava-se que as marcas, mesmo harmonizadas, continuavam a ser marcas nacionais.

Surgiu a ambição de criar uma verdadeira marca comunitária, como marca unitária, que se estendesse a toda a comunidade e fosse centralizada por um instituto supranacional. Há um paralelismo com o percurso no domínio da patente comunitária, surgida não obstante a aprovação da patente europeia – embora não tenha ainda entrado em vigor.

Daí resultou o Regulamento n.º 40/94/CE, de 20 de Dezembro de 1993, que criou a marca comunitária [1].

A forma de regulamento foi intencionalmente adoptada, para corresponder ao carácter supranacional da figura criada, que não estaria dependente de transposição ou mesmo adaptação ou integração a realizar pelos Estados.

Mas os conflitos surgidos à volta da figura deixaram uma marca profunda no esquema afinal consagrado.

As marcas nacionais não desaparecem. Marca comunitária e marca nacional passam a coexistir. A marca comunitária sobrepõe-se às marcas nacionais, o que impõe um trabalho acurado de compatibilização.

O fundamento desta duplicação foi apontado na circunstância de nem todos os titulares de marcas terem interesse na protecção a nível europeu. Podem bastar-se com a protecção num ou mais países. Para essas marcas de menor expansão continuariam a estar disponíveis as marcas nacionais.

Mais ainda: o regime da marca comunitária não passa a ser pura competência de órgãos comunitários. Há uma distribuição de competências entre a Comunidade e os Estados, por vezes muito complexa. Por isso se torna indispensável fixar com cuidado zonas e limites de intervenção de cada um.

---

[1] É complementado pelo Regulamento n.º 2868/95, de 13.XII, que é o Regulamento de Execução, e por vários outros regulamentos que o alteram ou complementam.

2. Concatenação com marcas e serviços nacionais

A marca comunitária é, por definição, uma marca que vale para todo o território da Comunidade.

Por isso, o Regulamento da Marca Comunitária (a seguir designado RMC) prevê unitariamente o itinerário constitutivo e o registo da marca comunitária.

A marca comunitária é *formal* (art. 6): só se adquire pelo registo.

O próprio processo de registo é comunitário, desenvolvendo-se sob a égide de uma agência comunitária, que é o Instituto de Harmonização do Mercado Interno, sediado em Alicante (art. 2)[2].

As *vicissitudes* a que esta marca está sujeita são comuns. Logo o art. 1 proclama o princípio da unidade. A marca produz o mesmo efeito em toda a Comunidade (n.º 2): só pode ser registada, transferida, objecto de renúncia, de caducidade, de declaração de invalidade ou de proibição para toda a comunidade. Mas logo aí se acrescenta: "salvo disposição em contrário do presente regulamento".

O art. 14/1 reforça este princípio da unidade, ao estabelecer que os efeitos da marca comunitária são exclusivamente os determinados pelo RMC.

Mas, como dissemos, há uma arquitectura complexa, que não exclui do processo a intervenção de órgãos e leis nacionais. Assim, o mesmo art. 14/1 logo acrescenta que as infracções a marcas comunitárias são reguladas pelo direito nacional relativo a marcas nacionais.

Iremos examinando sucessivamente como se processa esta intervenção, cumulativa ou disjunta, de entidades nacionais ou comunitárias. Por agora, observemos que os próprios pressupostos de constituição supõem a intervenção sobreposta destas entidades.

O esquema básico é o seguinte: pode ser registado como marca o sinal distintivo que satisfaça os requisitos do RMC e que, além disso, não suscite a fundada oposição de entidade pertencente a qualquer dos Estados-membros.

Isto quer dizer que a marca comunitária não só não exclui as marcas nacionais como as não contraria. Só poderá ocupar o espaço deixado livre por estas – isto como princípio orientador. E tão-pouco pode violar outros direitos preexistentes a nível nacional.

Assim, as *prioridades* atribuídas a nível nacional são impedimento à obtenção da marca comunitária. A incompatibilidade, mesmo que pro-

---

[2] Este Instituto tem igualmente competência em matéria de desenhos e modelos.

vinda de um só dos Estados-membros, é suficiente para que a marca comunitária não possa ser concedida.

A oposição pode ser fundada também em *marca não registada*, cujo alcance não seja apenas local, se o direito do país de origem der esse efeito ao uso não registado de uma marca. Não se adquirem marcas comunitárias pelo uso, mas um direito fundado no uso pode ser obstáculo ao registo de marca comunitária.

Não é o que se passa em Portugal, que não reconhece direitos a marca fundados no uso.

Outras formas de integração se verificam por exemplo na competência para decidir litígios sobre marcas. Tudo isto será sucessivamente examinado. Haverá também que verificar se as causas das vicissitudes que podem atingir a marca comunitária estão tipificadas ou se valem também causas de proveniência nacional.

O mesmo princípio da prevalência dos direitos adquiridos a nível nacional volta a ser proclamado no art. 106/1 RMC: salvo disposição em contrário, não é afectado o direito de intentar acções contra o uso de marca comunitária posterior, por violação dos arts. 8 ou 52/2. Só se levanta o obstáculo (que não é todavia específico da matéria da MC) contra a invocação do art. 8/2 e 4 da *preclusão por tolerância*. Se já não puder pedir a nulidade da MC, por força do art. 53 RMC que consagra justamente a preclusão por tolerância, o titular deixa de se poder opor ao uso da MC.

3. A marca comunitária como marca nacional dum Estado--membro

Mais ainda: numa disposição surpreendente, o art. 16 RMC equipara a marca comunitária à marca nacional dum Estado-membro. Indicam-se consequentemente os critérios que determinam o lugar de origem da marca, para efeitos dessa incardinação num dos países comunitários.

Como pode a marca comunitária, com o seu regime unificado, ser considerada uma marca nacional? Isso pareceria acarretar a aplicação do regime jurídico próprio daquele país.

O preceito surge integrado na secção epigrafada: "A marca comunitária como objecto de propriedade". A qualificação é errada mas, justamente por ser qualificação, não necessitamos de a seguir. Pretende referir-se o direito subjectivo que é outorgado (ou "a marca como objecto de direitos").

A equiparação a marca nacional surge no âmbito desta secção, apenas. Esta respeita a aspectos da circulação da marca, consistentes em vicissitudes *inter vivos*. Não encontramos efectivamente outra aplicação possível desta qualificação. Pelo que nos parece que ela tem apenas o efeito de dar a disciplina da vicissitude de alienação ou de circulação em causa, na medida em que não estiver uniformemente disciplinada naquela secção – no que respeita à forma a observar, por exemplo.

Fala-se expressamente em equiparação da marca comunitária à marca nacional, na epígrafe do art. 16. O n.° 1 dispõe que a MC "é considerada na sua totalidade e para o conjunto do território da comunidade como uma marca nacional registada" num Estado-membro.

Esse Estado-membro é (n.ᵒˢ 1 e 2):

a) aquele em que o titular tenha a sua sede ou domicílio
b) na sua falta, onde tenha um estabelecimento
c) na sua falta, aquele onde está sediado o Instituto.

Estabelece-se assim um "lugar de origem" da marca que leva, para as vicissitudes previstas naquela secção, a outorgar-lhe o tratamento correspondente a uma marca nacional desse Estado.

A determinação do Estado-membro, feita nos termos das als. *a* e *b supra*, é referida à "data considerada". Quererá significar a data da vicissitude, uma vez que é a estas que a secção é dedicada.

Isto implica que a ligação da MC a um Estado-membro não seja uma única. Varia consoante as vicissitudes que determinam o lugar de origem.

De todo o modo, temos mais uma integração de MC e MN. A MC é, em cada momento, tomada como uma MN, para o efeito de fornecer um regime que se estenda a toda a comunidade, para a vicissitude que estiver em causa.

4. O que pode constituir marca comunitária

O art. 4 RMC indica quais os sinais susceptíveis de constituir uma marca comunitária. Como regra restritiva, afasta naturalmente intervenção divergente dos Estados.

Simplesmente, a tarefa estava neste caso facilitada, porque havia já uma definição, constante do art. 2 da directriz sobre marcas. O art. 4 RMC limita-se a reproduzir essa noção, referindo-a à marca comunitária.

Apenas se verifica divergência na versão portuguesa, exprimindo a muito medíocre qualidade das traduções (comunitárias) para português. Neste caso, porém, a diversidade não parece trazer dificuldade substancial.

A noção assenta na *susceptibilidade de representação gráfica*. É já este o elemento básico também do art. 165/1 do Código da Propriedade Industrial. Mas a lei portuguesa acrescenta imprudentemente duas hipóteses:

– os sons (art. 165/1). Mas, se é certo que pode haver representação gráfica de sons, há sons que não permitem semelhante representação

– frases ou lemas publicitários (art. 165/2). Mas apresenta-se como normal algo que é seguramente de muito escassa ocorrência, dado o carácter sintético da marca. Mais valia ter deixado tudo para os princípios gerais.

Ainda o mesmo preceito acrescenta: "independentemente do direito de autor". Cria-se uma ambiguidade indesejável, pois a frase pode ser entendida como sendo indiferente para a constituição da marca que o lema esteja protegido por um direito de autor alheio.

Enfim, acrescenta-se a exigência de que o lema tenha carácter distintivo, que é geral para que qualquer sinal seja acolhido como marca, e não somente para o referente a marca que for constituída por lemas publicitários.

A exigência de representação gráfica impede que sejam admitidas marcas que consistam em odores ou sabores.

5. **Instrução do processo**

Os pedidos de MC são depositados no Instituto para a Harmonização do Mercado Interno (adiante designado Instituto ou IHMI); ou nos serviços nacionais dos Estados-membros; ou ainda no Instituto Benelux de Marcas (art. 25/1 RMC). Estes últimos devem transmiti-los ao IHMI no prazo de duas semanas após a recepção (art. 25/2).

Os arts. 25 a 28, 36 a 40 e 44 a 49 regulam vários aspectos do procedimento.

O procedimento não põe em causa a coexistência com as leis nacionais. As referências do RMC às leis nacionais não parecem problemáticas.

Prevê-se a existência de um *regulamento de execução*, com o conteúdo fixado no art. 140. Esse é como se disse o Regulamento n.° 2868//95/CE, de 13 de Dezembro. Contém também várias referências às leis nacionais, que igualmente não aparentam trazer grandes dificuldades.

Os Estados-membros podem comunicar ao Instituto a intenção de *realizarem eles próprios um exame* da compatibilidade da marca pretendida com os seus registos (art. 39/2 RMC). Assim procedeu Portugal; só a

Alemanha, a Irlanda e a Itália o não fizeram. Os relatórios nacionais são enviados ao Instituto, que decide.

No decorrer do processo, prevêem-se as observações por parte de terceiros e a oposição dos interessados (arts. 41 e segs.). São disposições formais, que nos não ocuparão.

A oposição pode fundar-se em MC anterior. O art. 43/2 RMC prevê então que o requerente suscite a excepção da falta de uso sério, que o oponente terá de demonstrar (veja-se o art. 50/1 *a*).

O n.° 3 aplica o preceito à oposição a partir de uma MN. Aqui poderá suscitar-se uma discrepância de regimes, se porventura os requisitos do uso forem mais ou menos exigentes nesse Estado-membro que os estabelecidos para a MC: pois é o direito nacional que se aplica.

Mas não parece que essa discrepância se concretize em Portugal, como resultará do exame de condição de utilização efectiva que faremos adiante.

6. Prioridade

A data do pedido de MC é a do depósito (art. 26 RMC) e é essa data que marca a prioridade (art. 31).

Mas tem ainda prioridade para alcançar direitos à MC, durante seis meses, quem tiver depositado um pedido de marca num Estado-membro da União de Paris ou da Organização Mundial do Comércio (art. 29/1) ou ainda num Estado que conceda a um pedido apresentado no Instituto efeitos equivalentes (n.° 5) [3].

Reciprocamente, o pedido de MC tem, nos Estados-membros, o valor de um depósito nacional regular (art. 32).

Por outro lado, o titular de marca com efeitos num dos Estados-membros, que deposite o pedido de MC, *goza da antiguidade da marca em que se baseia* (art. 34/1 RMC); e o titular de marca anterior com efeitos num dos Estados-membros pode prevalecer-se nesse Estado da antiguidade da marca anterior (art. 35).

O único efeito da antiguidade é o de permitir ao titular, mesmo que deixe extinguir a marca anterior, *continuar a beneficiar dos mesmos direitos, como se a marca anterior continuasse registada* (art. 34/2); ou con-

---

[3] Um pedido posterior pode ainda converter-se em primeiro pedido, se o pedido anterior tiver sido retirado, abandonado ou recusado à data do depósito do pedido posterior (art. 29/4 RMC).

tinuar a beneficiar deles no Estado-membro para o qual ela foi registada (art. 35/2).

Isto significa que a extinção superveniente da MN não obsta a que a MC continue a impedir a eficácia de MN posterior. Inversamente, pode o titular da MC deixá-la extinguir, mantendo o grau hierárquico que possuía no nível nacional[4].

De resto, poderá haver discrepâncias menores na fixação das prioridades, mas não há conflitos entre marca nacional e marca comunitária. Fundamentalmente, está em causa naqueles preceitos assegurar o trânsito entre MN e MC, sem perda da antiguidade dos direitos.

Esta matéria pode ser relacionada ainda com a da transformação do pedido de MC em pedido de MN, regulado nos arts. 108 a 110 RMC.

7. Motivos de recusa

Considerando o procedimento no ponto de vista substantivo, avulta o que respeita aos motivos de recusa.

Os arts. 6 e 7 RMC distinguem os motivos absolutos e relativos de recusa. É uma distinção clássica. Estará respectivamente em causa a exclusão de um sinal distintivo como marca e a ofensa dos direitos de terceiros.

O confronto dos arts. 6 e 7 com a lei portuguesa deve ser feito com cuidado. Isto porque *os motivos de recusa, particularmente os motivos relativos, não resultam só de regras comunitárias*. Pode por exemplo um direito nacional já concedido ser impedimento à obtenção de uma marca comunitária.

Há discrepâncias no enunciado dos motivos de recusa do RMC e da lei portuguesa, quer no que respeita aos motivos absolutos de recusa quer aos motivos relativos.

No que respeita aos *motivos absolutos de recusa*, o art. 7/3 RMC prevê a admissibilidade de registo de marcas

    – não distintivas
    – genéricas
    – correntes

se, na sequência da utilização da marca, tiverem adquirido um carácter distintivo. Os dois últimos casos correspondem aos do art. 166/1 *b* e *c* e n.° 2

---

[4] E isto ainda que os pressupostos do direito nacional não coincidam com os da marca comunitária: cfr. Hubmann / Götting, *Gewerblicher Rechtsschutz*, 6.ª ed., C.H. Beck, 1998, § 63 I 2.

CPI, mas o primeiro não tem correspondente. Isso significa que mesmo elementos por si desprovidos de carácter distintivo podem ser adoptados como MC.

Temos assim que o art. 7 RMC é mais limitado no enunciado dos motivos de recusa que a lei portuguesa. Pode ser admitido como marca comunitária algo que não poderia representar uma marca nacional [5].

A situação ganha maior relevância perante os *motivos relativos de recusa*.

Estabelece-se como princípio universal que não pode ser registada marca que seja idêntica ou semelhante a marca anterior, aplicada a produtos idênticos ou semelhantes (art. 8/1 RMC).

Simplesmente, a "marca anterior" abrange as marcas nacionais dos países comunitários (art. 8/2). Portanto, qualquer marca nacional é motivo de oposição ao registo de uma marca comunitária.

E não só isso. São também motivo de oposição:

- as marcas notórias
- as marcas de prestígio
- outras marcas não registadas que confiram um direito que não seja apenas local
- outros sinais usados na vida comercial.

É determinante para esta última categoria o art. 8/4 RMC, que permite a oposição fundada em qualquer sinal não registado [6] usado na vida comercial cujo alcance não seja apenas local, se tiverem sido adquiridos direitos sobre esse sinal antes do depósito do pedido da marca comunitária, que permitam proibir a utilização de uma marca posterior.

Vemos assim que uma pluralidade de sinais distintivos pode ser motivo de oposição à atribuição de uma marca comunitária.

No que respeita às marcas não registadas, e deixando agora de parte as marcas notórias e as marcas de grande prestígio, não encontramos em Portugal figuras que preencham a previsão do art. 8/4 RMC: marca não registada que permite a oposição do titular. Em Portugal, a protecção da marca deriva do registo, e não do mero uso.

---

[5] Veja-se a este propósito o art. 38/2 RMC, que prevê que, quando a marca incluir um elemento desprovido de carácter distintivo que possa criar dúvidas quanto à extensão da protecção da marca, se possa condicionar o registo a uma declaração do requerente que não invocará nenhum direito exclusivo sobre esse elemento.

[6] Apesar de o regulamento o não esclarecer, parece dever entender-se que esses outros sinais são igualmente não registados.

O uso anterior da marca só fundamenta a prioridade prevista no art. 171/1 CPI: o que usar marca livre ou não registada por prazo não superior a seis meses terá, durante esse prazo, direito de prioridade para efectuar o registo, podendo reclamar contra o requerido por outrem no mesmo período.

A lei não dá nenhum outro elemento que permita estabelecer os requisitos necessários a esse uso, para fundar a prioridade.

Apenas o art. 171/2 CPI afirma o princípio, que é aliás princípio geral, da livre apreciação dos documentos oferecidos para provar essa prioridade. Não têm sido feitas em Portugal exigências particulares. É de supor que qualquer uso, desde que sério, baste para a fundar. Tornam-se assim irrelevantes outros aspectos, como o âmbito do uso. Ainda que seja local, funda a oposição.

Não há porém que aprofundar estes requisitos, que respeitam aos direitos à prioridade no registo, e não propriamente a direitos à marca, que não existem ainda.

A irrelevância do pré-uso como título do direito à marca, para além da prioridade concedida, não significa que não se admitam objecções doutra índole, em consequência desse uso. Mas qual o significado que possam ter no direito português, só poderá ser seguidamente examinado, na análise do registo, efeitos e extinção das marcas.

Já no direito alemão aquela previsão tem um grande significado, por se admitir o uso como título do direito à marca.

Basta-nos por isso dizer que, nos países em que se reconhecem os direitos sobre marca fundados no uso, que não sejam meramente locais, e atribuam ao titular o direito de se opor a uma marca posterior, esses direitos podem ser invocados como impedimento ao registo de uma marca comunitária.

Restam as outras categorias de direitos nacionais enunciados: denominações empresariais e direitos de ordem diversa. Há que verificar em que termos podem fundar oposição ao registo de marca comunitária.

8. Sinais e títulos que fundam oposição

Não são apenas as marcas, registadas ou não, que fundam a oposição, como motivos relativos de recusa.

Além de marcas, podem ser base de oposição:

– outros sinais distintivos
– direitos de ordem diversa.

Entre os sinais distintivos estão particularmente em causa as denominações empresariais.

Quanto aos direitos de ordem diversa, há que tomá-los com toda a largueza. Não têm de revestir a natureza de direitos industriais. O art. 52/2 RMC, a título exemplificativo, permite a declaração de nulidade relativa em consequência, nomeadamente:

– de um direito ao nome
– de um direito à imagem
– de um direito de autor
– de um direito de propriedade industrial.

E o art. 106/1 RMC, já referido, permite a proibição do uso de marca comunitária por violação de direitos anteriores, neste sentido amplo.

Vamos todavia deixar por agora o exame mais aprofundado desta matéria, porque a poderemos examinar mais proveitosamente a propósito da invalidade da marca.

Como veremos, há uma correspondência entre os motivos de recusa e os motivos de invalidade. *Os motivos de recusa, se não observados, tornam-se motivos de invalidade* da marca. Veremos então como correctamente funcionam estes motivos.

Em princípio, estes motivos relativos *não são de conhecimento oficioso*. O art. 8/1 abre com esta expressão: "Após oposição do titular de uma marca anterior...". Supõe-se pois sempre a intervenção do titular dos direitos.

Mas o art. 39/1 deixa dúvidas sobre este ponto, no que respeita às marcas comunitárias ou pedidos de marcas comunitárias anteriores.

Pelo menos, essa averiguação será oficiosamente realizada pelos institutos nacionais que tenham comunicado a decisão de efectuar uma busca nos seus próprios registos (art. 39/2). Mas aí, necessariamente, com referência apenas às marcas nacionais respectivas.

9. Efeitos

Segundo o art. 14/1 RMC, os efeitos da marca comunitária são *exclusivamente* determinados pelo disposto naquele regulamento. Quer-se assegurar assim a uniformidade na Comunidade do conteúdo do direito à marca comunitária. Com isto se pretende também suplantar as regras que estabelecem o regime nacional da marca.

Os efeitos da marca comunitária vêm discriminados nos arts. 9 e seguintes. O art. 9 consagra a faculdade de proibir um terceiro de utilizar na vida comercial a marca, e o n.° 2 especifica *formas de utilização proibidas*. O n.° 3 confere uma espécie de *protecção provisória*, a partir da publicação do pedido de registo da marca comunitária, consistente na possibilidade de exigir posteriormente uma indemnização razoável a terceiros.

O art. 13 estabelece o princípio do *esgotamento* comunitário.

O art. 12, *limitando a possibilidade de proibir certos usos da marca*, desde que feitos em conformidade com os usos honestos em matéria industrial ou comercial, não restringe os direitos dos Estados-membros, uma vez que idêntica previsão constava já do art. 6 da directriz sobre marcas.

Todavia, o princípio que os efeitos da marca comunitária são exclusivamente os dispostos no RMC deve ser entendido *cum grano salis*.

É que o RMC faz também derivar efeitos, justamente, dos direitos nacionais.

Logo o art. 14/1, 2.° período, dispõe que as infracções à marca comunitária são reguladas pelo direito nacional relativo a marcas nacionais.

Isto abrange o estabelecimento de *sanções* e, mais adiante, a *jurisdição* e as *normas processuais*, nos termos que teremos oportunidade de fixar.

Ainda, nos termos do art. 14/2, não se exclui que sejam intentadas acções respeitantes a marcas comunitárias com base no direito dos Estados-membros, nomeadamente em matéria de *responsabilidade civil* e de *concorrência desleal*. O que significa que institutos nacionais podem pelo menos condicionar fortemente os efeitos da marca comunitária; e eventualmente paralisá-los, como veremos. A questão colocar-se-á particularmente em relação à concorrência desleal, que não está harmonizada na Comunidade Europeia.

Podemos talvez exprimir a situação dizendo que os efeitos típicos da marca comunitária são os estabelecidos no RMC; mas esses efeitos estão sujeitos, não apenas aos complementos que o RMC aponta, como ainda aos impedimentos que possam ser trazidos pelas leis internas.

De todo o modo, temos aqui um campo que exige cuidada conjugação de direito comunitário e direito interno.

10. Utilização efectiva

Quer a marca comunitária quer a nacional estão sujeitas ao ónus da utilização efectiva.

A marca comunitária que não tiver sido usada seriamente na C.E. durante um período de cinco anos fica sujeita às sanções previstas no RMC (art. 15/1).

Por isso, figura entre as causas de extinção da MC essa falta de utilização, se não houver motivos justos da não utilização. Mas a declaração de perda dos direitos será efeito de pedido reconvencional em acção de contrafacção (art. 50/1 *a* RMC).

No direito nacional, prevê-se a *declaração de intenção de uso*, de cinco em cinco anos (art. 195/1 CPI), que representa uma curiosa homenagem à burocracia.

Prevê-se ainda a caducidade se a marca não tiver sido objecto de uso sério durante cinco anos consecutivos, salvo justo motivo (art. 216).

As qualificações da lei portuguesa prestam-se a crítica.

A *caducidade* seria caracterizada por uma actuação fatal, após um prazo pré-fixado para o exercício do direito. Mas aqui, a extinção surge quando decorre um período quinquenal de não utilização que é susceptível de justificação.

De facto, da disciplina legal resulta que o efeito extintivo não é automático: supõe antes a invocação por um interessado. Então, antes parece haver uma situação de *não uso*. Desinteressa verificar se esse não uso está sujeito ao regime do não uso dos direitos reais menores.

Com este entendimento, a lei portuguesa corresponde ao art. 10 da directriz sobre marcas.

Sendo assim, não parece que haja discrepância entre os casos de extinção por não uso da marca nacional e da marca comunitária [7].

11. Transmissão

A disciplina da transmissão da MC é basicamente coincidente com a da lei interna.

Há todavia algumas discrepâncias.

O art. 212 CPI determina a tendencial intransmissibilidade das marcas registadas a favor de organismos que tutelam a actividade económica.

---

[7] Se houvesse discrepância, as vicissitudes da marca nacional e da marca comunitária seriam independentes.

A marca comunitária só pode ser sujeita às sanções por não uso previstas no RMC, por declaração expressa do art. 15/1 (é evidentemente insensível à previsão da declaração da intenção de uso).

Por isso, na hipótese de haver coexistência de marca nacional e marca comunitária, a extinção de alguma delas por não uso não acarretaria necessariamente a extinção da outra, na eventualidade de os pressupostos nacionais e comunitários da falta de utilização efectiva serem diferentes.

Como não há MC atribuída a entidades desta natureza, esta diferença não tem significado.

Mas noutros casos há mesmo diferença de regime. E assim:

1) O art. 17/7 RMC regula a legitimidade da intervenção do transmissário perante o Instituto enquanto não for feito o registo da transmissão da marca; o CPI nada dispõe a este respeito.

2) O art. 17/2 RMC, que prevê a *adesão da marca ao trespasse do estabelecimento*, adita a frase: "Esta disposição é aplicável à obrigação contratual de transmitir a empresa". Esta última previsão, algo misteriosa, não consta da lei portuguesa.

   Note-se que as restrições à transmissão da marca são previstas "nos termos da legislação aplicável à transmissão".

3) O art. 17/4 RMC limita expressamente a excepção proveniente da *indução do público em erro ao caso de haver documentos dos quais resulte manifestamente essa possibilidade*. Semelhante restrição não consta do direito português, ao menos expressamente. Também o art. 17/4 ressalva expressamente a hipótese de o requerente aceitar limitar o registo da MC aos produtos ou serviços para os quais a marca não seja enganosa.

4) O RMC prevê a transmissão resultante de *oneração*, *execução forçada*, e *falência* e *sucessão*, o que não acontece na lei portuguesa.

   Terão de se aplicar os princípios gerais.

5) O art. 24 RMC qualifica o *pedido de MC* como objecto de propriedade, o que não acontece na lei portuguesa.

   É todavia mero problema de qualificação, que o intérprete (e a lei nacional) podem legitimamente não aceitar.

Mas isto não significa que haja contradição entre os dois sistemas. Há regimes diferentes, que coexistem para os respectivos objectos. Em muitos casos, chegar-se-á por interpretação a resultados semelhantes.

Além disso, esta independência recíproca não equivale necessariamente a dualidade. Porque o regime efectivamente aplicável à transmissão só parcelarmente consta do regulamento. Nada se diz quanto à forma a observar, por exemplo.

A MC é qualificada como MN de um Estado-membro, nos termos do art. 16. É pois o direito desse Estado que dá o regime jurídico subjacente à transmissão. As disposições dos arts. 17 a 24 são expressamente apresentadas como desvios a esse regime-base no art. 16/1.

12. Renúncia e não uso

O art. 49 RMC regula a renúncia. Esta pode referir-se à totalidade ou parte dos produtos ou serviços para que a marca foi registada.

Se se dirigir apenas a parte, a renúncia não é causa de extinção da marca, mas sim de modificação. Essa a razão por que o RMC separa a renúncia e as causas de extinção.

A renúncia não oferece problemas que justifiquem que nela nos detenhamos.

O art. 50 ocupa uma secção epigrafada anodinamente "Causas de extinção".

A lei portuguesa fala antes em caducidade (art. 216 CPI). Já dissemos, a propósito da utilização efectiva (n.º 10), que não há propriamente caducidade, porque o efeito extintivo não é consequência fatal do decurso do tempo: pelo menos em consequência de falta de utilização não haveria caducidade.

No que respeita à MC a situação é ainda mais clara, porque o art. 50/1 *a* dispõe que será declarada a perda dos direitos, *na sequência de pedido apresentado...* Mas pode continuar a discutir-se a natureza declarativa ou constitutiva da decisão.

De todo o modo, não é relevante para efeitos de regime a análise das diversidades. À extinção da marca comunitária por qualquer destas causas aplica-se seguramente a disciplina do RMC, seja qual for a estabelecida pela lei portuguesa.

13. Preclusão por tolerância

Já com as matérias respeitantes à extinção da marca se relaciona, sem se confundir, o que vamos chamar a preclusão por tolerância – que o art. 53 RMC, na versão portuguesa, designa "prescrição por tolerância"[8].

A figura corresponde à prevista no art. 215 CPI, aí com a designação "preclusão por tolerância". Há porém uma variação que pode ser significativa. O art. 215/2 determina que o prazo de 5 anos estabelecido se conta a partir da data em que "o titular conheceu *ou podia ter conhecido* o facto".

Isto significa que as marcas nacionais são mais atingidas nas mesmas condições que as MC.

---

[8] Mas no art. 9 da Directriz sobre marcas surge já "preclusão por tolerância".

O art. 53/2 RMC estabelece a reciprocidade: as marcas nacionais são também atingidas se não tiverem sido actuadas por seus titulares. Mas, em circunstâncias idênticas, uma marca nacional poderá ser inoponível a uma marca comunitária, e esta oponível à marca nacional.

Isto porque a lei nacional estabelece uma boa fé ética; e o RMC se basta com uma boa fé psicológica.

Esta discrepância pode ser de certo modo temperada no domínio da *prova*. A prova baseia-se sempre em juízos ou ilações, tirados a partir de factos conhecidos. Pode assim considerar-se que o agente conhece, não pela prova directa desse conhecimento, mas porque, naquelas circunstâncias, não poderia deixar de conhecer.

Em todo o caso, estes domínios tocam-se, mas não se confundem. Uma coisa é o dever conhecer, mesmo quando facticamente se prove que não conhece, outro o conhecer resultante do juízo probabilístico. Pelo que a lei portuguesa é em todo o caso mais exigente que o regulamento comunitário.

Note-se que esta disciplina deixa uma lacuna grave. Se a tolerância faz extinguir a pretensão dirigida à cessação do uso, ficarão coexistindo duas marcas confundíveis, se não mesmo idênticas. Ora a preclusão, se resolve satisfatoriamente as relações entre os titulares, não atende à situação do público. Este será facilmente induzido em erro pela sobreposição das marcas; e não se vê que caminho se abre para fazer cessar aquele efeito nocivo.

Nesta hipótese se não está perante uma causa de extinção da marca. A consequência da preclusão não é extinguir o direito, é impedir que o titular impugne um direito concorrente.

Note-se ainda que a preclusão não é objecto de um pedido autónomo, mas sim de uma excepção. Surge aliás noutras hipóteses, como no art. 56/2 RMC, no processo de extinção ou de declaração de nulidade no IHMI. Ou ainda no n.º 3, no processo de oposição mediante uma marca nacional.

Mas neste caso, parece que são as regras de preclusão do Estado--membro que se aplicam.

Quanto à data em que se produzem os efeitos da preclusão, aplica-se o art. 54/1 RMC, que é genérico para os casos de extinção e de nulidade: produzem-se a partir da data do pedido. Mas, a pedido de uma das partes, pode ser fixada na decisão qualquer data anterior em que se tenha verificado uma das causas de extinção.

Aqui surge mais uma discrepância em relação ao regime interno português. Nos termos do art. 215/2 CPI, o prazo de cinco anos conta-se a partir do momento em que o titular conheceu ou devia ter conhecido o facto.

14. Causas de extinção

Os arts. 49 e seguintes RMC regulam as causas de extinção da MC (separando todavia a renúncia do que se designa especificamente causas de extinção, possivelmente por a renúncia poder referir-se só a parte dos produtos ou serviços objecto da marca).

Não dizem porém se essas causas de extinção *são ou não taxativas*; e particularmente, não dizem se pode haver causas de extinção nacionais, para além das causas de extinção com eficácia comunitária previstas.

De facto, não encontramos, nem mesmo no Preâmbulo do Regulamento, uma tomada de posição a este respeito.

O art. 1/2 diz que a MC produz os mesmos efeitos em toda a comunidade; e o art. 54 regula os efeitos da extinção em geral. Mas *isso é diferente de excluir causas nacionais de extinção*, pois podem causas nacionais produzir efeitos comunitários comuns: importar em extinção da marca para toda a comunidade.

A *exclusão da taxatividade* das causas de extinção pode ser sustentada com base na previsão do art. 52/2 RMC, de direitos nacionais anteriores como geradores de invalidade. Portanto, por haver um *numerus apertus* destas causas.

Também o art. 14/2 não exclui que sejam intentadas acções com base em *concorrência desleal*. Ora, como veremos, esta pode ser causa de extinção do direito de marca.

Devemos tomar uma posição distintiva.

Não se pode admitir uma susceptibilidade geral de impugnação da MC com base no direito de um dos Estados-membros. Então cada Estado--membro controlaria por si a subsistência da MC.

Nem se pode recorrer ao direito do Estado-membro de que a MC é considerada MN, nos termos do art. 16; porque a eficácia desses preceitos é limitada à secção em que se encontram [9], e não têm que ver com a extinção da marca.

E a taxatividade parece resultar dos arts. 70 e 71 RMC, que dispõem *além* das causas de extinção antes previstas... Há aqui um acento limitativo.

Mas isto não exclui a utilização das previsões que se encontrem, contendo obstáculos que podem ser erguidos à MC.

O art. 52/2 RMC estabelece claramente um *numerus apertus*. Portanto, quaisquer direitos anteriores que nas ordens nacionais possam ser

---

[9] Assim concluímos *supra*, n.º 3.

obstáculo a uma marca são genericamente reconhecidos. Voltaremos a este ponto.

É também muito importante a previsão do art. 14/2, respeitante à *concorrência desleal*. Veremos depois se a concorrência desleal, invocada a nível nacional, pode funcionar como causa de extinção de uma MC.

Podemos formular o princípio deste modo:

Há que distinguir as causas impeditivas da (válida) constituição da marca comunitária e as causas extintivas desta, uma vez a marca constituída.

As causas impeditivas de constituição, se não observadas, mantêm o seu vigor; porque a marca nasce viciada, e esse vício pode ser invocado.

Mas, uma vez a marca validamente constituída, a sua extinção só pode ser obra do direito comunitário. Não se compreenderia que a marca comunitária ficasse ao sabor das circunstâncias de cada país. Portanto, neste aspecto a marca comunitária é imune a causas nacionais de extinção, salvo previsão em sentido contrário.

15. Invalidade. A nulidade absoluta

O art. 95 RMC estabelece, dirigindo-se aos tribunais nacionais de marcas comunitárias, a presunção de validade da marca comunitária. Será o réu quem tem de contestar a sua validade por meio de um pedido reconvencional de extinção ou de nulidade.

Consideraremos depois o que respeita à competência processual. Vejamos agora o sistema adoptado quanto à invalidade e às causas desta.

Os arts. 51 e 52 estabelecem, respectivamente, as causas de nulidade absoluta e relativa.

Ambas são declaradas na sequência de *pedido apresentado ao Instituto ou de pedido reconvencional interposto em acção de contrafacção* (arts. 51/1 e 52/1).

Impõe-se uma comparação com o direito português.

O art. 214 CPI refere apenas a anulabilidade. Na secção sobre "Extinção do registo da marca ou de direitos dele derivados" não se menciona sequer a nulidade, absoluta ou relativa.

Nem sequer há correspondência entre o que a versão portuguesa do RMC chama *nulidade relativa* e o art. 214 CPI chama *anulabilidade*.

Assim, o RMC considera a actuação de má fé no acto de depósito de registo de marca nulidade absoluta (art. 51/1 *b*); o CPI considera-a causa de anulabilidade, que todavia não prescreve (art. 214/6).

O RMC não estabelece nenhum prazo para intentar a acção de nulidade (mesmo relativa); o art. 214/5 CPI marca um prazo de prescrição de 10 anos.

Parece claro, começando a examinar estas diferenças, que a lei portuguesa não pode deixar de admitir a *nulidade*.

A categoria está fixada em geral no art. 32 CPI, que é aplicável a todos os direitos industriais. A primeira causa aí apontada consiste em o objecto não ser susceptível de protecção.

Aqui ficam implicitamente abrangidos todos os motivos absolutos de recusa (se porventura não forem observados) em relação aos quais não se admita o consentimento [10].

A directriz sobre marcas estabelece expressamente, nos arts. 3 e 4, a correspondência entre os motivos de recusa e os motivos de nulidade, se porventura a marca não tiver sido recusada.

Embora sem a mesma clareza, pode considerar-se implícito no art. 56/5 RMC. Aí se diz que, se do exame do pedido de declaração de nulidade resultar que a marca deveria ter sido recusada, será declarada a nulidade, total ou parcial, da marca. Resulta daqui que o motivo de recusa não atendido se converte em causa de nulidade.

O CPI não contém disposição semelhante. Mas deve ter-se por implícita.

O CPI não prevê a nulidade porque parte do princípio que um motivo absoluto de recusa, que não possa ser afastado por consentimento, é causa de nulidade se porventura não foi observado. É claro que assim tem de acontecer quando se vai contra normas imperativas, como as da ordem pública ou dos bons costumes.

Pelo contrário, as marcas cuja concessão viole interesses particulares (incluindo as situações em que há necessidade dum consentimento que não foi obtido) estão, na técnica da lei portuguesa, sujeitas a anulabilidade. Esta só pode ser invocada por aquele a quem caberia outorgar esse consentimento.

De facto, é à violação de meros interesses particulares que se liga a possibilidade de sanção pelo decurso do tempo, própria da anulabilidade.

Temos assim que a primeira grande divergência, resultante da falta de referência à nulidade da marca pela lei portuguesa, é resolúvel por interpretação.

---

[10] Pois se se admitir cai-se na anulabilidade do art. 214/1 *a* CPI.

16. Nulidade relativa e anulabilidade

Resta o grande problema da relação entre nulidade relativa e anulabilidade.

A anulabilidade funda-se essencialmente na violação dos direitos de terceiro. É o que resulta do art. 33 CPI, integrado na Parte Geral. A anulabilidade tutela interesses particulares, não pode ser conhecida *ex officio* e é sanável pelo decurso do prazo.

A Convenção da União de Paris dá um mínimo de 5 anos para o titular afectado poder reclamar contra a marca posterior (art. 6 *bis*/2). Isto significa que ao fim desse tempo a possibilidade de oposição se extingue.

Como não há um prazo uniforme imposto, pode variar consoante os direitos nacionais. O RMC não põe em crise essa variabilidade. A fixação do prazo ficou entregue aos Estados-membros.

Quanto à anulabilidade referida no art. 214 CPI, deveríamos também acentuar que é uma anulabilidade anómala. Por isso, abrange o caso do art. 241/6, da marca registada de má fé, em que o direito de anulação não prescreve.

O critério será então, possivelmente, o de se supor ou não a violação de uma regra imperativa. Se a há temos nulidade, se a não há temos anulabilidade. Esta pressupõe sempre uma regra não imperativa, quer dizer, uma regra que se admite que seja postergada por consentimento em contrário.

A lei portuguesa dá um prazo de 10 anos para intentar a acção de anulação (art. 214/5 CPI). Daqui resulta que decorridos estes a pretensão fundada em marca anterior se extingue. Fala-se em *prescrição da acção*. Não discutiremos a terminologia, para evitar a dispersão.

Mas o RMC não fala em anulabilidade. Para o entender, temos de nos deter nas figuras que contempla. Na versão portuguesa, são designadas nulidade absoluta e nulidade relativa. E não se faz nenhuma referência a um prazo de sanação da invalidade, no caso da nulidade relativa.

Na versão alemã do regulamento, fala-se antes em *absolute Nichtigkeitsgründe* e *relative Nichtigkeitsgründe*. Portanto, não seria a nulidade que seria absoluta ou relativa, mas as causas dela que seriam absolutas e relativas: recordemos os motivos absolutos e relativos da recusa.

Remontemos à directriz sobre marcas. Aí, a versão portuguesa fala em "motivos de recusa ou de nulidade" (art. 3) e "outros motivos de recusa ou de nulidade relativos a conflitos com direitos anteriores" (art. 4).

Passemos à lei alemã de marcas. Esta, no § 50, prevê a nulidade em consequência de impedimentos absolutos de protecção; e no § 51 a nulidade em consequência da subsistência de direitos anteriores.

O regulamento espelha assim a técnica alemã, defeituosamente traduzida na versão portuguesa. O que nos poupará o exame da figura complexa da nulidade relativa.

Já se manifestou em Portugal a tendência para ler nulidade e anulabilidade onde o RMC diz (na versão portuguesa) nulidade absoluta e relativa[11]. A pesquisa que realizámos mostra que isso não é possível. A "nulidade relativa", para além do valor comunitário que se atribua à versão portuguesa, não é apresentada como susceptível de sanação: não equivale pois à anulabilidade.

Na Alemanha faz-se a distinção entre *Nichtigkeit* e *Anfechtbarkeit*. Esta distinção é frequentemente traduzida entre nós pelos termos "nulidade" e "anulabilidade". Mas não é certo: a *Anfechtbarkeit* é a impugnabilidade, uma figura diversa, que não tem correspondência na anulabilidade da lei portuguesa.

Então, ao fim e ao cabo, encontramo-nos perante figuras estranhas no regulamento (e na directriz), em relação às quais temos de perguntar como se compatibilizam com a sanação da anulabilidade, própria da lei portuguesa.

O RMC admite expressamente a *extinção do direito de impugnação por não exercício*, no art. 52/4[12]. Mas isso por não ter sido apresentado esse fundamento em anterior acção de impugnação da marca comunitária. Apenas podemos concluir que a manutenção de semelhante "nulidade" por todo o tempo fica deste modo debilitada.

A diversidade, consoante o Estado-membro em que é intentada a acção, torna-se assim possível. A única correcção vem das regras de *competência internacional* e dos *tratados vigentes sobre a matéria*[13].

Prevê também, como sabemos, a preclusão por tolerância. Esta funciona em consequência de falta de reacção que se estenda por cinco anos consecutivos (art. 53/1 RMC). Permite nesse caso resultados economicamente semelhantes aos obtidos com a sanação da anulabilidade, ao fim

---

[11] Cfr. Américo da Silva Carvalho, *Marca Comunitária – Os Motivos Absolutos e Relativos de Recusa*, Coimbra Editora, 1999, 124-126 e *passim*, com largo apoio em Sena.

[12] A versão portuguesa fala em anulação; a alemã em declaração da nulidade.

[13] E não da aplicação do direito do qual a MC é nacional (art. 16 RMC), pois não parece que a regra seja extensiva a esta matéria: pronunciámo-nos já pelo seu âmbito de actuação restrito à matéria da transmissão (*supra*, n.º 3).

26 *II Curso de Direito Industrial*

desse período de 5 anos. Mas não é a mesma coisa, e sobretudo não permite encontrar em geral nas situações de nulidade relativa casos de anulabilidade, pois estão sujeitas a regime diverso [14].

Isto quer dizer que na lei portuguesa se sobrepõem dois institutos, ambos fundados na inactividade do titular:

- a caducidade da acção de anulação, ao fim de 10 anos
- a preclusão por tolerância, após 5 anos consecutivos de tolerância de situação infractora por parte de terceiro, que pressupõe o conhecimento ou a falta de justificação ética do desconhecimento da situação do terceiro.

17. Conjugação de títulos nacionais e comunitários e de nulidade e anulabilidade

Perante este emaranhado, como conjugar marca comunitária e marca nacional?

Devemos colocar a questão, quer a partir da marca comunitária, quer a partir da marca nacional.

A partir da marca comunitária, há que reconhecer que o vício que esta comporte, e que em Portugal daria anulabilidade, é uma nulidade (relativa) e não prescreve nunca.

Sendo assim, mesmo após decorrido o prazo de 10 anos do art. 214/5 CPI (que para nada é relevante no que respeita à MC), pode ser intentada uma acção de declaração de nulidade da MC no Instituto, nos termos do art. 52/1 RMC; ou pode ser-lhe oposto pedido reconvencional de declaração de nulidade em acção de contrafacção intentada contra o titular de MN.

Vejamos agora a situação inversa. O titular da marca comunitária defronta um opositor de direito português, cujo título padeceu de uma causa de nulidade (relativa).

Há que saber se decorreu já o prazo de 10 anos do art. 214/5 CPI, ou não.

Se não decorreu, o titular da MC pode invocar a anulabilidade da MN e obter essa declaração.

---

[14] A marca registada de má fé não beneficia também de preclusão por tolerância: art. 9/1 da Directriz sobre a marca e art. 215/1 CPI. O art. 4/4 *g* da directriz sobre marcas admite ainda que o pedido seja recusado ou a marca concedida declarada nula quando susceptível de confusão com uma marca utilizada num país estrangeiro, desde que o pedido tenha sido feito de má fé pelo requerente. Mas a regra é meramente facultativa, e a lei portuguesa não a inclui.

Mas se decorreu, a invalidade está sanada. O título da MN não pode ser posto em causa e o titular da MC tem de soçobrar à oposição.

Esta solução está de acordo com o princípio da unidade dos efeitos da marca comunitária.

As causas de extinção da MC são apenas as estabelecidas no RMC. Mas o estatuto das MN, que podem ser opostas à MC, é competência das leis nacionais. E são assim estas que regulam a "prescrição" da faculdade de arguir a anulabilidade da marca nacional, ou se se quiser, a sanação da anulabilidade. Acresce que não há neste caso a extinção de uma MC, mas antes a imposição da coexistência com uma MN.

Temos assim que a pretensão do titular da MC, dirigida contra o titular da MC, se extingue decorridos 10 anos do despacho de concessão do registo – salvo havendo má fé.

Como se não trata da extinção de uma MC, não se aplicam os arts. 49 e seguintes RMC. Não há uma competência exclusiva dos tribunais de marcas comunitárias (art. 93 RMC). A invocação da prescrição não tem de ser feita em reconvenção. Pelas mesmas razões, a acção não pode ser intentada no Instituto. Pode intentar-se em qualquer tribunal nacional uma acção destinada a obter a declaração de a anulabilidade ter sido sanada.

Se for intentada uma acção de contrafacção ou de nulidade da MN pelo titular da MC, mesmo perante o Instituto, o titular da MC pode excepcionar a prescrição.

Com esta base, compreendem-se os efeitos da nulidade, determinados no art. 54/2 e 3.

O principio é o geral da nulidade: a retroactividade (n.° 2).

Esse efeito retroactivo não afecta:

– as decisões em acções de contrafacção transitadas em julgado e executadas
– os contratos já cumpridos (n.° 3).

Todavia, reservam-se ainda as disposições nacionais sobre responsabilidade civil e sobre enriquecimento sem causa.

Temos portanto, neste domínio, uma nova remissão para a lei nacional [15].

---

[15] Restaria ainda saber que consequências de regime advêm de se considerar a má fé um motivo absoluto de recusa. É estranho que signifique a legitimidade de qualquer um para a invocar. De todo o modo, seja a nulidade fundada ou não na lesão de direitos de terceiros, não tem nenhuma repercussão em matéria de prazos, pelo que o RMC não tinha efectivamente que referir esta matéria.

18. Relevância da concorrência desleal

O art. 14 RMC, depois de ter estabelecido que os efeitos da marca comunitária são exclusivamente determinados pelo disposto no RMC (n.º 1), dispõe que tal não exclui que sejam intentadas acções respeitantes a marcas comunitárias com base no direito dos Estados-membros, nomeadamente em matéria de responsabilidade civil e de concorrência desleal (n.º 2).

O enunciado, note-se, é exemplificativo: "nomeadamente".

Se a matéria da responsabilidade civil dispensa um exame autónomo, já o mesmo se não pode dizer da concorrência desleal.

Interessa-nos saber qual a relevância da concorrência desleal sobre uma marca comunitária registada. Se um pedido de uma marca comunitária que previsivelmente ofereça base para a concorrência desleal for não obstante deferido, será possível posteriormente pedir a declaração de invalidade da marca comunitária?

No direito português, embora o ponto esteja sujeito a debate, é de supor que, por força do art. 25/1 *d* CPI, se a marca possibilita objectivamente a concorrência desleal e não obstante tiver sido concedida, o acto é anulável [16].

Como equacionar a questão, perante a MC? Suponhamos que é concedida uma marca comunitária que é, intrinsecamente, instrumento de concorrência desleal. Logo acode ao espírito a hipótese de a marca suscitar confusão, mas não é a única possível: pode por exemplo uma marca ser estruturada de modo que represente um instrumento de agressão a uma marca ou empresa alheia.

É seguro que, neste domínio da invalidade da MC, os tribunais aplicam o RMC e não o direito nacional. O art. 96/1 é expresso: o pedido reconvencional de extinção ou de nulidade só pode ser fundamentado nos motivos de extinção ou de nulidade previstos no regulamento. Doutra

---

[16] Em sentido contrário o Ac. do STJ de 1.II.00, num caso de impugnação de registo de marca, determinou que a concorrência desleal originária não provoca a invalidade da marca. Também Luís Couto Gonçalves, *Direito de Marcas*, Almedina, 2000, afirma que à proibição do art. 25/1 *d* CPI não corresponde, ao contrário das demais, uma causa de invalidade do registo, mas com o inaceitável argumento que a possibilidade de invocar autonomamente a concorrência desleal como causa de concorrência desleal se teria extinguido por confusão após o registo. A. Silva Carvalho, *Marca Comunitária* cit., n.º 38, nt., afirma que subjacente à confusão de marcas está a concorrência desleal, que deve levar a eliminar do mercado a marca que dá origem a tal concorrência: mas não foca directamente a relação com o motivo de recusa.

maneira, a MC ficaria ao sabor de qualquer legislação nacional que previsse causas particulares de extinção.

O art. 52/2 RMC prevê a nulidade relativa da marca quando a utilização desta puder ser proibida por força de um direito anterior...

Como dissemos, a reacção fundada em concorrência desleal não se baseia propriamente num direito do concorrente atingido, mas numa reacção ao acto desleal. Todavia, consideramos possível a extensão deste preceito, ainda que a concorrência desleal não fosse motivo de recusa da concessão da marca. A ligação da disciplina da marca à concorrência desleal é tão forte que leva Koppensteiner a considerar que a harmonização do direito das marcas pode ser considerada como parte do direito da concorrência desleal a nível europeu [17]. Seria por isso contraditório que não houvesse meios de reagir contra uma marca, obtida na comunidade, que estavelmente fundasse concorrência desleal a outro operador.

Porém, ainda que não fosse assim e não fosse possível pedir a declaração de nulidade da MC com fundamento em concorrência desleal [18], ainda então a concorrência desleal não deixaria de poder ser invocada.

É que restaria ainda o art. 14/2 RMC, agora examinado, que prevê que sejam intentadas acções respeitantes a MC com base no direito dos Estados-membros, nomeadamente em matéria de responsabilidade civil e de concorrência desleal.

Mais amplamente ainda, o art. 106/2 RMC determina que não é afectado o direito de intentar, com base no direito civil, administrativo ou penal de um Estado-membro, ou no direito comunitário, acções que tenham por objecto a proibição do uso de uma marca comunitária, na medida em que pudesse ser também proibido o uso duma MN.

Basta aplicar ao domínio da concorrência desleal. Mesmo que esta não pudesse ser invocada como motivo de nulidade contra a MC, ela não deixaria de poder ser invocada para reduzir o âmbito de aplicação da MC. As acções que o art. 14/2 RMC prevê não são as acções de nulidade a intentar perante o Instituto, mas acções comuns, a intentar perante os tribunais nacionais.

---

[17] Hans-Georg Koppensteiner, *Aspectos da marca comunitária, in* "Boletim da Faculdade de Direito da Universidade de Coimbra", LXXIV (1998), 131-145 (133).

[18] Como é natural, seria sempre requisito da acção de nulidade que a previsível concorrência desleal se concretizasse efectivamente. Se a previsão se não verificasse, o vício teria de se considerar sanado.

Pode assim pedir-se, em acção autónoma ou em reconvenção, que seja reconhecida a concorrência desleal, mandada cessar a prática em que se traduz e eliminadas as situações em que se tenha concretizado.

A acção de concorrência desleal não conduziria assim a uma declaração de nulidade. Mas neutralizaria a utilização da marca comunitária, em toda a medida em que essa utilização representasse concorrência desleal.

Chega-se ao resultado de uma marca comunitária não poder ser atingida na sua subsistência, mas poder ser paralisada, total ou parcialmente, na medida em que fundasse concorrência desleal.

Não é um resultado totalmente satisfatório. Mas é o resultado possível, se a concorrência desleal não puder funcionar como causa de nulidade da marca comunitária.

19. Outros aspectos da relação entre violação de marca e concorrência desleal

Em matéria de concorrência desleal pode suscitar-se ainda a situação recíproca da anteriormente analisada. Pode estabelecer-se concorrência desleal tendo por alvo uma marca comunitária, sem se concretizar uma violação do direito à marca.

Essa concorrência desleal deverá ser reprimida pelos meios próprios da ordem jurídica portuguesa, como o seria em relação a actos com o mesmo significado praticados contra marcas nacionais.

Pode porém ser difícil estabelecer a fronteira entre violação da marca e simples actuação em concorrência desleal.

Essa dificuldade revela-se na própria lei portuguesa. Assim, o art. 260 *c* CPI qualifica como uso de marcas ilícitas e pune como ilícito de mera ordenação social "usar marcas com falsas indicações sobre a proveniência ou a natureza dos produtos". Mas o que parece estar em causa é a concorrência desleal, e não a violação do direito à marca.

O mesmo diremos do tipo penal do art. 264/1 *f*: usar marca registada em produtos alheios, de modo a iludir o consumidor sobre a origem dos mesmos produtos. Não há aqui nenhuma violação da marca, há concorrência desleal.

De todo o modo, o critério terá de ser dado pelo mesmo art. 14, agora no n.º 1. Distingue os efeitos da marca comunitária, que são os estabelecidos pelo RMC, e as infracções, que são reguladas pelo direito nacional sobre marcas. É necessário saber o que representa uma infracção de marca.

Parece que o Regulamento vai muito longe nesta noção, como resulta do n.° 2: a responsabilidade civil e a concorrência desleal surgem referidas a seguir. Praticamente todas as situações em que a marca está contida na causa de pedir cairão na competência dos Estados. Assim, um litígio em que se impute ao titular de uma marca comunitária ter utilizado esta em termos de concorrência desleal é da competência dos Estados.

Pelo contrário, não parece assim acontecer quando se pratica concorrência desleal sem violar a marca comunitária. Por exemplo, as referências não autorizadas a marca alheia representam no Direito português concorrência desleal e não violação do direito sobre a marca (art. 260 *c* CPI, expressamente). Escapam por isso à competência *ex* RMC.

A jurisprudência portuguesa manifesta por vezes dificuldade em distinguir o que pertence à violação de direitos privativos do que pertence à concorrência desleal [19].

Outros problemas ainda se suscitam no relacionamento do direito da marca e da concorrência desleal. Seja o caso da eventual tutela que poderá ser obtida, antes do registo da marca ou depois da extinção deste. Mas neste caso não há lesão da marca comunitária. São questões que estão fora do âmbito deste estudo.

20. Efeitos da extinção do direito à marca

Os efeitos da extinção ou da invalidação da marca produzem-se *ex tunc*. Isto já não é matéria que caiba aos direitos nacionais regular (art. 54/2). O RMC institui aqui uma consequência própria da invalidade, em todo o caso. O n.° 3 adoça um pouco a rigidez da retroactividade.

Esta regra não é prejudicada pela qualificação como anulabilidade e pela possibilidade de sanação desta. A caducidade do direito de intentar acção de anulação não conduz à extinção do direito à marca, pelo contrário, é uma excepção a uma faculdade do titular da marca comunitária. O direito nacional não regula então a extinção da marca comunitária, mas o condicionamento estabelecido pelo direito nacional, para se intentar acção de anulação da MN.

A acção de nulidade pode também ser apresentada perante o Instituto (art. 55). Aplicar-se-ão, parece, regras análogas, mas não há como se disse previsão de uma caducidade da acção de nulidade relativa.

---

[19] Veja-se o que dizemos na nossa referida *Concorrência Desleal*, a propósito da violação de sinais distintivos.

Fora disto, não há conflito resultante da diversidade de causas de extinção da marca nacional e da marca comunitária e dos efeitos respectivos, pois são marcas independentes.

21. **Tribunal competente**

Criam-se também dificuldades na determinação do tribunal competente. A interpenetração dos órgãos comunitários e nacionais, bem como dos vários tribunais nacionais, é mesmo particularmente complexa[20].

A base é-nos dada pelo art. 90 RMC e pelos artigos seguintes. Poderíamos falar de uma hierarquia, em que se integram sucessivamente as regras de competência:

- do próprio RMC
- da Convenção de Execução
- as que designam o Instituto e os tribunais de marcas comunitárias
- as que designam os restantes órgãos nacionais.

Mas tudo isto consoante as matérias e de acordo com as restrições que se estabelecem.

Partamos da *Convenção de Execução*, a que respeita o art. 90. É, simplesmente, a Convenção de Bruxelas de 1968, relativa à competência judiciária e à execução das decisões em matéria civil e comercial.

Todavia, esta competência básica é estabelecida:

1) salvo se o presente regulamento dispuser em contrário (n.° 1)
2) com as alterações logo indicadas em matéria de contrafacção e de validade (n.° 2).

Prevêem-se depois os *tribunais de marcas comunitárias* (art. 91).

De novo a terminologia não esclarece. Os tribunais de marcas comunitárias não são órgãos comunitários, são órgãos nacionais. Os Estados-membros designam um número tão limitado quanto possível de órgãos jurisdicionais nacionais de 1.ª e 2.ª instância, encarregados de desempenhar as funções atribuídas em relação às marcas comunitárias (n.° 1). Isso não exclui, nas matérias não contempladas, a intervenção dos tribunais comuns.

---

[20] Cfr. sobre esta matéria Roland Knaak, *The legal enforcement of the community trademark and of prior national rights*, em IIC, vol. 29, n.° 7/98, 754-776.

A indicação deveria fazer-se num prazo de 3 anos (n.º 2). Portugal ultrapassou esse prazo. Durante esse tempo a competência permaneceu nos tribunais comuns que intervêm na matéria das marcas nacionais.

A notificação terá sido feita a 17 de Março de 2000[21]. Tinham entretanto sido criados em Portugal os tribunais de comércio, pela Lei Orgânica dos Tribunais (Lei n.º 3/99, de 13 de Janeiro). Foram então designados como tribunais de marcas comunitárias de 1.ª instância os tribunais de comércio, e como tribunais de marcas comunitárias de 2.ª instância os tribunais da Relação.

Esta designação é igualmente de molde a causar problemas. Os tribunais de comércio não são tribunais de competência nacional. Para poderem abranger todos os litígios teria de haver uma alteração na própria Lei Orgânica dos Tribunais. O que não aconteceu.

No que respeita ao direito aplicável pelos tribunais de marcas comunitárias rege o art. 97 RMC, que estabelece também uma hierarquia. Aplicarão:

- as disposições do regulamento (n.º 1)
- na omissão deste, o direito nacional do foro, incluindo o direito internacional privado (n.º 2)
- e aplicarão as mesmas regras processuais que aplicariam ao mesmo tipo de processo, se relativo a marcas nacionais (n.º 3).

Os tribunais de marcas comunitárias têm competência exclusiva no respeitante a várias categorias de acções (art. 92). São particularmente importantes:

- as acções de contrafacção ou de ameaça de contrafacção de uma MC
- os pedidos reconvencionais de extinção ou de nulidade de uma MC.

Esta última categoria exige um esclarecimento, no que respeita à validade.

---

[21] Este dado foi-nos comunicado pelo próprio Instituto de Harmonização do Mercado Interno. A reticência com que o apresentamos resulta de, apesar de o art. 91/4 RMC determinar que estas comunicações dos Estados são publicadas no *Jornal Oficial das Comunidades Europeias*, nenhuma publicação, por informação do próprio IHMI, foi até hoje realizada. Também o art. 85 RMC refere matérias a inserir em publicações periódicas do Instituto; mas delas não consta igualmente a menção da comunicação feita pelo Governo português.

O art. 95/1 estabelece a presunção de validade da MC[22]. Os tribunais de marcas comunitárias deverão por isso presumi-la válida: caberá ao réu contestar a sua validade através de um pedido reconvencional de extinção ou de nulidade. Não o poderá contestar, nomeadamente, através de uma acção de verificação de não contrafacção.

Apenas se admite a contestação por excepção em duas situações, quando o réu alegue:

- que o titular da MC pode ser destituído por uso insuficiente
- que a marca poderia ser declarada nula por força da existência dum direito anterior do réu.

Mas é muito importante observar que, justamente no domínio da extinção ou declaração de nulidade da MC, há pontos de competência concorrente do Instituto e dos tribunais de marcas comunitárias. A perda ou nulidade será declarada, nos termos dos arts. 50 a 52, na sequência:

- de um pedido apresentado ao Instituto
- de um pedido reconvencional numa acção de contrafacção.

Os arts. 55 e seguintes regulam o processo perante o Instituto. A versão portuguesa descreve-o como baseado num pedido de extinção ou de "anulação" de marca comunitária apresentado no Instituto.

Várias outras regras fixam a competência. Esta pode caber aos tribunais comuns dos vários Estados. Assim, nos termos do art. 82 RMC, a execução forçada das decisões que fixam o montante das custas regular-se-á pelas normas de processo civil do Estado em que foi executada[23].

Mas é particularmente importante o art. 102/1 RMC segundo o qual, nos Estados-membros que sejam competentes por força do Regulamento de Execução (art. 90), as acções, exceptuadas as que são da competência exclusiva dos tribunais de marcas comunitárias, são intentadas nos tribunais que teriam competência territorial e material se se tratasse de acções relativas a marcas nacionais registadas nesse Estado.

---

[22] Cfr. também o art. 103, que estabelece o mesmo princípio relativamente aos restantes tribunais nacionais.

[23] Nos termos do n.º 2, a fórmula executiva será aposta pela autoridade nacional que o governo de cada Estado-membro designar para o efeito, e de que dará conhecimento ao Instituto e ao Tribunal de Justiça. Também não temos conhecimento de nenhuma comunicação neste sentido do Governo português, nem de qualquer publicação.

22. Providências de aplicação efectiva

Nos termos do art. 14/1 RMC, as infracções à MC são reguladas pelo direito nacional em matéria de infracções a marcas nacionais. Remete-se para o título X, relativo à competência e procedimento. Diremos que estão em causa, não apenas as infracções, e nem sequer só as infracções e as sanções, mas tudo o que respeita ao que se chama hoje os "meios de aplicação efectiva" dos direitos.

E assim, o art. 98 tem por epígrafe "sanções". Mas regula a acção inibitória e os meios de a tornar efectiva. São portanto os meios de aplicação efectiva que estão realmente em causa.

O n.° 2 do mesmo artigo determina que o tribunal aplicará a lei, incluindo o Direito Internacional Privado, do Estado-membro onde houver sido cometida a infracção. Portanto, também aqui não releva a lei dum Estado a que se imputa a marca, como marca nacional desse Estado (art. 16 RMC), nem a lei do foro.

Levantam-se problemas no domínio penal, nomeadamente no que respeita à competência penal dos tribunais de marcas comunitárias.

O art. 99 regula as *medidas provisórias e cautelares*. Isso é já da competência do foro: aplica-se a lei deste, mesmo que outro tribunal de marcas comunitárias fosse competente para o fundo.

Porém, o n.° 2 traz uma extensão do âmbito de aplicação destas medidas que só beneficia os tribunais de marcas comunitárias, nas condições que aí designa. As medidas provisórias e cautelares que estabelecer são aplicáveis no território de todos os outros Estados-membros. Nenhuma decisão de outro órgão jurisdicional tem esta eficácia.

O art. 101 regula os *recursos* dos tribunais de marcas comunitárias. São dirigidos para os tribunais de marcas comunitárias de 2.ª instância, que em Portugal são os Tribunais da Relação. Mas as regras sobre recursos são as da lei nacional do território em que o tribunal está situado (n.° 2).

Dessas decisões há recursos, nos termos gerais aplicáveis às decisões desses tribunais. Espantosamente, a versão portuguesa do art. 101/3 refere "as disposições nacionais relativas ao agravo de cassação...".

23. Conexão de matérias em processos diferentes

O art. 100 regula o que chama as regras específicas em matéria de conexão. No n.° 1 prevê-se que perante um tribunal de marcas comunitárias tenha sido intentada uma das acções para que o art. 92 lhe atribui competência exclusiva, salvo se for uma acção de verificação de não contrafacção. A instância será suspensa, se não houver razões especiais em contrário, sempre que a marca comunitária já tiver sido contestada noutro tribunal por um pedido de extinção ou de nulidade. Não se fala em litispendência, decerto para evitar os escolhos que a noção técnica de litispendência poderia trazer, mas é também decerto a preocupação de evitar decisões, ou contraditórias ou repetitivas, que está subjacente.

O n.º 2 prevê a situação recíproca, quando o processo corre perante o Instituto. Mas o paralelismo não é perfeito, uma vez que se admite que seja o tribunal de marcas comunitárias a suspender o processo.

Próxima desta matéria está a contemplada no art. 105 RMC. Prevê-se agora a coexistência de acções de contrafacção, uma(s) sobre marcas comunitárias e outra(s) sobre marcas nacionais, a correrem perante órgãos jurisdicionais de Estados-membros diferentes, mas entre as mesmas partes e relativamente aos mesmos factos. Determinam-se as condições em que o órgão jurisdicional onde foi intentada a segunda acção se deve declarar não competente.

Também se prevê que a acção de contrafacção de marca comunitária seja rejeitada, se sobre os mesmos factos tiver recaído uma decisão definitiva quanto ao fundo, numa acção entre as mesmas partes, com base numa MN idêntica e válida para produtos ou serviços idênticos (n.º 2).

Reciprocamente, é a acção de contrafacção de MN que será rejeitada, se nas mesmas condições tiver sido proferida decisão definitiva em acção de contrafacção de MC (n.º 3).

Relacionada com esta matéria está a disciplina do pedido reconvencional (art. 96 RMC). O tribunal de marcas comunitárias recusará o pedido reconvencional de extinção ou de nulidade se já tiver sido emitida pelo Instituto uma decisão definitiva entre as mesmas partes, sobre um pedido com o mesmo objecto e a mesma causa (n.º 2). Mas além disso, sempre que for apresentado um pedido de extinção ou de nulidade num tribunal de marcas comunitárias, este pode sobrestar na decisão a requerimento do titular da MC e convidar o réu a apresentar no Instituto um pedido de extinção ou de nulidade, dentro do prazo que lhe concederá. Se esse pedido não for apresentado no prazo fixado o processo prosseguirá, e o pedido reconvencional é considerado retirado (n.º 7).

Se daqui resultar que o "convite" é uma "intimação", quebra-se gravemente o aparente equilíbrio entre os tribunais de marcas comunitárias e o Instituto, em detrimento do réu.

Recorde-se enfim o art. 55/3 RMC, relativo ao processo de extinção ou de nulidade [24] perante o Instituto: o pedido é inadmissível se um órgão judicial de um Estado-membro tiver decidido, com trânsito em julgado, um pedido com o mesmo objecto e a mesma causa entre as mesmas partes.

24. Marca colectiva e marca de base

1. *Marca colectiva*

Os arts. 64 a 72 RMC prevêem ainda as marcas comunitárias colectivas e as respectivas causas de caducidade e de invalidade.

O CPI prevê também a marca colectiva, nos arts. 172 a 176. Mas divide-a em *marca de associação* e *marca de certificação*. Enquanto a marca de associação corresponde à marca colectiva do RMC, a marca de certificação é pertença de uma pessoa colectiva (que pode não ser associação) que controla aqueles produtos ou serviços ou que estabelece normas a que os operadores devem obedecer. Esta última categoria está já fora das previsões da marca comunitária.

Os arts. 71 e 72 RMC prevêem novas causas de extinção e de invalidade aplicáveis às marcas colectivas, para além das causas gerais.

O art. 216/3 CPI prevê a caducidade da marca colectiva:

– se deixar de existir a pessoa colectiva a favor de quem foi registada

– se essa pessoa consentir que a marca seja usada de modo contrário aos fins gerais ou às previsões estatutárias.

A segunda causa corresponde fundamentalmente à do art. 71 *a* RMC. A primeira – extinção da pessoa colectiva titular – não está prevista no Regulamento, mas não pode, por natureza, deixar de funcionar também como causa de extinção.

Fora disto, também em relação à marca colectiva as causas de extinção da marca comunitária são as do RMC, e não as da lei nacional.

Como se conjuga a marca colectiva comunitária com a marca nacional de associação? Porque há uma sobreposição possível, para além das fronteiras.

Pode o titular da marca nacional requerer a marca comunitária. Imaginam-se casos de possíveis conflitos com outras situações nacionais.

---

[24] A versão portuguesa diz "anulação".

Parece porém que a marca colectiva nacional, respeitante a lugares nacionais, prevalece sobre quaisquer marcas colectivas comunitárias que se pretendam.

2. *Marca de base*

É regulada nos arts. 177 a 180 CPI; mas é desconhecida no RMC.

Tem por titular uma empresa de actividades múltiplas ou um grupo de empresas.

Não pode pretender como tal reconhecimento comunitário, porque escapa ao enquadramento da MC. Mas também não pode ser contrariada por marcas comunitárias. Representa outra figura de MN anterior, susceptível de criar impedimento à atribuição de marca comunitária.

MARCA COMUNITÁRIA E MARCA NACIONAL
PARTE II – PORTUGAL *

por Prof. Doutor J. OLIVEIRA ASCENSÃO

SUMÁRIO:

A – Direitos anteriores não registados

I – MARCAS NÃO REGISTADAS: 1. Marcas comuns usadas mas não registadas; 2. Marcas de especial renome; 3. Titularidade; 4. Conteúdo; 5. Termo da protecção.

II – A – DENOMINAÇÕES EMPRESARIAIS: 6. Modalidades; 7. Pressupostos da protecção; 8. Aquisição do direito; 9. Titularidade; 10. Conteúdo; 11. Termo da protecção.

II – B – TÍTULOS DE OBRAS: 12. Pressupostos da protecção; 13. Início da protecção: os títulos de jornais e outras publicações periódicas; 14. Titularidade; 15. Conteúdo; 16. Termo da protecção.

III – OUTROS DIREITOS: 17. Direito ao nome; 18. Direito à imagem; 19. Direito de autor; 20. Indicações geográficas; 21. Desenhos e modelos e outros direitos industriais; 22. Obtenções vegetais; 23. Problemática da oposição com fundamento em concorrência desleal.

B – Direito nacional aplicável à violação da marca comunitária

24. Limites nacionais de protecção da marca comunitária: 1) Preclusão de pretensões emanadas da marca comunitária; 25. 2) Prescrição; 26. 3) Caducidade; 27. Outros limites; 28. A marca colectiva e a marca de base; 29. Sanções; 30. Responsabilidade civil; 31. Concorrência desleal; 32. Outros aspectos da relação entre violação de marca e concorrência desleal.

---

* Este estudo representa a versão portuguesa do capítulo sobre o direito português, constante da obra colectiva *Gemeinschaftsmarke und Recht der Mitgliedstaaten* do Instituto Max Planck de Munique de Direito Estrangeiro e Internacional de Patentes, Autor e Concorrência..

A – DIREITOS ANTERIORES NÃO REGISTADOS

I – MARCAS NÃO REGISTADAS

1. Marcas comuns usadas mas não registadas

No que respeita a marcas não registadas, devemos distinguir:

– marcas usadas mas não registadas em Portugal
– marcas protegidas pelo seu renome especial, ainda que não registadas.

Começamos pelo primeiro termo.

Pergunta-se se uma marca usada em Portugal, mas não registada, pode ser base para oposição a uma marca comunitária.

Pressupõe-se que a marca é efectivamente usada em Portugal, pois doutro modo não poderia fundar a oposição. Se a marca não registada não fosse também usada, não haveria nenhum título que justificasse a sua protecção.

A lei portuguesa relativa a esta matéria é o Código da Propriedade Industrial (doravante CPI), aprovado pelo Dec.-Lei n.° 16/95, de 24 de Janeiro.

O art. 167/1 CPI torna o direito à marca dependente do registo. Quem adopta uma marca "gozará da propriedade e do exclusivo dela desde que satisfaça as prescrições legais, designadamente a relativa ao registo".

O uso da marca por terceiro não é motivo de recusa do registo da marca nem fundamento de oposição ao registo por quem a usa.

Aplica-se à marca o princípio do art. 33/1 CPI[1]: os títulos da propriedade industrial são total ou parcialmente anuláveis quando tiverem sido concedidos com preterição dos direitos de terceiros fundados em prioridade ou outro título legal. O pré-uso não é título; a marca que, nos termos do art. 195 *m*, permite a recusa do registo (ou, realizado o registo, a invalidade deste) é somente aquela que se funda no registo, ou no pedido de registo.

Esta posição é hoje unânime na doutrina e na jurisprudência portuguesas.

---

[1] Veja-se também o art. 214/1 CPI.

O uso anterior da marca só fundamenta a prioridade prevista no art. 171/1: o que usar marca livre ou não registada por prazo não superior a seis meses terá, durante esse prazo, direito de prioridade para efectuar o registo, podendo reclamar contra o requerido por outrem no mesmo período.

A lei não dá nenhum outro elemento que permita estabelecer os requisitos necessários a esse uso, para fundar a prioridade.

Apenas o art. 171/2 afirma o princípio, que é aliás princípio geral, da livre apreciação dos documentos oferecidos para provar essa prioridade. Não têm sido feitas em Portugal exigências particulares. É de supor que qualquer uso, desde que sério, baste para a fundar.

Tornam-se assim irrelevantes outros aspectos, como o âmbito do uso. Ainda que seja local, funda a oposição.

Não há porém que aprofundar estes requisitos, que respeitam aos direitos à prioridade no registo e não propriamente a direitos à marca, que não existem ainda.

A irrelevância do pré-uso como título do direito à marca, para além da prioridade concedida, não significa que não se admitam objecções doutra índole, em consequência desse uso. Mas qual o significado que possam ter no direito português só poderá ser seguidamente examinado, na análise do registo, efeitos e extinção das marcas.

2. Marcas de especial renome

Por outro lado, temos as marcas de especial renome.
A lei portuguesa distingue as marcas:

– notórias
– de grande prestígio
– de reputação ou prestígio internacional.

A *marca notória* é prevista no art. 190 CPI. Corresponde à marca notória do art. 6 *bis* da Convenção da União de Paris (doravante CUP).

A *marca de grande prestígio* é prevista no art. 191 CPI. Corresponde à marca comunitária que goze de prestígio na Comunidade, nos termos da directriz comunitária sobre marcas (Directriz n.° 89/104, de 21 de Dezembro) e do Regulamento da marca comunitária (Regulamento n.° 40/94, de 20 de Dezembro de 1993, doravante RMC).

1. *Marca de reputação ou de prestígio internacional*

Comecemos por esta difícil figura, que é prevista no art. 193/2 CPI, a propósito da usurpação ou imitação parcial. Dá-se como critério da imitação que os destinatários não possam distinguir os sinais dos das marcas usadas legitimamente, "mormente as de reputação ou prestígio internacional".

O acrescento é claramente forçado, e torna-se confuso. É importante observar que transitou do CPI de 1940. Aí, teria sido intenção dar uma abertura sinuosa à marca de grande prestígio, que não era prevista em nenhum outro lugar. Uma vez que esta foi consagrada no art. 191 do CPI de 1995, a especificação tornou-se inútil. É assim de supor que não haja distinção entre esta marca de "reputação ou prestígio internacional" e a marca de prestígio na Comunidade, a que se refere o art. 191. Limitamo--nos por isso às outras duas categorias.

2. *Marca notória*

É regulada no art. 190/1 CPI, em termos que reproduzem resumidamente o art. 6 *bis*/1 CUP. Corresponde à marca notoriamente conhecida como pertencente a nacional doutro país da União, aplicada a produtos idênticos ou semelhantes e que com ela possa confundir-se. A imitação ou usurpação parcial é atingida pelo art. 193/2 CPI, já acima referido.

O art. 190/2 condiciona a intervenção do titular interessado no processo de concessão da marca ao pedido de registo da marca que dá origem e fundamenta o seu interesse.

Independentemente da problemática da marca notória, tomada por si, há correspondência entre a lei portuguesa e a previsão da recusa do registo de marca comunitária, por oposição do titular de marca notoriamente conhecida num Estado-membro, constante do art. 8/2 *c* do Regulamento n.° 40/94.

Os requisitos da notoriedade da marca têm sido estabelecidos em Portugal em estreito paralelismo com o debate travado em países em situação semelhante [2].

Não é hábito quantificar ou fazer inquéritos estatísticos para determinar os limites da notoriedade no conhecimento. Há hoje uma tendência para distinguir a marca referente a produto ou serviço de grande consumo,

---

[2] Cfr. por exemplo Justino Cruz, *Código da Propriedade Industrial*, 2.ª ed., Livraria Arnado, 1985, *sub* art. 95 (do CPI de 1940).

em que o conhecimento exigido deve referir-se ao público em geral, e a marca de produto ou serviço de consumo específico, em que o conhecimento se refere ao sector do público interessado neles [3].

A discussão tem sido travada nos quadros do princípio da especialidade.

3. Marca de grande prestígio

É regulada no art. 191 CPI. Dissemos já que corresponde à marca que goza de prestígio, na acepção dos instrumentos comunitários sobre marca. O art. 191 baseia-se expressamente no disposto no artigo anterior, sobre marcas notórias, mas vai além, determinando a recusa de registo de marcas que gozem de grande prestígio em Portugal ou na comunidade. A remissão para o artigo anterior implica que a intervenção do interessado no processo esteja condicionada ao pedido de registo da marca de grande prestígio. Nunca poderia estar nestas condições, note-se, uma marca comunitária, pois esta é necessariamente registada.

Os requisitos da lei portuguesa correspondem aos do art. 8/5 do Regulamento da Marca Comunitária (RMC), o que mostra a identidade da matéria que é contemplada.

A lei portuguesa acrescentou a hipótese de a marca anterior gozar de grande prestígio "em Portugal", além de o gozar na comunidade. Qualquer que seja a delimitação que se deva estabelecer [4], não há contraste com a disciplina comunitária. Ainda que o grande prestígio seja desfrutado somente em Portugal, ele representa fundamento para oposição ao registo da pretendida marca comunitária. O art. 8/5 RMC prevê expressamente a hipótese de oposição à marca comunitária pretendida com fundamento em marca nacional que goze de grande prestígio no Estado-membro em questão.

No que respeita ao entendimento atribuído a este "grande prestígio", há seguramente uma maior exigência, uma vez que a relevância da marca para efeitos de oposição ao registo não depende da afinidade dos produtos ou serviços a que se aplica. Exige-se assim um conhecimento generalizado da população. Por outro lado, o grande prestígio da marca não está dependente da qualidade intrínseca do produto ou serviço objecto da marca.

---

[3] Cfr. por exemplo Luís do Couto Gonçalves, *Direito de Marcas*, Almedina, 2000, 150.

[4] Cfr. sobre esta matéria António Corte-Real Cruz, *O conteúdo e extensão do direito à marca: a marca de grande prestígio*, in "Direito Industrial – I", Oliveira Ascensão e outros, APDI/Almedina, 2001, 79 e segs. (113-114).

A marca de um modelo de automóvel de grande qualidade vendido em raros exemplares, que só poucos especialistas conhecem, não é uma marca de grande prestígio; mas a Coca Cola é.

Em qualquer caso, não parece necessário aprofundar. Pelo ponto de vista da marca comunitária, só interessa que o grande prestígio nacional possa servir de impedimento ao registo da marca comunitária. Já a medida em que funciona como impedimento ao registo de marca nacional é irrelevante.

Também a intervenção do titular da marca de grande prestígio está condicionada ao pedido do registo da marca em Portugal. Este nos parece ser o sentido, e até o único sentido útil, do trecho inicial do art. 191: "Sem prejuízo do disposto no artigo anterior...". O artigo anterior é o que contempla a marca notória: e o único trecho aplicável é justamente o do n.° 2, que condiciona ao requerimento de registo a intervenção do interessado.

É certo que o art. 214/2 CPI, referente à anulação, só exige o pedido de registo como pressuposto do pedido da anulação para as marcas notórias. Mas também para a marca de grande prestígio há que fazer exigência semelhante, por analogia: porque as mesmas razões que levam a exigir o registo para a oposição à concessão valem para a exigência deste como pressuposto do pedido de anulação; tal como são as mesmas as razões que fundam a exigência de registo para a marca notória e para a marca de grande prestígio.

3. Titularidade

A problemática da titularidade restringe-se às marcas não registadas que são relevantes como impedimento ao registo da marca por terceiro no território português, portanto às marcas notórias e às marcas de (grande) prestígio.

Como vimos, a lei prevê como condição de protecção que os interessados só possam intervir no processo depois de terem requerido o registo da marca que funda o seu interesse. Isto implica que às marcas de especial renome se apliquem os princípios gerais sobre a titularidade da marca.

Terá interesse o art. 167 CPI, que refere quem "adopta certa marca para distinguir os produtos ou serviços de uma actividade económica ou profissional...". Da referência ao *adopta* decorre, parece, que se supõe que a titularidade pressupõe alguém que esteja em condições de usar aquela marca. O mero coleccionador de direitos de marca, que não for operador económico, está excluído.

A matéria é desenvolvida no art. 168 CPI, sob a epígrafe "Direito ao registo". Este cabe a "quem nisso tiver interesse": parece que esse interesse deverá ser objectivamente fundado. Segue-se uma lista exemplificativa, que é em todo o caso restrita a operadores económicos, para assinalar os seus próprios produtos ou serviços.

O que respeita à marca colectiva e à marca de base será adiante considerado.

4. Conteúdo

Os arts. 167 e 168 assentam na previsão da recusa da concessão de direitos que atinjam marcas notórias ou marcas de grande prestígio. Prevêem portanto uma intervenção na fase de registo da marca.

Mas se não obstante a marca for registada, aplicar-se-á o princípio de que **a causa de recusa, uma vez inobservada, se converte em causa de invalidade da marca**. Será desenvolvido mais tarde.

No caso da marca notória, o art. 214/2 CPI prevê expressamente a anulação da marca que viole o disposto no art. 190 CPI.

Portanto, a protecção conferida no que respeita ao impedimento ao registo é prolongada na possibilidade de impugnação de marcas violadoras posteriormente registadas.

O titular da marca de especial renome goza ainda dos meios gerais de defesa dos direitos. Nomeadamente, se o acto de registo for um acto ilícito, poderá reclamar indemnização dos prejuízos causados.

Mais particularmente, poderá agir com fundamento na concorrência desleal, se a actuação do requerente do registo a consubstanciar.

Por outro lado, a intervenção do titular da marca de especial renome está condicionada ao pedido de registo da marca, como demonstrámos atrás. Isto significa que se lhe aplica o estatuto do requerente da marca no período que medeia entre o pedido e a concessão. Age assim como requerente de um registo e não meramente como opositor fundado em marca não registada. Isto reforça o seu estatuto jurídico; ainda que não seja titular de um verdadeiro direito à marca, mas apenas de um interesse juridicamente protegido que funda o direito de oposição[5].

---

[5] De facto, o CPI não fala no *titular* da marca notória, mas nos "interessados" na recusa (art. 190) ou na anulação (art. 214/2) da marca posteriormente requerida.

5. Termo da protecção

Às marcas de especial renome aplicam-se:
- as causas gerais de extinção de protecção das marcas nacionais
- as causas específicas de extinção.

As causas gerais aplicam-se, pois nada levaria a atribuir a estas marcas um estatuto favorecido em relação às marcas em geral.

E assim, havendo um prazo de prescrição de 10 anos a contar do despacho de concessão do registo (salva a hipótese de má fé) para o pedido de anulação, também o interessado com base em marca de especial renome está sujeito a ele; tal como está sujeito ao prazo de preclusão por tolerância do art. 215 CPI.

No que respeita às causas especiais de extinção, acentuamos duas:
- a recusa do registo
- a perda do especial renome.

Parece claro que, se o pedido de registo for recusado, perde-se o fundamento para a oposição do interessado.

Quanto à perda do especial renome, por circunstâncias supervenientes ao pedido do registo, faz caducar a pretensão do interessado.

II – A – DENOMINAÇÕES EMPRESARIAIS

6. Modalidades

No Direito português podemos dividir em três classes as denominações empresariais:
1. Firma e denominação social
2. Nome e insígnia de estabelecimento
3. Outras denominações empresariais.

E isto porque as duas primeiras estão formalizadas: a sua protecção depende de registo. Quaisquer outras denominações que não preencham aqueles requisitos só recebem a protecção outorgada pela concorrência desleal, em regra.

Examinaremos assim seriadamente aquelas três categorias.

1) Firma e denominação social: pressupostos de protecção

As firmas e denominações sociais estão hoje reguladas fundamentalmente pelo Dec.-Lei n.º 129/98, de 13 de Maio, que disciplina o Registo

Nacional de Pessoas Colectivas. Este é de vasta abrangência, muito para além do que o seu nome indica. Mas a firma das sociedades comerciais continua a ser regulada pelo Código das Sociedades Comerciais.

Ao que se pode inferir da lei, actualmente a *firma* é o nome de entidades comerciais, e *denominação* é o nome correspondente a entidades doutra natureza[6].

2) Nome do estabelecimento e insígnia

O CPI regula o nome do estabelecimento, juntamente com a insígnia, nos arts. 228 e seguintes. A insígnia caracteriza-se por uma forma ou configuração específica (art. 230): distingue-se assim do nome do estabelecimento, que é um mero nome.

O nome do estabelecimento pode ser constituído pelo nome, firma ou denominação social do dono (art. 229 *d*).

A protecção depende do registo (art. 232). Mas ressalva-se: "sem prejuízo do disposto no artigo 8.º da Convenção da União de Paris".

A relação desta matéria com o *nome comercial*, tutelado pelo referido art. 8 CUP, foi por nós analisada no nosso *Die Anwendung von Art. 8 der Pariser Verbandsübereinkunft auf Länder, in denen der Handelsname eintragungspflichtig ist*[7].

O nome de estabelecimento e a insígnia têm um âmbito nacional de protecção (art. 231/1 *g*)[8], o que se revela frequentemente muito desproporcionado.

3) Outras denominações empresariais

São as *Geschäftsbezeichnungen* da doutrina germânica. Pode haver efectivamente muitas designações usadas no comércio, que não constituam aquelas figuras típicas. E podem ter carácter nominativo ou figurativo.

Para estas, não se encontra protecção formal. Não há assim dependência do registo.

A tutela tem genericamente de se buscar no âmbito da concorrência desleal.

---

[6] Cfr. as nossas lições de *Direito Comercial* – I – *Institutos Gerais*, Faculdade de Direito de Lisboa, 1999, n.os 112 e segs..

[7] GRUR Int, 1996/4, 413-424. A versão portuguesa tem a título: "A aplicação do art. 8.º da Convenção da União de Paris nos países que sujeitam a registo o nome comercial", *in* ROA, ano 56 II, Ago/96, 439-475.

[8] Mas admite-se que contenham nomes patronímicos iguais, "contanto que perfeitamente se distingam" (art. 231/3).

O art. 260 *e* CPI qualifica expressamente como concorrência desleal "as falsas indicações de proveniência, de localidade, de região ou território, de fábrica, oficina, propriedade ou estabelecimento, seja qual for o modo adoptado". Directamente ou por extensão, as restantes designações empresariais não podem deixar de estar compreendidas aqui.

A protecção surge pois com referência às *falsas* indicações. Mas a apropriação de uma designação alheia também representa concorrência desleal, se se preencherem os restantes requisitos deste instituto[9].

7. Pressupostos da protecção

Nas três figuras enunciadas, haverá que distinguir consoante a protecção é ou não dependência de registo.

Se é dependência de registo, o pressuposto directo da protecção é o mesmo registo.

Os registos, em Portugal, estão sujeitos ao princípio da legalidade. O órgão competente deve assim verificar, não só a regularidade formal do pedido, mas ainda a admissibilidade substantiva do direito que se pretende.

1) Assim, no que respeita à *firma ou denominação social*, estabelecem-se como princípios fundamentais:

– a verdade (art. 32 do Dec.-Lei n.º 129/98)
– a novidade e não confundibilidade (art. 33)
– a exclusividade (art. 35).

Pode ser imposto um aditamento distintivo, para evitar a confundibilidade (art. 33/7).

A firma ou denominação podem incorporar sinais distintivos registados (art. 33/4). Mas nesse caso é necessário provar a legitimidade do seu uso.

2) No que respeita ao *nome* e à *insígnia do estabelecimento*, o art. 231/1 *e* CPI manda aplicar em globo os motivos de recusa do registo constantes dos arts. 188/1 e 189, relativos à marca. Seguramente que os pressupostos gerais de protecção desta se aplicam igualmente. A al. *g* acrescenta ainda como motivo de recusa a reprodução ou imitação de nome ou insígnia já registados por outrem para o território nacional.

---

[9] Cfr. o nosso *O Direito da Concorrência Desleal em Portugal*, em vias de publicação pelo Instituto Max Planck de Munique.

Marca Comunitária e Marca Nacional 49

Podemos assim enunciar o princípio que o nome e a insígnia não podem conter algo que lese o direito à marca, à firma (art. 189/1 *f* CPI) e, em geral, qualquer sinal distintivo registado.

3) Temos enfim as *outras denominações empresariais*, não registadas.

Seguramente que terão de ser sinais distintivos. Para a sua protecção reclama-se a distintividade, sendo aplicável, mesmo no silêncio da lei, tudo o que a este propósito se estabelece para os sinais registados.

Não há porém na lei portuguesa nenhuma outra delimitação da sua relevância.

Também não tem surgido na prática. A ligação à concorrência desleal faz com que a atenção se tenha concentrado mais nos pressupostos gerais desta.

Não se desenhou assim nenhuma tentativa de delimitação do âmbito geográfico de incidência, da intensidade da utilização ou do conhecimento por parte do público.

Há que concluir que na ordem jurídica portuguesa a base da (relativa) tutela de que desfrutam é representada simplesmente por um uso sério da denominação empresarial.

Simplesmente, a este grande âmbito de protecção corresponde uma tutela mais cartilagínea, que é a própria da concorrência desleal. Isso veremos adiante, ao tratar do conteúdo da protecção.

8. **Aquisição do direito**

Do que dissemos resulta já tudo o relevante, quanto à aquisição do direito.

A firma e a denominação social, bem como o nome e a insígnia do estabelecimento, adquirem-se pelo registo.

As outras denominações empresariais adquirem-se simplesmente pelo uso sério, sem que haja nenhum requisito adicional a satisfazer.

No que respeita ao *uso sério*, não há também elementos que facultem uma delimitação mais perfeita. Parece possível a equiparação ao que se passa em matéria de marca.

Assim, não podemos bitolar o tempo necessário para que a situação se consolide. Qualquer continuidade é suficiente, desde que tenha o prolongamento suficiente para que se possa afirmar que constitui um *uso*.

Não podemos igualmente bitolar o tempo que é necessário decorrer para que a omissão de uso releve. Depende do caso concreto.

Nem podemos estabelecer quaisquer outras exigências genéricas, quanto à intensidade e repercussão pública do uso. Nomeadamente, não há que exigir nenhum âmbito particular, nacional ou regional, desse uso. Qualquer uso basta, desde que valorativamente o possamos considerar sério.

9. Titularidade

Não há observações especiais a fazer quanto à titularidade.

Os sinais cuja tutela depende do registo pertencem ao requerente.

A lei regula conflitos de titularidade, que podem levar à anulação do sinal registado. Há analogia com o que se passa em matéria de marca.

As outras denominações empresariais pertencem ao titular da empresa que as adoptou. Não criam porém um direito exclusivo, mas algo que podemos qualificar como um interesse juridicamente protegido. Integram-se na universalidade de direito sobre que a empresa assenta. Não criam um direito ao sinal, mas uma protecção contra a concorrência desleal.

10. Conteúdo

Interessa muito em particular verificar qual o impedimento que a denominação empresarial pode trazer à aquisição da marca comunitária nas três classes que atrás discriminámos [10].

1) e 2) O art. 189/1 *f* CPI manda recusar o registo de marcas que contenham "a firma, denominação social, nome ou insígnia de estabelecimento que não pertença ao requerente do registo da marca, ou que o mesmo não esteja autorizado a usar, ou apenas parte característica dos mesmos, se for susceptível de induzir o consumidor em erro ou confusão".

É ampla a previsão das denominações que podem servir de obstáculo ao registo da marca. Nomeadamente, a anterior distinção entre firma e denominação social permite concluir que não apenas os nomes comerciais impedem o registo da marca, mas também as denominações de entidades doutra natureza. Assim, a denominação social duma fundação pode ser invocada como obstáculo ao registo duma marca.

Isto é confirmado por, além desta previsão, o nome só ser protegido pela al. *g*, mas aí exclusivamente no respeitante a pessoas singulares. A al. *f* desempenha assim também a função de proteger o nome de pessoas colectivas em geral.

---

[10] *Supra*, n.° 7.

Marca Comunitária e Marca Nacional 51

O motivo de recusa é relativo: o titular da denominação pode consentir naquele uso. Por isso se fala em sinal que o requerente "não esteja autorizado a usar". Mas nesse caso, coloca-se a problemática da indução em erro dos destinatários.

O preceito termina com a frase: "se for susceptível de induzir o consumidor em erro ou confusão". Pode perguntar-se se refere só o uso de parte do nome, ou a totalidade das figuras contempladas no preceito. Este último entendimento implicaria que a oposição ao uso de nomes idênticos seria taxativa, independentemente de confusão, se o uso não fosse autorizado pelo titular do nome.

A proximidade entre este trecho final e a previsão da utilização parcial do nome favoreceria o entendimento restritivo, mas a análise teleológica conduz em sentido contrário. A grande finalidade de toda esta disciplina está em evitar a confusão que provoque a indução do público em erro, e não em criar exclusivos que não sejam racionalmente justificáveis.

Aliás, a proibição não é absoluta: cede perante a autorização do titular do nome. Ora, também essa autorização não vale se por ela o público for induzido em erro.

Concluímos assim que a oposição, em todos os casos, se tem de fundar na susceptibilidade de indução do público em erro.

Confirma-o o art. 189/2, que só admite a concessão de registo de marca confundível com marca anterior, com autorização do titular desta, desde que "não induza o público em erro sobre a qualidade do produto ou serviço". Seria injustificável que não bastasse a autorização de uso de marca confundível, mas já bastasse e se impusesse ao registador a autorização de uso de firma ou denominação social ou de nome ou insígnia de estabelecimento susceptíveis de induzir o público em erro.

Daqui podemos extrair duas conclusões:

a) O interesse geral em evitar a indução do público em erro prevalece sobre o interesse particular, subjacente à autorização do uso de qualquer sinal distintivo como marca.

b) A oposição pelo titular de um sinal distintivo ao uso deste como marca tem de se fundar na susceptibilidade de indução do público em erro (salvo concorrendo aspectos particulares, como a tutela do nome).

Pode todavia a marca ter sido concedida, por não chegado ao conhecimento do Instituto Nacional da Propriedade Industrial (INPI) a denominação conflitante.

Nesse caso, rege o art. 214/1 *a*. Estabelece a anulabilidade do registo, se na concessão se houver infringido disposição que exija autorização ou consentimento. Vimos já que o motivo de recusa é relativo, pelo que o que terá faltado é o consentimento (admissível se não houver indução em erro dos destinatários). Logo, o titular mantém a faculdade de requerer a anulação da marca, nas condições gerais vigentes.

3) Restam as outras denominações empresariais, como sinais não registados.

Dissemos que é relevante qualquer denominação empresarial que seja objecto de uso sério; mas que a tutela só se verifica nos quadros da concorrência desleal.

Os requisitos gerais da concorrência desleal são de procurar no proémio do art. 260 CPI.

Estes são:

– um acto de concorrência
– em qualquer ramo de actividade
– contrário às normas e usos honestos desse ramo
– com o elemento subjectivo da ilicitude, consistente na intenção de causar prejuízo a outrem ou de alcançar para si ou para terceiro um benefício ilegítimo.

Não podemos agora desfibrar estes elementos. Remetemos para o livro em curso de publicação sobre "Concorrência desleal", já referido.

Observamos todavia que na lei portuguesa a concorrência desleal supõe um acto intencional de concorrência, com o sentido de atingir a actividade de outro operador no mercado de modo ofensivo das normas e usos honestos do sector.

E recordemos que na base da invocação da concorrência desleal não está um direito subjectivo ao sinal distintivo empresarial, que não existe, mas um interesse juridicamente protegido de um operador económico a impedir ou fazer cessar a conduta de um concorrente que é ofensiva das normas e usos honestos de um ramo de actividade.

11. **Termo da protecção**

Os direitos a sinais distintivos sujeitos a registo extinguem-se (e a protecção termina portanto) com o cancelamento do registo. A partir daí poderá haver ainda uma eventual incidência da concorrência desleal, que beneficie o ex-titular, mas o direito exclusivo extinguiu-se já.

No que respeita às restantes denominações, como se baseiam no uso, cessam com o não uso. Já dissemos que será uma questão a decidir em concreto a distinção entre a suspensão e o termo do uso. De todo o modo, mesmo que haja uma intenção de retomar o uso, a paragem deste leva tendencialmente a uma extinção da situação protegida, se não se tratar de ocorrência efémera.

São admissíveis negócios de renúncia a qualquer pretensão por parte de quem usa a denominação empresarial, com a ressalva da não indução do público em erro.

É apenas perante um acto contra um concorrente que a problemática da concorrência desleal se pode suscitar.

Isto mostra como é frágil a tutela outorgada pela concorrência desleal, uma vez que não é fácil a conjugação dos requisitos que permitem, perante uma denominação não registada, afirmar que a escolha duma marca correspondente a essa designação representa um acto de concorrência desleal. Juridicamente, a marca está livre, pois a tutela depende do registo. Só razões qualificativas muito especiais podem levar a considerar que a adopção daquela marca livre representa um acto de concorrência desleal.

O que dissemos deve ser todavia objecto duma restrição.

A concorrência desleal não é relevante em Portugal apenas como acto ilícito actual; é também relevante como situação potencial cujo ingresso se quer impedir.

Nos termos do art. 25/1 *d* CPI, o direito exclusivo requerido deve ser recusado se se reconhecer que "o requerente pretende fazer concorrência desleal, ou que esta é possível independentemente da sua intenção".

A concorrência desleal é então relevante como situação objectiva e virtual. *Objectiva* porque independente da (má) intenção do requerente; *virtual*, porque representa uma valoração de uma sequela eventual da concessão daquele direito.

Sendo assim, o efeito impeditivo da concorrência desleal manifesta-se logo no início do processo. A lei repele desde então uma desconformidade objectiva da situação que resultaria da concessão do direito ao modelo valorativo da concorrência. Se o INPI tiver elementos para supor que a situação é objectivamente valorável como desleal, deve recusar a concessão do direito exclusivo.

Este aspecto será porém examinado em especial adiante [11].

---

[11] *Infra*, n.° 23.

II – B – TÍTULOS DE OBRAS

12. Pressupostos da protecção

Partimos da distinção de três modalidades, no que respeita à protecção dos títulos de obras literárias ou artísticas:
- os que são protegidos como sendo, eles próprios, obras literárias ou artísticas
- os que não são protegidos
- os que são protegidos por um direito próprio, integrado no direito de autor sobre a obra que titulam.

A primeira ocorrência é rara. Terá o título de ser tal que represente, só por si, uma pequena obra. Nessa altura, aplica-se-lhe o regime forte da protecção por um autónomo direito de autor. Não nos interessa neste lugar.

Títulos legítimos, mas não protegidos, são os títulos genéricos, como *Compêndio de Química* ou, para uma fotografia, *Contra-luz*. Não podem pretender qualquer exclusividade. Apenas participarão da protecção atribuída à própria obra, contra a alteração não consentida, por exemplo.

Títulos distintivos são os não confundíveis com outros aplicados a obras da mesma espécie, ou espécies afins. Neste caso há uma protecção, restrita ao modo de utilização do título; e que aliás se integra ainda no direito de autor sobre a obra, como um trecho de um direito complexo.

Os pressupostos gerais de protecção do título são assim:
- a especificidade (não generalidade)
- a distintividade (não confundibilidade).

É em relação a esta categoria que há que perguntar qual a relação com a protecção da marca.

Há todavia ainda uma distinção a fazer. Os títulos de jornais e outras publicações periódicas estão sujeitos a um regime especial, como veremos a seguir.

13. Início da protecção: os títulos de jornais e outras publicações periódicas

Como a protecção do título é um trecho da protecção pelo direito de autor, aplicam-se-lhe os princípios gerais sobre o carácter automático da aquisição do direito de autor, que se verifica logo com a criação da obra.

Há porém um regime formalizado de protecção, que é o respeitante aos títulos de jornais e outras publicações periódicas. O Código do Direito de Autor e dos Direitos Conexos (CDADC) anuncia a existência de outro registo neste domínio especial (art. 5/1).

O Decreto-Lei n.° 85-C/75, de 26 de Fevereiro (Lei de Imprensa) instituiu este registo (art. 13/1 *a*). Foi regulamentado depois pelo art. 13/1 *a* da Portaria n.° 640/76, de 26 de Outubro, que aprovou o Regulamento do Serviço do Registo de Imprensa[12].

Do art. 12/1 resulta que a diversidade de título implica a diversidade da publicação periódica. O art. 39/1 permite às empresas a constituir requerer aquela reserva de título.

A complexa problemática dos efeitos do registo exige uma análise particular também neste domínio.

O art. 214 CDADC indica expressamente que o registo "condiciona a efectividade da protecção legal", em paralelo com o registo do título da obra ainda não divulgada.

Em termos técnicos, isto significa que o registo é constitutivo. O direito ao título de publicação periódica só nasce com o registo. Há aqui um desvio do regime dos títulos em geral, que obtêm protecção logo com a divulgação. Desvio que, representando mais uma homenagem à burocracia, nos afasta escusadamente do regime vigente noutros países.

Mas o registo, assim realizado, tornará o direito ao título inimpugnável? Ou mantêm-se as objecções que possam resultar do direito substantivo, em benefício de eventuais interessados? Assim, se alguém tinha direito a título que com aquele se confunde, perde-o pelo facto de o novo título ter sido registado?

Recorrendo às categorias gerais do Registo Predial[13], que é paradigmático neste domínio, diremos que o registo de títulos de publicações periódicas:

- é *constitutivo*, porque sem registo não há direito ao titulo;
- não é *sanante*, porque não sana quaisquer vícios que atingissem o direito do requerente;
- não é *atributivo*, porque não é o registo que atribui o direito, substituindo-se à legalidade substantiva preexistente.

---

[12] Cfr. sobre esta matéria o nosso Parecer, incluído em *Protecção do Título de Jornal* (obra colectiva), SPA, 1989, 57.

[13] Cfr. o nosso *Direito Civil – Reais*, 5.ª ed., Coimbra Editora, 1993, n.os 175 e segs..

Quer dizer: o registo é necessário mas não é suficiente. Se um acto é inválido não convalesce por efeito do registo. Se os factos que fundam a sua aquisição são insuficientes, a insuficiência mantém-se após o registo. O registo é indispensável para dar o direito ao título da publicação a quem tiver um título (facto aquisitivo) substantivo válido. Mas se o não tiver, não melhora nada pela circunstância de ter obtido o registo.

14. Titularidade

Uma vez que a protecção do título se integra na tutela do direito de autor, a titularidade do título da obra cabe ao titular do direito de autor.

Não é conhecida no direito português uma cessão do título de uma obra, como direito independente.

15. Conteúdo

Os títulos de obras protegidas poderão ser causa de recusa de registo duma marca?

A lei portuguesa nunca o prevê.

O título duma obra não pode ser considerado um sinal distintivo do comércio: o seu significado não é comercial. Por isso, não pode estar compreendido na referência do art. 189/1 *h* CPI aos sinais que constituam infracção de direitos de propriedade industrial, como fundamento de recusa do registo de marca: não constituem direitos de propriedade industrial.

Discute-se porém em Portugal se o título pode ser protegido através de marca. A questão foi particularmente suscitada para os títulos de jornais e outras publicações periódicas [14].

A pretensão de protecção do títulos através de marca é em geral desajustada. A marca caracteriza produtos ou serviços integrados numa série, em relação aos restantes. Não há marcas de indivíduos isolados; a marca não distingue a individualidade, como o faz o nome de estabelecimento. Falta pois toda a base para proteger por marca o título que individualiza uma obra.

---

[14] Cfr. o nosso *Título, marca e registo de imprensa, in* ROA, ano 57 III, Dez/97, 1223-1281.

Marca Comunitária e Marca Nacional   57

No que respeita aos títulos de jornais e outras publicações periódicas, há um obstáculo adicional.

Se a lei criou um registo específico que condiciona a tutela, a intervenção de quaisquer outros registos ficou excluída. Quando a condição de protecção não for satisfeita, não será pelo desvio do registo como marca que aquela protecção se obtém. Doutro modo, assistir-se-ia ao absurdo de surgirem direitos conflitantes, um baseado no registo de imprensa, outro no registo como marca.

Invoca-se em contrário o Acordo de Nice sobre a Classificação Internacional dos Produtos e Serviços a que se aplicam as marcas. Na classe 16.ª prevê-se a extensão das marcas aos jornais e publicações periódicas.

Não há porém, na referida classe 16.ª, a referência aos títulos: há a referência a publicações periódicas, como uma classe de produtos a que se aplicam as marcas. Não se visa atribuir um direito exclusivo sobre o título, mas sim a aplicação de sinais distintivos a mercadorias.

Perante o Direito português há que fazer uma distinção essencial.

Uma série de publicações pode ser caracterizada por uma marca. Por exemplo, "Bertelsmann" pode ser usado como marca, distinguindo as publicações que se integram nesta série de todas as outras.

Não pode porém ser usado como marca, perante o Direito português, o título de uma publicação periódica. Este, ou satisfaz o requisito específico de protecção, mediante o registo adequado, ou não tem protecção específica. O conteúdo da referida classificação fica satisfeito com a atribuição da marca a uma série, mas não abrange a tutela de títulos.

Há então que perguntar se essa protecção se pode obter através da invocação do *direito de autor*.

É verdade que a tutela do título surge integrada na tutela do direito de autor. Se não houver obra protegida não há título protegido.

Mas não há nenhum direito exclusivo sobre o título que afaste quaisquer utilizações alheias; ao contrário do que se passa com a *forma*, que é o objecto da tutela específica pelo direito de autor[15].

A protecção autoral do título consiste simplesmente no impedimento a que este seja utilizado para encimar outra obra literária ou artística, em termos de provocar confusão[16]. Ir além disso seria considerar o título obra

---

[15] Por isso se diz que sobre o título não há um direito de autor, mas um direito conexo.

[16] Salvas algumas incidências resultantes da tutela da obra em globo, como a pretensão de integridade do título em utilizações que venham a ser feitas da obra.

literária, o que já dissemos ser ocorrência rara, que não está em causa quando se contempla o título meramente distintivo.

O título não pode ser assim invocado como fundamento de recusa duma marca, alegando-se que o sinal pretendido como marca constituiria infracção do direito de autor, nos termos do art. 189/1 *h* CPI.

Pelo que, em definitivo, o título distintivo não é por si, no Direito português, fundamento de recusa do registo duma marca.

Fica de fora a hipótese de concorrência desleal, que se não baseia já numa protecção do título em si, mas em eventuais fundamentos doutra ordem.

16. Termo da protecção

A conclusão negativa a que chegámos, sobre a irrelevância do título como motivo de recusa do registo de marca, torna dispensável examinar as causas de extinção da protecção do título.

III – OUTROS DIREITOS

17. Direito ao nome

Outros direitos podem levar à recusa do registo duma marca.

O nome vem previsto como causa de recusa da marca no art. 189/1 *g* CPI: "Nomes individuais ou retratos sem obter permissão das pessoas a quem respeitem e, sendo já falecidas, dos seus herdeiros ou parentes até ao 4.° grau; e, mesmo quando obtida, se produzirem o desrespeito ou desprestígio daquelas pessoas".

O nome que aqui se refere é o nome de pessoa singular, objecto de direito de personalidade. O nome de pessoa colectiva está compreendido na al. *f* do mesmo art. 189/1, já examinada a propósito das denominações empresariais.

O nome é protegido independentemente de qualquer formalidade, como elemento da personalidade. É nesses termos que se enquadra nos direitos não registados que podem ser motivo de recusa.

O impedimento é relativo: expressamente se refere a possibilidade do consentimento. Este, sendo o titular já falecido, será dado pelos parentes ou herdeiros até ao 4.° grau. A lei atribui-se injuntivamente um controlo desse consentimento, quando da utilização do nome resulte o desrespeito ou desprestígio daquelas pessoas[17].

Podem surgir questões particularmente importantes neste domínio em caso de homonímia. Os nomes podem repetir-se. A orientação geral da lei portuguesa é a de admitir a utilização, podendo porém exigir um aditamento distintivo. Do nome de estabelecimento ou insígnia podem constar nomes iguais dos titulares, desde que aquelas firmas ou nomes de estabelecimento perfeitamente se distingam (art. 231/3 CPI).

Semelhantemente, no que respeita à firma, o art. 38 do Dec.-Lei n.° 129/98, de 13 de Maio, sobre o Registo Nacional de Pessoas Colectivas, admite que dela constem nomes de comerciantes iguais aos de outros comerciantes, mas impõe ao novo pretendente alteração ou aditamento distintivo.

Parece assim que o nome individual pode fundar a oposição ao registo de marca do mesmo teor; mas essa impugnabilidade cessa se se apuser aditamento distintivo.

Note-se que o art. 231/2 CPI, relativo ao nome e à insígnia de estabelecimento, dispõe que as autorizações para uso de nome ou distintivos e outras da mesma natureza consideram-se transmissíveis por sucessão legítima, salvo restrição expressa. Este princípio é aplicável por analogia à autorização para uso de nomes de pessoas singulares em marca.

Ocorrendo transmissão de estabelecimento comercial, o art. 44/2 do Dec.-Lei n.° 129/98 dispõe que se pode manter na firma o nome do anterior titular, se este consentir. O princípio parece ser generalizável. Se em qualquer sinal distintivo figurar o nome de uma pessoa, a autorização desta é indispensável para que o direito ao uso do nome se mantenha, em caso de transmissão entre vivos do estabelecimento a outras pessoas.

18. **Direito à imagem**

O mesmo art. 189/1 *g* CPI, que acabamos de examinar, coloca em paralelo com a utilização do nome doutra pessoa, como fundamento de recusa, a utilização do retrato. Aplica-se assim para esta utilização tudo o que dissemos sobre o consentimento.

---

[17] Parece que esse controlo só se deverá verificar em relação ao consentimento dado pelos herdeiros ou parentes. O consentimento dado pelo próprio, se representar diminuição da personalidade, é sempre revogável, nos termos do art. 80 do Código Civil; mas o sujeito deverá nesse caso indemnizar os danos causados ao destinatário da permissão revogada.

O direito à imagem é garantido no art. 26/1 da Constituição e regulado no art. 79 do Código Civil.

Apesar de se lhe não outorgar extensão comparável à que recebe noutras ordens jurídicas, como a brasileira, é seguro que a utilização não consentida da imagem duma pessoa numa marca atinge a personalidade, e por isso é proibida.

Também é aplicável ao uso de imagem o que dissemos sobre a necessidade de consentimento do titular para a autorização do nome alheio em sinal distintivo, após aquisição por terceiro do direito ao sinal distintivo (no caso, à marca). Assim se concretiza o princípio da protecção dos direitos de personalidade mesmo após a morte do titular respectivo (art. 71/1 do Código Civil).

19. Direito de autor

Seguindo a enumeração dos motivos de recusa e de nulidade da marca que podem ser previstos pelas leis nacionais, constantes do art. 4/4 *c* da Directriz n.° 89/104, em matéria de marcas (e do art. 52/2 *a* RMC, para a hipótese de nulidade relativa), o art. 189/1 *h* CPI veda o registo como marcas de sinais que constituem infracção a direito de autor. Portanto, fica excluído que as marcas contenham, no todo ou em parte, obras protegidas, sem autorização do autor.

As obras podem ser literárias ou artísticas.

A utilização de obra literária em marca é excepcional, porque pouco conforme com o carácter conciso desta. Mas pode acontecer: por exemplo, pela apropriação de títulos que representem por si obras literárias. Outra hipótese possível está na integração na marca de lemas ou divisas de carácter publicitário que sejam originais: estes são protegidos por direito de autor, nos termos do art. 2/1 *m* do Código do Direito de Autor e dos Direitos Conexos.

Mais frequentemente será verificável esta situação em relação a obras artísticas. A marca figurativa poderá englobar algo que seja protegido por direito de autor alheio. Da mesma maneira se aplica o princípio da inadmissibilidade, e se não observado este o da invalidade, na falta de autorização do autor.

20. Indicações geográficas

As indicações geográficas são reguladas, em paralelo com as denominações de origem, nos arts. 249 e seguintes CPI.

Não vêm especificamente indicadas como fundamento de recusa da marca no art. 189 CPI. O n.° 1 *h*, ao excluir os sinais que constituam infracção de um direito de propriedade industrial, deixa alguma ambiguidade. A indicação geográfica não dá um exclusivo de utilização do sinal, semelhante ao que dá o direito de autor.

É todavia particularmente importante o art. 189/1 *l*, que refere como impedimento os "sinais que sejam susceptíveis de induzir em erro o público, nomeadamente sobre a ... proveniência geográfica do produto ou serviço a que a marca se destina".

Parece assim que é a possibilidade de indução do público em erro que se torna determinante para a exclusão do registo como marca. Ora, o uso como marca duma indicação geográfica é particularmente adequado para a indução em erro, quando não corresponder à origem real do produto ou serviço.

Todavia, há que distinguir, das indicações geográficas em geral, as indicações geográficas que são objecto de um direito exclusivo. Nos termos dos arts. 249 e seguintes, essas designações são, tal como as denominações de origem, objecto de exclusivo. Mas este direito tem pressupostos formais: depende de registo.

O registo da denominação de origem ou indicação geográfica dá o direito de proibir o uso indevido dessas indicações, nos termos do art. 251 CPI. Mas a lei é pouco clara quanto a um exclusivo resultante do registo. O art. 255/1 remete até a protecção da denominação de origem e da indicação geográfica para as providências decretadas contra as falsas indicações de proveniência, "independentemente do registo e faça ou não parte de marca registada". Essas providências consistem simplesmente na protecção contra a concorrência desleal, prevista no art. 260 *f* CPI para as falsas indicações de proveniência.

Ora, a lei não dispõe em lugar nenhum que não pode ser adoptada como marca uma indicação geográfica, mesmo registada.

Em todo o caso, a indicação geográfica (e pelo menos, seguramente, a denominação de origem) outorga um direito (colectivo) de propriedade industrial. Sendo assim, é aplicável o art. 189/1 *h*, que exclui o registo de sinais que constituam violação de direitos de propriedade industrial.

Mais difícil é a situação perante as indicações geográficas não registadas.

Devemos distinguir duas hipóteses. Ou o produto ou serviço provém daquela região, ou não provém.

Se não provém, funcionará eventualmente o motivo de recusa do art. 189/1 *l* CPI: se o sinal contendo a denominação de origem for susceptível

62   *II Curso de Direito Industrial*

de induzir em erro o público sobre a proveniência geográfica do produto ou serviço, como nesse preceito expressamente se prevê.

Se pelo contrário provém daquela região, e se se pretender registar a indicação geográfica como marca, o que se poderá opor a um registo nessas condições?

A proibição, neste caso, só pode ter por base um motivo absoluto de recusa, pelo carácter genérico do sinal. Trata-se de indicações que podem servir no comércio para designar "a proveniência geográfica" do produto ou do serviço, e que são excluídas pelo art. 166/1 *b* CPI. Isso implica porém que a indicação geográfica seja relevante para a valoração do produto ou do serviço.

A indicação geográfica, mesmo não registada, pode assim funcionar como impedimento ao registo de uma marca que a reproduza ou se confunda com ela [18].

21. **Desenhos e modelos e outros direitos industriais**

Segundo a lei portuguesa, os desenhos e modelos, para serem protegidos, dependem de registo. Não há protecção de desenhos ou modelos não registados, fora da que resulte da concorrência desleal [19].

O mesmo devemos dizer em geral de todos os direitos industriais: a lei pressupõe sempre o registo. Nesse sentido, não entrariam nesta categoria dos direitos não registados que fundamentam a oposição.

Fora disso só poderiam restar as indicações de proveniência, que como acabamos de dizer são protegidas independentemente de registo: mas não são verdadeiros direitos industriais, porque só recebem a tutela correspondente à concorrência desleal.

No que respeita aos sinais não registados, basta-nos o que dissemos no número anterior. Só são impeditivos do registo de marca, na falta de disposição especial, se esse registo representar ou preludiar acto de concorrência desleal, e particularmente de indução do público em erro.

Quanto aos outros direitos registados, depende de saber se o seu conteúdo de protecção impede o registo de um sinal que com eles se confunda, o que só pode ser apreciado caso por caso.

---

[18] Possíveis excepções respeitarão a indicações geográficas que, pela sua limitação, perdem o carácter genérico: quando não sejam susceptíveis de indicar mais que um operador concorrente.

[19] Bem como, evidentemente, da eventual tutela por direito de autor.

Quanto aos desenhos e modelos, estão regulados nos arts. 139 e seguintes CPI, sob a designação "Modelos e desenhos industriais". É então protegida a forma, sob o ponto de vista geométrico ou ornamental (art. 139/2).

O modelo ou desenho registado, se for incorporado por outrem em marca que pretenda registar, suscita o motivo de recusa constante do art. 189/1 *h*, uma vez que constitui um direito de propriedade industrial.

Se não estiver registado, pode ainda assim suscitar a objecção fundada no direito de autor, se satisfizer os requisitos necessários: uma vez que a tutelabilidade como desenho ou modelo não exclui por si a tutela do direito de autor (art. 2/1 *i* do Código do Direito de Autor e dos Direitos Conexos)[20].

Em posição semelhante ao desenho ou modelo está o *logótipo*, regulado nos arts. 246 a 248 CPI. São-lhe aplicáveis as disposições relativas à insígnia.

O logótipo tem condições particularmente favoráveis para ser adoptado como marca. É assim mais um direito exclusivo e formal previsto pela lei portuguesa. Aplica-se-lhe o regime que para estes foi sendo delineado. Cabe directamente no art. 189/1 *c* CPI, que manda recusar o registo de sinais que constituam infracção de direitos de propriedade industrial.

22. **Obtenções vegetais**

As obtenções vegetais são reguladas em Portugal fundamentalmente pelo Dec.-Lei n.º 213/90, de 28 de Junho. É anterior ao Regulamento comunitário n.º 2100/94, de 27 de Junho, sobre a mesma matéria.

Embora introduza o que representa substancialmente um direito industrial, este foi mantido fora do Código da Propriedade Industrial. Administrativamente, não está sob a alçada do INPI, mas de uma entidade que recebe a designação de CENARVE. Não foram estabelecidas pontes entre esta matéria e os diplomas sobre propriedade industrial.

Não sabemos que em Portugal tenha sido discutido que o direito de propriedade industrial relativo às obtenções vegetais seja obstáculo ao registo de uma marca.

O art. 63 do Regulamento n.º 2100/94 regula a denominação das variedades, que deverá ser aprovada pelo Instituto Comunitário das Obten-

---

[20] O art. 142 CPI só exclui a tutelabilidade de obras de arte pura como desenhos ou modelos industriais.

ções Vegetais. O art. 17/1 prevê que a essa denominação esteja associada uma marca. O art. 18/1 limita o direito que tenha sido concedido em relação a uma designação para impedir a livre utilização dessa denominação em relação àquela variedade.

Nada disto foi retomado no direito interno português, e por isso não há especialidades a anotar.

Em todo o caso, salvo solução especial decorrente dos instrumentos comunitários, o registo como marca do nome de uma variedade vegetal defronta dois tipos de dificuldades:

- o direito do obtentor vegetal, que é qualificável como direito de propriedade industrial
- o carácter genérico do nome da variedade vegetal, que é incompatível com a apropriação deste como marca.

23. **Problemática da oposição com fundamento em concorrência desleal**

Referimos a configuração básica do instituto da concorrência desleal em Portugal[21].

No direito português, a concorrência desleal funciona ainda como obstáculo à obtenção de um direito industrial. O art. 25/1 *d* CPI, que já citámos, considera fundamento de recusa do registo "o reconhecimento de que o requerente pretende fazer concorrência desleal, ou de que esta é possível independentemente da sua intenção".

Com esta base, será admissível que, na tramitação em Portugal do registo de uma marca comunitária, seja objectado que o requerente se propõe com a marca pretendida fazer concorrência desleal a um operador em Portugal, ou que esta é possível independentemente da sua intenção?

A concorrência desleal resultará normalmente da confusão das marcas, que é prevista na legislação nacional e comunitária como motivo autónomo de recusa. Mas pode fundar-se noutras causas. Assim, uma marca pode conter elementos que representem agressão a um concorrente, em termos de constituírem concorrência desleal.

O princípio é o de que a objecção, resultante do direito nacional, é oponível à pretensão de marca comunitária. Deverá pois levar a que o pedido de marca comunitária seja recusado.

---

[21] *Supra*, n.º 11.

A dificuldade reside porém em o Regulamento, ao enunciar os motivos de recusa, não prever entre estes a perspectiva de através da marca se realizar concorrência desleal, como o faz a lei portuguesa.

Deverá então perguntar-se se caberá ainda, mediante uma interpretação extensiva, no art. 8/4 RMC.

Prevê este a oposição do titular de um sinal utilizado na vida comercial, de alcance não apenas local, que confira ao titular o direito de proibir a utilização de uma marca posterior.

A concorrência desleal não pressupõe no concorrente atingido o direito a um sinal distintivo; mas confere-lhe, em Portugal, o direito de se opor à aquisição de um direito à marca por terceiro.

Se este elemento for considerado o decisivo, a concorrência desleal previsível representa um fundamento de oposição, na ordem jurídica portuguesa.

Esta conclusão defronta evidentes dificuldades textuais. Mas tem a escudá-la a relevância que a prevenção da concorrência desleal não pode deixar de merecer na comunidade europeia.

Aliás, a questão será retomada a propósito das causas de invalidade. O art. 52/2 considera causa de nulidade relativa o facto de a marca poder ser proibida por força de outro direito anterior... A concorrência desleal não atribui direitos subjectivos aos lesados: mas não porá em causa a validade da marca que seja base desse tipo de concorrência?

De facto, se se concluir que se pode questionar uma marca já constituída, por maioria de razão se pode invocar a (previsível) concorrência desleal como motivo que deva conduzir à recusa da marca.

Diríamos por isso que do art. 14/2 RMC deve resultar a relevância da concorrência desleal, também para impedir a concessão da marca comunitária.

E isto tem a reforçá-lo o facto de o motivo nacional invocado não ser de modo algum estranho à ordem comunitária. Não obstante a falta de referência expressa no Tratado, pode estabelecer-se o princípio de que a livre concorrência comunitária, que se deseja, é também a concorrência leal.

Na disciplina das marcas, que é disciplina da concorrência, não pode deixar de intervir a preocupação de salvaguardar a lealdade da concorrência.

Fica assim enunciada a possibilidade de a previsível concorrência desleal ser encarada em Portugal como obstáculo à aquisição de uma marca comunitária.

B – DIREITO NACIONAL APLICÁVEL À VIOLAÇÃO DA MARCA COMUNITÁRIA

24. Limites nacionais de protecção da marca comunitária: 1) Preclusão de pretensões emanadas da marca comunitária

O art. 215 CPI estabelece a preclusão (*Verwirkung*) por tolerância de uma marca registada posterior. Os pressupostos são correspondentes aos do art. 9/1 da Directriz n.° 89/104, pelo que dispensam um exame aprofundado.

Nos termos do art. 4/2 desta directriz, nas "marcas posteriores" abrangem-se as marcas comunitárias. A referência à marca comunitária posterior entender-se-á portanto neste sentido também.

O n.° 2 do art. 215 CPI esclarece que o prazo é de caducidade, portanto, que não é susceptível de interrupção nem de suspensão; e que se conta a partir do momento em que o titular conheceu ou devia ter conhecido esse uso. O art. 53 do Regulamento n.° 40/94, bem como o art. 9/1 da Directriz, referem apenas o conhecimento efectivo.

O art. 215/3 esclarece que o titular da marca registada anterior não está então impedido de prosseguir a utilização desta, em termos análogos aos constantes dos instrumentos comunitários. Portanto, dá-se a caducidade das pretensões que poderiam ser dirigidas contra quem utiliza a marca.

O art. 8/2 da Directriz admite que os Estados estendam a preclusão por tolerância a outras situações, além das previstas no art. 4/2. São estas:

1) as de nulidade contempladas no art. 4/4 *a*: marca comunitária de prestígio anterior idêntica ou semelhante a marca nacional posterior, se esta procurar, sem justo motivo, tirar partido da marca comunitária anterior ou possa prejudicá-la;
2) outro direito anterior previsto no art. 4/4 *b*: marca não registada ou outro sinal que confira o direito de proibir a utilização de marca posterior;
3) outro direito anterior previsto no art. 4/4 *c*: nomeadamente os direitos ao nome, à imagem, de autor e de propriedade industrial.

A disciplina destas várias situações no Direito português não é idêntica.

No que respeita à *marca comunitária de prestígio* na Comunidade, a situação é categórica se essa marca estiver registada: o art. 215 CPI abrange toda a marca anterior *registada*.

Se não estiver registada, parece aplicar-se o art. 53/2 do Regulamento n.° 40/94, que estabelece a preclusão por tolerância se o titular de outro sinal anterior referido no art. 8/4 se não tiver oposto... Este prevê marca não registada ou outro sinal utilizado na vida comercial que confira o direito de proibir a utilização de uma marca posterior.

É o que se passa no caso de uma marca que goza de prestígio na Comunidade. Não se esqueça que o art. 53/2 exige o conhecimento do uso da marca posterior pelo titular do direito anterior, não havendo nenhum motivo para que esse conhecimento não releve quando está em causa o titular de uma marca de prestígio.

Se não se entendesse assim, então haveria que considerar a aplicabilidade a estas marcas dos princípios gerais sobre preclusão (*Verwirkung*), de que falaremos a seguir.

Já no que respeita a *sinais não registados* que confiram ao titular o direito de proibir a utilização de uma marca posterior, a situação não se verifica no direito português em relação a marcas, uma vez que a protecção depende do registo. Outros sinais distintivos não registados não dão por si o poder de oposição: quando muito será possível invocar a concorrência desleal. Mas então, a extinção do direito de oposição só poderá dar-se nos termos da concorrência desleal, e não nos do direito dos sinais distintivos.

A previsão do art. 215/1 CPI não é também extensiva a *outros direitos* contemplados no art. 4/4 *c* da directriz, uma vez que se limita às marcas registadas. Se esses direitos são ou não susceptíveis de preclusão por tolerância, só pode resultar de uma análise categoria por categoria.

Não há para outros direitos previsões tópicas de preclusão. Mas a categoria geral da preclusão (*Verwirkung*) não depende de previsão específica. Nesses casos, porém, é aplicável o regime geral da preclusão, e não o regime específico estabelecido no art. 215. Daí resultará ou não a admissibilidade da preclusão por tolerância em consequência do não exercício do direito de oposição, com consciência da utilização alheia.

O art. 107/1 do Regulamento n.° 40/94 prevê a existência de direitos anteriores de âmbito local. O n.° 2 prevê a preclusão por tolerância na circunscrição em causa. Não há porém em Portugal direitos industriais exclusivos de âmbito local. O direito registado tem sempre um âmbito de protecção nacional[22].

---

[22] Já se não passa assim em relação à denominação social, mas esta respeita a outras entidades, como associações e fundações. Nos termos do 36/3 *b* do Registo Nacio-

68   *II Curso de Direito Industrial*

A preclusão por tolerância tem o efeito adicional de excluir a possibilidade de o titular do direito anterior proibir o uso da marca comunitária. Só se pode proibir o uso quando se puder pedir a invalidade, como resulta do art. 106/1 do Regulamento n.º 40/94.

25. 2) **Prescrição**

O art. 214 CPI prevê a anulabilidade do registo da marca. Corresponde aos casos em que há um motivo de recusa da marca que podia ser ultrapassado, mesmo que graças a uma autorização.

O prazo estabelecido para pedir a anulação é de 10 anos, a contar da data da concessão do registo (n.º 5).

A chamada *prescrição* está assim ligada, na lei portuguesa, a uma situação de invalidade; e mais particularmente, à pretensão de pedir a anulação da marca.

Porém, o direito de pedir a anulação da marca registada de má fé não prescreve (n.º 6).

No que respeita à *invalidade,* a lei portuguesa não adopta a técnica utilizada no Regulamento da Marca Comunitária e na Directriz sobre a marca. Estes falam antes em *nulidade absoluta e relativa* (arts. 51 e 52 do Regulamento e 3 e 4 da Directriz).

A directriz estabelece também a correspondência entre os motivos de recusa e as causas de invalidade, se o registo tiver não obstante sido efectuado (arts. 3/1 e 4/1). Esta correspondência não é proclamada na lei portuguesa. Aliás, esta última não prevê sequer expressamente a nulidade da marca.

A diversidade é antes de mais de técnica jurídica. A lei portuguesa não prevê a nulidade porque parte justamente da correspondência entre os motivos de recusa e a nulidade (se porventura o registo da marca for, não obstante, lavrado), quando aqueles se fundarem em disposições imperativas ou de ordem pública, provocando assim nulidade a sua violação (art. 294 do Código Civil).

Mais difícil é o entendimento da *nulidade relativa.* Por nulidade relativa deveria entender-se, na técnica portuguesa, uma nulidade e não anulabilidade; mas nulidade que só poderia ser invocada por alguém par-

---

nal de Pessoas Colectivas, aprovado pelo Dec.-Lei n.º 129/98, o exclusivo atribuído é local ou regional, consoante o âmbito estatutário de acção dessas entidades.

ticularmente legitimado. Não obstante, a doutrina portuguesa sobre a marca comunitária, dentro dos seus quadros, tende a entender a nulidade relativa da marca como uma anulabilidade, que se sanaria se não fosse arguida dentro de certo prazo[23].

Se o registo foi realizado de má fé, a acção não prescreve, estabelece o n.º 6. Este efeito consta também do art. 51/1 *b* do RMC, mas integrando a figura na nulidade absoluta; o que não parece conforme com a lei portuguesa.

De facto, torna-se difícil qualificar justamente a invalidade própria do registo da marca feito de má fé. Essa não prescreve, desde já por força da Convenção de Paris. Pareceria assim haver uma nulidade, e o art. 51/1 *b* RMC considera-a uma nulidade absoluta. Porém, se o critério distintivo consistir antes de mais em estar na origem da nulidade absoluta uma regra de interesse e ordem pública, e da relativa um interesse particular, então a divisão dos arts. 51 e 52 já não corresponderia integralmente a este critério.

Há de todo o modo uma discrepância da técnica comunitária em relação à da lei portuguesa, que se funda na distinção entre nulidade e anulabilidade[24]. Como resolvê-la?

As causas de extinção da marca comunitária são reguladas pelo RMC. Mas **a prescrição, como extinção da faculdade de oposição a uma marca nacional, é regulada pelo direito nacional**. A marca comunitária não é extinta mas, ocorrida a prescrição, é forçada a admitir a coexistência da marca nacional.

Temos assim que a pretensão de extinção da marca nacional, por parte do titular da marca comunitária, se extingue 10 anos após a data da concessão do registo (salvo havendo má fé).

Como se não trata da extinção de uma marca comunitária, não se aplicam os arts. 51 e 52 RMC. Não há uma competência exclusiva dos tribunais de marcas comunitárias (art. 93 RMC); e a invocação da prescrição não tem de ser feita em reconvenção[25]. Pode intentar-se uma acção em qualquer tribunal nacional para obter a declaração de a anulabilidade ter sido sanada.

---

[23] Cfr. por exemplo Américo da Silva Carvalho, *Marca Comunitária. Os Motivos Absolutos e Relativos de Recusa*, Coimbra Editora, 2000, n.os 50 a 52, por exemplo.

[24] Esta distinção não corresponde à da *Nichtigkeit* e *Anfechtbarkeit* da lei alemã. Esta última corresponde mais à impugnabilidade da lei portuguesa.

[25] Pelas mesmas razões, a acção não poderá ser intentada no Instituto de Harmonização do Mercado Interno.

Porém, se for intentada uma acção de nulidade da MN, com base na MC, o titular desta pode excepcionar a prescrição.

26. 3) **Caducidade**

Para além da prescrição, há que contar ainda com a *caducidade*. As principais causas de caducidade das marcas comuns fundam--se em:

– falta de pagamento de taxas (art. 36/1 *b* CPI)
– falta de declaração de intenção de uso, se a caducidade for reque-rida por qualquer interessado (art. 195/3)
– falta de uso sério durante seis meses consecutivos (art. 216/1 *a*)
– a marca ter sofrido alteração que prejudique a sua identidade (art. 216/1 *b*)
– a marca ter-se transformado na designação usual no comércio do produto ou serviço para que foi registada, em consequência da actividade ou inactividade do seu titular (art. 216/2 *a*)
– a marca tornar-se susceptível de induzir o público em erro (art. 216/2 *b*).

Além disso, há causas especiais de caducidade da marca colectiva (art. 216/3) e da marca de base (art. 216/4). Deixamo-las para o número subsequente.

Destas causas, é inaplicável à marca comunitária a declaração da intenção de uso. A M.C. produz os mesmos efeitos em toda a Comunidade, não podendo assim sofrer os efeitos de um procedimento estabelecido por um direito nacional para as suas marcas nacionais.

Quanto à falta de pagamento de taxas, é prevista no RMC, mas os seus efeitos são apenas os estabelecidos no RMC.

Restam as outras quatro causas, que são de natureza substantiva.

Três delas têm correspondente nas previsões do RMC:

– a falta de uso sério
– a transformação na designação usual do produto ou serviço
– a susceptibilidade superveniente de indução do público em erro.

Diferente é a situação no respeitante à hipótese de a marca ter sofrido alteração que prejudique a sua identidade (art. 216/1 *b* CPI).

O RMC não prevê esta eventualidade como causa de extinção da marca. O art. 48 determina que a marca comunitária não será modificada, admitindo embora alterações do nome e do endereço do titular, que não afectem substancialmente a identidade da marca. Os terceiros que se sintam afectados pela modificação podem contestar o registo desta.

Temos pois que no Regulamento comunitário o uso da marca alterada não é, ao contrário do Direito português, causa de caducidade da marca primitivamente registada.

Dados os princípios gerais sobre repartição de competências das regras comunitárias e das regras nacionais, são as regras comunitárias que prevalecem, se porventura se verificar alguma discrepância entre aqueles regimes. O enunciado das causas de invalidade dos arts. 51 e 52 do RMC deve ser considerado taxativo.

É o que estabelece o art. 96/1 RMC: o pedido reconvencional de extinção ou de nulidade só pode ser fundamentado nos motivos de extinção ou de nulidade previstos no regulamento. Portanto, a M.C. é imune às causas de extinção que atinjam apenas as marcas nacionais.

27. Outros limites

É difícil encontrar em Portugal outros limites da protecção da marca, que não sejam os que derivam já dos instrumentos comunitários, e portanto a que a marca comunitária não esteja já directamente sujeita.

Entre os fundamentos da recusa o art. 189/1 *j* CPI inclui "as expressões ou figuras contrárias à moral ou ofensivas da legislação nacional ou comunitária ou da ordem pública".

A contrariedade à moral (bons costumes) ou à ordem pública são acolhidas como motivo absoluto de recusa no art. 7/1 *f* do Regulamento n.º 40/94 [26].

A *ofensa da legislação nacional*, que é o que interessa, é uma restrição vaga e vastíssima. Mas não se lhe encontra conteúdo. Não se vê que outra restrição possa estar aqui compreendida, que reduza o acatamento da marca comunitária. Tem apenas o sentido (afastadas as restrições derivadas da ordem pública e dos bons costumes) de representar uma norma remissiva em branco, para eventuais normas injuntivas que venham a constar de outras leis.

---

[26] Diríamos não dever ser admitida a marca que contrarie a ordem pública ou os bons costumes de qualquer dos Estados-membros.

28. A marca colectiva e a marca de base

Os arts. 64 a 72 RMC prevêem ainda as marcas comunitárias colectivas e as respectivas causas de caducidade e de invalidade.

1. *Marca colectiva*

O CPI prevê também a marca colectiva, nos arts. 172 a 176. Mas a marca colectiva divide-se em marca de associação e marca de certificação. Enquanto a marca de associação corresponde à marca colectiva do RMC, a marca de certificação é pertença de uma pessoa colectiva (que pode não ser associação) que controla aqueles produtos ou serviços ou que estabelece normas a que estes devem obedecer. Esta última categoria está já fora das previsões da marca comunitária.

Os arts. 71 e 72 RMC prevêem novas causas de extinção e de invalidade aplicáveis às marcas colectivas, para além das causas gerais.

O art. 216/3 CPI prevê a caducidade da marca colectiva:

– se deixar de existir a pessoa colectiva a favor de quem foi registada

– se essa pessoa consentir que a marca seja usada de modo contrário aos fins gerais ou às previsões estatutárias.

A segunda causa corresponde fundamentalmente à do art. 71 *a* RMC. A primeira – extinção da pessoa colectiva titular – não está prevista no Regulamento, mas não pode, por natureza, deixar de funcionar também como causa de extinção.

Fora disto, também em relação à marca colectiva as causas de extinção da marca comunitária são as do RMC, e não as da lei nacional.

2. *Marca de base*

O CPI prevê também a marca de base, nos arts. 177 a 180. É uma marca que identifica a origem comercial ou industrial de uma série de produtos ou serviços de uma empresa de actividades múltiplas ou de um grupo de empresas. Não tem correspondente na marca comunitária, pelo que dispensa um exame específico.

29. Sanções

1. *Sanções civis*

As violações em matéria de marcas sujeitam o infractor a responsabilidade civil (na medida em que esta se possa considerar como revestida também de carácter sancionatório). Será considerada a seguir.

É também aplicável a figura genérica da *sanção pecuniária compulsória*, prevista no art. 829-A do Código Civil. Esta aplica-se às prestações de facto infungíveis, positivas ou negativas. O devedor pode ser condenado ao pagamento de uma quantia pecuniária por cada dia de atraso no cumprimento ou por cada infracção. É uma reacção muito apropriada para violações da marca que se receiem.

2. *Sanções criminais*

A reacção típica da ordem jurídica portuguesa à violação de direitos intelectuais é a criminal.

O Código da Propriedade Industrial de 1995 discriminou em relação ao CPI de 1940, criando ao lado das sanções criminais as correspondentes ao ilícito de mera ordenação social (*Ordnungswidrigkeiten*).

O tipo penal básico é o do art. 264 – Contrafacção, imitação e uso ilegal da marca.

Aí se especificam vários modos de lesão do direito de marca, procurando-se abranger exaustivamente todas as modalidades. A penalidade é a prisão até dois anos ou multa até 240 dias. Mas a mera comercialização dos produtos é punida com prisão até um ano e multa até 120 dias. Não se distingue se a actividade ilícita tem ou não carácter empresarial. Exige-se o elemento subjectivo da ilicitude, consistente na intenção de causar prejuízo a outrem ou de alcançar um benefício ilegítimo.

No que respeita à tentativa, aplicam-se os princípios gerais. Mas é específica da violação de marca a incriminação dos *actos preparatórios*, no art. 265 CPI. Exige-se a intenção de preparar a execução de qualquer das condutas incriminadas. Tipifica-se a fabricação, importação, aquisição ou guarda dos sinais constitutivos de marcas registadas (etiquetas, por exemplo). A pena é a de prisão até um ano ou multa até 120 dias.

Os crimes contra a propriedade industrial são crimes públicos.

Aplicam-se ainda disposições gerais sobre as infracções anti-económicas, por força do art. 258 CPI, que remete para o Dec.-Lei n.° 28/84, de 20 de Janeiro, como direito subsidiário. Especifica mesmo a responsabilidade criminal e contra-ordenacional das pessoas colectivas e a responsabilidade por actuação em nome de outrem. Mas em muitos outros aspectos tem relevância aquela remissão, nomeadamente na especificação da chamada *injunção*, prevista no art. 11/1 do Dec.-Lei n.° 28/84: o tribunal pode ordenar ao agente que cesse a actividade ilícita ou, em caso de omissão, que adopte as providências legalmente exigidas.

Aplicam-se também as disposições comuns aos vários crimes contra a propriedade industrial. De entre estas salientamos o art. 266 CPI, que agrava as penas de um terço, nos limites máximo e mínimo, quando os crimes forem praticados ou comparticipados por quem seja ou tiver sido empregado do lesado.

3. *Contra-ordenações*

Quanto aos ilícitos contra-ordenacionais que assentam na violação das regras sobre marcas, são de dois tipos:

a) Uso de marcas ilícitas (art. 269 CPI)

Reprime-se a utilização de marcas com elementos proibidos, por violação de marcas registadas ou não. A punição é a *coima* (a sanção pecuniária da contra-ordenação, correspondente à multa penal).

b) Falta de marca obrigatória (art. 270 CPI)

Sanciona os preceitos que estabelecem a obrigatoriedade do uso da marca (no caso de marca de certificação, por exemplo). É também aplicável uma coima.

4. *Sanções alfandegárias*

Estas sanções constam, quer da legislação geral aduaneira, quer do CPI. Procuram reflectir as regras comunitárias sobre mercadorias em contrafacção, mas de maneira que reclama ainda um aperfeiçoamento.

Do próprio CPI consta o art. 274, epigrafado: "Apreensão pelas Alfândegas".[27]

---

[27] O texto é o seguinte: "1. Serão apreendidos pelas alfândegas no acto da importação ou da exportação todos os produtos ou mercadorias que trouxerem, por qualquer forma directa ou indirecta, falsas indicações de proveniência ou denominação de origem, marcas ou nomes ilicitamente usados ou aplicados ou em que se manifestem indícios de uma infracção prevista neste Código.

2. A apreensão será realizada por iniciativa das próprias autoridades aduaneiras, que avisarão imediatamente o interessado, pessoa singular ou colectiva, permitindo-lhe a regu-

Marca Comunitária e Marca Nacional   75

Embora deficientemente, parece resultar deste preceito que a apreensão oficiosa, se não originar reparação imediata, deverá ser levada a juízo para definitiva apreciação.

30. Responsabilidade civil

O art. 14/2 RMC ressalva a aplicabilidade das disposições dos Estados-membros sobre responsabilidade civil e concorrência desleal[28].

O CPI não contém nenhum preceito que respeite à responsabilidade civil. Mas a admissibilidade desta, em consequência da infracção dos direitos relativos à marca, nunca foi posta em causa. Resulta aliás da previsão geral do art. 257 CPI, que estabelece que "a propriedade industrial tem as garantias estabelecidas por lei para a propriedade em geral".

A responsabilidade civil permite reparar todos os danos patrimoniais causados pela violação do direito sobre a marca registada.

Poderá haver ainda reparação por danos não patrimoniais, chamados *morais*. A este tipo de reparação os tribunais dão crescentemente maior abertura.

A responsabilidade civil supõe o ilícito, e portanto o dolo ou a negligência do agente.

Se não há dolo ou negligência não há dever de indemnizar. Porém, a *desconformidade objectiva* à situação que deveria ter sido observada permite desde logo o recurso a providências de reparação.

Surge assim a acção inibitória ou de cessação, em relação a conduta objectivamente violadora, e a acção de eliminação ou remoção de um estado de coisas que objectivamente contraria o direito à marca. Seja o caso da remoção de sinais distintivos ilicitamente apostos, mesmo que nada haja que reprovar ao agente que os comercializa.

Mas estes meios de defesa, que são estranhos à responsabilidade civil, não têm em Portugal feição diversa da que revestem em geral nos países europeus que participam do sistema romanístico do Direito.

---

larização do objecto da apreensão realizada preventivamente, sem prejuízo todavia das responsabilidades em que já tiver incorrido.

3. A mesma apreensão poderá depois ser confirmada ou de novo requisitada pela competente autoridade judicial, sob promoção do Ministério Público ou a pedido da parte lesada."

[28] Também o art. 54/3 RMC, a propósito do efeito retroactivo da caducidade ou declaração de nulidade, ressalva as regras nacionais sobre responsabilidade civil, e também sobre o enriquecimento sem causa.

31. Concorrência desleal

Falámos já da intervenção da concorrência desleal no domínio da marca.

A propósito das denominações empresariais, que não sejam tuteladas por direitos exclusivos, tivemos mesmo oportunidade de expor os traços característicos da concorrência desleal, de acordo com o estabelecido no art. 260 CPI[29]. Porque vimos que essas denominações só beneficiam da protecção geral contra a concorrência desleal.

Pusemos já também a questão do eventual funcionamento de uma previsível concorrência desleal em Portugal como impedimento à aquisição de uma marca comunitária[30].

Interessa-nos agora saber qual a repercussão da concorrência desleal sobre uma marca comunitária registada. Se uma marca comunitária que oferece uma base previsível para a concorrência desleal, nos termos do art. 25/1 *d* CPI, for efectivamente registada, será possível pedir a declaração de invalidade desse registo?

Dissemos já que vigora no direito comunitário o princípio que o motivo de recusa da marca, se não observado, se converte em motivo de nulidade: cfr. os arts. 3/1 e 4/1 da Directriz sobre marcas. O mesmo princípio está implícito no art. 56/5 RMC[31].

Temos assim que, se for admitido que a concorrência desleal previsível é causa de recusa da marca, e esta for não obstante concedida, o acto está ferido de invalidade.

Vimos porém que a qualificação da concorrência desleal previsível como causa de recusa da marca comunitária é contestável. Pelo que, prudentemente, vamos também perguntar qual a situação que se depara quando, tendo sido a marca concedida, se verifica que ela é por si, constitutivamente, instrumento de concorrência desleal.

No direito português, as acções fundadas em concorrência desleal poderão, nos termos do direito aplicável, levar à impugnação da marca em si. A relevância dada à concorrência desleal conduz à admissão de um efeito sobre o regime da marca que pode atingir a marca na sua essência.

---

[29] *Supra*, n.º 11.

[30] *Supra*, n.º 23.

[31] É também princípio vigorante no direito português, não obstante a falta de consagração expressa. L. Couto Gonçalves, *Direito de Marcas* cit., 167, exclui justamente o motivo de recusa fundado na concorrência desleal, mas fá-lo com base em raciocínio viciado. Coloca como premissa a validade da marca em consequência do registo, que é justamente o que está em discussão.

A concorrência desleal caracteriza, autonomamente, formas de utilização da marca que sejam contrárias às normas e usos honestos de um ramo de actividade, para usar a fórmula do art. 260 CPI. Pode, com essa base, conseguir-se a declaração de invalidade da marca. A marca nacional que implique estavelmente uma forma de concorrência desleal pode ser anulada.

O art. 52/2 RMC prevê a nulidade relativa da marca quando a utilização desta puder ser proibida por força de um direito anterior...

Como dissemos, a reacção por concorrência desleal não se funda propriamente num direito do concorrente atingido, mas numa reacção ao acto desleal. Todavia, consideramos possível a extensão deste preceito, ainda que a concorrência desleal não fosse motivo de recusa da concessão da marca. A ligação da disciplina da marca à concorrência desleal é tão forte que leva Koppensteiner a considerar que a harmonização do direito das marcas pode ser considerada como parte do direito da concorrência desleal a nível europeu[32]. Seria por isso contraditório que não houvesse meios de reagir contra uma marca, obtida na comunidade, que estavelmente fundasse concorrência desleal a outro operador.

Vamos porém mais uma vez supor que não é assim e que não é possível, com assento no art. 52/2 RMC, pedir a declaração de nulidade da marca comunitária com fundamento em concorrência desleal.

Isso não significaria que a concorrência desleal deixasse de poder ser invocada.

É verdade que, neste domínio da invalidade da marca comunitária, os tribunais nacionais aplicam o RMC e não o direito nacional. O art. 96/1 declara expressamente que o pedido reconvencional de extinção ou de nulidade só pode ser fundamentado nos motivos de extinção ou de nulidade previstos no próprio regulamento. Doutra maneira, a marca comunitária ficaria ao sabor de qualquer legislação nacional que previsse causas particulares de extinção.

Mas, por outro lado, há o art. 14/2 do RMC, que não exclui que sejam intentadas acções respeitantes a marcas comunitárias com base no direito dos Estados-membros, nomeadamente em matéria de responsabilidade civil e de concorrência desleal.

As acções com base em responsabilidade civil dirigem-se a um efeito, a condenação a indemnizar, que não contende com os efeitos comuns da marca comunitária.

---

[32] Hans-Georg Koppensteiner, *Aspectos da marca comunitária*, in "Boletim da Faculdade de Direito da Universidade de Coimbra", LXXIV (1998), 131-145 (133).

Que acontece porém, se se invocar concorrência desleal contra uma marca comunitária?

As acções que o art. 14/2 prevê não são as acções de nulidade que se intentam perante o Instituto. São as acções a intentar nos tribunais nacionais.

Perante estes, a nulidade da marca comunitária só pode ser invocada como pedido reconvencional, em acção de contrafacção. Estamos agora a supor (o que não é a nossa posição) que esse pedido reconvencional não se poderia fundar na concorrência desleal.

Mas pode pedir-se, em acção autónoma ou em reconvenção, que seja reconhecida a concorrência desleal, mandada cessar a prática que a consubstancia e eliminadas as situações em que se concretize.

A acção de concorrência desleal não conduziria assim a uma declaração de nulidade. Mas neutralizaria a utilização da marca comunitária, em toda a medida em que essa utilização representasse concorrência desleal.

Chega-se ao resultado de uma marca comunitária não poder ser atingida na sua subsistência, mas poder ser paralisada, total ou parcialmente, na medida em que fundar concorrência desleal.

Não é um resultado inteiramente satisfatório. Mas é o resultado possível, se a concorrência desleal previsível não puder funcionar como causa de nulidade da marca comunitária.

32. **Outros aspectos da relação entre violação de marca e concorrência desleal**

Em matéria de concorrência desleal pode suscitar-se ainda a situação recíproca da anteriormente analisada. Pode estabelecer-se concorrência desleal tendo por alvo uma marca comunitária, sem se concretizar uma violação do direito de marca.

Essa concorrência desleal deve ser reprimida pelos meios próprios da ordem jurídica portuguesa, como o seria em relação a actos com o mesmo significado praticados contra marcas nacionais.

Poderá porém ser difícil estabelecer a fronteira entre violação da marca e simples actuação em concorrência desleal.

A dificuldade revela-se na própria lei portuguesa. Assim, o art. 269 *c* qualifica como uso de marcas ilícitas e pune como ilícito de mera ordenação social "usar marcas com falsas indicações sobre a proveniência ou a natureza dos produtos". Mas o que parece estar em causa é a concorrência desleal, e não a violação do direito à marca.

Marca Comunitária e Marca Nacional 79

O mesmo diremos do tipo penal do art. 264/1 *f*: usar marca registada em produtos alheios, de modo a iludir o consumidor sobre a origem dos mesmos produtos. Não há aqui nenhuma violação da marca, há concorrência desleal.

De todo o modo, o critério terá de ser dado pelo mesmo art. 14, agora no n.º 1. Distingue os efeitos da marca comunitária, que são os estabelecidos pelo RMC, e as infracções, que são reguladas pelo direito nacional sobre marcas. É necessário saber o que representa uma infracção de marca.

Parece que o Regulamento vai muito longe nesta noção, como resulta do n.º 2: a responsabilidade civil e a concorrência desleal surgem referidas a seguir. Praticamente todas as situações em que a marca está contida na causa de pedir cairão na competência dos Estados. Assim, um litígio em que se impute ao titular de uma marca comunitária ter utilizado esta em termos de concorrência desleal é da competência dos Estados.

Por maioria de razão assim acontece quando se pratica concorrência desleal sem violar a marca comunitária. Por exemplo, as referências não autorizadas a marca alheia representam no Direito português concorrência desleal e não violação do direito sobre a marca (art. 260 *c* CPI, expressamente). Escapam por isso à competência *ex* RMC.

A jurisprudência portuguesa manifesta por vezes dificuldade em distinguir o que pertence à violação de direitos privativos do que pertence à concorrência desleal [32].

Outros problemas ainda se suscitam no relacionamento do direito da marca e da concorrência desleal. Seja o caso da eventual tutela que poderá ser obtida, antes do registo da marca ou depois da extinção deste. Mas neste caso não há lesão da marca comunitária. São questões que estão fora do âmbito deste relatório.

---

[33] Veja-se o que dizemos na nossa referida *Concorrência Desleal*, a propósito da violação de sinais distintivos.

NOTAS SOBRE LAS LICENCIAS OBLIGATORIAS DE PATENTES

por Alberto Bercovitz
Catedrático de Derecho Mercantil.
Abogado

Existen supuestos en los que concurren razones de interés público que no pueden satisfacerse con la explotación exclusiva que la Ley otorga al titular de la patente, o que no se satisfacen dada la forma en que el titular explota o no explota su derecho exclusivo.

En tales casos la contraposición entre el interés público y el interés privado del titular de la patente puede solucionarse a través de instrumentos jurídicos diversos.

Una primera forma de solucionar esa contradicción consiste en excluir, en la propia Ley, determinadas actuaciones del ámbito de protección de la patente. Se trata por tanto, de exclusiones legales como las que se refieren a los actos con fines experimentales, a la preparación de medicamentos realizada en farmacias extemporáneamente o a la utilización de objetos patentados en medios de locomoción que penetran temporalmente en el territorio en que rige la Ley de Patentes. Este es el supuesto previsto en el artículo 52 de la Ley de Patentes española que se corresponde con lo dispuesto también en el proyecto de Convenio sobre la patente comunitaria.

En otros casos puede utilizarse una institución jurídica de carácter general como es la expropiación forzosa.

Pero existen dos instrumentos peculiares de la legislación sobre patentes, como pueden ser la caducidad y la licencia obligatoria. En efecto, cuando concurren determinados supuestos el legislador puede otorgarles la consideración de causas de caducidad o de otorgamiento de licencias obligatorias.

Entre estas dos figuras jurídicas, la caducidad y la licencia obligatoria, se ha impuesto esta última como solución más justa y equilibrada para los intereses en juego. En efecto, a través de la licencia obligatoria puede llevarse a cabo, sin necesidad de la autorización del titular de la patente, una explotación de ésta que satisfaga al interés público; pero sin embargo el titular mantiene su derecho a recibir una remuneración adecuada por la explotación que se lleve a cabo.

Teniendo en cuenta estas consideraciones, no puede extrañar que la licencia obligatoria se haya convertido en un instrumento de gran importancia dentro del Derecho de patentes, como medio para equilibrar el interés privado del titular con los intereses públicos contrapuestos al mismo.

Naturalmente al hacer referencia a la licencia obligatoria lo que se está es mencionando una licencia que se concede sin el consentimiento del titular de la patente y que es otorgada por la autoridad pública que tenga competencia en la materia. En ese acto de concesión de la licencia por la autoridad pública habrán de determinarse los elementos esenciales de la autorización que se concede, en particular la remuneración que deba pagarse al titular de la patente y las garantías, tanto financieras como tecnológicas, que debe aportar el licenciatario para poder proceder a la explotación de la patente en base a la licencia que se le concede. La licencia obligatoria constituye por tanto un supuesto de contrato forzoso.

Esto significa, por consiguiente, que no es licencia obligatoria en sentido propio aquella en la que hay algún tipo de oferta o de consentimiento por parte del titular de la patente, aún cuando esa oferta o ese consentimiento haya sido dado para impedir la aplicación de alguna sanción como pueda ser la caducidad, el otorgamiento de una licencia obligatoria o sanciones vinculadas a la aplicación de la legislación antitrust.

La institución de las licencias obligatorias aparece reconocida en el art. 5.A del Convenio de la Unión de París (CUP). Se introdujo como medio para evitar fundamentalmente que la falta de explotación de la patente en el territorio del Estado donde ésta había sido otorgada diera lugar a la caducidad de la patente. No se olvide, a título de ejemplo, que en la Ley inglesa de patentes de 1907, la sección 27 ya imponía la obligación de explotar la patente en medida suficiente para satisfacer la demanda en el mercado inglés. Y en base a esa norma se revocaron diversas patentes por insuficiencia de explotación.

Para evitar, por tanto, una solución tan drástica como es la de caducidad o revocación de la patente por falta de explotación, en las sucesivas revisiones del CUP no sólo se introdujo la figura de la licencia obligatoria, sino que además se impusieron limitaciones a la concesión de las mismas; y sobre todo, se condicionó la posible caducidad o revocación de la patente por falta de explotación a la previa concesión de una primera licencia obligatoria dos años antes como mínimo de que la caducidad pudiera ser declarada.

La regulación contenida en el artículo 5.A CUP preveía la concesión de licencias obligatorias para prevenir los abusos que pudieran resultar del ejercicio del derecho exclusivo de patente, pero entre los posibles abusos sólo mencionaba de forma expresa la falta de explotación. Es decir, que la concesión de licencias obligatorias estaba prevista fundamentalmente como sanción posible por la falta de explotación de la invención patentada.

Pero se imponían limitaciones importantes, como ha expresado anteriormente, a la concesión de esas licencias obligatorias. En primer término, la licencia por falta o insuficiencia de explotación no puede solicitarse antes del transcurso de un plazo de cuatro años desde la presentación de la solicitud de patente o de tres años desde la concesión de la misma, computándose solamente el plazo que terminara más tarde.

En segundo lugar, la licencia obligatoria no puede concederse si el titular de la patente justifica su falta de explotación por la concurrencia de excusas legítimas.

Y por último la licencia obligatoria ha de ser no exclusiva y sólo puede transmitirse con la parte de la empresa en la que se explote la licencia.

Esta regulación, centrada en las licencias obligatorias por falta o insuficiencia de explotación de la patente planteaba serios problemas desde diversos puntos de vista.

Por un lado, hay supuestos en los que sin existir un abuso del titular de la patente, puede concurrir un interés público que justifique la necesidad de otorgar licencias obligatorias. Se trata de supuestos en los que el interés público se refiere a las necesidades de la sanidad, de la defensa o en los casos también de dependencia de patentes.

Por otra parte, dentro de la noción del abuso del titular de la patente hay una pluralidad de supuestos que no están específicamente contemplados en la norma del CUP. Es el caso de los abusos que constituyen violación de las normas antitrust, o también cuando la negativa del titular de la patente a otorgar licencias impide atender adecuadamente mercados de exportación o constituye una remora importante para el desarrollo económico o tecnológico del país.

A pesar de todo, no cabe duda de que la referencia genérica contenida en el art. 5.A CUP a los supuestos de los abusos en el ejercicio del derecho exclusivo, puede ser interpretada de una manera amplia, de tal forma que siempre que el titular rechazara una oferta de licencia voluntaria para satisfacer una necesidad de interés público, existiría el abuso justificador del otorgamiento de la licencia obligatoria.

Pero la verdadera dificultad proviene de la limitaciones que se imponen a la concesión de las licencias obligatorias por falta o insuficiencia de explotación de la patente.

Para entender la importancia del problema de las licencias obligatorias por falta o insuficiencia de explotación, hay que tener en cuenta la finalidad que tuvo desde sus orígenes la institución de la patente de invención.

La patente de invención está concebida de tal manera que no sólo incentiva la difusión de las nuevas invenciones, mediante la descripción contenida en la solicitud de patente, sino que está concebida para incentivar la explotación de las invenciones patentadas. Ello es así, porque si el titular de la patente no explota la invención, entonces no obtiene compensación ninguna por el hecho de haberla difundido. Si el titular de la patente quiere obtener algún beneficio, tiene que explotar la invención patentada. Por lo tanto, la idea de que la invención patentada tiene que ser explotada está vinculada de forma indisoluble al mecanismo a través del cual opera el derecho exclusivo.

Lo que ocurre es que al intensificarse el comercio internacional surgió la posibilidad de explotar la invención patentada en el territorio del Estado que concede la patente, sin necesidad de ninguna producción industrial dentro del mismo, sino simplemente a través de la exportación de los objetos patentados a ese país. Es decir, que la explotación de la invención patentada puede rendir beneficios, gracias al comercio internacional, no sólo mediante la fabricación en el país, sino también a través de la pura explotación comercial. Y de este modo pueden utilizarse las patentes como medio para reservarse en exclusiva mercados de exportación. Cuando esto ocurre, la patente deja de cumplir una de las finalidades básicas para las que estaba concebida, esto es, el impulso industrial y tecnológico del país. Por ello en las legislaciones de los países desarrollados se imponía en el siglo pasado y a principios de éste la obligación de explotar, bajo sanción de caducidad o revocación de la patente. Y, como ya se ha dicho, fue para evitar esa sanción tan drástica para el titular de la patente, por lo que se introdujo la figura de la licencia obligatoria en el art. 5.A del CUP, como medida previa imprescindible para poder decretar la caducidad o revocación de la patente.

Pero como ya se ha dicho las limitaciones establecidas en el CUP impedían un efectividad práctica de la institución de las licencias obligatorias. Fundamentalmente la exigencia de que la licencia obligatoria sea no exclusiva crea graves problemas para que pueda existir un interés en obtener tales licencias.

En efecto, si el licenciatario obligatorio no tiene la exclusiva de explotación, se enfrenta con el riesgo de hacer una inversión abocada al fracaso por su falta de rentabilidad. Ello es así porque el titular de la patente podrá importar al país los productos patentados, para hacer la competencia o para aprovecharse del mercado creado por el licenciatario; e igualmente podrá el titular conceder otras licencias no exclusivas para la fabricación en el propio país, o podrá el mismo comenzar a fabricar, una vez que el mercado haya sido creado por el primer licenciatario obligatorio.

Además, los largos plazos impuestos para que puedan solicitarse las licencias obligatorias también constituyen una remora importante desde el punto de vista de los países que pretenden que las patentes que conceden sirvan de manera efectiva al progreso tecnológico e industrial del país.

Ello explica que en los años 1970 se comenzaran negociaciones en el ámbito de OMPI para una modificación del CUP. Uno de los puntos básicos a modificar, según reclamaban los países en vías de desarrollo, era precisamente el de las licencias obligatorias.

Pero como es sabido la contraposición rotunda de intereses, y consiguientemente de sus posiciones respectivas, entre los países desarrollados y los países en vías de desarrollo llevó a un punto muerto, sin solución posible a las negociaciones para la reforma del CUP. Esa es la razón por la que se llegó a un nuevo convenio internacional como es el Acuerdo sobre los Aspectos de los Derecho de Propiedad Intelectual relacionados con el comercio (ADPIC), suscrito como anexo al Acuerdo por el que se establece la organización mundial del comercio.

El Convenio ADPIC permitió superar el punto muerto de las negociaciones del CUP, porque se cambió totalmente el objeto de la discusión. En el ámbito de la reforma del CUP se discutía exclusivamente sobre propiedad industrial y allí las posturas era inconciliables. Pero en las negociaciones para el acuerdo sobre la Organización mundial del comercio (OMC) no sólo se negociaba sobre la propiedad industrial, sino sobre el comercio internacional en general. La perspectiva de la negociación cambió por tanto sustancialmente, y también cambió el planteamiento básico, a nivel internacional, de la protección de las patentes y derechos de propiedad industrial. En definitiva, el marco que se creó en el convenio sobre la OMC fue el de intercambiar requisitos de protección de los derechos de propiedad intelectual contra la posibilidad de participar en condiciones más beneficiosas en el comercio internacional de mercancías. Con este nuevo planteamiento, los países en desarrollo tuvieron que aceptar un nivel mucho más alto de protección de los derechos de propiedad intelectual a cambio de beneficiarse de una participación en el comercio internacional de mercancías con supresión de barreras existentes con anterioridad.

Aplicado este nuevo marco a las patentes de invención, la finalidad de éstas no es ya exclusiva o fundamentalmente el impulso tecnológico nacional, sino permitir al Estado que las otorga participar activamente en el comercio internacional.

Por ello, el ADPIC ha cambiado profundamente la regulación a nivel internacional de las diversas modalidades de propiedad industrial, entre ellas, las patentes de invención, y en relación con éstas el tema de las licencias obligatorias tiene ahora un nuevo marco legal internacional que debe tenerse en cuenta de manera muy particular.

Lo primero que llama la atención en el Acuerdo ADPIC es que no se mencionan expresamente a las licencias obligatorias, aunque a ellas se refiere sin duda alguna el art. 31 titulado "otros usos sin autorización del titular de los derechos".

Esta cuestión terminológica refleja el profundo rechazo que los países desarrollados tienen por la institución misma de las licencias obligatorias, hasta tal punto, que no quieren que sean mencionadas expresamente. Pero ello no obsta para que a ellas sea aplicable el artículo 31 al que se está haciendo referencia.

Lo que ocurre es que ese artículo 31, como fruto de una discusión política encarnizada, tiene una redacción confusa y verdaderamente críptica.

En primer lugar, no se limitan expresamente las causas por las cuales pueden concederse licencias obligatorias, aunque algunas de ellas pueden deducirse del propio artículo 31 y del artículo 8°. Así parece claro que podrán concederse licencias obligatorias en todo caso para proteger la salud pública y la nutrición de la población, o para promover el interés público en sectores de importancia vital para el desarrollo socio-económico y tecnológico del propio país (art. 8.1), así como en los casos en que el titular de la patente realice actuaciones abusivas o prácticas que limiten de manera injustificable el comercio o redunden en detrimento de la transferencia internacional de tecnología (art. 8.2). De igual manera parece que el abastecimiento interno del mercado nacional es también otro de los motivos que puede dar lugar a licencias obligatorias (art. 31.f).

Un supuesto que se contempla específicamente es el de licencias obligatorias por dependencia de patentes para los supuestos en que la invención reivindicada en la segunda patente suponga un avance técnico importante de una importancia económica considerable con respecto a la invención reivindicada en la primera patente. En estos casos el titular de la primera patente tiene derecho a una licencia cruzada en condiciones razonables (art. 31.l).

Lo que si impone el art. 31 ADPIC es una serie de requisitos para la concesión de las licencias obligatorias. En primer lugar que la concesión de éstas debe considerarse caso por caso; en segundo término que antes del otorgamiento de la licencia el potencial usuario haya intentado obtener la autorización del titular de los derechos en términos y condiciones comerciales razonables y esos intentos no hayan surtido efecto en un plazo prudencial, salvo en los casos naturalmente de emergencia nacional, de extrema urgencia o de uso público no comercial.

La licencia ha de ser de carácter no exclusivo, no puede cederse salvo con la parte de la empresa que realice la explotación, y la licencia se referirá a usos destinados principalmente a abastecer el mercado interno del Estado que otorgue la licencia. Por supuesto, el titular derechos ha de recibir una remuneración adecuada, y la resolución concediendo la licencia obligatoria debe estar sujeta a revisión judicial.

No parece que la regulación contenida en el TRIPS incida de manera importante en la regulación que sobre la obligación de explotar y las licencias obligatorias se contiene tanto en el Código portugués como en la Ley española de patentes.

Es indudable que procede la concesión de estas patentes en los supuestos de interés público. Igual ocurre en los casos de dependencia de patentes. En este último caso hay que considerar que la negativa del titular de la patente a conceder una licencia para la explotación de una invención en un ámbito comercial distinto de la suya es manifiestamente abusivo.

Y por lo que se refiere a la falta o insuficiencia de explotación y a las necesidades de la exportación, aparte de que la falta o insuficiencia de explotación constituye un abuso, según el propio CUP, parece claro que puede encuadrarse la concesión de licencias en estos casos en las exigencias del desarrollo socio-económico y tecnológico nacional, así como en el rechazo que impone el art. 8° ADPIC a las prácticas que limiten de manera injustificable el comercio o redunden en detrimento de la transferencia internacional de tecnología.

Cabe señalar que supuestos similares de concesión de licencias obligatorias se siguen manteniendo en los ordenamientos de otros Estados de la Unión Europea.

Ciertamente que después de la sentencias del Tribunal de Justicia de las Comunidades Europeas de 18 de febrero de 1992 (Comisión/Reino Unido y Comisión/República Italiana) se estableció ya que la legislación de esos países era incompatible con el Tratado de Roma, al establecer licencias obligatorias por falta o insuficiencia de explotación de las patentes, aunque el mercado estuviera suficientemente atendido con productos importados desde otros Estados miembros de la Unión Europea.

También debe tenerse en cuenta dentro de la jurisprudencia del Tribunal de Justicia de las Comunidades Europeas que los productos introducidos en el mercado en un Estado miembro por un licenciatario obligatorio no agotan el derecho del titular a impedir la importación de esos productos a otros Estados miembros (STJCC Pharmon BV contra Hoechts AG, JO, núm. C 195/3, de 3 de agosto de 1985).

Pero el problema para la concesión de las licencias obligatorias no está tanto en la determinación de las causas por las que tales licencias pueden ser concedidas, como en la efectividad práctica de la concesión de tales licencias. En efecto, la mayor crítica que se hace contra las licencias obligatorias se manifiesta en un doble sentido. Por una parte se dice que en el país más desarrollado industrial y tecnológicamente, como son los Estados Unidos de América, nunca ha existido la obligación de explotar. Y por otra parte se dice que en los países donde están reguladas las licencias obligatorias, de hecho no se conceden tales licencias o se conceden en un número muy escaso.

La referencia a los Estados Unidos de América lo que pone de manifiesto es que en los países muy desarrollados, con un alto grado de competencia industrial y tecnológica, es el propio mercado el que impone a las empresas la explotación de sus inventos. Por tanto, está claro que las licencias obligatorias por falta de explotación cumplen fundamentalmente una función en aquellos países en que por sus circunstancias concretas no hay un mercado tecnológico e industrial desarrollado y competitivo.

En cuanto a la escasez de licencias obligatorias concedidas en los países donde están reguladas cabría realizar algunas consideraciones.

En primer término, no es sencillo en general la explotación de las invenciones patentadas contando exclusivamente con la descripción que aparece en las solicitudes y en las patentes ya concedidas. Al no disponer del Know-how necesario el licenciatario obligatorio, en muchos de los casos no tiene ninguna perspectiva de rentabilidad la posible obtención de la licencia obligatoria.

Si a ello se une la imposibilidad de conceder licencias obligatorias exclusivas, se comprende, por las razones que se indicaron anteriormente, que en efecto nadie quiera arriesgar inversiones para un mercado que una vez creado puede ser explotado por otros o en unas circunstancias en las que habrá que competir con los productos importados desde el extranjero con autorización del propio titular de la patente.

Bien es cierto, que hay que señalar que en el ámbito de las patentes químico-farmacéuticas estas dificultades a menudo no son suficientes, de manera que por la simple descripción puede producirse el fármaco correspondiente y en ocasiones la diferencia de precios es de tal magnitud que al licenciatario obligatorio le compensa sin duda la obtención de su licencia.

Por último no cabe olvidar que la simple existencia de la posibilidad de obtener licencias obligatorias produce sin duda indirectamente una posición de los titulares de patentes más favorable al otorgamiento de licencias voluntarias, para evitar precisamente que a falta del otorgamiento voluntario de la licencia le sea impuesta a ésta de manera obligatoria.

Partiendo de todas estas consideraciones, se estructuró en la Ley española de patentes el procedimiento para la concesión de las licencias obligatorias, con la idea de estimular la concesión de licencias voluntarias, que pueden ser exclusivas, ante el temor de que se soliciten se concedan licencias obligatorias. Esa es la idea básica que preside la mediación prevista de la Oficina Española de Patentes y Marcas. Esa idea es la de que ante todo conviene estimular la concesión de licencias voluntarias. E incluso en los casos en que se prevé la concesión de licencias obligatorias en atención al interés público, se dispone que si ese interés público puede satisfacerse sin necesidad de generalizar la explotación del invento, ni de encomendar esa explotación a una persona distinta del titular de la patente, puede supeditarse la concesión de las licencias obligatorias a que el propio titular de la patente no aumente o mejore la explotación del invento patentado.

En definitiva, por tanto, tras toda la regulación española de licencias obligatorias subyace la idea de que la licencia obligatoria no es la solución óptima, sino que en la medida en que sea compatible con el interés público debe intentarse que se otorguen licencias voluntarias y que la explotación de la patente la realice el titular de la misma.

De hecho, sin embargo, no se conceden licencias obligatorias y ello es explicable desde diversas perspectivas.

En primer término, porque tanto Portugal como España están integradas ya en un mercado altamente desarrollado tecnológica, industrial y comercialmente, como es el mercado de la Unión Europea. Por consiguiente, es alto nivel competitivo de un mercado desarrollado no permite que puedan considerarse las licencias obligatorias como un instrumento fundamental para el impulso tecnológico de la competencia.

En segundo término, en un mercado desarrollado son los propios empresarios los que saben la tecnología que les interesa y los que se ponen en relación entre sí para la concesión de licencias voluntarias.

Y por último, es obvio que las Oficinas de patentes y marcas ni están preparadas ni tienen vocación para actuaciones poco funcionariales, como pueden ser las de poner en relación a las empresas y mediar entre ellas para que lleguen voluntariamente a la concertación de licencias.

Pero ello no quita para que la regulación legal de las licencias obligatorias siga teniendo una importancia residual. Indudablemente esa regulación debe existir para otorgar al Estado la posibilidad de hacer frente a determinadas necesidades vinculadas con el interés público, y además, hay que insistir en el apoyo que en determinados casos proporciona la regulación de las licencias obligatorias para facilitar la concertación de licencias voluntarias.

Posiblemente lo que habría que plantearse es una vinculación más directa entre las licencias obligatorias y las normas que regulan las restricciones de la libre competencia, especialmente los abusos de posición dominante, de manera que el otorgamiento de las licencias obligatorias sea considerado como una sanción vinculada a la violación del Derecho antitrust. En definitiva este planteamiento, que responde plenamente a lo establecido en el ADPIC, ya figura en el artículo 80 de la Ley de Patentes española.

Y no cabe duda de que las licencias obligatorias, igual que las importaciones paralelas, pueden cumplir un papel de cierta importancia, aunque siempre secundario, en el campo de las patentes para invenciones farmacéuticas. Naturalmente que esta posible aplicación existirá cuando se produzcan conductas abusivas en cuanto a los precios, pues en esos casos siempre habrá un competidor dispuesto a producir a precios más competitivos partiendo simplemente de la descripción de la patente.

En estos supuestos, las Oficinas de patentes no deberían adoptar una postura hostil al otorgamiento de las licencias.

DIREITO INDUSTRIAL E DIREITO PENAL

por José Luís Soares Curado
Juiz Desembargador (TRL)

Não me parecendo muito curial incomodar os meus amáveis destinatários com desculpas de mau pagador, pelo que não serei capaz de fazer por merecer o privilégio de me apresentar perante vós com algumas ideias mal alinhavadas sobre o tema que me foi proposto, porque afinal sempre aceitei cometer o desplante, sempre me parece útil recordar, ainda que com toda a brevidade, que sou um juiz, um aplicador do direito investido por legitimidade constitucional na função de o declarar em concreto. Pelas minhas palavras há-de por isso perpassar a sensibilidade de quem lê os textos legais socorrendo-se dos instrumentos de exegese que estão ao alcance de todos, e bebe sofregamente o pensamento de quem por mérito e vocação se ocupa da construção dogmática da ciência do direito. Ninguém se admirará, por isso, com as faltas a que esta exposição não escapará, e para elas invoco alguma benevolência. O tempo disponível para a sua preparação realmente também não foi muito.

Dir-se-á decerto que nem a dificuldade do tema o justificaria. Não sei quem estarei a parafrasear – mas desconfio que o estou na verdade – se disser que pressinto que essa menor dificuldade, e a *facilidade* com que se desvaneça, será sobretudo aparente e, acima de tudo, estará na razão directa da clareza do pensamento de quem se proponha deslindar a questão.

Não tenho muita esperança de ser capaz de o fazer a contento, mas não desisto.

Ora bem.

Embora o título a que estão subordinadas estas despretensiosas considerações sugira a precedência do primeiro sobre o segundo, não me pareceu apropriado respeitá-la estritamente. Muito diversamente, pareceu-me impor-se que na abordagem do tema se começassem justamente por equacionar, ainda que com proporcionada brevidade, as fronteiras do direito penal ou, como preferia o saudoso Professor Eduardo Correia, do direito criminal. Com efeito, pensar nas relações entre o mundo de contornos assaz precisos do primeiro, assentes numa já longa elaboração doutrinal, e o dos conceitos fluídos, manifestamente em acelerada construção, do *mundo* do direito industrial, obriga a fazer anteceder a reflexão sobre as incidências *criminais* deste último da consideração dos princípios elementares daquele e dos fins das medidas em que ele se analisa, as penas.

Tomando, com sentida vénia, a lição da Professora Teresa Pizarro Beleza (Direito Penal, AAFDL 2.ª ed., 1.º vol., 21) «*O direito penal ou criminal é um conjunto de normas que têm um certo tipo de estrutura. Normalmente fazem corresponder a **uma certa situação de facto, a que se chama crime, uma certa sanção a que se chama pena**, no seu sentido mais rigoroso, mais característico.*»

Mas, se ninguém ignora que – até por imperativo constitucional (art. 29.º, 1, Constituição da República) – «*ninguém pode ser sentenciado criminalmente senão em virtude **de lei anterior que declare punível a acção ou a omissão**, nem sofrer medida de segurança cujos pressupostos não estejam fixados em lei anterior*», o que coloca a definição na sua notação meramente formal, parece muito importante a este propósito chamar a atenção para a questão da definição *material* de crime: a ela não pode ser estranha a natureza, chame-se-lhe assim, da *situação de facto* ou, como Eduardo Correia ensinava (Direito Criminal, Almedina 1968, 1.º vol., 16) «*Há pois que considerar o direito criminal, não apenas como um conjunto de disposições secundárias sancionadoras, mas como conjunto de normas autónomas que impõem sanções e ao mesmo tempo proíbem ou impõem condutas, **em vista da protecção de certos e determinados valores jurídicos: os valores jurídico-criminais**»*. Mas consinta-se na já longa transcrição do apontado trecho, pelo que releva na questão que nos ocupa: «Por outras palavras: ao direito criminal pertence não só parte da norma que contêm a sanção, mas ainda a parte que contém o preceito proibitivo ou impositivo. Daí que se ponha, em primeiro lugar, determinar quais os valores que o direito criminal quer proteger com as sanções criminais; uma vez isto feito, a sua avaliação deve fazer-se do ponto de vista do direito que as estabelece, e portanto do direito criminal, e não de qualquer conjunto de normas – civis, administrativas, fiscais, etc. – exteriores a ele. Só assim ganhará, como deve ganhar, dignidade material.»

Parece perfeitamente concordante com esta perspectiva a ideia, brilhantemente explanada por aquela ilustre Professora quando, a fls. 32/34 da citada obra, escreve, sobre os tópicos recorrentes em direito penal

«Os princípios fundamentais do direito penal; o **princípio da intervenção mínima** – os **princípios da necessidade e da eficácia**; o **carácter subsidiário do direito penal**»: «*A propósito destes vários casos, uma das regras que hoje é muito defendida, e, parece que com boas razões, por vários autores – até em Portugal isso terá força constitucional – é esta: o direito penal só deve intervir, só deve querer aplicar-se, só deve tomar conta de um certo tipo de actuações ou de actos quando isso for por um lado eficaz e por outro necessário. Ou seja, só vale a pena, só tem sentido tornar certos actos crime, e portanto ameaçá-los com uma pena que pode ser mais ou menos grave, quando não forem suficientes um outro tipo de medidas que podem ser, por exemplo, medidas civis, medidas administrativas ou até medidas de política social (como na maioria dos casos acontece). Por outro lado é necessário, também, que essa incriminação seja eficaz.*

Mais adiante, referindo-se à *necessidade da pena, à necessidade da intervenção do direito criminal*, exemplifica: «*punir criminalmente um furto ou uma burla de valor mínimo: nestes casos, não vale a pena o direito penal intervir, basta, por exemplo, a indemnização civil. Basta, portanto, tratar o caso em termos de responsabilidade civil: a pessoa é indemnizada, o caso arruma-se; não vale a pena virem para o tribunal discutir sobre coisas de pouco significado. Este tipo de casos, normalmente, poder-se-ia entender, ou dever-se-ia entender, que sendo o seu valor mínimo, não vale a pena pô-los à consideração dos tribunais criminais, melhor seria resolvê-los nos tribunais cíveis através de um processo cível de indemnização ao prejudicado e acabar a questão aí.*

Pronunciando-se quanto à temática da eficácia das regras penais, discorre, com indubitável acerto: «*Em relação à sua eficácia, o problema pode pôr-se, por exemplo, a respeito do aborto. Será eficaz para evitar o aborto a sua incriminação? Ou serão outro tipo de medidas que no fundo são adequadas a evitá-lo? A incriminação não gerará apenas dificuldades, injustiças, mortes, ofensas e desigualdade?*», para, em remate, propor: «*... o princípio da necessidade e da eficácia da intervenção do direito penal que normalmente é referido, ou que pode ser referido, como o princípio da intervenção mínima. Princípio da intervenção mínima, exactamente, neste sentido: o direito penal só deverá funcionar, só deverá intervir, só deverá criminalizar, só deverá criar crimes, puni-los, etc., quando isso seja absolutamente essencial à sobrevivência da comunidade. Quando forem suficientes medidas de outro tipo, sejam elas medidas da política social, sejam elas medidas administrativas e assim sucessivamente, o direito penal deve recuar. Deve ficar, portanto, numa posição* *que neste sentido, se pode dizer subsidiária: só intervir, digamos assim, quando não há outro remédio. E por outro lado tem este sentido: ele só deverá intervir na medida em que for capaz de ser eficaz. Se, portanto, uma incriminação não obtém os fins que se pretendem, também não faz sentido que o direito penal intervenha em relação a esse tipo de actos.»*

Estes pensamentos, que se sufragam integramente, reconduzem-nos para as relações do direito industrial com o mundo tremendamente específico – e que convém a todo o custo proteger da banalização a que o legislador é frequentemente tentado em ordem a emprestar a desejada coacção a complexos normativos distantes do núcleo ético que constituirá tendencialmente o apontado mínimo de intervenção criminalizadora.

A este propósito, as referências que me ocorre fazer relevarão todavia de simples interrogações, só me permitindo aqui e ali opiniões – acompanhadas da necessária fundamentação. Não será demais oportuno sublinhar o intenso debate que atravessa a sociedade contemporânea a propósito dos fins das penas, é dizer das finalidades últimas do direito punitivo, no qual vai cada vez mais avultando a ideia da impotência dos sistemas punitivos clássicos face a novas modalidades de disfunções ou desvios comportamentais associados ao progresso técnico e económico, pelo menos tanto quanto a de que as medidas detentivas apenas garantem, quando muito, uma dispendiosa, porque crescente, segregação de marginalidades.

Duas tendências claras se divisarão por isso nesta matéria: por um lado, o universo dos crimes puníveis exclusivamente com penas de prisão (ou outras modalidades detentivas) irá retroceder para passar a cobrir apenas os comportamentos dotados de uma evidente e forte carga ética, que é como quem diz respeitante ao modo de ser da vivência comunitária; por outro lado, e mesmo assim privatizando crescentemente o direito de iniciativa procedimental.

Compreender-se-á isso especialmente bem no mundo do direito intelectual, quer na sua vertente autoral, quer no âmbito do que se convencione chamar de propriedade industrial, que relevam sobretudo de factores económicos e em que avulta a realidade da organização empresarial, societária ou individual, nas suas relações de concorrência.

Sendo um mundo em que a ideia de benefício, de mais-valia, de lucro, está omnipresente, e caracterizando-se ele pela crescente impessoalização dos agentes, tomar-se-ão mais evidentes as dificuldades em encontrar referências éticas no sentido clássico (há, é claro, as atinentes a um certo círculo, e apresentam-se como deontológicas), e, consequentemente, em visualizar a eficácia de sanções que retirem a sua eficácia seja da prevenção geral decorrente da ameaça da pena de prisão, seja de ideias de prevenção especial ou, muito menos, de reinserção, para não falar da ideia de retribuição.

Como os autores há muito reconhecem, os diversos ramos do direito industrial têm uma expressão empresarial que tende a – fora do domínio das marcas – esvaziar completamente a dimensão individual dos direitos privativos. Por outro lado, essa realidade conjuga-se com a da *globalização* de uma forma perigosamente perversa, tornando os comportamentos *penalizáveis* acções de indivíduos que actuam por conta de outrem a uma escala sem paralelo, ou diluindo-os no caldo orgânico das grandes corporações.

Dando ênfase especial a esta realidade, o Professor OLIVEIRA ASCENSÃO (Direito Comercial II – Direito Industrial, Lisboa 1984, 36), assinala com grande acuidade que *«na realidade, a criação de bens industriais não é hoje uma actividade isolada, mas flui como água das grandes empresas internacionais. A figura do inventor isolado não tem nenhum significado confrontado com as centenas de invenções que regularmente saem do funcionamento de qualquer grande multinacional».*

O modo específico do ser económico levará por isso provavelmente o legislador – consciência crítica do social – a optar por medidas não detentivas e, dentre elas, privilegiar as que se repercutam no património do agente, dissuadindo-o das condutas ilícitas pela ponderação de um elemento em que por natureza são exímios: a relação custo-benefício. Daqui a preferência pela descriminalização, sempre que não confinante com valores éticos fundamentais, e pelo acentuar do peso das sanções de índole económica – não esquecendo as que resultem da aplicabilidade de regras próprias da legislação das infracções anti-económicas.

São conhecidos amplamente os parâmetros sancionatórios do vigente Código da Propriedade Industrial, cuja aplicação mereceu logo ao legislador a instituição de uma comissão de acompanhamento. Parece-me por isso preferível apreciar a questão das penalidades nele previstas mediante uma breve revista da proposta da sua alteração, em cujos trabalhos de revisão tive ensejo de participar. Mesmo assumindo que o produto final tenha encontrado embaraços suficientes para comprometer o seu calendário de implementação e, por isso, muitas das soluções nele preconizadas estejam a ser repensadas ou tenham mesmo sido abandonadas – no que alguns se regozijariam.

Ocorrem-me desde logo consistentes interrogações no tocante à arrumação sistemática das matérias: parece destituído de toda a lógica e despido de interesse (sendo pelo contrário um potencial de confusões inimigo da boa administração da justiça), organizar dois grupos de disposições gerais. O que diferenciará o âmbito de generalidade de cada um deles?

Depois, a propósito do art. 319.°, não se vê o alcance do plural de legislação, substantivo que assim aparece com uma notação mais associada à soberania nacional, como que sugerindo a aplicabilidade de outras, a se e não por imperativo constitucional.

A propósito dos arts. 320.°, 321.° e 322.°, parece evidente a sua deslocação: os dois primeiros pertencem ao tipo legal da infracção prevista no art. 334.°, e o último respeita a procedimentos, parecendo-me deverem inserir-se num capítulo de regras instrumentais.

Quanto ao art. 323.°, suscita-me muitas dúvidas a explicitação de uma exclusão de aplicabilidade das regras do DL 28/84, de 20-01, por referência a um contrário que deverá emergir da interpretação do CPI. Não vejo porque se não deve afirmar a subsidiariedade dessa legislação, sem restrições algumas, que alguns podem ver como destinadas a prevenir riscos de incriminação de certos protagonistas da propriedade industrial. A mim parece-me que há redobradas razões – em nome da conveniência em definir com grande clareza e coragem o estatuto dos agentes da propriedade industrial, a bem da transparência da sua intimidade com a administração pública – para que não haja o menor risco de exclusões *intuitus personae*.

A constante referência à expressão *"em termos de actividade empresarial"*, se é inspirada na intenção de excluir da previsão das normas que recorrem a ela de actos que dela não relevem, parece-me poder prestar-se a confusões, pelo que se tornaria aconselhável definir com precisão em que consiste tal conceito.

A propósito do art. 325.°, *a*), afigura-se-me que reproduzir é imitar totalmente.

A propósito do art. 326.°, ocorre anotar a considerável agravação da punição (50%, ao passar de prisão de dois para 3 anos), e a redundância – aliás petição de princípio sempre perigosa – resultante da concorrência dos elementos "sem consentimento do titular" e "contrafizer". Contrafacção implica explicitação da sua significação típica (não pode o definido fazer parte da definição), e, além disso, implica falta de consentimento do titular.

Avulta igualmente a inovação – em aparente recuo face à apontada orientação – da incriminação constante do art. 328.°, sem suficiente fundamentação ética e aparente alcance prático.

A propósito do art. 329.°, 2, pareceria preferível falar de nulidade (trata-se de acto jurídico cujo objecto é ilegal), sendo que em termos de retroactividade (art. 289.°, 1, Código Civil) os efeitos são os mesmos, mas a oficiosidade resulta directamente da lei.

Sobre o art. 330.°, convenço-me de que a sua epígrafe é manifestamente inapropriada. Do que efectivamente se trata é de extorsão, tentada ou consumada, que surge tratada com favor face ao art. 222.° do Código Penal. De resto, passe a ironia, parece abusiva a importação da expressão *abuso de direito*, que tem conotações jurídicas próprias do direito civil. Não se ignora, evidentemente, que a *pura* concorrência desleal será em si mesma uma clara modalidade de abuso de direito; todavia, parece-me aconselhável observar a possível pureza dogmática, a bem da certeza e da segurança jurídicas, valores supremos nesta área.

Do mesmo modo, nada me parece justificar o benefício do falsificador do registo da propriedade industrial, face ao de qualquer outro registo (ver art. 256.°, 3, Código Penal), como resulta do art. 331.°, id.. Parece-me inaceitável tomar semi-públicos crimes como os previstos nos arts. 330.° e 331.°, tratando-os de um modo mais favorável do que os do Código Penal, em notória desarmonia com o sistema, coisa que resulta directamente do art. 332.°.

A propósito do art. 333.° (destino dos objectos apreendidos), importa coordenar mais eficazmente a sua redacção com a do art. 109.°, Código Penal.

Sendo de saudar a descriminalização das modalidades de concorrência desleal correspondentes aos. arts. 320.° e 321.° (a que já me referi), bem como a emergente do art. 335.°, já me suscitam as maiores reservas mais do que a quebra do *ratio* entre as coimas reservadas a pessoas colectivas e singulares, a relativa insignificância das referentes àquelas. Corre-se assim o sério risco de o *crime* compensar.

Finalmente, uma minudência: a epígrafe do art. 339.° merece ser modificada (até para obviar a confusões com o tipo previsto no 326.°) no sentido de que avulte que esse vício de que as marcas enfermem se trata simplesmente de irregularidade.

Resta-me terminar estar exposição, com o meu reconhecimento pela atenção e paciência que lhe dispensaram.

Obrigado.

FUNÇÃO DA MARCA *

por Luís M. Couto Gonçalves
Doutor em Direito.
Professor na Escola de Direito
da Universidade do Minho.

SUMÁRIO:

Introdução. 1. Função distintiva. 1.1. Significado clássico. 1.1.1. Significado originário. 1.1.2. Significado redimensionado. 1.2. Função distintiva redefinida. 2. Função de qualidade. 3. Função Publicitária. Conclusão.

INTRODUÇÃO

O artigo 165.° do Código da Propriedade Industrial (CPI [1]) dispõe que "a marca pode ser constituída por um sinal ou conjunto de sinais susceptíveis de representação gráfica, nomeadamente palavras, incluindo nomes de pessoas, desenhos, letras, números, sons, a forma do produto ou da respectiva embalagem, que sejam adequados a distinguir os produtos ou serviços de uma empresa dos de outra empresa".

Segundo a definição legal, a marca, enquanto objecto de direitos [2], deve ser composta por um sinal representável graficamente [3], com **capa-**

---

* O presente trabalho corresponde ao texto que serviu de base à intervenção que efectuámos, em 3 de Fevereiro de 2000, no âmbito do II Curso de Pós-Graduação em Direito Industrial, organizado pela Faculdade de Direito de Lisboa e a Associação Portuguesa de Direito Intelectual.

[1] Todas as referências legais feitas neste trabalho, sem indicação do diploma, reportam-se ao Código da Propriedade Industrial, aprovado pelo Dec.-Lei n.° 16/95 de 24/1.

[2] Do ponto de vista jurídico, a marca é uma coisa incorpórea. Na definição de Orlando de Carvalho, (*Direito das Coisas*, Coimbra, 1977, p. 191, nota), coisas incorpóreas são "ideações que, uma vez saídas da mente e, por conseguinte, discerníveis,

100   *II Curso de Direito Industrial*

cidade distintiva (no plano abstracto ou concreto[4]) de modo a poder desempenhar uma **função** (distinguir os produtos ou serviços de uma empresa dos de outras empresas)

Numa leitura apressada, pareceria que uma parte importante da questão relacionada com a função da marca estaria esclarecida. Mas não é assim. Tratando-se de uma definição legal não reveste a natureza de norma suficientemente autónoma. É necessário ter em conta o sistema normativo onde ela se integra. No plano *jurídico*, não ficamos a saber, o grau de importância da função distintiva, o seu modo de cumprimento (directo ou indirecto[5], imediato ou mediato[6]), o seu significado (se, *v.g.*, pode ser o da indicação de proveniência dos produtos ou serviços, como consta do enunciado legal), e, mesmo, se o regime legal, no seu todo, imporá o cumprimento de outra(s) finalidade(s) ou, até, uma reponderação da teoria da função da marca.

Neste estudo iremos reflectir, de modo sucinto, sobre este conjunto complexo de preocupações. Não iremos analisar a função da marca sob o ponto de vista exclusivamente económico. O que se procurará determinar é quais são as funções económico-sociais juridicamente tuteladas[7].

---

ganham autonomia em face da própria personalidade criadora, justificando uma tutela independente da tutela da personalidade como da tutela dos meios ou objectos corpóreos que são o suporte sensível dessas mesmas ideações".

[3] Em virtude deste requisito podemos afirmar que só um sinal material ou, pelo menos, materializável (representável) pode constituir uma marca. Desse modo parecem ficar excluídas as marcas gustativas, olfactivas ou aromáticas e as tácteis. Em relação às marcas sonoras o seu registo é possível desde que os sons ou frases musicais possam ser reproduzidos graficamente de acordo com a al. *g*) do n.º 1 do art. 181.º. Um qualquer ruído, som ou conjunto de sons não representáveis em pentagrama ou só susceptíveis de ser apresentados em disco ou banda magnética não podem constituir uma marca.

[4] Tenha-se presente a solução do *secondary meaning* a que se refere o art. 188.º n.º 3. O nosso Código consagra a solução apenas para situações anteriores ao registo. Isto significa que uma marca originariamente desprovida de capacidade distintiva, por ser descritiva ou usual, pode ser registada se se demonstrar que pelo uso adquiriu, no mercado, um *segundo* significado distintivo. O art. 3.º n.º 3 da Primeira Directiva Comunitária de Marcas (DM), de 21/12/1988, n.º 89/104/CEE (JO n.º L 40/1 de 11/2/1989), *impôs* o princípio do *secondary meaning* para situações anteriores ao registo e *propôs* o princípio para situações posteriores ao registo.

[5] Directamente se o titular registar a marca com a finalidade de a usar; indirectamente se o titular registar a marca com vista ao uso por terceiro, por via da transmissão ou licença da marca.

[6] A utilização mediata da marca encontra o limite legal de cinco anos previsto no art. 216.º n.º 1 al. *a*). O registo caduca se a marca não tiver sido objecto de uso sério durante cinco anos consecutivos, salvo justo motivo.

[7] Do ponto de vista económico ainda hoje é comummente aceite a proposta de Isay, feita já no distante ano de 1929 (*Die Selbständigkeit des Rechts an der Marke,*

1. FUNÇÃO DISTINTIVA

1.1. **Significado clássico**

1.1.1. *Significado originário*

Após as primeiras legislações de marcas no século XIX, a marca tinha uma, e só uma, função autonomamente protegida: distinguir e garantir uma única e constante fonte de origem dos produtos. O direito de marca era atribuído a quem exercesse uma actividade económica, a sua negociação era dependente da transmissão simultânea da empresa e extinguia-se com a cessação da actividade empresarial. Com a revolução industrial e a produção em série, a marca tornou-se um instrumento de identificação indispensável para o funcionamento de um mercado de concorrência. Ao titular da marca era atribuído um direito absoluto limitado pelo princípio da especialidade [8] e o princípio da territorialidade da marca.

A circunstância de os consumidores, à medida que o mercado se tornava cada vez mais amplo e diversificado, tenderem a desconhecer a proveniência dos produtos não viria a justificar alteração à visão do problema [9]. "O facto de o consumidor desconhecer o nome do titular da marca não exerce influência sobre a protecção jurídica da marca" [10].

A marca não desempenhava mais nenhuma função directa e autonomamente protegida. A função de garantia de qualidade era tida como uma função derivada da função distintiva. Era pelo facto de a marca indicar uma proveniência constante que era possível aguardar um determinado nível qualitativo dos produtos. Tratava-se de uma garantia que significava para o consumidor uma simples expectativa de facto, e nada mais. À função publicitária não era reconhecida protecção jurídica autó-

---

Gewerblicher Rechtsschutz und Urheberrecht (GRUR), 1929, pp. 26 e ss.), segundo a qual à marca cabe desempenhar três funções essenciais: a função distintiva, a função de qualidade e a função publicitária.

[8] Pelo princípio da especialidade o direito de marca confere ao seu titular o poder de proibir que outrem use uma marca confundível para produtos ou serviços idênticos ou afins.

[9] Nesse sentido, v.g., FERNÁNDEZ NOVOA, *Fundamentos de derecho de marcas*, Ed. Montecorvo, 1984, pp. 48 e ss. e BEIER, *Marque et droit économique, les fonctions de la marque* (AA.VV.), Union des Fabricants pour la Protection Internationale de la Propriété Industrielle et Artistique, 6-7/11/75, Paris, 1975, p. 99.

[10] BEIER, ob. cit., p. 99.

noma não obstante se reconhecesse a sua importância económica. A doutrina sustentava que a protecção desta função – o mesmo é dizer da protecção da força persuasiva da marca junto dos consumidores, obtida, por regra, à custa de técnicas publicitárias e de *marketing* – teria de se limitar a uma protecção secundária[11], complementar[12] ou eventual[13]. De outro modo, poderia ser posta em causa a subsistência do próprio direito de marcas pela aproximação do regime jurídico da marca, enquanto sinal autónomo, ao regime das criações industriais ou autorais.

1.1.2. *Significado redimensionado*

A consagração generalizada e gradual das figuras da transmissão autónoma da marca[14] e da licença de marca[15] e a aceitação da marca de grupo[16] criou dificuldades ao conceito originário da função distintiva. A doutrina reagiu com novas propostas *redimensionando* o significado da função distintiva.

A função de indicação de proveniência passou a significar que o produto marcado provêm sempre da mesma empresa ou de uma empresa que possa oferecer vantagens equivalentes às da empresa de origem (no caso da transmissão autónoma da marca) ou ainda que com esta tenha vínculos

---

[11] V.g. FRANCESCHELLI, *Sui marchi di impresa*, 4.ª ed., Giuffrè ed., Milano, 1988, p. 229.

[12] V.g. MATHÉLY, *Le droit français des signes distinctifs*, Librairie du Journal des Notaires et des Avocats, Paris, 1984, p. 14.

[13] V.g. BRAUN, *Précis des marques*, 3.ª ed., Larcier, Bruxelles, 1995, p. 14.

[14] Em Portugal a solução foi introduzida no CPI de 1940 (art. 118.° § 1.°). Ao contrário da generalidade dos países, a Itália e a Alemanha só em 1992 abandonaram a solução da transmissão vinculada da marca. A Itália com o D.L. de 4/12/92 n.° 480, que modificou a lei de 1942 e na Alemanha com a lei de extensão dos direitos de propriedade industrial (*Erstreckungsgesetz* de 23/4/92), solução que passou para a actual lei de 1994 (§ 27 MarkenG).

[15] A licença de marcas surge primeiro no Reino Unido (na lei de 1938) e nos EUA (na lei de 1946 – *Lanham Act*). Em Portugal a licença é admitida, como figura contratual legal, em 1984 (art. 119.° do CPI anterior, na redacção dada pelo D.L. 27/84 de 18/1).

[16] O problema da marca de grupo só releva como uma *facti species* autónoma se pertencendo à sociedade-mãe for usada simultaneamente por diferentes sujeitos jurídicos pertencentes ao mesmo grupo sem que entre a primeira e os segundos exista qualquer acordo expresso de uso plúrimo da marca. O CPI, de modo original no confronto com o direito de marcas dos outros países comunitários, consagra a figura da marca de base (art. 177.°), que define como a "marca que identifica a origem comercial ou industrial de uma série de produtos ou serviços produzidos por uma empresa de actividades múltiplas ou por um *grupo de empresas*".

de natureza contratual (no caso da licença) ou económica (no caso da marca de grupo) [17].

A nível comunitário acolheu aceitação na Primeira Directiva Comunitária de Marcas (DM), (especialmente, o § 10 do preâmbulo e o art. 2.°) e no Regulamento da Marca Comunitária (RMC) [18] (de um modo especial, o § 7 do preâmbulo e o art. 4.°), neste último caso na linha da orientação que resultava dos trabalhos preparatórios [19].

1.2. Função distintiva redefinida

A marca serve para *distinguir* os *produtos* ou *serviços* de uma *empresa* dos de outras *empresas* (art. 165.° CPI).

Mas o que significa hoje a função distintiva [20], depois de ser possível a transmissão autónoma da marca e a licença de marca, o uso plúrimo da marca por parte das sociedades pertencentes ao mesmo grupo (cfr. arts. 177.° e ss.), ou a derrogação do princípio da especialidade no caso da protecção ultramerceológica [21] da marca de grande prestígio (art. 191.°)?

Seguramente não pode significar a garantia de uma mesma, constante e única origem. A noção *clássica originária* está ultrapassada.

Como dissemos, um sector prestigiado da doutrina foi adaptando e alargando a noção clássica da função distintiva para fazer face às vicissitudes de evolução da marca resultantes da transmissão e licença de marca e da marca de grupo.

---

[17] Cfr: BEIER-KRIEGER*Wirtschaftliche Bedeutung, Funktionen und Zweck der Marque*, GRUR-Internationaler Teil (Int.)., 1976, pp. 125 e ss e Association Internationale pour la Protection de la Propriété Industrielle-Annuaire (AIPPI(A)), 1976, pp. 22 e ss.; BRAUN, *Précis des marques* cit., p. 14; MATHÉLY, *Le nouveau droit français des marques*, Éditions J.N.A., Vélizy, 1994, p. 11 e *Le droit français* cit., p. 12 e AIPPI(A)-76, p. 160; VANZETTI, *Marque e droit économique* cit., p. 89

[18] Regulamento da Marca Comunitária n.° 40/94 de 20/12/93, JO n.° L 11 de 14/1/94.

[19] Cfr., v.g. o *Memorando sobre a Criação de uma Marca Comunitária* (Suplemento 8/76, "Bulletin Communauté Européene" (BCE) pág. 20) e a *Proposta de Regulamento da Marca Comunitária* (Suplemento 5/80-BCE págs. 21 e 56).

[20] O significado da função distintiva da marca foi o tema da nossa tese de doutoramento, *Função distintiva da marca*, Liv. Almedina, Coimbra, 1999. Por essa razão vamos, nesta sede, limitar-nos a fazer uma abordagem sintética remetendo o leitor interessado em mais desenvolvimentos para a leitura da referida obra.

[21] Isto é, de uma protecção não limitada pelo princípio da especialidade da marca. Sobre este princípio *vide* nota 8 *supra*.

De acordo com essa noção *ampliada* ou *redimensionada* a função distintiva significaria que os produtos ou serviços marcados provêm sempre da mesma empresa ou de uma empresa que tenha elementos consideráveis de continuidade com a primeira (no caso da transmissão desvinculada) ou ainda que mantenha com ela relações actuais de natureza contratual, económica ou financeira (nas hipóteses da licença e marca de grupo, respectivamente).

Uma das grandes notas distintivas da definição é o pressuposto de que a marca seja previamente *usada* pelo titular. Só assim faz sentido falar em continuidade ou vinculação contratual *empresarial*. Na lógica daquela noção não podia estar o fenómeno da circulação da marca não usada.

Essa definição *redimensionada* servia o direito anterior português no qual a marca era considerada, em maior ou menor medida (menor no caso da transmissão autónoma), um bem conceitual e funcionalmente acessório que haveria de se reportar a uma realidade *objectiva*, por regra, de índole empresarial.

Face ao actual direito de marcas é a questão da negociação da marca registada *não usada* que está no cerne do problema actual da *(re)definição* da função distintiva ou da superação da função distintiva.

A verdade é que o actual direito de marcas permite, na nossa opinião, uma *nova concepção de origem,* um novo modo de encarar a função distintiva, baseada num critério diferente e que justifica uma resposta igualmente diferente.

Esta nova concepção emerge de um novo *princípio geral do direito de marcas,* plasmado no art. 216.º n.º 2 al. *b*): a proibição do uso enganoso da marca, seja esse uso efectuado pelo titular ou por terceiro com o seu consentimento.

Esta solução, totalmente inovadora, imposta pela DM (cfr. art. 12.º n.º 2 al. *b*)), e que também se encontra consagrada no art. 50.º n.º 1 al. *c*) do RMC, tem uma importância decisiva para legitimar um entendimento novo da função distintiva.

O sistema legal pretende conferir mais liberdade ao titular da marca, mas não o isenta do *ónus* de ser titular de um bem com uma finalidade ainda fundamentalmente distintiva e com um regime de aquisição do direito *sui generis* que passa pelo registo junto de um Instituto Público.

Na *origem* da marca a lei não releva tanto o facto de se encontrar uma *empresa* (uma realidade objectiva), mas uma *pessoa* (uma realidade subjectiva) *onerada* pelo uso não enganoso da marca. Em grande parte dos casos ainda terá lugar a coincidência dos papéis de titular da marca e de titular da empresa. Mas já não tem que haver essa coincidência. Podem ser distintos o titular da marca e o titular da empresa. O titular da marca pode não ser um sujeito empresarial ou, ainda que o seja, não ser o titular da empresa ligada *directamente* à actividade de produção de bens ou prestação de serviços marcados.

Em suma: a função distintiva da marca já não significa, necessariamente, a garantia de uma origem *empresarial* (empresa única, sucessiva ou controlada, à qual se ligam os produtos ou serviços marcados), mas significa, sempre, a garantia de uma origem *pessoal* (pessoa à qual se atribui o *ónus* pelo uso não enganoso dos produtos ou serviços marcados).

O titular da marca passa a gozar de uma ampla liberdade de negociação, incluindo, verificados certos requisitos [22], a possibilidade de licenciar uma marca não previamente usada. A admissibilidade do registo de uma marca, com vista ao seu licenciamento, significa uma resposta favorável à actividade, cada vez mais significativa, do *merchandising* de marcas.

O *merchandising* de marca corresponde à actividade de exploração comercial do respectivo valor publicitário ou atractivo, pela qual o seu titular autoriza um terceiro a usá-la como sinal distintivo de produtos ou serviços *diferentes* dos relacionados com a utilização originária [23].

A função distintiva da marca é, hoje, mais ampla e pode ser assim *redefinida*:

A marca, para além de indicar, em grande parte dos casos, que os produtos ou serviços provêm sempre de uma empresa ou de

---

[22] No nosso entendimento, a negociação de uma marca não usada deve estar reservada a quem exerça uma actividade económica. Pensamos que esta solução é a que melhor se adequa ao requisito da legitimidade para registar uma marca previsto no art. 168.°, a que nos referiremos infra (ponto n.° 3). Só terá legítimo interesse aquele que esteja já, a outro título, dentro do mercado da concorrência (exercendo uma actividade económica, ainda que não conexa com os produtos ou serviços da marca negociada), e não aquele que apenas tenha a intenção de nele entrar de modo especulativo, emulativo ou perturbador.

[23] O *merchandising* reveste um significado mais amplo. De acordo com o critério da natureza do bem originário e o critério da protecção primária há três tipos essenciais de *merchandising*: *character merchandising*, relacionado com bens objecto da propriedade autoral (figuras, nomes e imagens de personagens fantasiosas da banda desenhada, cinema, teatro, televisão e literatura); *personality merchandising*, relacionado com bens objecto do direito de personalidade (direito ao nome e imagem); *corporate merchandising*, relacionado com bens empresarias, especialmente, os sinais distintivos do comércio (firma, marca, nome e insígnia). Para mais desenvolvimentos, *vide Função distintiva da marca* cit., pp. 231 e ss. e o nosso *Merchandising de marcas*, Actas de Derecho Industrial (ADI), XX, pp. 95 e ss.

uma empresa sucessiva que tenha elementos consideráveis de con-
tinuidade com a primeira (no caso da transmissão desvinculada)
ou ainda que mantenha com ela relações actuais de natureza
contratual e económica (nas hipóteses da licença de marca regis-
tada usada ou da marca de grupo, respectivamente), também in-
dica, sempre, que os produtos ou serviços se reportam a um sujeito
que assume em relação aos mesmos o ónus pelo seu uso não
enganoso.

O *ónus* consubstancia-se no facto de o titular da marca, sob a comi-
nação da perda do seu direito, ter necessidade de garantir o seu uso não
enganoso. Isto significa que qualquer uso da marca, praticado pelo titular
ou por terceiro, com o seu consentimento, susceptível de provocar um
engano negativo relevante junto do público, em relação às características
essenciais dos produtos ou serviços marcados, sem que os consumidores
tenham sido disso, prévia ou imediatamente [24], informados, pode implicar
a caducidade do registo da marca.

2. FUNÇÃO DE QUALIDADE

A circunstância de a marca indicar uma *origem*, de base *pessoal*,
permite afirmar que a marca desempenha uma função de garantia de qualidade não enganosa. A confiança do consumidor em relação a um determinado nível de qualidade dos produtos ou serviços marcados não pode
ser preterida de modo arbitrário. A garantia de qualidade *derivada* significa que o titular da marca precisa de salvaguardar essa confiança sempre
que a qualidade do produto ou serviço marcado diminua de modo relevante, por acto próprio ou de terceiro que use a marca com o seu consentimento. Esse ónus pressupõe a não ocultação, dolosa ou negligente, dessa
alteração, sob pena de caducidade do registo de marca, nos termos do
art. 216.° n.° 2 al. *b*).

---

[24] A imediata actuação do titular da marca, reconhecendo o uso enganoso, ou a sua
susceptibilidade, acompanhada de medidas concretas visando sanar e reparar a situação,
pode, se o engano não tiver produzido ainda uma repercussão sensível no mercado, suster
a aplicação de uma sanção tão gravosa como a da caducidade do registo da marca, sem
prejuízo, obviamente, da aplicação de outros mecanismos sancionatórios resultantes da
ocorrência de distintos ilícitos.

É certo que a marca não desempenha uma função de garantia da constância qualitativa dos produtos ou serviços, o que até nem seria desejável atento o interesse geral em toda a alteração que represente uma melhoria de qualidade. O que a marca garante é a qualidade dos produtos ou serviços por referência a uma origem não enganosa. Trata-se, sempre, de uma garantia derivada da função distintiva e de uma garantia relativa que actua, apenas, quando seja posta em causa a tutela da confiança do consumidor.

Dizer que a marca não desempenha directamente uma função de garantia de qualidade não significa que se pretenda desvalorizar, ignorar ou censurar as preocupações cada vez mais sentidas de um mercado de produtos e serviços regulado segundo padrões de qualidade. O que se pretende afirmar é que não é ao direito de marcas que, no actual estado das coisas, cabe desempenhar directamente esse papel[25]. Nele não se encontra nenhuma imposição legal dirigida ao titular da marca individual para observar uma certa qualidade dos produtos ou serviços. O que nele se encontra é apenas uma preocupação de salvaguarda de garantia da qualidade, qualquer que esta seja, dos produtos ou serviços por referência a uma determinada origem e por causa dessa origem.

Um direito de marcas que assentasse primacialmente na função garantia de qualidade teria de ser completamente diferente. Desde logo os interesses a proteger, em primeira linha, teriam de ser os dos consumidores, o direito de marca deixaria de ser livre e exclusivo e os produtos e serviços deveriam sujeitar-se ao controlo de qualidade[26].

---

[25] Esse papel, no quadro de referência da propriedade industrial, pode caber, por exemplo, nalguns casos, à marca colectiva ou, ainda, à denominação de origem como sinal distintivo, autónomo, típico de certos produtos que garante directamente certas qualidades resultantes de condições naturais ou especiais de produção próprias de certa localidade, região ou território determinado (arts. 249.° e ss. do CPI e Acordo de Lisboa de 31/10/58 sobre a protecção das denominações de origem e respectivo registo internacional).

[26] No entanto, já não no âmbito do direito de propriedade industrial, há marcas-tipo certificativas do controlo de qualidade dos produtos e serviços. É o caso da marca "de conformidade com as normas", criada pela portaria n.° 860/80 de 22/10 e regulada presentemente pelo D.L. 184/93 de 19/5, e "modelo conforme" criada pela portaria n.° 126/86 de 2/4 cuja qualificação incumbe ao Instituto Português de Qualidade (criado pelo D.L. 183/86 de 12/7) como organismo nacional responsável pelas acções de implementação do Sistema Nacional de Qualidade (regulado no D.L. 234/93 de 2/7) que tem por objectivo garantir uma política nacional da qualidade dos produtos e serviços, mediante a gestão concertada de três subsistemas nacionais (Metrologia, Normalização

3. FUNÇÃO PUBLICITÁRIA

Como dissemos atrás, as marcas podem desempenhar uma outra importante função económica: a função publicitária. Há que apurar melhor o sentido dessa função. Por função publicitária não se perceba o facto de a marca ser um meio usado na publicidade. O facto de a marca ser um meio indispensável na publicidade para promover determinados bens ou serviços deriva da sua função distintiva e não configura, pois, nenhuma protecção específica. Por outro lado, a marca não é um suporte publicitário, ou seja, não é um "veículo utilizado para a transmissão da mensagem publicitária"[27]. Logo, também com este significado não teria uma função publicitária. Por função publicitária, e repetindo-nos, quer-se antes referir o especial magnetismo ou força sugestiva que algumas marcas, por força de técnicas publicitárias e de *marketing,* exercem sobre o consumidor. Na verdade, alguns produtos ou serviços são escolhidos mais em função de uma imagem subjectiva favorável induzida pela marca do que em função de critérios objectivos de apreciação. Neste caso, a marca não é só um sinal distintivo do produto ou serviço, mas é um sinal com uma especial força de venda *(selling power).*

A questão que se põe é se, para além da relevante função económica que desempenha, a função publicitária é, ou deve ser, igualmente, e de que modo, uma função juridicamente protegida. A protecção jurídica desta função não foi pacífica. As principais críticas a essa protecção situavam-se a três níveis: por um lado, ela representaria um factor de desigualdade entre os concorrentes, por outro prejudicaria a liberdade de escolha dos consumidores baseada em factores racionais e, por último, colocaria problemas graves à subsistência do direito de marcas pela aproximação do regime da marca, enquanto sinal autónomo e sugestivo, às obras de engenho ou criações industriais.

As duas primeiras críticas são pertinentes. A protecção jurídica da função publicitária significa uma inequívoca opção a favor, fundamental-

---

e Qualificação). Deve dizer-se, porém, que estas marcas não garantem uma certa qualidade específica dos produtos e serviços papel que cabe às marcas individuais nos termos referidos. O que aquelas marcas garantem é antes que os produtos e serviços por si assinalados têm um certo padrão genérico de qualidade por respeitarem determinados processos e normas pré-definidas. São, portanto, conceitos de qualidade não coincidentes.

[27] Retiramos estas definição do Código de Publicidade, aprovado pelo D.L. n.º 330/90 de 23/10 (já várias vezes alterado).

Função da Marca 109

mente, dos interesses económicos das grandes empresas[28] e da tutela da diferenciação subjectiva que se projecta nos consumidores através da marca como instrumento privilegiado de publicidade. A terceira crítica também se afigura justificável. A protecção *autónoma* (e não simplesmente complementar) da função publicitária coloca sérios riscos à noção de marca enquanto sinal distintivo, na medida em que, sendo protegida independentemente da finalidade distintiva, deixa de ser um simples bem acessório e concreto para passar a ser um bem autónomo e abstracto.

Após a transposição da Directiva, a situação alterou-se profundamente a nível dos países comunitários. Uma das principais inovações refere-se à protecção da chamada marca célebre ou de grande prestígio. O nosso direito enveredou de igual modo por esse caminho (art. 191.°).

No entanto, o modo como a função publicitária é protegida no nosso direito de marcas não implica, para nós, a superação da função distintiva da marca.

Na verdade, não encontramos, na análise dos vários institutos co--implicados (**legitimidade para registar a marca, protecção da marca de grande prestígio, transmissão e licença de marca**) uma solução inequívoca favorável à protecção autónoma desta função[29].

No caso do instituto da **legitimidade**, o art. 168.° condiciona o registo de uma marca ao requisito do *legítimo interesse*.

O pedido de registo para utilização directa, imediata ou mediata[30], da marca numa actividade económica própria do titular, não suscita grandes problemas de concessão. O maior problema reside no registo para utilização *indirecta* da marca através de terceiro licenciado.

---

[28] Só estas, na verdade, estarão, normalmente, em condições de dispender avultadas verbas nos sofisticados e poderosíssimos meios publicitários necessários para que a marca desfrute de uma particular força atractiva sobre os consumidores.

A marcas de distinto valor económico corresponderiam, assim, direitos de marcas com distinto conteúdo. Criticando que o direito trate de modo desigual situações economicamente desiguais, *vide*. N. SERENS, *A tutela das marcas e a (liberdade de) concorrência (alguns aspectos)*, Coimbra, 1990, p. 170: "as marcas "nascem" juridicamente iguais não interessando directamente ao direito que as regula que elas "nasçam" economicamente desiguais, ou tão-pouco que esta desigualdade (económica) seja superveniente".

[29] Neste trabalho vamos limitar-nos a fazer uma breve síntese das extensas considerações que efectuámos na *Função distintiva da marca* cit., pp. 151 e ss., onde, *de jure constituto*, tratamos de aferir o grau e modo de protecção da função publicitária.

[30] Nesta última hipótese, como já havíamos escrito (nota 6 *supra*), desde que o uso se concretize dentro do prazo de cinco anos, sob pena da caducidade do registo (cfr. art. 216 n.° 1 al. *a*).

A resposta sobre a utilização *indirecta* da marca, através da negociação de marca não previamente usada, passa, como vimos atrás, por uma ponderação do significado actual da função distintiva.

Segundo a nossa proposta, o registo da marca para utilização indirecta é admissível desde que o requerente já exerça uma actividade económica. Aquele que exerça uma actividade económica (e, portanto, não use o direito de marcas de modo especulativo ou enviesado) tem legitimidade para registar uma marca para utilização indirecta, através de licença concedida a terceiro, porque, de acordo com o *redefinido* significado da função distintiva, é à sua *pessoa* que se liga a origem da marca.

O conteúdo do conceito de legítimo interesse, por referência à ligação *imediata*, *mediata* ou *indirecta* da marca a uma actividade do titular, implica, a nosso ver, *que não tem legítimo interesse* todo aquele que não exerça, nem demonstre vir a exercer, qualquer actividade económica e apenas tenha a intenção de se servir do registo com finalidade exclusivamente especulativa, emulativa ou perturbadora do mercado.

Em relação ao instituto da **protecção da marca de grande prestígio**, isto é, da protecção da marca não subordinada ao princípio da especialidade, sustentamos que essa tutela não significa a protecção exclusiva da função publicitária[31]. A nossa lei, ao não transpor a solução facultativa da DM, prevista no art. 5.° n.° 2, não confere ao titular um direito positivo de disposição, mas apenas um direito negativo de proibição ultramerceológica do uso da marca por terceiros. Isto significa que o titular da marca de grande prestígio terá de a registar previamente para os produtos ou serviços em relação aos quais pretenda eventualmente negociá-la. Ao condicionar-se a negociação ao registo prévio, está-se a sujeitar a marca ao regime jurídico do direito de marcas, no seu conjunto, no qual se integram soluções não estranhas à finalidade distintiva.

Por último, os institutos da **transmissão** e **licença** de marca também não asseguram a protecção exclusiva da função publicitária.

A transmissão autónoma da marca só é válida se não for susceptível de induzir o público em erro quanto à proveniência dos produtos ou serviços ou aos caracteres essenciais dos mesmos (art. 211.° n.° 2). Na nossa opinião só a protecção da função distintiva pode explicar o requisito da transmissão não enganosa.

Por sua vez, a possibilidade de o titular passar a ter maior liberdade de conceder licenças de marcas (usadas ou não usadas) não o isenta, como

---

[31] Para maiores desenvolvimentos *vide*, *Função distintiva da marca* cit., pp. 166 e ss.

Função da Marca 111

procurámos demonstrar atrás, do *ónus* pelo uso não enganoso da marca (cfr. art. 216.º n.º 2 al. *b*)). A função distintiva *resiste*, se bem que com um controlo menos preventivo e mais sucessivo.

Em suma, o direito de marcas protege directamente a função publicitária da marca embora essa protecção seja, na nossa opinião, complementar e não autónoma em relação à função distintiva que continua a ser a única função jurídica essencial e autónoma da marca.

A marca mantém-se, no essencial, como sinal distintivo mesmo tendo em conta as relevantes alterações verificadas[32]. Nesse sentido não aderimos, pensamos que com boas razões, à perspectiva mais recente e inovadora segundo a qual a marca desempenha uma *função comunicativa*, na qual se diluiem todas as funções tradicionais[33].

No nosso entendimento, a função publicitária não põe em causa a função distintiva antes a *complementa*. A função distintiva cumpre-se com a identificação da origem e a distinção dos produtos e serviços. A função publicitária cumpre-se, complementarmente, quando, satisfeita a função distintiva, a marca, para além disso, se revele capaz de contribuir para a promoção dos produtos ou serviços.

CONCLUSÃO

A marca tem, em síntese, as seguintes funções:

Uma Função Essencial – Função Distintiva

A marca distingue e garante que os produtos ou serviços se reportam a uma pessoa que assume em relação aos mesmos o ónus pelo seu uso não enganoso.

---

[32] Cfr. os argumentos por nós expendidos idem, pp. 212 e ss.

[33] Para esta doutrina a marca assume um valor autónomo, desvinculado dos produtos ou serviços marcados, e é fundamentalmente um instrumento de comunicação que transmite um conjunto de informações e sugestões aos consumidores. A marca deixou de ser um sinal com tarefa essencialmente distintiva, quer porque o significado de origem se esbateu no plano jurídico, quer porque o valor da marca está cada vez mais em ser um sinal autónomo (emancipado dos produtos ou serviços assinalados), susceptível de provocar e induzir sugestões e informações na mente dos consumidores. Sobre a função comunicativa *vide*, para mais indicações, ob. ult. cit., pp. 143 e ss.

Uma Função Derivada – Função de Garantia da Qualidade dos Produtos e Serviços

A marca não garante, directamente, a qualidade dos produtos ou serviços marcados, mas garante indirectamente essa qualidade por referência dos produtos ou serviços a uma origem não enganosa.

Uma Função Complementar – Função Publicitária

A marca, em complemento da função distintiva, pode cumprir, nalguns casos, a função de contribuir, por si mesma, para a promoção dos produtos ou serviços que assinala.

A PROPRIEDADE INDUSTRIAL E A COMPETÊNCIA DOS TRIBUNAIS DE COMÉRCIO

por CARLOS OLAVO

SUMÁRIO:

1. A Propriedade Industrial. 2. Evolução Histórica dos Tribunais de Comércio. 3. A Competência dos Tribunais de Comércio em Razão da Matéria. 4. As Acções de Declaração em que a Causa de Pedir Verse sobre Propriedade Industrial. 5. As Acções de Nulidade ou de Anulação Previstas no Código da Propriedade Industrial. 6. Outras Acções Previstas no Código da Propriedade Industrial. 7. Os Recursos das Decisões que Concedam, Recusem ou Tenham por Efeito a Extinção de Direitos Privativos. 8. Os Recursos de Outros Despachos. 9. Regime dos Recursos Previstos no Código da Propriedade Industrial. 10. Modalidades de Propriedade Industrial não Previstas no Código da Propriedade Industrial. 11. Os Tribunais de Comércio e os Factores de Atribuição de Competência. 12. A Competência Territorial para Conhecer dos Recursos Abrangidos pela Alínea *a*) do n.° 2 do Artigo 89.° da L.O.F.T.J.. 13. Conclusão.

1. A Propriedade Industrial

A liberdade que, numa economia de mercado, enforma as actuações dos vários agentes económicos não significa que se processem de uma forma desordenada e se atropelem umas às outras.

A existência de uma pluralidade de actuações que convergem em direcção a um mesmo mercado, impõe a necessidade de ordenar essas actuações para que os mercados funcionem regularmente.

Tal necessidade de ordenar os comportamentos assumidos pelos agentes económicos tem especial relevância nas actividades económicas profissionais, não só pela massificação e pela despersonalização que as caracterizam, mas também porque, no quadro dessa convergência de actuações, os intervenientes no mercado são abrangidos pelas mesmas regras, criando vínculos recíprocos entre as respectivas actividades.

A propriedade industrial corresponde à necessidade de ordenar a liberdade de actuação por parte dos vários agentes económicos.

Actualmente, a propriedade industrial tem a sua sede legal no Código de Propriedade Industrial, aprovado pelo Decreto-Lei n.° 16/95, de 24 de Janeiro, para entrar em vigor em 1 de Junho de 1995 [1], que substituiu o anterior Código, elaborado e publicado ao abrigo da Lei n.° 1.972, de 21 de Junho de 1938, e aprovado pelo Decreto n.° 30.679, de 4 de Agosto de 1940.

Em termos de direito internacional, o instituto da propriedade industrial vai encontrar, pela primeira vez, tratamento autónomo e sistemático com a Convenção da União de Paris para a Protecção da Propriedade Industrial, de 20 de Março de 1883.

Portugal foi, conjuntamente com a Bélgica, o Brasil, a Espanha, a França, o Guatemala, a Itália, os Países-Baixos, o Salvador, a Sérvia e a Suíça, um dos fundadores da União, tendo a Convenção sido por ele confirmada e ratificada por Carta de Lei de 17 de Abril de 1884.

A Convenção da União de Paris foi posteriormente revista em Bruxelas (14 de Dezembro de 1900), em Washington (2 de Junho de 1911), na Haia (6 de Novembro de 1925), em Londres (21 de Junho de 1934), em Lisboa (31 de Outubro de 1958), revisão que Portugal não ratificou, e finalmente em Estocolmo (14 de Julho de 1967), tendo esta última revisão sido aprovada para ratificação pelo Decreto n.° 22/75, de 2 de Janeiro, e ratificada conforme Aviso publicado no Diário da República, 1.ª série, de 15 de Março de 1975.

Analisando os textos legais, verifica-se que a propriedade industrial se reconduz essencialmente a duas ordens de ideias:

– a atribuição da faculdade de explorar economicamente, de forma exclusiva ou não, certas realidades imateriais;
– a imposição do dever de os vários agentes económicos que operam no mercado procederem honestamente.

A primeira das duas indicadas ordens de ideias abrange os chamados direitos privativos da propriedade industrial.

---

[1] É a este Código que se reportam os artigos que não indiquem o respectivo diploma legal, referindo-me ao aprovado pelo Decreto n.° 30.679 como o Código de 1940.

A Propriedade Industrial e a Competência dos Tribunais de Comércio   115

O Código de Propriedade Industrial contempla várias dessas figuras: patentes de invenção (artigo 47.°), modelos de utilidade (artigo 122.°), modelos industriais (artigo 139.°), desenhos industriais (artigo 140.°), marcas (artigo 165.°), recompensas (artigo 217.°), nomes e insígnias de estabelecimento (artigo 228.°), logótipos (artigo 246.°) e denominações de origem e indicações geográficas (artigo 249.°).

A Convenção da União de Paris, no n.° 2 do seu artigo 1.°, também menciona as patentes de invenção, os modelos de utilidades, os desenhos ou modelos industriais, as marcas e as indicações de proveniência ou denominações de origem, mas refere nome comercial[2] em vez de nome e insígnia de estabelecimento.

Existem ainda direitos privativos regulados em legislação avulsa, como é o caso da Lei n.° 16/89, de 30 de Junho, sobre a protecção jurídica das topografias dos produtos semicondutores, e do Decreto-Lei n.° 213/90, de 28 de Junho, regulamentado pela Portaria n.° 940/90, de 4 de Outubro, que estabelece o regime jurídico do direito de obtentor de variedades vegetais.

Mas a lei, além de atribuir a faculdade de explorar economicamente certas realidades imateriais, impõe a obrigação de proceder honestamente no exercício da actividade económica, obrigação cuja violação dá origem à concorrência desleal, prevista no artigo 10 – bis da Convenção da União de Paris, e tipificada no artigo 260.°.

Estabelece este artigo 260.°:

"Quem, com intenção de causar prejuízo a outrem ou de alcançar para si ou para terceiro um benefício ilegítimo, praticar qualquer acto de concorrência contrário às normas e usos honestos de qualquer ramo de actividade, nomeadamente:

a) Os actos susceptíveis de criar confusão com o estabelecimento, os produtos, os serviços ou o crédito dos concorrentes, qualquer que seja o meio empregue;

b) As falsas afirmações feitas no exercício do comércio ou da indústria, com o fim de desacreditar o estabelecimento, os produtos, os serviços ou a reputação dos concorrentes;

c) As invocações ou referências não autorizadas de um nome, estabelecimento ou marca alheios;

d) As falsas indicações de crédito ou reputação próprios, respeitantes ao capital ou situação financeira do estabelecimento, à natureza

---

[2] O nome comercial corresponde, perante o direito positivo português, quer ao nome de estabelecimento, quer à firma, quer ainda ao logótipo.

ou extensão das suas actividades e negócios e à qualidade ou quantidade da clientela;

e) Os reclamos dolosos e as falsas descrições ou indicações sobre a natureza, qualidade e utilidade dos produtos ou mercadorias;

f) As falsas indicações de proveniência, de localidade, região ou território, de fábrica, oficina, propriedade ou estabelecimento, seja qual for o modo adoptado;

g) O uso de uma denominação de fantasia ou de origem, registadas, fora das condições tradicionais, usuais ou regulamentares;

h) A supressão, ocultação ou alteração, por parte do vendedor ou de qualquer intermediário, da denominação de origem dos produtos ou da marca registada do produtor ou fabricante em produtos destinados à venda e que não tenham sofrido modificação no seu acondicionamento;

i) A ilícita apropriação, utilização ou divulgação dos segredos da indústria ou comércio de outrem, será punido com pena de prisão até três anos ou com pena de multa até 360 dias"

2. Evolução Histórica dos Tribunais de Comércio

Os tribunais de comércio são praticamente tão antigos quanto o próprio conceito de Direito Comercial, cujo aparecimento podemos situar na Idade Média.

Ao passo que o "jus civile" romano era suficientemente universal e flexível para satisfazer as necessidades do comércio, o direito medieval encontrava-se fragmentado em múltiplas legislações, dominadas por espírito particularista e local, e utilizando meios jurisdicionais primitivos.

O florescimento do tráfico mercantil nas cidades costeiras do Mediterrâneo e da Flandres, bem como as feiras que se instalaram entre umas e outras, determinaram a necessidade da existência, ao lado do direito comum, de um corpo de regras dotado de maior flexibilidade e carácter mais universal, destinado a disciplinar as relações comerciais entre comerciantes[3].

Durante a Idade Média, encontram-se estes integrados em corporações dotadas de estatutos e jurisdição próprios, das quais vão emanando um conjunto de regras dirigidas aos comerciantes.

---

[3] Cfr. Jean Hilaire, Introduction Historique au Droit Commercial, 1986, págs. 25 e segs..

A Propriedade Industrial e a Competência dos Tribunais de Comércio 117

O Direito Comercial medieval caracteriza-se assim por ser um direito destinado aos comerciantes e gerado pelas corporações em que estes se integram.

Diz-se, por isso, que se trata de um direito profissional e autónomo.

Em Portugal, é a partir dos finais do século XV que os regimentos corporativos consagram a existência de juízos consulares para os mercadores, que exerciam funções de tribunais de comércio[4].

Efectivo tribunal de comércio, dotado de regimento próprio, surge em 1593, quando foi criado o Tribunal do Consulado. Este Tribunal veio a ser abolido em 1602, embora as Ordenações Filipinas (1603) se lhe referissem como existindo ainda, com competência para conhecer das quebras.

Em Lisboa, parece que os comerciantes mantiveram uma espécie de tribunal administrativo, com algumas das atribuições do Tribunal do Consulado, que se erigiu em Mesa do Bem Comum do Comércio, com o título de Confraria do Espirito Santo da Pedreira, a qual foi abolida por Decreto de 3 de Setembro de 1755, dia em que foi criada a Junta do Comércio, que em 1788 foi elevada a tribunal[5].

É a partir do Código Comercial de 1833, cujo Livro III da Parte I tinha por epígrafe "Das Acções Comerciais e Organização do Foro Mercantil e das Quebras", que os tribunais de comércio passaram a integrar a estrutura judiciária comum.

Os tribunais (comuns) de comércio vieram a ser extintos pelo Decreto-Lei n.º 21.694, de 24 de Setembro de 1932, sendo o Processo Civil e o Processo Comercial unificados no Código de Processo Civil de 1939, através do Decreto-Lei n.º 29.637, de 28 de Maio de 1939.

3. A Competência dos Tribunais de Comércio em Razão da Matéria

Passadas quase sete décadas sobre a extinção dos tribunais de comércio, a Lei n.º 3/99 de 13 de Janeiro (Lei da Organização e Funcionamento dos Tribunais Judiciais)[6], veio prever outra vez a criação deste tipo de tribunais (artigo 78.º, alínea *e*).

Os tribunais judiciais de 1.ª instância são, em regra, os tribunais de comarca (L.O.F.T.J., artigo 62.º, n.º 1), podendo haver tribunais de com-

---

[4] Cfr. Fernando Olavo, Direito Comercial, vol. I, 2.ª ed., pág. 27.

[5] Cfr. Ferreira Borges, Dicionário Jurídico – Comercial, 1856, pág. 409.

[6] A Lei n.º 3/99 foi rectificada pela declaração de rectificação n.º 7/99, publicada em 16 de Fevereiro de 1999.

petência especializada e de competência específica (L.O.F.T.J., artigo 64.º, n.º 1).

Os tribunais de competência especializada distinguem-se dos tribunais de competência específica. Ao passo que os primeiros conhecem de matérias determinadas, independentemente da forma de processo aplicável, os segundos conhecem de matérias determinadas em função da forma de processo aplicável, conhecendo ainda de recursos das decisões das autoridades administrativas em processo de contra-ordenação (L.O.F.T.J., artigo 64.º, n.º 2).

Tribunais de competência especializada são os de instrução criminal, de família, de menores, do trabalho, de comércio, marítimos e de execução de penas (LOFTJ, artigo 78.º).

Os tribunais de comércio integram-se, pois, na estrutura dos tribunais judiciais, enquanto tribunais de 1.ª instância de competência especializada.

As matérias de que compete aos tribunais de comércio conhecer encontram-se definidas no artigo 89.º da L.O.F.T.J., do seguinte teor[7]:

"1 – Compete aos Tribunais de Comércio propor e julgar:

a) Os processos especiais de recuperação de empresa e falência;

b) As acções de declaração de inexistência, nulidade e anulação do contrato de sociedade;

c) As acções relativas ao exercício de direitos sociais;

d) As acções de suspensão e de anulação de deliberações judiciais;

e) As acções de dissolução e de liquidação judicial de sociedades;

f) As acções de declaração em que a causa de pedir verse sobre propriedade industrial, em qualquer das modalidades previstas no Código da Propriedade Industrial;

g) As acções a que se refere o Código de Registo Comercial;

h) As acções de nulidade ou anulações previstas no Código da Propriedade Industrial.

2 – Compete ainda aos Tribunais de Comércio julgar:

a) Os recursos de decisões que, nos termos previstos no Código da Propriedade Industrial, concedam, recusem ou tenham por efeito a extinção de qualquer dos direitos privativos nele previstos;

b) Os recursos dos despachos dos conservadores do registo comercial;

c) Os recursos das decisões do Conselho da Concorrência referidas no n.º 1 dos artigos 27.º do Decreto-Lei n.º 371/93, de 29 de Outubro,

---

[7] Esta redacção do artigo 89.º da L.O.F.T.J. é a que resulta da declaração de rectificação n.º 7/99.

A Propriedade Industrial e a Competência dos Tribunais de Comércio   119

e os recursos das decisões do Conselho da Concorrência e da Direcção Geral do Comércio e da Concorrência, em processo de contra-ordenação, nos termos do artigo 38.° do mesmo diploma.

3 – A competência a que se refere o n.° 1 abrange os respectivos incidentes e apensos."

São assim três os tipos de procedimentos judiciais relativos à propriedade industrial que integram a competência dos tribunais de comércio:

1 – As acções de declaração em que a causa de pedir verse sobre propriedade industrial, em qualquer das modalidades previstas no Código da Propriedade Industrial;

2 – As acções de nulidade ou de anulação previstas no Código da Propriedade Industrial;

3 – Os recursos das decisões que, nos termos previstos no Código da Propriedade Industrial, concedam, recusem ou tenham por efeito a extinção de qualquer dos direitos privativos nele previstos.

Ficam, pois, fora da competência dos tribunais de comércio as matérias atinentes a aspectos penais e contra – ordenacionais em sede de propriedade industrial.

4. As Acções de Declaração em que a Causa de Pedir Verse sobre Propriedade Industrial

O artigo 89.°, n.° 1, alínea *f*) da L.O.F.T.J. atribui aos tribunais de comércio competência para conhecer das acções de declaração em que a causa de pedir verse sobre propriedade industrial, em qualquer das modalidades previstas no Código da Propriedade Industrial.

A lei tem em vista, ainda que com terminologia pouco rigorosa, todas as espécies de acções declarativas, em contraposição às acções executivas.

Abrange assim as acções de simples apreciação, as de condenação e as constitutivas.

Destas acções, as mais frequentes são as por infracção contra a propriedade industrial.

No que toca às acções por infracção contra a propriedade industrial, podem-se pretender actuar, por via delas, cumulativamente ou não, três pretensões:

a) a pretensão à abstenção da conduta lesiva;

b) a pretensão à cessação da conduta lesiva e eliminação dos resultados da ilicitude praticada;

c) a pretensão à indemnização pelos danos sofridos.

Desta sorte, se a acção tiver por objecto qualquer das mencionadas pretensões (à abstenção de uma conduta lesiva, à cessação de uma conduta lesiva, à eliminação dos resultados da ilicitude praticada, e à reparação dos danos sofridos), deve ser proposta em tribunal de comércio, desde que se reporte a qualquer das modalidades de propriedade industrial previstas no respectivo Código.

É também no tribunal de comércio que deve ser intentada uma acção por concorrência desleal, porquanto a repressão da concorrência desleal integra a propriedade industrial, nos precisos termos do artigo 1.° do respectivo Código[8].

Também as acções de reivindicação de registo se integram na competência dos tribunais de comércio, por a respectiva causa de pedir versar sobre propriedade industrial.

Com efeito, de acordo com o artigo 33.°, n.° 2, o interessado, se reunir as condições legais, pode pedir, em vez da anulação, a reversão total ou parcial do título a seu favor.

E o artigo 214.° prevê que se o registo de marca tiver sido concedido ao agente ou representante de um titular dessa marca num dos países da União da Convenção de Paris, sem autorização do mesmo titular, pode este pedir, junto do Instituto Nacional da Propriedade Industrial, em vez da anulação, a transmissão do registo a seu favor.

Em sede de tramitação administrativa, havendo usurpação da titularidade de determinado direito privativo, o usurpado interessado pode requerer, junto do Instituto Nacional da Propriedade Industrial, em vez da recusa desse registo a favor de terceiro, a transmissão do mesmo a seu favor.

É o que consta do artigo 69.°, n.° 2, para as patentes de invenção, do artigo 129.°, n.° 2, para os modelos de utilidade, do artigo 158.°, n.° 2, para os modelos e desenhos industriais, e do artigo 188.°, n.° 2, para as marcas.

Tendo o registo sido concedido, a lei atribui igual faculdade ao interessado, ainda que desta feita em alternativa ao pedido de anulação ou em acção autónoma.

Note-se que, embora o artigo 214.°, n.° 3, preveja que a transmissão do registo seja pedida junto do Instituto Nacional da Propriedade Industrial, nada obsta a que seja pedida directamente ao tribunal.

---

[8] Esta conclusão aplica-se mesmo que se entenda, como Oliveira Ascensão (Cfr. Concorrência Desleal, 1994, págs. 41 e segs.), que a concorrência desleal não se integra no Direito Industrial.

A acção judicial para transmissão do registo a favor do interessado distingue-se da acção de anulação, ainda que com ela cumulável em termos alternativos, e configura-se como uma acção de reivindicação[9].

A competência dos tribunais de comércio abrange ainda as acções que tenham causa de pedir complexa, desde que um dos elementos dessa causa de pedir verse sobre propriedade industrial. É o caso, por exemplo, de questão emergente de contrato de licença de marca.

É ainda o caso de acção por enriquecimento sem causa, por facto atinente a uma das modalidades de propriedade industrial previstas no Código.

Uma vez que, nos termos do n.º 3 do artigo 89.º da L.O.F.T.J., a competência a que se refere o n.º 1 abrange os respectivos incidentes e apensos, abrangerá também os procedimentos cautelares a que houver lugar.

5. As Acções de Nulidade ou de Anulação Previstas no Código da Propriedade Industrial

Prevêem-se nos artigos 32.º e 33.º do Código a nulidade e a anulação dos títulos de propriedade industrial.

De facto, os direitos de propriedade industrial extinguem-se nos casos de nulidade (artigo 32.º), anulação (artigo 33.º), caducidade (artigo 36.º) e renúncia (artigo 37.º).

Nos termos do artigo 32.º, o registo é nulo quando o seu objecto for insusceptível de protecção ou quando na concessão tenha havido preterição de formalidades susceptíveis de pôr em causa o resultado final do processo.

Prevêem-se ainda, nos artigos 120.º, 137.º e 164.º, casos especiais de nulidade de, respectivamente, patentes, registos de modelos de utilidade e registos de modelos e desenhos industriais.

Diz o artigo 120.º:

"1. Além de nos casos previstos no artigo 32.º, a patente é nula:

a) Quando o seu objecto não satisfizer os requisitos de novidade, actividade inventiva e aplicação industrial;

b) Quando a epígrafe ou título dado ao invento abranger objecto diferente;

c) Quando o seu objecto não foi descrito de maneira que permita a execução por qualquer pessoa competente na matéria.

---

[9] Mais desenvolvidamente, cfr. o meu Marca Registada em Nome Próprio por Agente ou Representante, in Revista da Ordem dos Advogados, ano 59 (1999), II, pág. 583.

2. Podem ser declaradas nulas ou anuladas uma ou mais reivindicações afectas, mas não poderá decretar-se a invalidade parcial de uma reivindicação."

Estabelece o artigo 137.º:

"1. Além de nos casos do artigo 32.º, o modelo de utilidade é nulo:

a) Quando a epígrafe ou título dado ao invento abranger objecto diferente;

b) Quando o seu objecto não foi descrito de maneira que permita a execução por qualquer pessoa competente na matéria;

2. Podem ser declaradas nulas ou anuladas uma ou mais reivindicações afectas, mas não poderá decretar-se a invalidade parcial de uma reivindicação."

E preceitua o artigo 164.º:

"1. Além de nos casos do artigo 32.º, o registo é nulo:

a) Quando se reconheça que o modelo ou desenho industrial não satisfaz aos requisitos de novidade exigidos;

b) Quando a epígrafe ou título dado ao modelo ou desenho abranger objecto diferente.

2. Pode ser declarado nulo ou anulado o registo de um ou mais objectos constantes do mesmo registo, mas não poderá decretar-se a invalidade parcial do registo relativo a um objecto."

Por seu turno, o artigo 33.º determina a anulabilidade do registo quando o titular não tiver direito a ele, nomeadamente quando o direito lhe não pertencer ou quando tiver sido concedido com preterição dos direitos de terceiros, fundados em prioridade ou outro título legal.

O artigo 214.º acrescenta, como causas da anulabilidade do registo da marca, que na concessão se haja infringido disposições que exigem autorização ou consentimento, sem que tal tenha sido concedido, ou que a marca tenha sido concedida ao agente ou representante do titular de uma marca num dos países da União da Convenção de Paris sem autorização do mesmo titular.

De acordo com o artigo 226.º, o registo é anulável quando for anulado o registo da recompensa.

O registo de nome ou insígnia de estabelecimento é ainda anulável se na concessão se tiverem infringido disposições que exigem autorização ou consentimento, em obediência ao artigo 244.º, aplicável aos logótipos por força da remissão constante do artigo 248.º.

Pode-se, pois, concluir que, em termos gerais, os registos são nulos ou anuláveis quando tiverem sido concedidos sem que se verificassem os respectivos requisitos de concessão, isto é, quando existiam fundamentos de recusa de registo.

Quer a declaração de nulidade, quer a anulação, só podem resultar de decisão judicial, em acção a ser intentada pelo Ministério Público, ou por qualquer interessado, contra o titular inscrito do direito, e deve ser notificada a todos os titulares de direitos derivados inscritos, que podem intervir no processo, como preceitua o artigo 34.°.

No caso das marcas, as acções de anulação devem ser propostas dentro do prazo de dez anos, a contar da data do despacho de concessão do registo, excepto tratando-se de marca registada de má-fé, relativamente à qual o direito de pedir a anulação não prescreve (artigo 214.°, n.° 5 e n.° 6).

O Código da Propriedade Industrial prevê, não só as acções de nulidade ou de anulação de registos de direitos privativos, mas ainda, no respectivo artigo 5.°, as acções de anulação de denominações sociais ou firmas.

Também estas acções de anulação de denominações sociais ou firmas, enquanto acções de anulação previstas no Código da Propriedade Industrial, integram a competência material dos tribunais de comércio, nos termos da alínea b) do n.° 1 do artigo 89.° da L.O.F.T.J..

Nos termos do n.° 3 do artigo 89.° da L.O.F.T.J., a competência a que se refere o n.° 1 abrange os respectivos incidentes e apensos, abrangendo também os procedimentos cautelares a que houver lugar nas acções em análise.

6. **Outras Acções Previstas no Código da Propriedade Industrial**

Além das acções acima referidas, o Código da Propriedade Industrial prevê, no artigo 54.° para as patentes, aplicável aos modelos de utilidade por força do artigo 124.°, e no artigo 147.° para os modelos e desenhos industriais, outro tipo de acção que é a acção para fixação da remuneração do inventor.

Contempla-se nessas disposições legais a situação de uma invenção cujo direito ao registo pertença, não ao inventor, mas à empresa para que ele trabalha , caso em que o inventor terá direito a uma remuneração.

Na falta de acordo sobre semelhante remuneração, deverá esta ser fixada nos termos da Lei n.° 31/86, de 29 de Agosto, por tribunal arbitral.

Nestes casos, a lei estabelece uma actuação específica, recondutível a arbitragem necessária, que fica excluída da competência dos tribunais de comércio.

124   *II Curso de Direito Industrial*

Se esse tribunal arbitral for preterido, verificar-se-á uma excepção dilatória de conhecimento oficioso, nos termos dos artigos 494.º, alínea *j*), e 495.º, ambos do Código de Processo Civil.

7. Os Recursos das Decisões que Concedam, Recusem ou Tenham por Efeito a Extinção de Direitos Privativos

O registo de qualquer direito privativo pode ser atacado através de acção de declaração de nulidade e de anulação desse registo ou através de recurso do despacho que o concede [10].

A lei não impõe a utilização deste ou daquele meio, deixando ao critério de quem tiver interesse directo em atacar a concessão a escolha do processo a utilizar, escolha essa que não está sujeita a qualquer condição que não seja a observância de prazos de propositura diferentes, conforme se opte pelo recurso ou pela acção, como se diz acertadamente no Acórdão do Supremo Tribunal de Justiça de 26 de Janeiro de 1999 [11].

Tal como as acções de declaração de nulidade e de anulação de registo, também os recursos das decisões que concedem direitos privativos previstos no Código da Propriedade Industrial devem ser interpostos para o tribunal de comércio, de acordo com a alínea *a*) do n.º 2 do artigo 89.º da L.O.F.T.J..

Igual regime se aplica aos recursos dos despachos que recusem qualquer desses direitos privativos.

A competência dos tribunais de comércio abrange ainda, de acordo com a mencionada alínea *a*) do n.º 2 do artigo 89.º da L.O.F.T.J., os recursos das decisões que tenham por efeito a extinção de qualquer dos direitos privativos previstos no Código da Propriedade Industrial.

A extinção dos direitos previstos neste Código pode decorrer de invalidade (ou seja, declaração de nulidade ou anulação), caducidade ou renúncia, como decorre dos respectivos artigos 32.º a 37.º.

Como a invalidade só pode resultar de decisão judicial, de acordo com o artigo 34.º n.º 1, esta modalidade de extinção de direitos privativos reconduz-se às acções de nulidade ou de anulação já atrás referidas.

---

[10] Sobre a dualidade dos meios processuais existentes em sede de impugnação de registos de propriedade industrial, cfr. A. M. Pereira, Espécies Processuais no Código da Propriedade Industrial, in Revista da Ordem dos Advogados, aos XIV, XV e XVI, pág. 33 e segs.; Oliveira Ascensão, Lições de Direito Comercial, vol. II – Direito Industrial, 1988, págs. 382 a 388.

[11] Bol. Min. Just., n.º 483, págs. 248 e segs..

No que respeita à caducidade, o actual Código expressamente consigna, no artigo 36.º, n.º 4, que só produz efeitos depois de declarada em processo, que corre os seus termos no Instituto Nacional da Propriedade Industrial.

Deste modo, as decisões que tenham por efeito a extinção de qualquer direito privativo abrangem, antes de mais, a declaração de caducidade do registo, tal como prevista em termos gerais no artigo 36.º, e ainda no artigo 121.º para as patentes de invenção, no artigo 131.º para os modelos de utilidade, no artigo 216.º para as marcas, no artigo 227.º para as recompensas, no artigo 245.º para o nome e a insígnia de estabelecimento, aplicável ao logótipo por força da remissão constante do artigo 248.º, e no artigo 256.º para as denominações de origem e indicações geográficas.

A Lei n.º 3/99 veio resolver a questão, anteriormente muito discutida, de saber se, anotada a caducidade de um registo, para conhecer do recurso que se interpusesse desse acto eram competentes os tribunais comuns ou os administrativos.

Com efeito, a declaração de caducidade de um registo, enquanto acto do Instituto Nacional da Propriedade Industrial, é um acto administrativo, e nessa perspectiva, competiria aos tribunais administrativos conhecer dos respectivos recursos.

No entanto, a apreciação da caducidade do registo constitui questão sobre títulos de propriedade, pelo que estaria, em princípio, excluída do contencioso administrativo.

Todavia, a jurisprudência e a doutrina entendiam maioritariamente que o conhecimento dos recursos das declarações de caducidade de patentes, depósitos e registos competia aos tribunais administrativos [12], salvo os casos em que a lei expressamente determinasse que a própria declaração de caducidade incumbia aos tribunais comuns [13].

Actualmente, a questão encontra-se resolvida no sentido de o conhecimento dos recursos das declarações de caducidade de registos ser da competência dos tribunais de comércio.

Embora se trate de hipótese dificilmente configurável na prática, não é de excluir que possa haver recurso da indevida anotação de uma renúncia, o qual deverá ser interposto para o tribunal de comércio, uma vez que essa anotação envolve extinção do correspondente direito.

---

[12] Cfr. Acórdão do S.T.A. (Tribunal Pleno), de 21/03/63 in Acórdãos Doutrinais do S.T.A., III, n.º 25, pág. 112; A. Queiró, Rev. Leg. Jur., ano 98.º, pág. 13.

[13] Cfr. artigos 162.º, § 2.º, e 170.º do Código de 1940.

Podem-se suscitar dúvidas se, nas decisões cujo recurso deve ser interposto para o tribunal de comércio, se integram os despachos pelos quais o Instituto Nacional da Propriedade Industrial, em vez de recusar o pedido de registo de um direito privativo, o transmita a favor de terceiros.

A meu ver a resposta deve ser afirmativa .

Com efeito, tal transmissão implica, relativamente ao requerente do registo uma recusa, e relativamente ao terceiro, a concessão desse registo, pelo que se subsume na alínea *a*) do n.º 2 do artigo 89.º da Lei n.º 3/99.

Idêntico regime se aplica às decisões do Instituto Nacional da Propriedade Industrial, previstas no artigo 214.º n.º 3, de transmitir a favor de terceiro o registo já concedido.

É que, ainda que neste caso não se trate de recusa de registo, uma vez que este já foi efectuado, o correspondente despacho envolve a extinção do direito por parte do titular inscrito e concessão desse direito a terceiro.

Também se pode suscitar a questão de saber se um despacho que recuse o averbamento da transmissão de um registo é ou não sindicável pelos tribunais de comércio.

Num despacho desse teor não está em causa nem recusa nem concessão de direito privativo.

Todavia, e dado que o registo é condição de oponibilidade da transmissão do direito a terceiros, como decorre do artigo 31.º, o despacho que o recuse tem por efeito a extinção parcial do direito do transmissário, razão pela qual me parece que o correspondente recurso deva ser interposto para o tribunal de comércio.

8. **Os Recursos de Outros Despachos**

Os recursos possíveis no âmbito do Código da Propriedade Industrial abrangem outras decisões para além daquelas que concedam, recusem ou extingam direitos privativos.

De facto, prevêem-se nesse Código despachos que não têm por efeito directo nem a concessão, nem a recusa, nem a extinção de direitos privativos.

Estão nessa situação:

a) Os despachos que não declarem um pedido de caducidade;

b) Os despachos de concessão ou recusa de licença de exploração de patentes de invenção ou de modelos de utilidade, previstos, respectivamente, nos artigos 117.º e 136.º;

A Propriedade Industrial e a Competência dos Tribunais de Comércio   127

c) Os despachos de recusa do direito de prioridade estabelecido na Convenção da União de Paris, e previsto no artigo 56.° relativamente a patentes de invenção, no artigo 125.° relativamente a modelos de utilidade, no artigo 149.° relativamente a modelos ou desenhos industriais, e no artigo 170.° relativamente a marcas.

Todas essas decisões, susceptíveis de prejudicar a situação jurídica dos interessados, são passíveis de recurso, nos termos gerais.

Tais recursos, porém, não estão abrangidos pelo artigo 89.° da L.O.F.T.J..

A caducidade é declarada a pedido de quem nela tiver interesse, sendo subsequentemente sujeita a despacho, anotada e publicada, como determina o artigo 36.°.

Ora, o despacho que não declare um pedido de caducidade não concede, não recusa, nem tem por efeito a extinção de qualquer direito privativo.

Também os despachos de concessão ou recusa de licença de exploração de patentes de invenção ou de modelos de utilidade não põem directamente em causa o direito privativo em si mesmo considerado, pois apenas incidem sobre a exploração económica que dele pode ser feita.

Estão assim fora do âmbito da competência dos tribunais de comércio.

É duvidoso o caso do despacho de recusa do direito de prioridade unionista.

Se essa recusa de prioridade determinar a recusa do registo requerido, subsumir-se-á num despacho de recusa, e consequentemente integrará a competência dos tribunais de comércio.

Já no caso de a recusa da prioridade não afectar a decisão de conceder ou recusar o registo, o respectivo recurso não parece susceptível de ser interposto para o tribunal de comércio.

Desta sorte, a competência material dos tribunais de comércio não abrange a totalidade dos recursos dos despachos previstos no Código da Propriedade Industrial.

9. **Regime dos Recursos Previstos no Código da Propriedade Industrial**

Podem-se distinguir os recursos previstos no Código da Propriedade Industrial em recursos judiciais e recursos administrativos.

Aos primeiros se referem os artigos 38.° e seguintes.

128   *II Curso de Direito Industrial*

De acordo com essas disposições legais, são partes legítimas para recorrer das decisões do Instituto Nacional da Propriedade Industrial o requerente e os reclamantes e ainda qualquer pessoa que seja directamente prejudicada pela decisão (artigo 38.º).

Esse recurso deve ser interposto no prazo de três meses a contar da data da publicação do despacho no Boletim da Propriedade Industrial, ou da obtenção de certificado desse despacho, quando este for anterior (artigo 39.º).

Distribuído o processo, será a cópia da petição remetida ao INPI, ao qual compete responder e remeter ou ordenar que se remeta ao tribunal o processo sobre que recaiu o despacho recorrido (artigo 40.º).

Recebido o processo em tribunal, é dada vista à parte contrária, se a houver, não sendo, porém, o INPI considerado, em caso algum, parte contrária (artigo 41.º).

Quando o recurso contiver um problema técnico que requeira melhor informação ou quando o julgador o entender conveniente, poderá, em qualquer momento, requisitar a comparência do técnico ou técnicos em cujo parecer se fundou o despacho recorrido, a fim de que lhe prestem oralmente os esclarecimentos de que necessitar (artigo 42.º).

Da decisão judicial cabe recurso nos termos gerais (artigo 43.º), o qual pode ser interposto pela parte vencida ou pelo próprio INPI [14].

Do Acórdão da Relação não cabe recurso para o Supremo Tribunal de Justiça, salvo nos casos em que o recurso seja sempre admissível, como determina o actual artigo 43.º, na redacção dada pelo Decreto-Lei n.º 365--A/99, de 20 de Setembro [15].

Nos casos dos despachos de que não cabe recurso nos termos do artigo 38.º, o artigo 46.º do Código da Propriedade Industrial determina haver recurso para o Ministro da tutela, cabendo da respectiva decisão, por seu turno, recurso para os tribunais administrativos, nos termos gerais.

Os recursos judiciais a que se reporta o artigo 38.º são os que estão actualmente abrangidos pela competência material dos tribunais de comércio, ou seja, os recursos das decisões que, nos termos previstos no Código da Propriedade Industrial, concedam, recusem ou tenham por efeito a extinção de qualquer dos direitos privativos nele previstos.

---

[14] O artigo 44.º do Código da Propriedade Industrial nada tem a ver com a legitimidade para recorrer, pois pressupõe uma decisão transitada em julgado, e estabelece os trâmites para a respectiva publicação e registo por anotação.

[15] Os casos em que o recurso é sempre admissível são os constantes dos n.os 2, 3, 4, 5, 6 e 7 do artigo 678.º do Código de Processo Civil.

A Propriedade Industrial e a Competência dos Tribunais de Comércio 129

De facto, não faria qualquer sentido que, dos recursos judiciais, uns se integrassem no âmbito da competência material dos tribunais de comércio, e outros se integrassem no âmbito dos tribunais de 1.ª instância de competência genérica.

Deve, por isso, entender-se que os recursos que não se integram no âmbito da competência material dos tribunais de comércio devem ser interpostos para os tribunais administrativos.

Isto significa que o legislador considerou que, quanto aos despachos que não concedam, não recusem nem tenham por efeito a extinção de direitos privativos, está em causa sobretudo apreciar a respectiva tramitação administrativa, mesmo quando afectem situações jurídicas dos interessados, pelo que a respectiva sindicância cabe aos tribunais administrativos.

10. Modalidades de Propriedade Industrial não Previstas no Código da Propriedade Industrial

A lei não integra no âmbito de competência material dos tribunais de comércio os recursos das decisões que não estejam previstas nesse Código, nem as acções cuja causa de pedir verse sobre modalidades de propriedade industrial nele não previstas.

Ora, há modalidades de propriedade industrial que não se encontram previstas no Código da Propriedade Industrial.

É o caso da protecção jurídica da topografia dos produtos semicondutores, regulada pela Lei n.º 16/89, de 30 de Junho, ainda que tal protecção beneficie, por remissão, do regime constante do Código da Propriedade Industrial.

É ainda o caso da protecção das obtenções vegetais, tal como consignada no Decreto-Lei n.º 213/90, de 28 de Junho, e legislação complementar.

Uma vez que a lei restringe a competência material dos tribunais de comércio às acções e recursos de decisões que obedeçam aos termos e modalidades previstos no Código da Propriedade Industrial, as acções cuja causa de pedir verse sobre essas modalidades de propriedade industrial e os recursos das decisões que concedam, recusem ou extingam os correspondentes direitos, ficam fora da competência daqueles tribunais.

Também as firmas representam substancialmente direitos de propriedade industrial, ainda que reguladas em diploma autónomo, actualmente o Decreto-Lei n.º 129/98, de 13 de Maio.

130   *II Curso de Direito Industrial*

No entanto, estando, na maioria das vezes, as questões que sobre elas versem abrangidas pelo artigo 9.° do Código do Registo Comercial e consequentemente pela alínea *g*) do n.° 1 do artigo 89.° da L.O.F.T.J., apenas ficam de fora da competência dos tribunais de comércio quando sujeitas exclusivamente a registo no Registo Nacional de Pessoas Colectivas, e não se trate de acção de anulação de firma prevista no artigo 5.° do Código da Propriedade Industrial, ou seja, acção de anulação que tenha por fundamento violação de direito privativo de outrem.

11. Os Tribunais de Comércio e os Factores de Atribuição de Competência

Definidas as matérias de que os tribunais de comércio conhecem, não se esgotam as questões que se possam suscitar relativamente à respectiva competência.

Em termos de competência internacional, as acções que tenham como objecto principal a apreciação da validade da inscrição em registos públicos de quaisquer direitos sujeitos a registo em Portugal, são da competência exclusiva dos tribunais portugueses, como estabelece a alínea *d*) do artigo 65.°-A do Código de Processo Civil [16].

Integram tais acções as acções de nulidade ou de anulação previstas no Código da Propriedade Industrial, bem como os recursos das decisões que, nos termos previstos no Código da Propriedade Industrial, concedam, recusem ou tenham por efeito a extinção de qualquer dos direitos privativos nele previstos.

No que respeita à ordem interna, a competência reparte-se pelos tribunais judiciais segundo, não só a matéria, mas também a hierarquia, o valor e o território (L.O.F.T.J., artigo 17.°, n.° 1).

Ora, a lei do processo indica os factores que determinam, em cada caso, o tribunal territorialmente competente (L.O.F.T.J., artigo 21.°, n.° 3).

Há assim que averiguar, em face dos artigos 73.° a 89.° do Código de Processo Civil, qual o tribunal territorialmente competente.

---

[16] O artigo 16.° da Convenção de Bruxelas Relativa à Competência Judiciária e à Execução de Decisões em Matéria Civil e Comercial, de 27 de Setembro de 1968, também determina que são exclusivamente competentes, qualquer que seja o domicílio, em matéria de validade de inscrições em registos públicos, os tribunais do Estado contratante em cujo território existirem esses registos.

A Propriedade Industrial e a Competência dos Tribunais de Comércio 131

De acordo com o Decreto-Lei n.º 186-A/99, de 31 de Maio (Regulamento da Organização e Funcionamento dos Tribunais Judiciais), e respectivo mapa III, existem actualmente dois tribunais de comércio.

Um tem a sua sede em Lisboa, é composto por três juízos, e abrange as áreas correspondentes às comarcas de Almada, Amadora, Barreiro, Cascais, Lisboa, Loures, Mafra, Moita, Montijo, Oeiras, Palmela, Seixal, Sesimbra, Setúbal, Sintra e Vila Franca de Xira.

O outro tem a sua sede em Vila Nova de Gaia, é composto por dois juízos, e abrange as áreas correspondentes às comarcas de Espinho, Gondomar, Maia, Matosinhos, Porto, Póvoa de Varzim, Valongo, Vila do Conde e Vila Nova de Gaia.

Se as regras constantes dos artigos 73.º a 89.º do Código de Processo Civil determinarem uma comarca que se inscreve na área de circunscrição de um dos tribunais de comércio existentes, será este o competente.

Mas se a comarca territorialmente determinada não se integrar na área de circunscrição de um tribunal de comércio, será o tribunal de 1.ª instância dessa comarca o territorialmente competente, ou seja, em princípio, o respectivo tribunal de comarca, a menos que exista tribunal de competência específica, caso em que a correspondente competência pertence às varas cíveis (L.O.F.T.J., artigo 97.º, n.º 2).

A aplicação das mencionadas regras processuais sobre competência em razão do território às acções de declaração em que a causa de pedir verse sobre propriedade industrial, em qualquer das modalidades previstas no Código da Propriedade Industrial, bem como às acções de nulidade ou de anulação previstas no Código da Propriedade Industrial, não parece suscitar dificuldades especiais.

Já no caso dos recursos das decisões que, nos termos previstos no Código da Propriedade Industrial, concedam, recusem ou tenham por efeito a extinção de qualquer dos direitos privativos nele previstos, têm-se levantado algumas divergências.

12. A Competência Territorial para Conhecer dos Recursos Abrangidos pela Alínea *a*) do n.º 2 do Artigo 89.º da L.O.F.T.J.

Em termos de competência territorial interna, para conhecer dos recursos das decisões que, nos termos previstos no Código da Propriedade Industrial, concedam ou recusem qualquer dos direitos privativos nele previstos, é competente o Tribunal de Comércio de Lisboa.

132   *II Curso de Direito Industrial*

De facto, o artigo 2.° do Decreto-Lei n.° 16/95, de 24 de Janeiro, que aprovou o actual Código da Propriedade Industrial, manteve em vigor o artigo 203.° do Código de 1940.

Dispõe esse artigo 2.°:

"Mantém-se a competência do Tribunal da Comarca de Lisboa nos precisos termos que lhe é atribuída pelo artigo 203.° do Código da Propriedade Industrial aprovado pelo Decreto n.° 30.679, de 24 de Agosto de 1940."

Por seu turno, estabelece o artigo 203.° do Código de 1940:

"Dos despachos por que se concederem ou recusarem as patentes, depósitos ou registos haverá recurso para o tribunal da comarca de Lisboa."

A concentração num só tribunal, neste caso, o da comarca de Lisboa, da apreciação das decisões que recusem ou concedem direitos privativos de propriedade industrial, obedece a duas ordens de preocupações.

Uma, é a de garantir, na medida do possível, a uniformidade das decisões proferidas, o que é tanto mais importante quanto os direitos privativos são oponíveis "erga omnes" [17].

A este respeito, há que ter em atenção o artigo 8.°, n.° 3, do Código Civil, que determina que, nas decisões que proferir, o julgador terá em consideração todos os casos que mereçam tratamento análogo, a fim de obter uma interpretação e aplicação uniformes do direito.

É manifesto que tal uniformidade pode ser obtida com muito maior facilidade se for sempre o mesmo tribunal a pronunciar-se.

Outra preocupação prende-se com o interesse da boa administração da Justiça e com as características próprias da tramitação dos recursos em causa.

As decisões em recurso são proferidas pelo Instituto Nacional da Propriedade Industrial (INPI), que tem a sua sede em Lisboa.

Nesse recurso, compete ao INPI responder à petição e remeter ou ordenar que se remeta ao Tribunal o processo sobre que recaiu o despacho recorrido (artigo 40.°) – processo que pode não ser apenas documental [18].

Além disso, os problemas técnicos que muitas vezes se suscitam na apreciação da decisão do INPI podem determinar a necessidade de audição de técnicos do próprio INPI (artigo 42.°), sediados em Lisboa.

---

[17] Cfr. mais desenvolvidamente o meu Propriedade Industrial, págs. 20 e segs..

[18] Assim sucede quando haja lugar ao depósito imposto pelo artigo 59.°, e pode suceder quando o objecto cuja protecção se pretende seja uma realidade tridimensional (v. g., um modelo industrial ou uma marca tridimensional).

A Propriedade Industrial e a Competência dos Tribunais de Comércio   133

Estes factores determinam a especial relevância do local de sede do INPI – Lisboa – para o funcionamento do tribunal que deve apreciar as respectivas decisões.

Acresce que o carácter contingente dos respectivos intervenientes, uma vez que podem ser interpostos pelo requerente do registo, pelos reclamantes ou por qualquer outra pessoa que seja directamente prejudicada pela decisão (artigo 38.°), podendo ainda haver, ou não, parte contrária (artigo 41.°), leva a que tenha especial relevância a conexão territorial entre o tribunal e o local onde o INPI está sediado, em prejuízo dos locais onde outras partes possam estar domiciliadas.

Esta constatação ganha especial significado tendo em conta que, em Portugal, a maioria dos registos de direitos privativos são requeridos por estrangeiros, as mais das vezes sem aqui estarem estabelecidos.

Mas a conclusão segundo a qual o Tribunal de Comércio de Lisboa é competente para conhecer dos recursos das decisões que, nos termos previstos no Código da Propriedade Industrial, concedam ou recusem qualquer dos direitos privativos nele previstos[19], não resolve, por si só, as questões de competência territorial em sede de recursos.

É que o artigo 203.° do Código de 1940 não abrange os recursos das decisões que tenham por efeito a extinção de qualquer desses direitos (v.g., a declaração da respectiva caducidade).

Não me parece, porém, que se trate de uma lacuna da lei.

De facto, os artigos 85.° e 86.° do Código de Processo Civil contêm regras gerais e supletivas, a aplicar sempre que não haja previsão diferente, no primeiro caso quando o réu seja pessoa singular, no segundo, quando se trate de pessoas colectivas e sociedades.

O INPI não é o Estado. É um instituto de direito público, dotado de personalidade jurídica, com autonomia administrativa e financeira e património próprio, nos termos do artigo 1.° dos respectivos Estatutos, aprovados pelo Decreto-Lei n.° 400/98, de 17 de Dezembro.

Ora, se o réu for outra pessoa colectiva que não seja o Estado, será demandado no tribunal da sede da sua administração principal, como estabelece o artigo 86.°, n.° 2, do Código de Processo Civil.

É certo que se trata de um recurso, o qual não tem réu, e que, de acordo com o artigo 41.°, nele o Instituto Nacional da Propriedade Industrial não é considerado, em caso algum, parte contrária.

---

[19] O termo "depósito", que o Código de 1940 utilizava para definir a protecção conferida aos modelos de utilidade, modelos industriais e desenhos industriais, deixou de ser utilizado no actual Código, que define essa protecção como "registo".

No entanto, a regra geral do artigo 86.°, n.° 2, do Código do Processo Civil é suficientemente ampla para abranger esta situação, em termos de se considerar territorialmente competente para conhecer desses recursos o tribunal de Lisboa, por ser o local onde se situa o Instituto Nacional da Propriedade Industrial, entidade que profere as decisões em recurso.

A situação é idêntica à dos processos de jurisdição voluntária, nos quais não há rigorosamente réu, nem há litígio propriamente dito.

No entanto, também a estes casos, e na falta de disposição especial, devem ser aplicadas as regras dos artigos 85.° e 86.° do Código de Processo Civil [20].

Mas à mesma solução – a competência territorial do tribunal de Lisboa – se chega mesmo que se considere existir uma lacuna na lei, a ser integrada nos termos do artigo 10.° do Código Civil.

Com efeito, as razões que levaram o legislador a atribuir competência ao tribunal de Lisboa para conhecer dos recursos das decisões que concedam ou recusem direitos privativos, aplicam-se tal-qualmente no caso dos recursos das decisões que tenham por efeito a extinção desses direitos.

De resto, os outros recursos previstos nas alíneas *b*) e *c*) do n.° 2 do artigo 89.° da L.O.F.T.J. são interpostos para o tribunal da comarca onde se localiza a entidade recorrida.

Nenhuma razão existe para afastar essa regra no caso dos recursos previstos na alínea a) da mesma disposição legal.

Por isso, também a analogia determina a competência territorial do tribunal de Lisboa.

Tem havido, no entanto, uma interpretação jurisprudencial segundo a qual, para conhecer dos recursos abrangidos pela alínea *a*) do artigo 89.° da L.O.F.T.J., seria competente o tribunal da comarca do domicílio do autor.

Essa interpretação parte do princípio de que o artigo 89.° da L.O.F.T.J. teria revogado o artigo 203.° do Código de 1940, dando assim lugar a uma lacuna da lei em sede de determinação do tribunal territorialmente competente.

Para preenchimento dessa lacuna, invoca a citada interpretação a aplicação analógica do artigo 86.°, n.° 1, do Código do Processo Civil, segundo o qual nas acções em que o Estado seja réu, o tribunal competente é do domicílio do autor.

Salvo o devido respeito, qualquer desses fundamentos está manifestamente errado.

---

[20] Neste sentido, cfr. José Alberto dos Reis, Comentário ao Código de Processo Civil, vol. I, 2.ª ed., pág. 255.

Ao invés do que propugna a interpretação em análise, o artigo 89.º da L.O.F.T.J. não revogou o artigo 203.º do Código de 1940, nem existe qualquer contradição entre essas duas normas.

O artigo 89.º da L.O.F.T.J. é uma norma de competência em razão da matéria – as questões nele referidas são da competência dos tribunais de comércio.

Já o artigo 203.º contem regras de competência em razão da matéria, da hierarquia e do território.

Em razão da matéria, determina que os recursos dos despachos que concedam ou recusem patentes, depósitos ou registos são da competência dos tribunais judiciais, arredando assim a eventual jurisdição de outros tribunais, tais como os administrativos.

Em razão da hierarquia, preceitua que tais recursos sejam interpostos para o tribunal de 1.ª instância.

Não cuidou então o artigo 203.º de se pronunciar sobre a determinação da competência material dos tribunais judiciais de 1.º instância.

Nem precisava de o fazer.

Extintos os tribunais de comércio em 1932, a organização judiciária então vigente baseava-se nos tribunais de comarca, de competência genérica, que exerciam ampla jurisdição como tribunais de 1.ª instância, sendo as raras e especialíssimas excepções então existentes[21] irrelevantes em sede de propriedade industrial.

Mas o artigo 203.º contém ainda uma regra em sede de competência em razão do território, ao definir, como competente, o tribunal de Lisboa.

Quer o artigo 89.º da L.O.F.T.J., quer o artigo 203.º do Código de 1940, definem que, para conhecer dos recursos em causa, são competentes os tribunais judicias de 1.ª instância, acrescentando o artigo 203.º que esse tribunal é o de Lisboa, conexão territorial sobre a qual a L.O.F.T.J. é omissa[22].

Deste modo, o artigo 89.º da L.O.F.T.J. limitou-se a explicitar que o tribunal de 1.ª instância a que o artigo 203.º se reporta é, não o tribunal de competência genérica que é o tribunal de comarca, mas o tribunal de competência especializada que é o tribunal de comércio.

---

[21] Era o caso dos tribunais centrais de menores existentes em Lisboa e Porto, e dos tribunais de execução de penas.

[22] Note-se que, a este respeito, a referência à especialidade das normas em confronto é inconclusiva. De facto, se a L.O.F.T.J. é uma lei especial, o artigo 203.º é uma lei especialíssima, ao definir a matéria dos recursos dos actos que concedem ou recusem patentes, depósitos ou registos, isto é, direitos privativos de propriedade industrial.

Não houve, pois, qualquer revogação, mas uma simples explicitação de quais, entre os vários tribunais de 1.ª instância, os competentes em razão da matéria para conhecer dos recursos em causa, deixando incólume a conexão territorialmente relevante determinada pelo artigo 203.º.

Nem se diga que o critério da conexão com a sede do INPI deixou de fazer sentido quando foram criados tribunais de competência especializada, e, designadamente, quando foram criados dois tribunais de comércio.

Trata-se de manifesta confusão entre conexão material e conexão territorial.

Ao atribuir aos tribunais de comércio competência para conhecer destes recursos, o legislador reconhece que o critério anteriormente fixado para atribuir competência em razão da matéria ao tribunal de comarca deixou de existir.

Isto pela razão simples de um mesmo legislador ter então criado os tribunais de comércio, aos quais essa competência foi atribuída.

Esta conexão material nada tem a ver, porém, com a conexão territorial estabelecida com o tribunal de Lisboa, que se mantém, quer haja dois tribunais de comércio, quer exista, como a lei permite, um tribunal de comércio por comarca.

Mas, ainda que se entendesse haver uma lacuna na lei, por o artigo 89.º da L.O.F.T.J. haver revogado o artigo 203.º do Código de 1940, essa lacuna deveria ser preenchida de acordo com a regra geral e supletiva constante do artigo 86.º, n.º 2, do Código de Processo Civil, no sentido de ser territorialmente competente o tribunal de Lisboa, local onde está sediada a pessoa colectiva recorrida.

O que não faz sentido é utilizar o critério constante do artigo 86.º, n.º 1, do Código de Processo Civil, segundo o qual, nas acções em que o Estado seja réu, o tribunal competente é o do domicílio do autor.

As razões são múltiplas.

Desde logo, sendo certo que os recursos podem ser interpostos pelo requerente do registo, pelos reclamantes no processo administrativo e ainda por qualquer pessoa que seja directamente prejudicada pela decisão, a competência territorial seria diferente consoante quem interpusesse o recurso.

Mais: o critério de atribuição de competência territorial seria diferente consoante o recorrente tivesse, ou, não, domicílio em Portugal.

Se tivesse, o tribunal competente seria o do seu domicílio; se não tivesse, o tribunal competente seria o do domicílio do réu, ou, caso este não tivesse aqui domicílio nem se encontrasse em Portugal, o tribunal de Lisboa, de acordo com o artigo 85.º, n.º 3, do Código de Processo Civil.

A Propriedade Industrial e a Competência dos Tribunais de Comércio   137

Tal distinção significaria uma violação do princípio da equiparação constante do artigo 2.º da Convenção da União de Paris, segundo o qual os nacionais de cada um dos países da União gozarão em todos os outros países da União da mesma protecção e do mesmo recurso legal contra qualquer ofensa dos seus direitos do que os nacionais desse país, desde que observem as condições e formalidades impostas aos nacionais, não lhes podendo ser exigida qualquer condição de domicílio ou de estabelecimento no país em que a protecção é reclamada, para efeito de gozarem de qualquer dos direitos de propriedade industrial [23].

Acresce que, podendo haver mais de um recurso da mesma decisão, desde que interpostos por interessados diferentes, teríamos a bizarra situação de vários tribunais a conhecerem da mesma matéria.

Esta situação, além de bizarra, seria também gravosa, pela eventualidade de decisões diferentes sobre direitos oponíveis "erga omnes"!

Aliás, nem faz sentido privilegiar a comodidade do autor quando pode haver parte contrária no recurso, como se prevê no artigo 41.º, n.º 2, e, como é sabido, o elemento de conexão mais ponderoso é o da maior comodidade do réu.

Além disso, não há sequer similitude entre a posição do Estado e a posição do INPI num recurso.

A solução do problema de competência territorial quando o réu seja o Estado está naturalmente ligada à solução do problema da representação do Estado em juízo, como salientava José Alberto dos Reis [24].

Ora, o Estado tem sempre a sua defesa assegurada em qualquer comarca, por nela ter à sua disposição um magistrado do Ministério Público, o qual por força do artigo 20.º, n.º 1, do Código de Processo Civil, é o seu legal representante, pelo que lhe é indiferente que o accionem nesta ou naquela comarca [25].

O INPI, que não é o Estado, não é representado pelo Ministério Público.

Nos termos do artigo 21.º do Código de Processo Civil, é representado por quem a lei designar – no caso, pelo respectivo presidente do con-

---

[23] A ressalva, constante do n.º 3 desse artigo 2.º, das disposições da legislação de cada um dos países da União relativas ao processo judicial e administrativo e à competência, pressupõe que tais disposições sejam exigidas pelas leis de propriedade industrial, o que não é o caso nem da L.O.F.T.J., nem do Código de Processo Civil, sendo porém o caso do artigo 203.º do Código de 1940.

[24] Cfr. aut. cit., Comentário cit., pág. 252.

[25] Cfr. Elias da Costa, Silva Costa e Figueiredo de Sousa, Código de Processo Civil Anotado e Comentado, 2.º vol., 1972, pág. 119.

selho de administração, de acordo com a alínea *c*) do n.º 1 do artigo 12.º dos respectivos Estatutos, aprovados pelo Decreto-Lei n.º 400/98.

Desta sorte, fácil é de concluir que as razões que levaram à criação da regra do artigo 86.º, n.º 1, do Código de Processo Civil, nada têm a ver com os recursos das decisões do INPI que concedam, recusem ou tenham por efeito a extinção de direitos privativos previstos no Código da Propriedade Industrial.

13. Conclusão

A (re)criação dos tribunais de comércio veio corresponder a uma necessidade, tanto mais premente, quanto são conhecidas as especialidades que reveste a matéria da Propriedade Industrial

No entanto, a competência material dos tribunais de comércio não abrange os recursos da totalidade dos despachos previstos no Código da Propriedade Industrial, mesmo quando afectam a situação jurídica dos interessados, mas apenas os recursos das decisões que concedam, recusem ou tenham por efeito a extinção de qualquer dos direitos privativos nele previstos.

Tampouco abrange as acções de declaração em que a causa de pedir verse sobre propriedade industrial, nem as acções de nulidade ou de anulação, quando estejam em causa modalidades de propriedade industrial previstas em legislação avulsa.

Em vez de dar à matéria da propriedade industrial o tratamento unitário de que carece, o legislador de 1999 permitiu uma dicotomia de regimes cuja razão de ser não é evidente, e cuja eficácia prática é, no mínimo, discutível.

Lisboa, 14 de Janeiro de 2001

CONCORRÊNCIA DESLEAL E SEGREDOS DE NEGÓCIO *

por Jorge Patrício Paúl

SUMÁRIO:

1. – A disciplina da concorrência desleal no ordenamento português; 2. – Os pressupostos da concorrência desleal; 3. – Os sujeitos do acto de concorrência desleal; 4. – Relação entre o proémio e as alíneas do C.P.I.; 5. – A violação dos segredos da indústria ou comércio de outrem prevista na alínea *i*) do artigo 260.° do C.P.I.; 6. – O conceito de segredos de negócio. Exemplificação; 7. – Descrição da conduta típica prevista na alínea *i*) do artigo 260.° do C.P.I.; 8. – Relação entre a alínea *i*) e o proémio do artigo 260.° do C.P.I.; 9. – A comparticipação no crime de concorrência desleal; 10. – O crime qualificado do artigo 266.° do C.P.I.; 11. – A legitimidade para a acção penal e para a constituição como assistente; 12. – Concurso de infracções com a violação de direitos privativos que tenham por objecto segredos; 13. – A tutela do segredo no Código Penal; 14. – Concurso de infracções com a violação de segredos prevista na alínea *i*) do artigo 260.° do C.P.I.; 15. – A tutela não penal dos segredos de negócio no âmbito da concorrência desleal: A) O ilícito civil de concorrência desleal; 16. – Continuação: B) A mera desconformidade objectiva às regras da leal concorrência; 17. – A tutela dos segredos de negócio no âmbito do direito do trabalho e do direito comercial.

---

* O texto corresponde a uma versão desenvolvida da intervenção do Autor sobre o tema em epígrafe, integrada no II Curso de Pós-Graduação em Direito Industrial, organizado pela Faculdade de Direito da Universidade de Lisboa e pela Associação Portuguesa de Direito Intelectual, no ano lectivo de 1999-2000.

140 *II Curso de Direito Industrial*

1. A disciplina da concorrência desleal no ordenamento português

O regime jurídico da concorrência desleal contém-se essencialmente no artigo 260.° do Código da Propriedade Industrial (C.P.I.), aprovado pelo Decreto-Lei n.° 16/95, de 24 de Janeiro, que entrou em vigor em 1 de Julho do mesmo ano.

Este preceito compõe-se de um proémio e nove alíneas. Aquele menciona os elementos indispensáveis à qualificação do acto como concorrência desleal; estas últimas especificam, em desenvolvimento do proémio, as modalidades de actividade proibida que o legislador entendeu elencar.

No Código da Propriedade Industrial, a concorrência desleal é encarada exclusivamente na perspectiva de um ilícito criminal, punido com pena de prisão até três anos ou com pena de multa até 360 dias.

Mas a concorrência desleal pode igualmente configurar um ilícito civil, gerador de responsabilidade civil extra-obrigacional, uma vez verificados os pressupostos exigidos pelo artigo 483.° do Código Civil.

Por último, o acto de concorrência pode traduzir-se apenas numa simples desconformidade objectiva aos padrões da lealdade de concorrência, destituida de qualquer actuação finalista por parte do seu autor, não revestindo, por isso, carácter ilícito.

2. Os pressupostos da concorrência desleal

Os pressupostos do conceito de concorrência desleal contêm-se no proémio do artigo 260.° do C.P.I. e são os seguintes:
– a existência de um acto de concorrência;
– que esse acto seja contrário às normas e usos honestos;
– de qualquer ramo de actividade.

O actual C.P.I. exige ainda, e como novidade em relação ao anterior Código de 1940, que o agente, autor do acto de concorrência desleal, actue com a intenção de:
– causar prejuízo a outrem; ou, em alternativa,
– alcançar, para si ou para terceiro, um benefício ilegítimo.

a) O acto de concorrência

Para poder verificar-se um acto de concorrência tem de existir uma economia de mercado, pelo que a concorrência desleal estará, desde logo, excluida nos sectores de actividade onde se verifiquem situações de monopólio, de direito ou de facto.

O acto de concorrência é aquele que é idóneo a atribuir, em termos de clientela, posições vantajosas no mercado.

A concorrência não é susceptível de ser definida em abstracto, mas só pode ser apreciada em concreto, pois o que interessa saber é se a actividade de um agente económico atinge ou não a actividade de outro, através da disputa da mesma clientela. É, assim, possível que duas empresas sejam concorrentes quanto a certos actos e não o sejam relativamente a outros actos que praticam.

Do mesmo modo, duas empresas com actividades iguais podem não estar em concorrência se, actuando apenas num âmbito local ou regional, a sua distância geográfica impede que disputem a mesma clientela.

O conceito de concorrência é, pois, um conceito relativo, que não pode ser aprioristicamente definido mas apenas casuisticamente apreciado, tendo em conta a actuação concreta dos diversos agentes económicos e a realidade da vida económica actual.

A delimitação dos vários sectores de mercado está em constante mutação. A identidade da clientela costuma ser o critério adoptado para delimitar o mesmo sector de mercado. Mas onde está a identidade da clientela, perante a extrema diversidade dos bens oferecidos num hipermercado?

A actual distorção dos circuitos comerciais tradicionais torna possível a concorrência entre agentes situados em estádios diversos do processo económico (produtores, grossistas, retalhistas), que passaram a ter, muitas vezes, uma clientela comum.

A concorrência pode procurar não a conquista directa da clientela, mas ter como objectivo primordial a disputa de fornecedores, distribuidores, vendedores, ou dos próprios trabalhadores. Estes actos continuam a ser actos de concorrência, porque através deles o que se procura é o melhor apetrechamento da empresa para a conquista de posições vantajosas no mercado.

No próprio conceito de acto de concorrência está ínsita a sua susceptibilidade de causar prejuízos a terceiros, ainda que tais prejuízos possam efectivamente não ocorrer.

Com efeito, a conquista de posições vantajosas no mercado é feita em detrimento dos outros agentes económicos que nele actuam e cuja clientela, actual ou potencial, é disputada.

Deste modo, em nosso entender, o acto de concorrência, para verdadeiramente o ser, tem como seu elemento co-natural, implícito na própria noção, a sua idoneidade ou aptidão para provocar danos a terceiros.

b) *Contrário às normas e usos honestos*

O legislador português não reproduziu, quanto a este requisito, o texto do artigo 10.° bis, 2 da Convenção da União de Paris (C.U.P.), pois aos usos neste referidos acrescentou as "normas".

Que normas são estas? Numa primeira análise, poder-se-ia considerar serem as normas jurídicas disciplinadoras da concorrência. Mas neste entendimento confundir-se-ia concorrência desleal e concorrência ilícita e a concorrência desleal abrangeria todo o direito da concorrência.

No domínio do C.P.I. de 1940, a redacção neste ponto igual do correspondente artigo 212.° teve provavelmente implícita a ideia de uma referência às normas corporativas então em vigor. Numa interpretação actualista da redacção do artigo 260.° do Código, as normas aí mencionadas deverão sobretudo entender-se como sendo as regras constantes dos códigos de (boa) conduta, elaborados, com crescente frequência, por diversas associações profissionais, traduzindo uma manifestação da autonomia privada.

Os usos honestos, a que o artigo 260.° do C.P.I. igualmente alude, não são os usos jurídicos, pois então não teria sentido o seu qualificativo como honestos.

São meros comportamentos sociais, padrões sociais de conduta de carácter extra-jurídico. Correspondem a práticas sociais, nem sempre uniformes, pois podem variar consoante o sector de actividade considerado.

Mas não são simples usos, pois o seu qualificativo como honestos pressupõe a existência de um conteúdo ético, de acordo com os valores aceites pela respectiva actividade.

Mas se no ramo de actividade em causa os valores se apresentarem degradados ou corrompidos, não pode aceitar-se como honesta uma prática que, embora admitida nesse sector, o conjunto da comunidade considera ser contrária ao mínimo ético que a vida social deve respeitar. Funciona, neste caso, um critério ético absoluto, que constitui uma cláusula de salvaguarda.

Podemos, assim, concluir que não basta um tipo ideal de honestidade, pois tem de verificar-se uma prática social, mas também não chega uma mera prática social, pois a conduta deve ser tida como honesta.

c) *De qualquer ramo de actividade*

Também neste aspecto a lei portuguesa diverge, e agora de forma significativa, do texto do artigo 10.°, bis, 2, da C.U.P. que se refere apenas a "matéria industrial ou comercial".

Mas o próprio legislador nacional mostra-se incoerente, pois a expressão ampla adoptada no proémio do artigo 260.° do C.P.I. está em clara contradição com a redacção usada nas alíneas *b*) ("no exercício do comércio ou da indústria") e *i*) ("dos segredos da indústria ou comércio") do mesmo preceito.

Em relação ao Código anterior, o actual artigo 260.° suprimiu o qualificativo "económica", então utilizado para identificar a actividade. Se recorrermos ao artigo 167.° do Código em vigor, verificamos que, no entendimento do próprio legislador, a actividade pode ser económica ou profissional.

Está assim aberta a possibilidade de se tornar aplicável a disciplina da concorrência desleal às actividades profissionais, em especial às profissões liberais.

d) *O fim do agente que pratica concorrência desleal*

O proémio do artigo 260.° impõe a necessidade de um dolo específico alternativo, pois o agente que pratica concorrência desleal deve ter uma de duas intenções: causar prejuízo a outrem ou alcançar, para si ou para terceiro, um benefício ilegítimo.

Importa esclarecer qual a delimitação deste dolo específico, exigido pelo C.P.I.

Ele incide, inequivocamente, sobre o tipo penal de concorrência desleal, único, como referimos, que o actual C.P.I. prevê.

Porém, o artigo 483.° do Código Civil, em que se baseia a responsabilidade civil decorrente do acto de concorrência desleal, já admite que a conduta do responsável seja meramente culposa, podendo, pois, faltar o próprio dolo genérico.

E quando não se verificar qualquer ilícito, nem penal nem civil, mas existir apenas uma simples contrariedade objectiva às regras da leal concorrência, estará, por definição, afastada qualquer acção finalista do agente, pelo que não tem sentido falar da necessidade de um dolo específico do agente.

Esta conclusão, de que os pressupostos objectivos da concorrência desleal contidos no proémio do artigo 260.° só valem, no seu conjunto, para o tipo penal de concorrência desleal, leva a colocar a questão de saber qual o exacto conceito legal de concorrência desleal em sentido lato.

Poder-se-ia afirmar que ele deverá ser o que consta do artigo 10.°, bis, 2) da C.U.P. ("qualquer acto de concorrência contrário aos usos honestos em matéria industrial ou comercial"), aplicável pela remissão constante da parte final do art. 257.º do C.P.I. para "as convenções em vigor".

O apelo ao conceito da C.U.P. suscita, no entanto, as dificuldades resultantes das apontadas divergências relativamente à redacção do artigo 260.º.

Consideramos, por isso, que o conceito lato de concorrência desleal será o contido no proémio do art. 260.º do C.P.I., com exclusão, pelas razões indicadas, do dolo específico, sempre que o acto de concorrência desleal não preencha o tipo penal.

3. Os sujeitos do acto de concorrência desleal

Apreciados que foram os requisitos objectivos da concorrência desleal, interessa identificar quais os sujeitos, activo e passivo, do acto de concorrência desleal, ou seja, quem pode ser o agente ou autor do acto e qual o concorrente atingido pelo acto praticado.

Quanto ao sujeito activo, ele pode ser uma pessoa singular ou colectiva.

Tem de ser, antes de mais, um concorrente. A referência aos concorrentes consta, aliás, expressamente, das alíneas *a*) e *b*) do art. 260.º do C.P.I.

Em princípio será um empresário, mas esta qualidade não é requisito indispensável.

Deve ser um agente económico, actuando no mercado.

Se houver comparticipação, basta, para fins penais, que um dos comparticipantes possua a qualidade de concorrente, conforme resulta do art. 28.º do Código Penal e melhor explicitaremos em momento subsequente.

Se estivermos perante um ilícito civil e forem vários os responsáveis, a sua responsabilidade será solidária, nos termos do artigo 497.º do Código Civil.

Os profissionais livres, trabalhadores por conta própria mesmo sem qualquer organização empresarial, podem ser autores de actos de concorrência desleal.

Quando o sujeito activo do acto de concorrência desleal for uma pessoa colectiva, seja sociedade comercial, empresa pública ou outro ente colectivo, ela será responsável pelo acto praticado.

O C.P.I. estabelece, no seu artigo 258.º, que as normas do Decreto-Lei n.º 28/84, de 20 de Janeiro, são aplicadas subsidiariamente, em especial no que respeita à responsabilidade criminal e contra-ordenacional das pessoas colectivas e à responsabilidade por actuação em nome de outrem.

O artigo 3.° deste último Diploma determina a responsabilidade criminal da pessoa colectiva pelas infracções cometidas pelos seus orgãos ou representantes em nome e no interesse colectivo (n.° 1), sem prejuízo da responsabilidade individual dos respectivos agentes (n.° 3).

Por sua vez, o artigo 2.° do mesmo Decreto-Lei refere, no seu n.° 3, que a sociedade responde solidariamente pelo pagamento das multas, coimas, indemnizações e outras prestações em que forem condenados os agentes das infracções.

Se estivermos perante um acto de concorrência desleal que constitua um ilícito meramente civil, aplica-se a regra geral do artigo 165.° do Código Civil, nos termos do qual a pessoa colectiva responde civilmente pelos actos ou omissões dos seus representantes, agentes ou mandatários, nos mesmos termos em que os comitentes respondem pelos actos ou omissões dos seus comissários, remetendo, assim, para a disciplina do artigo 500.° do mesmo Código.

No que se refere ao sujeito passivo do acto de concorrência desleal, a determinação do concorrente atingido varia em função da modalidade do acto de concorrência desleal praticado: nuns casos, o acto atinge um ou vários concorrentes determinados; noutros, é toda a categoria profissional que é atingida.

O concorrente ou concorrentes afectados ou a categoria profissional constituida pelo conjunto dos demais concorrentes são, afinal, as entidades contra as quais o autor do acto de concorrência desleal procura obter vantagens no mercado, indevidas pela natureza desleal do acto que pratica.

A delimitação do sujeito passivo do acto de concorrência desleal tem especial relevância quanto à determinação da legitimidade para desencadear os diversos meios de reacção contra o acto praticado.

4. **Relação entre o proémio e as alíneas do artigo 260.° do C.P.I.**

A redacção do proémio do artigo 260.° do C.P.I., em particular a expressão "nomeadamente" que consta da sua parte final, inculca a ideia de que o elenco das alíneas deste preceito tem carácter meramente exemplificativo.

Sendo assim, poderão constituir actos de concorrência desleal condutas diferentes das previstas nessas alíneas, desde que preencham os requisitos gerais do proémio.

Esta conclusão é exacta para efeitos não penais.

Quanto ao ilícito criminal, a descrição da concorrência desleal contida exclusivamente no proémio do artigo 260.° é demasiado fluida, vaga e imprecisa para poder constituir, por si só, um tipo penal, pois se assemelha a uma simples cláusula geral.

Faltam-lhe a precisão e a determinação necessárias para poder preencher a função de garantia, indispensável numa norma penal incriminadora.

Por isso, seguimos Oliveira Ascensão, quando defende [1] que não há um tipo penal único de concorrência desleal, mas sim tantos tipos penais quantas as alíneas do artigo 260.° relativas a esta matéria. Como consequência, o elenco das alíneas tem, para efeitos de ilícito criminal, carácter taxativo.

Tem-se discutido, a propósito da relação entre o proémio e as alíneas deste preceito, se, no caso de actos previstos nas alíneas, é preciso ainda valorar se tais condutas são ou não contrárias às normas e usos honestos.

Já defendemos que, em tais hipóteses, foi a própria lei que chamou a si essa tarefa, considerando desleais os actos que revistam as características aí referidas. Bastaria então que tais condutas constituissem actos de concorrência, para que a concorrência desleal se verificasse [2]

Consideramos hoje que só o exame de cada alínea do artigo 260.° é que permitirá concluir se a conduta nela descrita dispensa ou não a valoração da deslealdade contida no proémio deste preceito.

Como refere Oliveira Ascensão[3], não se pode excluir, à partida, que alguma dessas condutas tenha uma conformação tal que leve a própria lei a configurar, desde logo, concorrência desleal, dispensando, assim, a valoração da sua contrariedade às normas e usos honestos.

---

[1] Com referência ao artigo 212.° do C.P.I. de 1940, correspondente ao actual artigo 260.°, in Concorrência Desleal, Lisboa, 1994, pág. 261.

[2] Patrício Paúl, Concorrência Desleal, Coimbra, 1965, pág. 93.

[3] Ob. cit., pág. 266.

5. A violação dos segredos da indústria ou comércio de outrem, prevista na alínea *i*) do artigo 260.° do C.P.I.

A alínea *i*) do artigo 260.° do C.P.I. qualifica como acto de concorrência desleal "a ilícita apropriação, utilização ou divulgação dos segredos da indústria ou comércio de outrem".

Como já referimos, nota-se aqui uma clara restrição da amplitude do proémio, que abarca qualquer ramo de actividade.

Tendo em conta a posição adoptada quanto ao tipo penal de concorrência desleal, esta restrição só releva para fins penais, pelo que a violação de segredos de agricultura ou de serviços de outrem pode constituir concorrência desleal no âmbito do proémio do artigo 260.°, mas não pode ser sancionada penalmente, por exorbitar da conduta penal típica descrita nesta alínea *i*).

Estes actos têm sido classificados como actos de desorganização, tendo como finalidade afectar o normal funcionamento da actividade de um concorrente, atacando a sua organização interna, de forma a prejudicar o normal afluxo de clientes[4].

Numa classificação que atenda ao conteúdo do acto praticado, temos de distinguir os dois tipos de conduta previstos nesta alínea *i*): O primeiro consiste na apropriação seguida de utilização dos segredos; o segundo traduz-se na apropriação acompanhada de divulgação dos segredos.

No primeiro caso, estamos perante um acto de aproveitamento de elementos empresariais de outrem; no segundo, perante um acto de agressão à empresa alheia[5]

No nosso ordenamento jurídico, o segredo não é tutelado através da atribuição de um específico direito privativo de propriedade industrial.

A protecção através da concorrência desleal é autónoma da conferida com a concessão de direitos privativos, pelo que o segredo da indústria ou comércio, cuja violação se proíbe na alínea *i*), não necessita de estar tutelado por qualquer direito privativo, nem sequer precisa de reunir algum dos requisitos que possibilitam tal protecção.

A alínea *i*) do artigo 260.° não confere, pois, qualquer exclusivo, apenas sanciona a violação do segredo quando esta se qualificar como acto de concorrência desleal.

---

[4] Patrício Paúl, ob. cit., pág 181. No mesmo sentido, Carlos Olavo, Propriedade Industrial, Coimbra, 1997, pág. 168.

[5] É a classificação adoptada por Oliveira Ascensão, ob. cit., pág. 131.

Apesar de o segredo não ser objecto de tutela através de um específico direito privativo de propriedade industrial, alguns desses direitos têm por objecto segredos.

É o que sucede com os segredos de fabrico respeitantes às invenções novas que impliquem actividade inventiva e susceptibilidade de aplicação industrial ou com os segredos referentes a processos novos de obtenção de produtos, substâncias ou composições já conhecidos, os quais, uns e outros, podem ser objecto de patente (artigo 47.º, n.os 1 e 2 do C.P.I.).

Também tal se verifica com os modelos de utilidade, previstos no artigo 122.º do C.P.I. e vulgarmente conhecidos como patentes de segundo grau, que consistem em invenções novas que dão ao objecto uma configuração, estrutura, mecanismo ou disposição de que resulta o aumento da sua utilidade ou a melhoria do seu aproveitamento.

Em tais casos, a violação destes segredos poderá, em determinadas circunstâncias, constituir simultâneamente um atentado ao exclusivo conferido pelo direito privativo e um acto de concorrência desleal, ocorrendo, então, um concurso de infracções, com as consequências que oportunamente analisaremos.

6. O conceito de segredos de negócio. Exemplificação

Importa, pois, precisar o conceito de segredos de negócio a que a alínea i) do artigo 260.º do C.P.I. se refere, ainda que apenas na modalidade mais restrita de segredos da indústria ou comércio de outrem.

Trata-se, antes de mais, de segredos, ou seja, factos que são apenas conhecidos de determinadas pessoas, e que estas querem justificadamente manter sob reserva.

Fazendo a sua decomposição analítica, verifica-se que o conceito de segredo integra três elementos cumulativos:

– um elemento objectivo: os factos são apenas conhecidos de um número restrito de pessoas;

– um elemento subjectivo: há a vontade de que os factos continuem sob reserva;

– por último, um elemento normativo: existe um interesse legítimo ou justificado nessa reserva[6].

---

[6] Neste sentido, ver Manuel da Costa Andrade, Comentário Conimbricense do Código Penal, Parte Especial, Tomo I, Coimbra, 1999, pág. 778 (a propósito do artigo 195.º do Código Penal).

Concorrência Desleal e Segredos de Negócio 149

Tratando-se de segredos de negócio, os factos sobre que recai o segredo dizem respeito ao exercício de uma actividade económica, em princípio empresarial, a qual, para os fins penais da alínea *i*) do artigo 260.°, tem de assumir forma industrial ou comercial.

Os segredos de negócio são de outrem, referindo-se, pois, à actividade económica desenvolvida por pessoa diversa daquela que está vinculada a respeitar o segredo.

Os segredos de negócio abarcam uma grande variedade de factos, afinal todos aqueles que preencham as caracterísiticas enunciadas.

Não é, pois, possível enumerá-los exaustivamente, indicando-se, a título meramente exemplificativo, os seguintes: listas de clientes, fornecedores ou distribuidores; projectos de desenvolvimento da actividade; opções estratégicas; segredos de fabrico, protegidos ou não por direitos privativos; descontos concedidos aos clientes; etc.

7. Descrição da conduta típica prevista na alínea *i*) do artigo 260.° do C.P.I.

De acordo com a alínea *i*) do artigo 260.° do C.P.I., a violação dos segredos da indústria ou comércio pode consistir na ilícita apropriação, utilização ou divulgação dos mesmos segredos.

Como já observámos, prevêem-se aqui dois tipos de conduta: a apropriação do segredo seguida da sua utilização, ou a apropriação do segredo acompanhada da sua subsequente divulgação.

A lei prevê a ilícita apropriação. Exige-se uma dupla ilicitude: a ilicitude do próprio acto de apropriação e a ilicitude final, decorrente da qualificação do acto como concorrência desleal.

Quando se verifica uma apropriação ilícita do segredo? Ela existe sempre que o conhecimento do segredo não decorre do exercício normal da actividade do agente. Se, pelo contrário, esse segredo vem ao conhecimento do agente no desempenho normal das suas funções, a apropriação é lícita.

Se a apropriação fôr ilícita, não pode haver utilização nem divulgação lícitas, pois a ilicitude da apropriação do segredo inquina definitivamente qualquer actuação que lhe seja subsequente.

Mas nem todo o segredo de que alguém se haja licitamente apropriado, pode ser, em seguida, licitamente utilizado ou divulgado.

Se duas empresas iniciam negociações tendentes a uma eventual futura associação, e, no decorrer das mesmas, uma delas tem acesso aos segredos de negócio da outra, esses segredos, ainda que licitamente apropriados, não podem ser posteriormente utilizados nem divulgados, no caso de tais negociações se gorarem.

Basta, assim, que a ilicitude ocorra num dos três momentos indicados na alínea *i*) para que esteja preenchida a conduta típica nela prevista.

8. Relações entre a alínea *i*) e o proémio do artigo 260.° do C.P.I.

Tem sido discutido na doutrina se a aplicação da alínea *i*) do artigo 260.° do C.P.I. exige ou não a verificação dos requisitos gerais da concorrência desleal, constantes do proémio do mesmo artigo.

A questão foi suscitada por Oliveira Ascensão[7] a propósito do n.° 9 do artigo 212.° do C.P.I. de 1940, com redacção idêntica à da alínea *i*) do artigo 260.° do actual C.P.I., mas completada com a ressalva "se ao agente não couber maior responsabilidade pela aplicação do artigo 462.° do Código Penal".

Este preceito, que respeitava ao Código Penal de 1886, dispunha, por sua vez, o seguinte: " Todo o empregado ou operário em fábrica ou estabelecimento ndustrial, ou encarregado da sua administração ou direcção, que com prejuízo do seu proprietário descobrir os segredos da sua indústria, será punido com a prisão de três meses a dois anos e multa correspondente"

O artigo 212.°, n.° 9 do C.P.I. de 1940 admitia, assim, a possibilidade de entrar em concurso com o transcrito artigo 462.°, onde não se previa qualquer acto de concorrência.

Daqui infere Oliveira Ascensão que se o artigo 212.° é independente do acto de concorrência, também é indiferente à violação das normas e usos honestos.

Donde ele retira a conclusão de que o n.° 9 do artigo 212.° do C.P.I. de 1940 não se referia a qualquer modalidade de concorrência desleal, antes visava tutelar o próprio segredo da indústria ou comércio, suprindo, deste modo, a lacuna existente no nosso ordenamento jurídico sobre tal matéria.

Manterá esta questão ainda actualidade, perante o actual Código da Propriedade Industrial?

Como sabemos, a alínea *i*) do artigo 260.° omite qualquer referência ao Código Penal, designadamente aos preceitos que nele se ocupam da tutela do segredo e que adiante analisaremos.

---

[7] In Concorrência Deslal cit., págs. 293 e segs.

Esta omissão e a defesa da coerência do sistema favorecem o entendimento de que, no pensamento actual do legislador, a alínea *i*) do artigo 260.° deverá estar subordinada aos pressupostos gerais do proémio, designadamente à existência de um acto de concorrência e à sua contrariedade às normas e usos honestos.

Importa também referir que a protecção jurídica das informações não divulgadas constitui hoje uma obrigação dos Estados outorgantes do Acordo que criou a Organização Mundial do Comércio (OMC), como resultado das negociações comerciais multilaterais conhecidas por Uruguay Round. Este Acordo e os seus Anexos foram aprovados para ratificação pela Resolução da Assembleia da República n.° 75-B/94, de 27 de Dezembro e ratificados pelo Decreto do Presidente da República n.° 82-B/94, da mesma data.

O Anexo 1-C desse Acordo é respeitante aos Aspectos dos Direitos da Propriedade Intelectual Relativos ao Comércio (A.D.P.I.C.), também conhecido pela sigla inglesa TRIPS – Trade Related Intelectual Property Rights.

O artigo 39.° desse Anexo tem por objecto a protecção das informações não divulgadas e é do seguinte teor:

"1 – Ao assegurar uma protecção efectiva contra a concorrência desleal, conforme previsto no artigo 10.° bis da Convenção de Paris (1967), os Membros protegerão as informações não divulgadas em conformidade com o disposto no n.° 2 e os dados comunicados aos poderes públicos ou organismos públicos em conformidade com o disposto no n.° 3.

2 – As pessoas singulares e colectivas terão a possiblidade de impedir que informações legalmente sob o seu controlo sejam divulgadas, adquiridas ou utilizadas por terceiros sem o seu consentimento de uma forma contrária às práticas comerciais leais[8], desde que essas informações:

a) Sejam secretas, no sentido de não serem geralmente conhecidas ou facilmente acessíveis, na sua globalidade ou na configuração e ligação exactas dos seus elementos constitutivos, para pessoas dos círculos que lidam normalmente com o tipo de informações em questão;

---

[8] Para efeitos da presente disposição, a expressão "de uma forma contrária às práticas comerciais leais" designará pelo menos práticas como a ruptura de contrato, o abuso de confiança e a incitação à infracção, incluindo a aquisição de informações não divulgadas por parte de terceiros que tinham conhecimento de que a referida aquisição envolvia tais práticas ou que demonstraram grave negligência ao ignorá-lo. (Nota constante do próprio texto do artigo 39.°).

b) Tenham sido objecto de diligências consideráveis, atendendo às circunstâncias, por parte da pessoa que detém legalmente o controlo das informações, no sentido de as manter secretas.

3 – Sempre que subordinem a aprovação da comercialização de produtos farmacêuticos ou de produtos químicos para a agricultura que utilizem novas entidades químicas à apresentação de dados não divulgados referentes a ensaios ou outros, cuja obtenção envolva um esforço considerável, os Membros protegerão esses dados contra qualquer utilização comercial desleal. Além disso, os Membros protegerão esses dados contra a divulgação, excepto quando necessário para protecção do público, ou a menos que sejam tomadas medidas para garantir a protecção dos dados contra qualquer utilização comercial desleal".

Nos termos deste preceito, a obrigação de proteger as informações não divulgadas deve ser satisfeita através das medidas que asseguram uma protecção efectiva contra a concorrência desleal.

Esta obrigação, assumida pelo Estado português ao ratificar o referido Acordo, estará, assim, satisfeita através da protecção contida na alínea *i)* do artigo 260.° do actual C.P.I.

Entendemos, portanto, que a violação dos segredos da indústria ou comércio sancionada na alínea *i)* do artigo 260.° do C.P.I., só se verifica quando tal violação configurar um acto de concorrência.

Quanto à valoração do acto pela sua contrariedade às normas e usos honestos, é precisamente essa valoração que, em muitos casos, contribuirá para clarificar a qualificação como ilícita da conduta prevista nesta alínea.

É, designadamente, o que ocorre com a ilícita utilização ou divulgação de segredos que hajam sido licitamente adquiridos. A ilicitude desses actos resultará, essencialmente, da sua contrariedade às normas e usos honestos. Será, basicamente, à luz deste critério que se concluirá se é ou não reprovável que um concorrente utilize ou divulgue segredos de outrem, de que licitamente se apropriou.

Concluimos, assim, que a tutela dos segredos da indústria ou comércio de outrem, contida na alínea i) do artigo 260.° do C.P.I., configura uma modalidade de concorrência desleal, cuja ocorrência pressupõe, para além dos requisitos da própria alínea, a verificação dos pressupostos gerais referidos no proémio do artigo 260.°.

No caso do ilícito criminal, em que é sempre indispensável a existência de dolo genérico, é igualmente exigida a prova do dolo específico alternativo a que o proémio igualmente alude: a intenção de causar prejuízo a

Concorrência Desleal e Segredos de Negócio

outrem, quando ocorrer apropriação seguida de divulgação; a intenção de alcançar, para si ou para terceiro, um benefício ilegítimo, quando se verificar apropriação acompanhada de utilização.

9. A comparticipação no crime de concorrência desleal

Como referimos, a propósito dos sujeitos do acto de concorrência desleal, pode verificar-se comparticipação na prática deste ilícito penal.

Já sabemos que o crime de concorrência desleal é um crime próprio, em que o seu autor terá de ser necessariamente um concorrente.

Mas o crime de concorrência desleal pode ser praticado por várias pessoas e, neste caso, podem todas elas ser concorrentes ou não.

A violação dos segredos da indústria ou comércio doutrem é, aliás, uma modalidade de concorrência desleal em que frequentemente se verificam actuações conjuntas de concorrentes e não concorrentes. Bastam dois simples exemplos para o confirmar: a secretária da administração, instigada por um concorrente, entrega a este fotocópia de documentos contendo segredos de negócio do seu patrão; um jornalista divulga segredos de uma empresa, fornecidos por um empresário concorrente.

Aplica-se, nestas hipóteses o disposto no artigo 28.°, n.° 1 do Código Penal, nos termos do qual se a ilicitude do facto depender de certas qualidades do agente, basta, para tornar aplicável a todos os comparticipantes a pena respectiva, que essas qualidades se verifiquem em qualquer deles, excepto se outra for a intenção da norma incriminadora.

O regime previsto neste artigo é muito amplo, pois é suficiente que um agente, punível como autor ou como cúmplice, seja *intraneus* para que todos os demais comparticipantes respondam pelo crime próprio[9].

A razão de ser deste regime decorre da circunstância de que "nos crimes próprios, a violação do dever, que só pode ser cometida por pessoas qualificadas (*intranei*), é o objecto jurídico do crime. A qualificação do agente é, por isso, circunstância essencial do facto objectivamente ilícito. O facto objectivamente ilícito é obra comum dos agentes e, desde que se verifique a qualificação em qualquer um dos agentes (comparticipantes), será imputado a todos. Desta forma, bastará que seja *intraneus*

---

[9] Neste sentido, que é aliás a posição dominante da doutrina, ver Henrique Salinas Monteiro, A comparticipação em crimes especiais no Código Penal, Lisboa, 1999, pág. 333.

154   *II Curso de Direito Industrial*

qualquer dos agentes, para que todos sejam puníveis, se todos disso tomarem conhecimento" [10].

No entanto, o citado artigo 28.°, n.° 1 do Código Penal exceptua da sua aplicação as situações em que seja outra a intenção da norma incriminadora.

Será este o caso do artigo 260.° do C.P.I., que terá a intenção de não punir os comparticipantes que não sejam concorrentes? A lei não revela qualquer intenção de excluir os *extranei* e as sanções estabelecidas (prisão ou multa) são aplicáveis a não concorrentes. Aliás, doutro modo, ficaria impune a fácil fraude à lei, mediante o recurso a terceiros para a prática do crime de concorrência desleal.

Concluimos, assim, que nada obsta à plena aplicação, nesta matéria, do artigo 28.°, n.° 1 do Código Penal, pelo que o próprio autor, incluindo o autor material, pode ser um não concorrente [11].

10. O crime qualificado do artigo 266.° do Código da Propriedade Industrial

Dispõe este preceito que "as penas previstas nos artigos 260.° a 265.° são agravadas de um terço, nos seus limites mínimo e máximo, sempre que os crimes forem praticados ou comparticipados por quem seja ou tiver sido empregado do lesado".

Prevê-se aqui uma pena agravada também para o crime de concorrência desleal, tendo esta disposição um campo de aplicação frequente nas situações previstas na alínea *i*) do artigo 260.°.

A correcta interpretação deste preceito exige algumas observações:

A prática (sem comparticipação) do crime de concorrência desleal por um empregado actual do lesado só pode compreender-se quando esse empregado exercer, em cumulação, uma actividade por conta própria, que lhe permita atribuir a qualidade de agente económico, concorrente do lesado. Doutro modo, faltaria o requisito do acto de concorrência, imposto pelo proémio do artigo 260.°.

No caso de comparticipação, tem de atender-se, de novo, ao disposto no artigo 28.°, n.° 1 do Código Penal, na parte em que nele se prevê que o grau de ilícitude do facto dependa de certas relações especiais do agente.

---

[10] Cavaleiro de Ferreira, Lições de Direito Penal, I, Lisboa, 1992, pág. 460.

[11] Seguimos Oliveira Ascensão, ob. cit, pág. 378.

Concorrência Desleal e Segredos de Negócio 155

E, nesta hipótese, coloca-se, também de novo, a questão de saber se a agravação da pena imposta pelo artigo 266.° do C.P.I. se aplica a todos os comparticipantes, ou se, ao invés, funciona a ressalva constante da parte final do citado artigo 28.°, por ser outra a intenção da norma incriminadora.

Pensamos que a pena agravada fixada neste artigo 266.° tem, essencialmente, como fundamento um juízo de maior censura relativamente à conduta do agente que seja ou tenha sido empregado do lesado, justificado, no caso da alínea *i*) do artigo 260.°, por quebra dos seus deveres de lealdade e reserva.

Esta censura não deve estender-se, segundo cremos, aos outros comparticipantes que não tenham essa qualidade, aos quais não se aplicará, pois, a pena agravada [12].

Aliás, nestes casos será frequente o tribunal fazer uso da faculdade conferida pelo n.° 2 do artigo 28.° do Código Penal, nos termos do qual "sempre que, por efeito da regra prevista no número anterior, resultar para algum dos comparticipantes a aplicação de pena mais grave, pode esta, consideradas as circunstâncias do caso, ser substituída por aquela que teria lugar se tal regra não interviesse".

Importa, por último, observar que a expressão "lesado", usada neste artigo 266.° do C.P.I., não deve ser entendida no seu sentido rigoroso de "pessoa que sofreu danos ocasionados pelo crime" (artigo 74.°, n.° 1 do Código de Processo Penal), o que pressuporia a necessidade da existência de danos decorrentes do ilícito penal de concorrência desleal para poder ser aplicada a pena agravada deste artigo, mas antes deve ser considerada como querendo referir-se ao titular do interesse protegido com a incriminação, a que melhor caberia a designação de "ofendido", nos termos da própria definição legal, contida no artigo 68.°, n.° 1, alínea *a*) do Código de Processo Penal.

11. A legitimidade para a acção penal e para a constituição como assistente

O crime de concorrência desleal é um crime público. Deste modo, a legitimidade para a acção penal está exclusivamente atribuida ao Ministério Público.

---

[12] Contra o exposto não colhe o argumento de que a letra do artigo 266.° prevê expressamente a comparticipação, pois tal hipótese ocorrerá quando mais do que um agente do crime for ou tiver sido empregado do lesado.

A legitimidade para a constituição como assistente está regulada no artigo 273.° do C.P.I.

Ela cabe, em primeiro lugar, às pessoas a quem a lei de processo penal confere tal direito, designadamente aos ofendidos, nos termos do respectivo artigo 68.°, n.° 1, alínea *a*).

Na hipótese de alínea *i*) do artigo 260.°, os atingidos pela violação dos segredos da indústria ou comércio são sempre concorrentes determinados.

Eles é que são os titulares dos interesses que a lei especialmente quis proteger com a incriminação.

O artigo 273.° do C.P.I. atribui também legitimidade às associações interessadas legalmente constituidas. Estas podem ser associações profissionais ou associações de consumidores.

Entendemos que as associações profissionais não têm legitimidade para se constituirem assistentes no caso da violação de segredos. Justamente porque o acto de concorrência é, neste caso, sempre dirigido contra concorrentes determinados, tal legitimidade cabe apenas a esses mesmos concorrentes.

As associações profissionais não são, pois, interessadas, como exige o próprio artigo 273.° do C.P.I.

Quanto às associações de consumidores, as mesmas também carecem de legitimidade, que lhes falta, aliás, relativamente a qualquer modalidade de concorrência desleal, cuja disciplina não visa a protecção dos seus interesses.

12. Concurso de infracções com a violação de direitos privativos que tenham por objecto segredos

Como atrás referimos, há direitos privativos, como as invenções objecto de patente e os modelos de utilidade, que têm por objecto segredos.

As violações do exclusivo da invenção ou do modelo, de que goza o titular do direito privativo, são sancionadas pelos artigos 261.° e 263.° do C.P.I., com penas, em ambos os casos, de prisão até três anos ou multa até 360 dias.

É, assim, possível ocorrer, quando se preencherem simultaneamente os respectivos pressupostos, um concurso de infracções entre o crime de violação destes direitos privativos e o crime de concorrência desleal, na modalidade da violação de segredos da indústria ou comércio prevista na alínea *i*) do artigo 260.° do C.P.I.

Concorrência Desleal e Segredos de Negócio 157

Como qualificar este concurso? É um concurso aparente, assente numa relação de subsidiariedade.

Qual a pena aplicável? Para Oliveira Ascensão, a tutela do direito privativo esgota a tutela que poderia ser outorgada pela concorrência desleal [13].

E justifica essa sua posição com os seguintes argumentos: a tutela pela concorrência desleal é imprecisa, pois depende da valoração da contrariedade às normas e usos honestos, enquanto a tutela do direito privativo é taxativa, sendo suficiente a violação do exclusivo que ele confere; por outro lado, a tutela da concorrência desleal é uma disciplina de condutas, visando um interesse juridicamente protegido, enquanto a protecção do direito privativo representa a outorga de um direito subjectivo absoluto.

A consequência que retira é a de que a pena aplicável é sempre, e apenas, a estabelecida na lei para a violação do direito privativo, ainda que a respectiva medida legal seja inferior à medida legal da pena do crime de concorrência desleal.

Estamos de acordo com esta posição, mas com a seguinte ressalva: ela não pode conduzir a uma diminuição da medida da pena aplicável, relativamente às que estiverem previstas para cada um dos crimes em concurso. Com efeito, não parece razoável que, verificando-se um concurso de infracções, a medida da pena aplicável possa ser inferior à que seria aplicada se tal concurso não existisse.

Na hipótese do concurso que estamos a analisar, esta ressalva não tem consequências práticas, pois as medidas da pena previstas no artigo 261.º do C.P.I. para a violação do exclusivo da invenção e no artigo 263.º do C.P.I. para a violação dos direitos exclusivos relativos a modelos de utilidade são, ambas elas, iguais à medida da pena prevista para a concorrência desleal, pelo que, em qualquer dos casos, a pena aplicável será sempre a de prisão até três anos ou de multa até 360 dias.

13. **A tutela do segredo no Código Penal**

O segredo vem igualmente protegido no Código Penal, nos seus artigos 195.º e 196.º.

Ocupa-se o primeiro da violação do segredo, determinando o seguinte: "Quem, sem consentimento, revelar segredo alheio de que tenha

---

[13] Ob. cit., pag. 425.

tomado conhecimento em razão do seu estado, ofício, emprego, profissão ou arte, é punido com pena de prisão até um ano ou com pena de multa até 240 dias".

Por sua vez, o artigo 196.° trata do aproveitamento indevido do segredo, estabelecendo: "Quem, sem consentimento, se aproveitar de segredo relativo à actividade comercial, industrial, profissional ou artística alheia, de que tenha tomado conhecimento em razão do seu estado, ofício, emprego, profissão ou arte, e provocar deste modo prejuízo a outra pessoa ou ao Estado, é punido com pena de prisão até um ano ou com pena de multa até 240 dias".

Por força do artigo 197.°, as penas previstas no artigo 195.° "são elevadas de um terço nos seus limites mínimo e máximo se o facto for praticado:

a) Para obter recompensa ou enriquecimento, para o agente ou para outra pessoa, ou para causar prejuízo a outra pessoa ou ao Estado; ou

b) Através de meio de comunicação social".

De acordo com o artigo 198.°, o procedimento criminal pelos crimes dos artigos 195.° e 196.° depende de queixa ou participação; estes crimes revestem, assim, a natureza de crimes semi-públicos.

O interesse jurídico protegido pelo artigo 195.° é a privacidade, num âmbito mais vasto que a mera intimidade.

A reserva de segredo tutelada por este artigo estende-se aos segredos do mundo dos negócios, sejam eles exercidos em nome individual ou sob a forma empresarial [14].

Quanto ao artigo 196.°, os bens jurídicos tutelados são os interesses patrimoniais incorporados no próprio segredo e pertencentes ao respectivo titular.

A conduta típica consiste na exploração económica do valor contido no segredo [15].

O segredo aqui protegido diz necessariamente respeito à actividade comercial, industrial, profissional ou artística alheia.

Este crime, contrariamente ao previsto no artigo 195.°, é um crime de dano, só ocorrendo quando se verificar um prejuízo efectivo de terceiro ou do Estado.

---

[14] Seguimos, Manuel da Costa Andrade, ob. cit., pág. 777 (em comentário ao artigo 195.°).

[15] Manuel da Costa Andrade, ob. cit., pág. 807 (em comentário ao artigo 196.°).

Concorrência Desleal e Segredos de Negócio

14. Concurso de infracções com a violação de segredos prevista na alínea *i*) do artigo 260.° do C.P.I.

A descrição do regime dos artigos 195.° e 196.° do Código Penal evidencia as semelhanças e diferenças existentes entre a tutela de segredos neles contida e a protecção do segredo da indústria ou comércio constante da alínea *i*) do artigo 260.° do C.P.I.

Nada impede, no entanto, que exista um concurso de infracções entre este conjunto de normas, desde que estejam preenchidos simultaneamente os respectivos pressupostos, concurso este ainda mais facilitado pelo regime de comparticipação que analisámos.

Esse concurso é um concurso aparente, com base numa relação de subsidiariedade.

Qual a pena aplicável neste caso? A resposta reveste-se agora de consequências práticas, dada a diferença existente entre a medida da pena prevista para a concorrência desleal (prisão até três anos ou multa até 360 dias) e as medidas das penas, ambas iguais, previstas nos artigos 195.° e 196.° do Código Penal (prisão até um ano ou multa até 240 dias).

Atenta a posição que defendemos a propósito do concurso de infracções entre o crime de concorrência desleal e o crime de violação de direitos privativos, e pelas mesmas razões então indicadas, entendemos que a pena aplicável será a mais grave das penas em confronto, ou seja, neste caso, a prevista para o crime de concorrência desleal.

15. A tutela não penal dos segredos de negócio no âmbito da concorrência desleal: A) O ilícito civil de concorrência desleal

Como referimos no início deste trabalho, a concorrência desleal, para além de ilícito criminal, pode assumir a modalidade de ilícito civil.

Neste caso, a descrição fluida, vaga e imprecisa da concorrência desleal contida no proémio do artigo 260.° já não suscita qualquer problema, pois não se coloca a questão da sua tipicidade.

Daqui resulta que o ilícito civil de concorrência desleal pode corresponder não só a uma das modalidades previstas nas alíneas do artigo 260.°, como também a qualquer outra conduta que caiba apenas na descrição do proémio, pois tais alíneas têm agora induscutivelmente carácter apenas exemplificativo.

Por isso, será possível considerar como ilícito civil a violação de segredos em qualquer ramo de actividade e não apenas na indústria ou comércio.

O ilícito civil de concorrência desleal é gerador de responsabilidade civil extra-obrigacional, desde que estejam reunidos os pressupostos exigidos pelo artigo 483.° do Código Civil, a saber: o acto ilícito; o dolo ou a mera culpa; o dano; e o nexo de causalidade entre o acto ilícito e o dano.

A correspondente acção de indemnização pode ser intentada pelo concorrente ou concorrentes que tiverem sido efectivamente lesados com o acto de concorrência desleal particado. No caso de violação dos segredos de negócio, terão legitimidade para a acção apenas os titulares dos segredos que foram ilicitamente apropriados e subsequentemente utilizados ou divulgados.

16. **Continuação: B) A mera desconformidade objectiva às regras da leal concorrência**

Como também já mencionámos, a concorrência desleal pode ainda traduzir-se numa simples contrariedade objectiva aos padrões da lealdade de concorrência.

O acto praticado não pressupõe, neste caso, qualquer fim prosseguido pelos seu autor e, por isso, não reveste natureza ilícita.

Os meios de reacção a esta situação são, essencialmente, os seguintes:
– oposição ao pedido de registo de sinais distintivos, nos termos do artigo 25.°, n.° 1, alínea *d*) do C.P.I., que prevê, como fundamento da recusa de patente, modelo, desenho ou registo, o reconhecimento de que o requerente pretende fazer concorrência desleal ou que esta é possível independentemente da sua intenção;
– a acção inibitória, visando a cessação do comportamento objectivamente desleal;
– a apreensão e subsequente destruição dos bens ou produtos onde esteja consubstanciada a prática do acto desleal, visando a reconstituição da situação anteriormente existente.

A legitimidade para desencadear estes meios de reacção caberá, também aqui, ao concorrente ou concorrentes afectados com a prática do acto, ou seja, no caso de violação dos segredos de negócio, ao titular ou titulares desses segredos.

17. A tutela dos segredos de negócio no âmbito do direito do trabalho e do direito comercial

A descrição da tutela dos segredos de negócio no ordenamento jurídico português não ficaria completa sem uma breve nota sobre a sua protecção constante de outras normas jurídicas, designadamente no âmbito do direito do trabalho e do direito comercial.

Quanto ao primeiro, importa referir o disposto no artigo 20.°, n.° 1, alínea *d*) do Decreto-Lei n.° 49.408, de 24 de Novembro de 1969 (conhecido por L.C.T.), que aprovou o regime jurídico do contrato individual de trabalho.

Determina este preceito que o trabalhador deve "guardar lealdade à entidade patronal, nomeadamente não negociando por conta própria ou alheia em concorrência com ela, nem divulgando informações referentes à sua organização, métodos de produção ou negócio".

O dever de lealdade, ainda que possa ter um âmbito mais vasto [16], assume neste preceito duas especificações relevantes para o tema que nos ocupa: a proibição de concorrência e a obrigação de reserva profissional. Ambas elas "são condutas que se caracterizam por algo mais que a possibilidade dos efeitos prejudiciais para a entidade patronal; o juízo legal de censura assenta também no facto de elas serem facilitadas e potenciadas, quanto aos efeitos, pela especial posição em que o trabalhador se encontra na organização técnico-laboral do empregador" [17].

A proibição de concorrência estabelecida neste preceito é completada com a admissibilidade do pacto de não concorrência, previsto no artigo 36.°, n.° 2 da L.C.T., através do qual pode, por acordo, ficar "limitada a actividade do trabalhador no período máximo de três anos subsequentes à cessação do contrato de trabalho, se ocorrerem, cumulativamente, as seguintes condições:

a) Constar tal cláusula, por forma escrita, do contrato de trabalho;

b) Tratar-se de actividade cujo exercício possa efectivamente causar prejuízo à entidade patronal;

c) Atribuir-se ao trabalhador uma retribuição durante o período de limitação da sua actividade, que poderá sofrer redução equitativa quando a entidade patronal houver despendido somas avultadas com a sua formação profissional".

---

[16] A questão é pormenorizadamente tratada por Monteiro Fernandes, Direito do Trabalho, Coimbra, 1998, págs. 215 e segs.

[17] Monteiro Fernandes, ob. cit, pág. 220.

A violação do dever de lealdade do trabalhador pode constituir justa causa de despedimento, se o comportamento culposo deste, pela sua gravidade e consequências, tornar imediata e praticamente impossível a subsistência da relação de trabalho, conforme previsto no artigo 9.° do Decreto-Lei n.° 64-A/89, de 27 de Fevereiro.

No que se refere ao direito comercial, o artigo 253.° do Código Comercial proibe o gerente de comércio de negociar por conta própria, ou tomar interesse debaixo do seu nome ou alheio em negociação do mesmo género ou espécie da de que se acha incumbido, salvo com expressa autorização do proponente.

E o parágrafo único do mesmo preceito estabelece que, "se o gerente contrariar a disposição deste artigo, ficará obrigado a indemnizar de perdas e danos o proponente, podendo este reclamar para si, como feita em seu nome, a respectiva operação".

Semelhante proibição de concorrência existe em várias disposições do Código das Sociedades Comerciais, designadamente quanto aos sócios das sociedades em nome colectivo (artigo 180.°), aos gerentes das sociedades por quotas (artigo 254.°), aos administradores e directores das sociedades anónimas (artigos 398.°, n.° 3 e 428.°) e aos sócios comanditados das sociedades em comandita (artigo 477.°).

Por outro lado, a utilização ou divulgação dos segredos de negócio da sociedade constituirá uma violação grave das obrigações do sócio para com a sociedade, que pode conduzir, tal como no caso do não acatamento da proibição de concorrência, à sua exclusão das sociedades em nome colectivo e em comandita (artigos 186.° e 474.°) ou à sua exclusão por decisão judicial nas sociedades por quotas (artigo 242.°).

Relativamente aos gerentes das sociedades por quotas e aos administradores e directores das sociedades anónimas, a sanção estabelecida é a sua destituição com justa causa (artigos 254.°, n.° 5; 257.°, n.° 6; 398.°, n.° 4; 403.° e 430.°, n.° 2, todos do C.S.C.).

Esta destituição é acompanhada do dever dos gerentes, administradores e directores indemnizarem a sociedade dos prejuízos por esta sofridos, sendo solidária a sua responsabilidade, nos termos dos artigos 72.° e 73.° do C.S.C.

Lisboa, Janeiro de 2000

PATENTES BIOTECNOLÓGICAS E DIREITOS DE OBTENTOR DE VARIEDADES VEGETAIS
DIFERENÇAS DE REGIME E PISTAS PARA A RESPECTIVA ARTICULAÇÃO

por J. P. Remédio Marques
Assistente da Faculdade Direito de Coimbra
Mestre em Direito

ÍNDICE DE ASSUNTOS:

§ 1. Introdução. A biotecnologia: a posição e o interesse do problema.

§ 2. A patenteabilidade da matéria biológica; o objecto dos direitos *sui generis* de obtentor.

    2.1. Os candidatos (positivos e negativos) à patenteabilidade.

    2.2. Disposições legais pertinentes: a CPE; o CPI; A Conv.UPOV; o TMCP; o regime comunitário de protecção das variedades vegetais.

    2.3. A exclusão da matéria biológica (em especial os vegetais) do «sistema interno» do direito das patentes.

    2.4. A inclusão dos "produtos da Natureza" no campo da patenteabilidade.

    2.5. Os motivos que conduziram à criação de um título jurídico especial no domínio das obtenções vegetais.

    2.6. A noção de variedade vegetal; caracterização sumária dos requisitos intrínsecos de protecção no sistema da Conv.UPOV e no regime comunitário.

    2.7. O estado da questão da patenteabilidade de vegetais no âmbito da CPE e da União Europeia.

§ 3. A coordenação entre o regime das obtenções vegetais e o regime do direito de patente tendo em vista a tutela de produtos vegetais pelo direito da propriedade industrial.

    3.1. Diferenças de regime mais relevantes entre o sistema da

Conv.UPOV / regime comunitário das obtenções vegetais e o regime jurídico do direito de patente.

3.2. Algumas situações de conflito entre os direitos de obtentor e os direitos de patente sobre vegetais; algumas soluções possíveis.

§ 4. A protecção dos vegetais por modelo de utilidade / modelo e desenho.

4.1. Modelos de utilidade.

4.2. Modelo industrial; o novel regime dos "Desenhos e Modelos"; a tutela cumulativa por direito de autor: crítica.

SIGLAS E ABREVIATURAS:

AcSTJ	– Acórdão do Supremo Tribunal de Justiça
Bl.	– «Patentblatt» (até 1894) e «Blatt für Patent-, Muster und Zeichenwesen» (desde 1895)
BMJ	– Boletim do Ministério da Justiça
C.C.P.A.	– Court of Customs and Patent Appeals
CDA	– Código do Direito de Autor e dos direitos conexos
cfr.	– confrontar
CIPA	– Journal of the Chartered Institute of Patent Agents
Conv.UPOV.	– Convenção Internacional para a Protecção das Obtenções Vegetais de 2/12/1961 (revista em 1972, 1978 e 1991).
CPE	– Convenção sobre a Patente Europeia
CPI	– Código da Propriedade Industrial
EIPR	– European Intellectual Property Review
IIC	– International Journal of Industrial Property and Copyright Law
INPI	– Instituto Nacional da Propriedade Industrial
JPTOS	– Journal of the Patent Office Society
Mitt.	– Mitteilungen der deutschen Patentanwälte
OJ EPO	– Official Journal of the European Patent Office
Rdn	– anotação nos comentários legislativos
RG	– Reichsgericht (Supremo Tribunal do Reich)
Rutgers J.	– Rutgers Journal of Computers, Technology and the Law
tb.	– também
v.g.,	– verbi gratia
TCMP	– Tratado de Cooperação em Matéria de Patentes
=	– igual a / igual em
USPQ	– United States Patent Quarterly

§ 1. INTRODUÇÃO. A BIOTECNOLOGIA: A POSIÇÃO E INTERESSE DO PROBLEMA

a. A *biotecnologia* pode ser definida como o arsenal de técnicas que utilizam matérias biológicas [1] para a obtenção de outros produtos (quer sejam eles próprios novas matérias biológicas, quer sejam matérias não biológicas) ou para a prestação de serviços.

Esta definição, aqui sugerida a traço grosso, pressupõe três notas, a saber: **(1)** a biotecnologia implica a mobilização de conhecimentos guardados em várias disciplinas, tais como, e entre outras, a microbiologia, a biologia molecular, a bioquímica e a genética, outrossim se baseando nas investigações científicas mais recentes efectuadas nestes domínios; **(2)** a biotecnologia enquanto indústria ou modo de produção económico distingue-se das designadas indústrias tradicionais como a indústria automóvel ou a indústria têxtil, posto que utiliza e modifica a matéria biológica: microrganismos, células, plantas, animais, etc.; **(3)** a biotecnologia predispõe-se à obtenção de produtos e serviços cuja fabricação e comercialização assume um crescente interesse económico (*v.g.*, fármacos, alimentos, utilização de microrganismos na indústria dos resíduos).

É vulgar distinguir-se a *biotecnologia clássica* ou *tradicional* da *biotecnologia moderna*.

A primeira envolve a utilização de técnicas há muito estabelecidas, tais como a fermentação [2], onde certos organismos vivos (*v.g.*, bactérias, fungos) são usados para a obtenção de vinho, cerveja, iogurte; de igual modo, na agricultura e na pecuária, são há milhares de anos utilizados processos de cruzamento entre espécies próximas de plantas e de animais, tendo em vista o apuramento das respectivas características genéticas (*cariótipo*), as quais, por sua vez, determinam um diverso *fenótipo* (*v.g.*, coloração da flor, nos

---

O presente estudo corresponde ao texto de apoio que apresentámos no II Curso de Pós-Graduação em Direito Industrial, no ano lectivo de 1999/2000, na Faculdade de Direito de Lisboa, sob a iniciativa da Associação Portuguesa de Direito Intelectual. Reiteramos os votos de agradecimento ao Senhor Prof. Doutor OLIVEIRA ASCENSÃO pela oportunidade propiciada na divulgação desta problemática.

[1] *Matéria biológica* é qualquer matéria que contenha informações genéticas – no respectivo *genoma*, bem entendido – e seja auto-replicável ou replicável num sistema biológico (nestes termos, cfr. o art. 2.°/1, alínea *a*) da Directiva 98/44/CE, de 6 de Julho de 1998 (in *JOCE*, n.° L 213, pág. 13 e ss.), relativa à protecção jurídica das *invenções biotecnológicas*.

[2] Para além de outros, tais como, por exemplo, a conjunção, a transdução e a indução da poliploidia.

vegetais; densidade do pêlo, peso ou outras características fisiológicas, nos animais); o mesmo sucede na obtenção de biocombustíveis (v.g., álcool, gás metano) e na depuração de águas residuais através da utilização de certos microrganismos existentes *qua tale* na natureza[3].

A segunda – desenvolvida a partir dos anos cinquenta do século XX –, ao ampliar decisivamente o conhecimento e a compreensão das estruturas moleculares dos seres vivos, caracteriza-se, no essencial, pela possibilidade de *manipular* geneticamente a matéria biológica animal ou vegetal, para além das *barreiras biológicas* que separam as diferentes espécies animais e vegetais, através da transferência e introdução de *genes*[4] (*transgénese*) em organismos que *originariamente* os não contêm, ou alterando a expressão destes últimos.

O coração desta moderna biotecnologia reside principalmente na mobilização das técnicas do *ADN recombinante* e da *fusão celular*[5].

---

[3] Cfr., sobre isto, João Paulo F. Remédio MARQUES, "A comercialização de organismos geneticamente modificados e os direitos dos consumidores: alguns aspectos substantivos, procedimentais e processuais", in *Estudos de Direito do Consumo*, Faculdade de Direito da Universidade de Coimbra, n.º 1, 1999, pág. 215 e ss., espec. págs. 216-219, nota 1.

[4] O *gene* é um segmento do ácido desoxiribonucleico (ADN), que compreende uma sequência (exões) que codifica para uma determinada proteína, ou a sequência que permite a regulação da expressão de outro(s) gene(s). Por sua vez, o *ADN* é o suporte molecular da *informação genética*. A sua função é a de, uma vez que seja *replicado*, fornecer as *instruções* (*código genético*) mediante as quais as células produzem outras moléculas, as quais, por seu turno, são responsáveis e determinam o crescimento, a estrutura e a função de cada célula. Se o *ADN* sofre alterações (*mutações*), as moléculas produzidas pelas células também se modificam. Desta maneira, posto que modificadas as instruções (*v.g.*, pela inserção de um *gene* de um organismo de uma outra espécie) fornecidas pelo *ADN* às células, é possível não só obter proteínas (*enzimas, anticorpos* monoclonais, *anticorpos policlonais*) de vital importância, com características ou propriedades diversas das que ocorrem na natureza, como é dispensável a existência de fontes naturais, de resto sempre escassas, de fornecimento dessas proteínas (*v.g.*, sangue, outros fluídos, partes de animais, de vegetais, etc.).

[5] Cfr. MOUFANG, R., *Genetische Erfindungen im gewerblichen Rechtsschutz*, Carl Heymanns Verlag, Köln, Berlin, Bonn, München, 1988, pág. 41 e ss.; GHIDINI, G. / /HASSAN, S., *Biotechnologie novità vegetali e brevetti*, Giufré, Milano, 1990, págs. 6-16; LEONINI, F., "Techniche di DNA ricombinante e tutela brevettuale", in *I Nuovi Brevetti, Biotechnologie e invenzioni chimiche*, a cura di A. VANZETTI, Giufré, Milano, 1995, pág. 43 e ss.; VAN OWERWALLE, G., *Octrooieerbaarheid Van Plantenbiotechnologische Uitvindingen, Een rechtsvergelijkend onderzoek naar een rechtvaardiging van een uitbreiding van het octrooirecht tot planten (Patentability of Plant Biotechnological Inventions, A Comparative Study towards a Justification of Extending Patent Law to Plants, Extensive Summary)*, Bruylant, Bruxelles, 1996, pág. 22 e ss. (em língua neerlandesa, mas com resumo em língua inglesa); STRAUSS, J., *Rechtliche, ethische,*

Enquanto que naquela se almeja a *transferência* de material genético de um organismo para outro – *recombinando* ou *rearranjando*, por assim dizer, fragmentos de ADN de diversos organismos[6] –, esta última intenta *misturar* ou *fundir* o material genético incorporado em células de diferente natureza, tendo em vista a obtenção de *células híbridas*.

b. Vejamos, pois, algumas *aplicações* (*industriais*) da moderna biotecnologia.

Prima facie, as técnicas do *ADN recombinante* possibilitam a introdução de material genético forasteiro no *genoma*[7] de outro organismo (*transgénese*); neste último, o referido material genético serve para codificar para determinadas proteínas que o organismo continente não expressa através dos seus processos biológicos naturais[8].

---

wissenschafts- und entwicklungspolitischen Fragen, Helbing & Lichtenhahn, Basel und Frankfurt am Main, 1997, págs. 10-12; GRIFFITHS, A. / MILLER, J. / SUZUKY, D. / LEWONTIN, R. C. / GELBART, W. M., *An Introduction to Genetic Analysis*, 5.ª edição, W. H. Freman Company, New York, 1993, pág. 346 e ss.; NOSSAL, G., *Génie Génétique – Réalités et Promesses*, Masson, Paris, 1988, pág. 114 e ss.; WEIL, J. H., *Bioquímica Geral*, 4.ª edição, tradução port. por Maria Celeste LECHNER, Fundação Calouste Gulbenkian, Lisboa, 1983, pág. 49 e ss., 81 e ss.; GROSS, F., *Regarde sur la biologie contemporaine*, Gallimard, Paris, 1993, pág. 144 e ss.; Maria Celeste LECHNER / Vítor RIBEIRO, "Replicação do DNA", in *Biologia Celular e Molecular*, 3.ª edição, coord. por C. AZEVEDO, Lidel-Edições Técnicas, Lisboa, 1999, pág. 131 e ss.; P. M. FERREIRA, "Biossíntese das Proteínas", in *Biologia Celular e Molecular*, cit., pág. 191 e ss.; GIRARD-BASCOU, J. / HOLDREGE, C., "Gene concepts in motion: from Mendel to molecules", in *The Future of DNA*, ed. por J. WIRZ e E. T. LAMMERTS VAN BUEREN, Kluver Academic Publishers, Dordrecht, Boston, London, 1997, pág. 150 e ss.; CATALDO, L. M., / WANG, Z. / RAVID, K., "Electroporation of DNA into Culture Cell Lines", in *DNA Transfer to Culture Cells*, Wiley-Liss Publication, New York, Chichester, Weinheim, Brisbane, Singapore, Toronto, 1998, pág. 55 e ss.; JAMES, M. F. / / RICH, C. B. / TRINKAUS-RANDALL, V. / FOSTER, J. A., "In Vitro Transfection by Calcium Phosfate", in *DNA transfer to Culture Cells*, (...), cit., pág. 157 e ss.; NEWBOLD, R. F. / / CUTHBERT, A. P., "Mapping Human Senescence Genes using Microcell-Mediated Chromossiome Transfer", in *DNA Transfer to Culture Cells*, (...), cit., pág. 237 e ss.

[6] Estas técnicas de modificação genética envolvem a recombinação de ácidos nucleicos (ADN), que originam a formação de novas combinações de material genético através da inserção de moléculas dos referidos ácidos em vírus, plasmídeos de bactérias ou em outros sistemas de vectores (de *clonagem*) e respectiva incorporação num outro organismo (*organismo anfitrião*: *v.g.*, animal ou vegetal) em que não ocorrem naturalmente, mas onde poderão continuar a ser propagadas e transmitidas às gerações subsequentes desses organismos.

[7] O *genoma* consiste no conjunto de genes de um organismo, existente em cada uma das suas células.

[8] Por exemplo, o *gene* que codifica para a produção da proteína humana chamada *insulina*, uma vez *isolado* da sua fonte natural de produção – *id est*, das células existentes no

Secundo, as técnicas tradicionais de obtenção de novas *variedades vegetais*[9] baseiam-se na polinização e selecção controladas pela acção humana: o criador ou obtentor cruza artificialmente diferentes plantas que previamente seleccionara; da imediata progenitura ou de uma geração obtida numa ulterior multiplicação retira certas plantas que revelam o melhor *fenótipo* (*v.g.*, cor, combinação de cores, altura, formato das folhas, etc.), por forma a multiplicá-las ou reproduzi-las até à obtenção da linha desejada (*v.g.*, apta a resistir a determinadas pragas ou doenças, propiciadora de maiores produções, etc.).

A moderna obtenção de novas *variedades vegetais* utiliza, ao invés, os saberes da biologia molecular, incluindo as técnicas do *ADN recombinante*, de jeito a induzir novos *cariótipos* – e, logo, diversos *genótipos* – transmissíveis hereditariamente às novas gerações de plantas. Com efeito, o *ADN forasteiro*, previamente isolado de um outro organismo (que não tem que ser uma outra planta), é directamente *transferido* para as células (embrionárias) da planta (*v.g.*, por *microinjecção*), através da utilização de um vector de clonagem derivado de um *plasmídeo* bacteriano (por via de regra, os plasmídeos derivados do plasmídeo *Ti* do *Agrobacterium tumefaciens*). Os objectivos da biotecnologia aplicada à criação e obtenção de vegetais são exactamente os mesmos já visados pelas técnicas tradicionais: criação de novas variedades vegetais com características comercialmente valiosas (*v.g.*, maior vigor, longevidade, novas características estéticas); só que a mobilização destas técnicas permite uma mais rápida e menos onerosa alteração do genoma dos vegetais.

Em terceiro lugar, abriu-se a possibilidade de obtenção de *animais transgénicos*[10]. Na verdade, por mor da transferência de material genético de outros organismos, é possível obter animais cujo desenvolvimento, por exemplo, ocorra mais rapidamente ou com maior resistência a certas doenças. No que tange aos animais de laboratório, a introdução de ADN

---

corpo humano – e inserido numa nas células da bactéria *E. coli*, permite a obtenção de milhões de *cópias* to referido gene, dada a rapidíssima multiplicação da bactéria. Se o gene for *persuadido* (isto é, sem que ocorram mutações ou a *degradação* da informação que ele transporta e desde que o tamanho da molécula de ADN previamente isolada seja o adequado) a fabricar a mesma proteína nas células da bactéria tal como o faz nas células humanas, é possível obter enormes quantidades da referida proteína de inegável interesse terapêutico.

[9] Cfr., *infra* § 2.6 para o conceito de *variedade vegetal*.

[10] Cfr., *inter alia*, NILSSON, A., "The Use of Biotechnology in Animal breeding", in *Ethical Aspects of Modern Biotechnology*, ed. por M. KAYSER / S. WELIN, Procedings from a conference 10-11 November 1993, Studies in research Ethics, n.° 5, Goteborg, 1995, pág. 81 e ss.

no núcleo do embrião logo após a fertilização e antes da divisão celular, permite obter exemplares utilizáveis como modelos *in vivo* do desenvolvimento de doenças típicas dos animais e dos seres humanos; para a realização de experiências relativas à expressão de determinados genes, etc.

Em quarto lugar, a tecnologia do *ADN recombinante* abre perspectivas iluminantes para o tratamento de pacientes portadores de doenças genéticas. Assim, no caso da terapia genética somática o objectivo é proceder à reparação das células doentes do paciente mediante a *substituição* do(s) gene(s) que fo(i)(ram) objecto de *mutações* por outro(s) gene(s) normal(ais). As células geneticamente alteradas – *rectius*, as *informações genéticas* nelas contida – não são, nestas eventualidades, transmissíveis aos descendentes do paciente. Já nas hipóteses de *terapia germinal genética*, que opera sobre os embriões humanos, ou sobre as células sexuais a substituição dos genes que apresentam mutações implica a cessação das funções desenvolvidas por estes últimos, sendo que o material genético *saudável*, adrede incorporado no embrião, irá obviamente surpreender-se em todas as células do novo ser humano em formação, pelo que também estará presente nas células reprodutoras permitindo a respectiva transmissão aos descendentes.

Por último, a fusão de células (*hibridização somática*), ao permitir a *combinação* numa célula do material genético proveniente de células diferentes [11] – originando, de resto, células *híbridas* –, está, por um lado, na génese da produção de anticorpos (v.g., para efeitos de diagnóstico, preparação de vacinas) e, por outro, na obtenção de novas variedades vegetais, mediante a *fusão protoplástica*.

c. Atento o voltuoso investimento financeiro que é requerido, particularmente em actividades económicas de ponta, que não podem ficar sujeitas ao aproveitamento parasitário de terceiros [12], nem ao livre aproveitamento por todos, quais *coisas comuns* (*res commune*), a tutela destas e doutras aplicações industriais da moderna biotecnologia através dos

---

[11] Nestes casos, verifica-se a formação de células viáveis com combinações novas de material geneticamente transmissível mediante a *fusão* de duas ou mais células por meio de métodos que não ocorrem naturalmente, ou, o que é o mesmo, que só ocorrem por via da mobilização de *processos não essencialmente biológicos*. Claro está que também é possível operar a *fusão celular* (incluindo a fusão protoplástica) através de métodos tradicionais de cultivo.

[12] Assim, recentemente, José de Oliveira ASCENSÃO, "O Direito de Autor no Ciberespaço", in *Portugal Brasil Ano 2000*, Studia Iuridica 40, Colloquia 2, Coimbra Editora, coimbra, 1999, pág.83 e ss., espec. pág. 91.

direitos e demais faculdades jurídicas propiciadas pela designada propriedade industrial é matéria geradora de acesa controvérsia.

De um lado, posto que se trata de *matéria biológica* pré-existente enquanto *vida, forma de vida* ou *elemento constituinte de organismos vivos* – ainda que sob diferente forma, na *natureza* –, questiona-se a sua susceptibilidade de patenteação, por nem sequer constituir uma *invenção*, mas antes uma *descoberta*; ou, se for uma *invenção*, revelar-se inidónea para ser objecto de patente, por falta de novidade, actividade inventiva, industrialidade e/ou ofensa aos bons costumes.

Doutra sorte, pese embora alguma desta matéria biológica possa constituir objecto de *direitos privativos* de propriedade industrial – *maxime*, tratando-se de *vegetais* incluídos em certos *taxons* botânicos—, é controvertida a sua aptidão para, indistintamente, ser, *alternativa* ou *cumulativamente*, objecto de *direitos de patente* e de direitos *sui generis, in casu, direitos de obtentor*.

§ 2. A PATENTEABILIDADE DA MATÉRIA BIOLÓGICA; O OBJECTO DOS DIREITOS *SUI GENERIS* DE OBTENTOR

São, no presente parágrafo, descritas as objecções colocadas à patenteabilidade da matéria biológica e demais organismos geneticamente modificados, bem como alguma da retórica argumentativa que sustenta a tese contrária; começarei, no entanto, por referir que tipo de matéria biológica é *candidata (positiva)* à patenteabilidade e à outorga de direitos de obtentor, para, no final, enunciar as mais relevantes disposições legais nacionais, internacionais e comunitárias atinentes à protecção jurídica das inovações tecnológicas que têm por objecto matéria biológica.

2.1. Os candidatos (positivos e negativos) à patenteabilidade

a. As patentes de biotecnologia envolvem, como é já sabido, os *produtos* ou *matérias* que contêm informações genéticas e que são auto-replicáveis ou replicáveis em determinados sistemas biológicos, bem como os *processos* [13] e os *usos* que: (**1**) utilizam material biológico (incluindo

---

[13] Sobre algumas espécies de processos biotecnológicos, susceptíveis de patenteação, cfr. João Paulo F. Remédio MARQUES, "Introdução ao Problema das Invenções Biotecnológicas", in *Direito Industrial*, vol. I, Almedina, Coimbra, 2001, pág. 205, nota 7.

microbiológico) para a produção de outros produtos ou matérias (biológicas ou não); **(2)** pressupõem uma intervenção sobre matérias biológicas (ou microbiológicas); ou que, **(3)** através dos quais são produzidas matérias biológicas (ou microbiológicas).

b. No que tange aos *produtos*, discute-se a patenteação:

1) das *proteínas* extraídas, sintetizadas e, eventualmente, purificadas, a partir de fontes naturais (*v.g.*, sangue);
2) dos ácidos nucleicos (ADN genómico; ARNmensageiro ou cDNA); ou, o que é o mesmo,
3) dos genes e sequências de genes;
4) dos oligonucleótidos.
5) dos vectores de clonagem (v.g., plasmídeos, fagos, cosmídeos);
6) dos vírus, bactérias;
7) dos organismos parasitários;
8) das células e linhas de células;
9) dos vegetais e partes de vegetais (*v.g.*, sementes, folhas, caules);
10) dos animais e partes de animais;
11) do corpo humano nos vários estádios da sua formação (incluindo os embriões e partes de embriões);
12) dos elementos (isolados ou não) do corpo humano (*v.g.*, fígado, rins, esperma, sangue, tecidos).

À parte o material biológico mencionado *supra*, números 3 (ADN genómico, tal qual exista nas células de um outro organismo pré-existente), 9 (vegetais subsumíveis a variedades vegetais), 10 (animais subsumíveis a raças animais), 11 e 12 (elementos não isolados ou destacados do corpo humano), o restante é, em princípio, idóneo para constituir objecto de patente.

2.2. Dispositivos legais pertinentes: a CPE; o CPI; a Conv.UPOV; a Directiva sobre a protecção das invenções biotecnológicas; o TMCP; o regime comunitário de protecção das variedades vegetais

a. O artigo 53.°, alínea *b*), da CPE – de resto, na sequência do artigo 2.° da Convenção de Estrasburgo de 1963, sobre a uniformização de certos aspectos substantivos relativos às patentes – dispõe que não podem ser objecto de patente *as variedades vegetais ou as raças animais, assim como os processos essencialmente biológicos de obtenção de vegetais ou de animais*, pese embora admita a patenteabilidade dos *processos microbiológicos e dos produtos obtidos por esses processos*.

b. No mesmo sentido navega o preceituado no artigo 49.°, n.° 1, alínea *b*), do CPI, nos termos do qual não podem ser objecto de patente: (...) *As variedades vegetais ou as raças animais, assim como os processos essencialmente biológicos de obtenção de vegetais ou animais, podendo, contudo, ser patenteados os processos microbiológicos e os produtos obtidos por esses processos.*

c. A Conv.UPOV, de 1961, permite a outorga de um *título especial de protecção* ao obtentor de uma nova variedade vegetal (ou ao seu sucessor). Trata-se de um direito de propriedade industrial diverso do direito de patente. A revisão de que esta Convenção foi objecto, em 1978 [14], impede o *concurso de títulos* de protecção destas variedades vegetais, pois o artigo 2.° dessa Convenção, à luz da versão de 1978, autoriza que os Estados aderentes prevejam, tão-só, uma das formas alternativas de protecção a cada uma das referidas espécies botânicas: *direitos de obtentor / direitos de patente*. De facto, se um Estado cuja legislação nacional admite a protecção em ambas as formas, deverá este aplicar apenas uma delas a um mesmo género ou a uma mesma espécie botânica.

Esta Convenção foi, no entretanto, alterada em 19/3/1991 [15] – alteração que já entrou em vigor, em Abril de 1998, posto que a ela já aderiu um número suficiente de Estados –, aí onde já se autoriza que os Estados admitam a protecção em ambas as formas, quer dizer, seja através de direitos de obtentor, seja mediante a concessão de direito de patente.

À cessação da proibição do concurso de títulos de protecção subjazem dificuldades de ordem prática.

De facto, uma *variedade vegetal* (cfr. *infra* 2.6.b.) distingue-se de outras por via de uma ou várias características (*fenótipo*) [16], susceptíveis de serem identificadas e descritas com precisão [17]: cor, estrutura da folhagem, cheiro, etc. Estes caracteres são objecto de exame prévio pelas entidades

---

[14] Redacção a que Portugal aderiu, através do Decreto n.° 20/95, de 8 de Julho.
[15] Cfr. esta versão in *GRUR Int.*, 1991, pág. 538.
[16] Art. 6.°/1, alínea *a*), da Conv.UPOV de 1978.
[17] Art. 5.°/1, alínea *a*), do Regulamento português sobre a Protecção das Obtenção Vegetais, aprovado pela Portaria n.° 940/90, de 4 de Outubro.

Patentes Biotecnológicas e «Obtenções Vegetais»   173

a quem, em cada país, compete outorgar os referidos direitos [18], as quais – após terem obtido do requerente amostras do respectivo material de multiplicação – comparam a variedade cuja protecção é requerida com outras variedades similares já conhecidas.

Ora, dado que estas informações não estão à disposição das entidades que em cada Estado aderente outorgam direitos de patente – a mais de os mecanismos de *depósito da matéria biológica* (cfr., *infra* 2.2.f.) cuja patente é solicitada não habilitarem a realização de exames científicos rigorosos por parte destas últimas entidades –, será difícil apreciar a (im)procedência de um pedido de patente, cuja reivindicação não deva incidir sobre uma variedade vegetal compreendida no estado da técnica. Isto dito, pelo menos no que concerne aos pedidos de patente que não sigam a *Via Europeia* – mas antes a *Via Nacional*, através do INPI –, pois nos primeiros existe, ainda assim, a possibilidade de realização de actos de instrução adequados (art. 117.º/ da CPE: audição de testemunhas, opiniões de peritos, inspecções).

A revisão de 1991 da Conv.UPOV reforçou o *licere* resultante da outorga de direitos de obtentor, pois passou a ser requerida a autorização deste sujeito para a prática de múltiplos actos por terceiros, que tenham por objecto as *plantas inteiras*, as *partes de plantas* e o *material de colheita*, tais como: a produção ou reprodução, o acondicionamento para efeitos de multiplicação, a colocação à venda, a venda ou qualquer outra forma de comercialização, a importação, a exportação, bem como a detenção para qualquer das finalidades atrás mencionadas (nova redacção do art. 14.º/1 e 2).

Observe-se que este regime é oponível aos titulares de outras variedades que careçam de utilizar *repetidamente* a variedade protegida, e bem assim aos titulares das designadas *variedades essencialmente derivadas* [19] da variedade à qual foi concedido o direito de obtentor

---

[18] Entre nós, essa competência cabe ao *Centro Nacional de Registo de Variedades Protegidas* (CENARVE), que funciona no âmbito do Instituto Nacional de Investigação Agrária.

[19] Nos termos da nova redacção do artigo 5.º/1, da Conv.UPOV, é considerada *variedade essencialmente derivada de outra variedade*, qualquer variedade que: (**1**) derive predominantememte da variedade inicial, ou de uma outra variedade que derive, ela própria, predominantemente da variedade inicial, desde que conserve as características essenciais resultantes do genótipo ou da combinação de genótipos da variedade inicial; (**2**) se distinga da variedade inicial (por referência, segundo parece, à expressão dos caracteres resultantes de um genótipo específico ou de uma combinação de genótipos); e (**3**) excepto no que tange às diferenças resultantes do acto de derivação, seja essencialmente

(art. 14.°/5) [20]. No entanto, está o *titular de uma variedade essencial-mente derivada* de uma variedade inicial impedido de aproveitar o conteúdo e a extensão das mencionadas faculdades jurídicas em relação ao titular de uma outra (e subsequente) variedade essencialmente derivada da variedade que, por seu turno, já fora essencialmente derivada da variedade inicial.

Hipotize-se o seguinte caso.

X é titular da variedade **XX**; **Y** é titular da variedade **YY**, derivada essencialmente da variedade **XX**; **Z** é titular da variedade **ZZ** essencialmente derivada da variedade **XX**. Nestes termos, o **Y**, titular da variedade **YY**, carece de pedir autorização (ou obter uma licença obrigatória) a **X** (titular da variedade **XX**) para efectuar os actos jurídicos e operações *supra* referidas, pois o âmbito de protecção da variedade inicialmente protegida abarca as variedades essencialmente dela derivadas; mas o **Y**, titular da variedade **YY** essencialmente derivada, não pode impedir que **Z** (titular da variedade **ZZ**) realize os referidos actos, visto que o âmbito de protecção do seu direito só abarca a comercialização ou a preparação para comercialização relativos aos constituintes vegetais e ao material de reprodução da

---

conforme com a variedade inicial em sede de expressão dos caracteres resultantes do genótipo ou da combinação de genótipos da variedade inicial.

Clara capacidade distintiva, derivação essencial da variedade inicial e conformidade (ou homogeneidade) genética, eis os requisitos de que depende a caracterização da *dependência* também jurídica desta última relativamente à variedade inicial.

As *variedades essencialmente derivadas* podem ser obtidas, por exemplo, através da selecção de um mutante, quer seja natural, quer seja provocado; através de uma variante somaclonal; através da selecção de um especímen distinto quanto à expressão de alguma(s) característica(s) do seu genótipo relativamente à variedade inicial; ou, enfim, mediante a utilização de processos biotecnológicos de engenharia genética, que alterem, por transferência ou fusão, o material genético da variedade inicial, de uma forma que não ocorra na Natureza (*v.g.,* técnicas de *ADN recombinante*, com utilização de vectores de clonagem; técnicas que implicam a introdução directa nas células embrionárias da planta de material hereditário preparado fora desses organismos, incluindo a microinjecção, a macroinjecção e a microincapsulação; a fusão celular ou técnicas de hibridização, em que ocorra a formação de novas células vivas com novas combinações de material genético hereditário, por métodos que não ocorrem na Natureza).

[20] Sobre as variedades essencialmente derivadas, cfr. LANGE, P., "Abgeleitete Pflanzensorten und Abhängigkeit nach dem revidierten UPOV-Übereinkommen", in *GRUR Int.*, 1993, pág. 137 e ss.; LANGE, P., "Patenting of Living Organisms – Patents and Plant Breeders'Rights – From the Point of view of Plant Breeders", in *Patenting of Human Genes and Living Organisms*, org. por F. VOGEL / R. GRUNWALD, Springer, Berlin, Heidelberg, New York, 1994, pág. 79 e ss.; VAN OVERWALLE, G., *Octrooieerbaarheid Van Plantenbiotechnologische Uitvindigen*, (...), cit., pág. 204.

variedade de que é titular e do que se contém em variedades que não sejam distintas da sua.

Já, por sua vez, **Z** (titular da variedade **ZZ**) carece de autorização de **X** (titular da variedade **XX**), posto que a sua variedade, ainda que *indirectamente* derive da variedade inicial, é considerada essencialmente derivada desta última. Controverso será plasmar a extensão dos referidos direitos de exclusivo do titular da *variedade inicial* a uma eventual variedade que derive essencial ou predominantemente da variedade **ZZ**.

É, como se constata, notório o reforço do *conteúdo* do direito de obtentor, após a revisão de 1991 da Conv.UPOV, o que, de resto, constituiu o modelo a partir do qual foi instituído, em 1994, o *regime comunitário de protecção das variedades vegetais*, já a seguir referido.

Não deve, porém, confundir-se o *conteúdo* dos direitos de obtentor com o exercício das faculdades jurídica decorrentes do registo ou inscrição de certas variedades vegetais em *listas oficiais* – faculdades, estas, cujo exercício está, assim, condicionado à realização desses registos. Destarte, casos há em que o *obtentor* de uma variedade vegetal só está autorizado a *produzi-la* ou *comercializá-la* (ou permitir que terceiros o façam), contanto que a *inscreva* num *catálogo* ou numa *lista* nacional de variedades.

Entre nós, por exemplo, isto sucede no que tange à *produção* e *comercialização* de variedades de morangueiro (mas já não a exportação, o acondicionamento para efeitos de multiplicação, a armazenagem, a realização de ensaios e estudos científicos).

Com efeito, nos termos do artigo 5.º/1, alíneas *a*) e *d*), do *Regulamento Geral para a Constituição da Lista Nacional de Variedades de Morangueiro e do Catálogo Nacional de Variedades de Morangueiro*, aprovado pela Portaria n.º 518/96, de 28 de Setembro, somente o *material de viveiro* CAC (*Conformitas Agrara Communitatis*) de variedades inscritas na *Lista Nacional de Variedades de Morangueiro*, ou em listas oficiais de países membros da União Europeia, é que podem ser objecto de *produção* e *comercialização* (e certificação), ainda quando sobre ele recaia um direito de obtentor. Claro está que, no quadro do procedimento administrativo de inscrição, para as variedades já protegidas de morangueiro (registadas na UPOV, no Instituto Comunitário de Obtenções Vegetais, no CENARVE, ou se estiverem inscritas em listas oficiais de outro Estado da União) é dispensado o exame destinado a verificar a *capacidade distintiva* (*distinção*, na expressão do legislador), a *homogeneidade* e a *estabilidade* (art. 9.º/2, do citado Regulamento).

Veja-se em geral, o Decreto-Lei n.º 268/2000, de 24 de Outubro, que estabelece o regime do Catálogo Nacional de Variedades de Espécies Agrícolas e de Espécies Hortícolas, onde se prevêem as condições de certificação de sementes e propágulos (art. 14.º) e a respectiva comercialização

176   *II Curso de Direito Industrial*

(art. 15.°, onde se estabelece a regra segundo a qual só podem ser comercializadas variedades constantes do Catálogo Nacional, de Catálogos Comuns ou da Lista de Variedades Admitidas à certificação da OCDE), ainda que sejam variedades geneticamente modificadas.

Por outro lado, também a montante do nascimento do direito de obtentor, foram instituídos mecanismos de controlo de produção e comercialização de materiais de propagação de plantas ornamentais – cfr. o Decreto-Lei n.° 237/2000, de 26 de Setembro e as normas complementares de aplicação constantes do Decreto-Lei n.° 271/2000, de 7 de Novembro, normativos, estes, que transpuseram diversas directrizes comunitárias.

d. Foi, no entretanto, adoptada uma, polémica e há muito aguardada, Directiva sobre a protecção jurídica das *invenções biotecnológicas* (Directiva 98/44/CE).

Esta Directiva, a despeito não produzir efeitos no quadro da Convenção sobre a Patente Europeia (CPE), contém algumas soluções de regime contrárias e conflituantes com o disposto na citada Convenção, à luz de alguma da jurisprudência do Instituto Europeu de Patentes.

No que ao presente estudo concerne, dizem elas respeito à possibilidade de patenteação de vegetais e animais, contanto que a *exequibilidade técnica* da invenção não se limite a uma determinada *variedade vegetal* ou *raça animal* (art. 4.°/2) – nos mesmos termos encontra-se redigido o artigo 51.°/1, alínea *c*), do Projecto de alteração do CPI (1999).

Ademais, o artigo 8.°/1 estende o âmbito de protecção dos direitos conferidos pela patente (de *produto*) a todas as matérias biológicas obtidas a partir da matéria biológica patenteada, por reprodução ou multiplicação, sempre que o produto dessa multiplicação ou reprodução seja dotado das mesmas propriedades; o mesmo sucedendo em relação às *patentes de processos* de produção de matéria biológicas – não só os direitos de patente abrangem a matéria biológica *obtida directamente* por esse processo como, também, a matéria biológica obtida a partir da matéria biológica que resultara do processo patenteado, desde que esteja dotada das *mesmas propriedades* (art. 8.°/2) – *idem*, reproduzindo *ipsis verbis* o conteúdo da Directiva, cfr. o artigo 94.°/3 e 4, do Projecto de alteração do CPI), o que altera profundamente o clássico âmbito de protecção das patentes de processo, nos termos do qual a patente do processo abrange os produtos directamente obtidos pelo processo patenteado[21].

---

[21] Controverso é saber se, de um lado, esta *protecção reflexa* está condicionada pela *novidade* do produto (obtido pelo processo pateteado) ou, até, pela sua autónoma patenteabilidade e, do outro, se uma substância química *final* obtida (por diferente pro-

Prevê-se (art. 3.º/2) que o material biológico já existente como tal na *natureza* pode – a mais da patententeabilidade do respectivo *processo* de obtenção, isolamento, purificação – ser patenteável (incluindo sequências totais ou parciais de genes) se for reivindicado enquanto matéria que tenha sido *isolada* do seu meio natural ou produzida através de um processo *técnico* (e não através de um processo *essencialmente biológico*); cfr., nos mesmos termos, o disposto no artigo 51.º/1, alínea *d*), do Projecto de alteração do CPI.

Finalmente, encontra-se disciplinado um mecanismo legal de concessão de *licenças obrigatórias cruzadas por dependência*, entre direitos de patentes e direitos de obtentor (art. 12.º); nos mesmos termos navega o preceituado no artigo 107.º/4, 5, 6 e 7, do Projecto de alteração do CPI.

e. A União Europeia, à semelhança do que ocorrera em 1961 com a Conv.UPOV, adoptou uma disciplina comunitária de protecção de variedades vegetais[22], a qual estabelece um regime *unitário* e *exclusivo* de protecção das variedades vegetais.

Unitário porque os direitos produzem efeitos uniformes em todos os Estados membros da União e só podem ser concedidos, transmitidos ou extintos, quanto a esse território, em condições uniformes (art. 2.º).

Exclusivo porque é eleito como forma única e exclusiva de protecção no espaço global da União dos direitos de propriedade industrial relativos às variedades vegetais (art. 1.º).

Não obstante, não sai prejudicado o direito de os Estados-membros concederem *títulos jurídicos* também *especiais* de protecção de variedades vegetais, cujo âmbito de protecção se circunscreve ao *território* do respec-

---

cesso) através da mistura ou incorporação de outras substâncias directamente resultantes do processo patenteado ainda pode ser incluída no círculo de processo daquela patente de processo. Cfr. BENKARD, G., *Patentgesetz*, (...), por BRUCHHAUSEN, 9.ª edição, cit., págs. 428-429, Rdn. 52; sobre isto, tb., BRUCHHAUSEN, K., "Sind Endprodukte unmittelbare Verfahrenserzeugnisse eines auf die Herstellung eines Zwischenprodukts gerichteten Verfharens?", in *GRUR*, 1979, pág. 743 e ss. (que propende para uma interpretação restritiva da expressão produto directamente obtido, constante do n.º 3 do § 9 da *Patentgesetz*); KRAFT, A., "Patentrechtliche Probleme im Zusammenhang mit der Lieferung von chemischen Wirkstoffen und daraus formulierten Spezialitäten", in *GRUR*, 1971, pág. 373; VANZETTI, A. / DI CATALDO, V., *Manuale di Diritto Industriale*, 2ª edição, Giufré, Milano, 1996, pág. 373 (que dizem, a propósito de idêntica formulação do artigo 1 bis, alínea *b*), da lei *in materia di brevetti per invenzione industriali*: *È tuttavia sicuro che la si deve interpretare restritivamente*).

[22] Regulamento (CE) n.º 2100/94, do Conselho, de 27 de Julho de 1994 (in *JOCE*, n.º L 227, pág. 1 e ss., de 1/9/1994).

178   *II Curso de Direito Industrial*

tivo Estado-membro; nem, tão-pouco, fica precludida, segundo parece, a eventual protecção conferida pelo direito de patente aos vegetais e respectivo material de multiplicação ou de reprodução (Considerando n.º 10).

As variedades susceptíveis de protecção devem reunir os requisitos da *capacidade distintiva, homogeneidade, estabilidade* e *novidade* (arts. 6.º a 10.º).

É ao titular ou obtentor comunitário de variedades vegetais assegurado o *exclusivismo* para efeitos de produção ou reprodução da variedade protegida; acondicionamento para efeitos de multiplicação; colocação à venda; venda ou outro tipo de comercialização; exportação a partir da Comunidade; a importação na Comunidade; e armazenagem para qualquer dos fins anteriores (art. 13.º/2) – isto sem prejuízo de se achar consagrado o *privilégio do agricultor* (art. 14.º/1), nos termos do qual este fica salvo de utilizar livremente, para fins de multiplicação nas suas próprias explorações, o material de propagação de certas variedades vegetais (*v.g.*, sementes), expressamente previstas no Regulamento que não seja um híbrido ou uma variedade artificial protegida; bem como se dispensa a autorização do obtentor comunitário para efeitos da prática de actos sobre a variedade protegida com escopo experimental, para criar ou descobrir novas variedades, ou de actos exercidos a título privado com finalidades não comerciais (*v.g.*, utilização de flores e sementes nos jardins da casa de habitação).

A duração dos direitos é de 25 anos para as variedades em geral (plantas herbáceas) e de 30 anos para as variedades de vinha e de espécies de árvores (plantas lenhosas), prorrogáveis até um máximo de 5 anos, termos do artigo 19.º/1 e 2.

f. Conforme o disposto nas Regras 28 e 28A do Regulamento de Execução da CPE, se o objecto da invenção consistir em material microbiológico ou biológico, é exigível o respectivo *depósito* em instituição autorizada[23], contanto que, igualmente, não seja acessível ao público e a descrição (*id est*, as peças escritas e gráficas) não habilite que o perito na especialidade possa executar invento[24],

Se se curar de reivindicações de ADN genómico, cADN, ARNmensageiro, ácidos nucleicos, amino-ácidos, proteínas ou outros oligopéptidos, a Regra 13*ter* do Regulamento de Execução do TCMP determina um específico regime que, entre outras coisa, prevê a obrigatoriedade

---

[23] O que vai ao arrimo do estatuído no Tratado de Budapest, de 28/4/1977, sobre o reconhecimento internacional do depósito de microrganismos.

[24] Cfr., no mesmo sentido, o preceituado no artigo 59.º do CPI.

Patentes Biotecnológicas e «Obtenções Vegetais» 179

de o requerente descrever a sequência de nucleótidos ou de amino-ácidos (em suporte informático); o mesmo sucede, de forma mais completa, no âmbito da CPE, a partir da Decisão do Presidente do Instituto Europeu de Patentes, de 11/12/1992, completada pelas Recomendações da WIPO ST.23 [25-26], posto que se pretendeu harmonizar a descrição dos pedidos de patente que seguem a VIA CPE com os pedidos internacionais que seguem a Via TCMP, com vista a facilitar as actividades de pesquisa.

Noutro enfoque, mal-grado a existência de várias classificações de microrganismos e de vegetais ou de animais, há muito que se reconheceu que a única garantia de identificação do microrganismo ou do material biológico reivindicado no pedido de patente reside na possibilidade de se poder dispor de *amostras* desses materiais biológicos (e microbiológicos), para o efeito de, em certas condições, serem fornecidas a terceiros ou serem objecto de inspecção pelas entidades a quem compete conceder os direitos de patente, pois só dessa maneira é possível sindicar a respectiva *novidade* e *actividade inventiva* [27].

Desde 1991, a Regra 13*bis* do Regulamento de Execução do TCMP, à semelhança da Regra 28 da CPE, também define um acervo de requisitos atinentes ao depósito de microrganismos no que toca aos *pedidos internacionais* de patente, depositados nas autoridades nacionais dos Estados aderentes (administrações receptoras).

2.3. A exclusão da matéria biológica, em especial os vegetais, do «sistema interno» do direito das patentes

É usual observar-se que a fronteira entre o que deva constituir objecto de *patente de produto* é traçada ao derredor da distinção entre os orga-

---

[25] Estas recomendações podem consultar-se em GOLDBACH, K. / VOGELSANG--WENKE, H. / ZIMMER, F.-J., *Protection of Biotechnological Matter under European and German Law*, VCH-Law Books, New York, Weinheim, 1997, pág. 364.

[26] Cfr. *OJ EPO*, 1992, Supplement, pág. 1 (em vigor desde 1/1/1993).

[27] Cfr. VON PECHMANN, E., "National and International Problems concerning the Protecton of Microbiological Inventions", in *IIC*, 1972, pág. 295 e ss.; WIRTZ, H, "Die Einordnung der mikrobiologischen Verfahren sowie der durch diese zu gewinnenden Erzeugnisse unter den Erfindungsbegriff des Straßurger Übereinkommens", in *GRUR*, 1971, pág. 105 e ss.; MOUFANG., R., *Genetische Erfindungen*, (...), cit., pág. 327 e ss.; KRESBACH, G., *Patentschutz in der Gentechnologie*, Springer-Verlag, Wien, New York, 1994, cit., pág. 155 e ss.

nismos vivos e os respectivos elementos constituintes e as *coisas inani-
madas* ou insusceptíveis de se auto-replicarem ou replicarem num outro
sistema biológico. Tanto assim que, dada ausência de manipulações técnicas da vida, animal ou vegetal, por parte do Homem, considerava-se indis-
cutível a exclusão da vida animal ou vegetal do domínio do patenteável,
para mais por motivos de ordem ética[28]. Somente no caso dos vegetais
(e dos microrganismos), as ponderações dessa ordem se mostraram sempre mais claudicantes, até porque, desde sempre o ser humano desen-
volveu soluções técnicas dirigidas à criação de novas plantas. Porém,
o desenvolvimento do conhecimento do genoma de múltiplas matérias
biológicas (incluindo, recentemente, o mapeamento do genoma humano)
conduziu à erosão da fronteira do que deva considerar-se patenteável.
De sorte que, o estar-se perante um organismo vivo preexistente na Natureza ou um constituinte desse organismo não é critério seguro para o
excluir do terreno dos objectos patenteáveis.

No quadro do postulado que nega a patenteabilidade dos *produtos
da Natureza* ou *produtos naturais* (*Naturstoffe*[29]), seja qual for tipo de
matéria biológica – *v.g.*, o conhecimento da estrutura total ou parcial
de um gene humano, animal ou vegetal –, a reivindicação de que seja
objecto constituirá, nesta perspectiva, uma *descoberta* (art. 52.º/2, alínea *a*), da CPE; art. 48.º/1, alínea *a*), do CPI), ou, tratando-se de genes
ou de proteínas (descritas através da sequência de amino-ácidos que
as formam), e uma *apresentação de informações* (art. 52.º/2, alínea *d*),
da CPE e art. 48.º/1, alínea *e*), do CPI), insusceptíveis de patenteabilidade.

---

[28] O que repousa, alegadamente numa concepção teológica do mundo, pois, como
explica M. EDELMANN ("Nature et sujet de droit", in *Droits*, 1985, n.º 1, pág. 125 e ss.
= "L'homme aux cellules d'or", in *Dalloz*, Chronique, 1989, pág. 225 = *Vers un approche
juridique du vivant, ivi*, 1980, 329 e ss.), se, de um lado, a Natureza não pertence a ninguém em particular, antes pertence a todos e, essencialmente a Deus, do outro, o conhecimento científico é universal, pelo que é *património comum* de todos os seres humanos
(*res communes omnes*).

[29] Cfr., sobre a patenteabilidade destes produtos, *inter alia*, BENKARD, G. *Patentgesetz,
Gebrauchsmustergesetz*, 9.ª edição, (...), cit., Rdn. 92 (págs. 190-191), por K. BRUCHHAUSEN;
HIRSCH, F., "Stoffschutz – ein Stück Rechtsgeschichte", in *GRUR*, 1975, pág. 632 e ss.;
SCHMIED-KOWARZIK, V., "Vier Jahre Stoffschutz", in *GRUR*, 1972, pág. 255 e ss.;
UTERMANN, J., "Naturstoffe", in *GRUR*, 1977, pág. 1 e ss.; ZUMSTEIN, F., "Patentschutz für
Natursstoffe", in *Mitt.*, 1978, pág. 30 e ss.; VAN OVERWALLE, G., *Octrooieerbaarheid*, (...),
cit., pág. 287 e ss.; WHITE, A., "The Patentability of naturally occurring products", in
EIPR, 1980, pág. 37 e ss.; BOZICEVIC, K., "Distinguishing «products of nature» from pro-
ducts derived from nature", in *JPTOS*, 1987, pág. 415 e ss.

Na verdade, o investigador mais não faz, nestas hipóteses, do que *revelar, descrever* ou *isolar* substâncias já preexistentes na Natureza[30], pelo que inexiste inovação do ponto de vista técnico, isto é, o *quid* essencial para que uma *ideia* possa ser considerada *inventiva*: a *solução de um problema através de meios técnicos*[31]; ou a *forma de obter resultados técnicos para a solução de um problema prático*[32]. Em suma: não nos parece que exista um *efeito técnico* susceptível de erigir esta actividade humana numa *criação do espírito* materializada em um objecto biológico (*invenção de produto*). Daí que, neste enfoque, não seja admissível confundir o conceito de *novidade* com o de *invenção*, sob pena de se supor existir uma *invenção* onde, afinal, só existe uma *descoberta*. A questão da patenteabilidade da descoberta, na Natureza, de substâncias (*v.g.*, químicas) até aí não conhecidas constituiu, de resto, objecto dos trabalhos preparatórios que levaram à aprovação de CPE. E, nessa sede, terá sido afastada a patenteabilidade desse tipo de descobertas[33].

A despeito de o artigo 1.º, n.º 3 da Convenção de Paris para a Protecção da Propriedade Industrial de 10/3/1883, proclamar logo na redacção resultante da revisão na Haia, de 6/11/1925, que[34]:

A Propriedade industrial estende-se na mais larga acepção e aplica-se não só à indústria e ao comércio propriamente ditos, mas também

---

[30] HAAS, M. de, *Brevet et médicament en droit français et en droit eropéen*, Litec, Paris, 1981, n.º 260.

[31] BEIR, F. K. / STRAUSS, J., *Der Schutz wissenschaftlicher Forchungsergebnisse*, Weinheim, 1982, pág. 14; LINDEMAIER, F. *Das Patentgesetz*, 6.ª edição, Köln, Berlin, München, 1973, pág. 8, § 1, Rdn. 5.

[32] RAVÀ, T., *Diritto Industriale*, a cura di MARIO FABIANI e PAOLO SPADA, Utet, Torino, 1988, pág. 29.

[33] Como informa, MOUSSERON, J. M., *Traité des Brevets*, Librairies Techniques, Paris, 1984, n.º 162, pág. 182, apesar, por exemplo, da doutrina contrária de BERNHARDT, W., *Lehrbuch des Patentrechts*, 3.ª edição, C. H. Beck'sche Verlagsbuchhandlung, München, pág. 24, segundo o qual a invenção consiste numa criação intelectual que assinala, enquanto consequência gerada pela aquisição de um conhecimento, um efeito até ao momento desconhecido e que satisfaz necessidades humanas de uma forma peculiar e progressiva (*Geistesschöpfung die angibt, wie infolge neurer Erkenntnis durch Ausnutzung der Natur ein bisher unbekannter Erfolg herbeigeführt werden kann, der in eigenartiger und fortschrittlicher Weise menschliche Bedürfnisse befriedigt*) = BERHARDT, W. / KRAßER, R., *Lehrbuch des Patentrechts*, 4.ª edição, München, 1986.

[34] O que, apesar de tudo, levou um autor eminente, à época, a afirmar que: *Il n'y a théoriquement pas de raison de ne pas étendre la même règle aux vegetaux et de ne pas admettre que la loi sur les brevets est applicable à des transformations de fleurs, d'arbes et de légumes . Néanmois, il faut reconnaître que cette protection n'a certainement pas été*

*às indústrias agrícolas e extractivas e a todos os produtos fabricados
ou naturais, por exemplo: vinhos, grãos tabaco em folha, frutos, animais,
minérios, águas minerais, cervejas, flores farinhas,*

o certo é que na Europa, até à instituição do sistema da Conv.UPOV de
1961, somente, e quanto muito, eram tuteláveis por direitos de patente os
chamados *procedimentos de obtenção de vegetais* (*Züchtungsverfahren*) –
coisa diversa, de resto, dos *processos de cultivo* de vegetais; processos
aqueles (de natureza *técnica*) que importavam numa *actuação humana*
na multiplicação sistemática de certas espécies de plantas e sementes, em
especial nos processos biológicos de desenvolvimento (selecção, cruzamento, indução de mutações, etc.).

Que estes processos não eram *processos naturais* (ou como hoje
se afirma: *processos essencialmente biológicos*), foi largamente afirmado
por vários Institutos nacionais de patentes e por vários tribunais, já que

---

*envisagée par le législateur et que la nature très speciale des modifications que l'homme
peut apporter à leur qualité ne permet guère d'y appliquer les diverses prescritions de la
loi, sans en étendre abusivement le sens* – VANDER HAEGHEN, G., "Brevets d'invention
(Extrait des Novelles)", in *Le droit intellectuel*, I, Larcier, Bruxelles, 1936, n.° 110, pág. 78.

Também, entre nós, o Prof. Gabriel Pinto COELHO ("A protecção das novas variedades vegetais e florais", in *RLJ*, ano 85.°, n.° 2977, 1952, pág. 49), se fazia eco destas
teses, observando relativamente às posições assumidas pela legação britânica no Congresso da Haia de 1947, que: *as patentes devem por natureza ser reservadas para os
processos de fabricação* [*rectius*, processos de fabrico de obtenções vegetais ou florais],
tendo-se sempre entendido que uma simples descoberta ou invenção não é susceptível de
ser protegida com uma patente (...) *pois a atribuição de patente ao descobridor ou criador
duma nova variedade de planta representaria uma quebra da tradição estabelecida, que
só poderia justificar-se se daí resultasse qualquer vantagem ou benefício para o público,
como acontece relativamente aos novos processos de fabricação; mas tal vantagem não
se verifica no caso das novas variedades vegetais ou florais.*

O *leitmotiv* destas posições pode entrever-se na circunstância da existência, já ao
tempo (por exemplo, desde 1921, na Checoslováquia; em França, desde 1922-1923; na
Holanda, desde 1941: *Kwekersbesluit*, com início de vigência em 5/1/1942; uma primeira
tentativa não lograda, em 1930, na Alemanha, retomada em 1934, onde apenas as variedades inscritas num catálogo de variedades eram susceptíveis de comercialização – VAN
OVWERWALLE, G., *Octrooieerbaarheit*, cit., pág. 237 e ss.; BERGMANS, B., *La Protection
des Inovations Biologiques, Une Étude de Droit Comparé*, Larcier, Bruxelles, 1991, págs.
100-101), de ordenamentos que instituíam regimes especiais de protecção para as variedades vegetais (e que iam desde a criação de monopólios de comercialização reservados
aos titulares de variedades inscritas até à atribuição da faculdade de os obtentores utilizarem uma espécie de *marca oficial* de plantas constantes de certos registos públicos)
significar que, *a contrario*, aí onde essa legiferação especial não existisse, as variedades
vegetais achar-se-iam sem qualquer tutela jurídica.

Patentes Biotecnológicas e «Obtenções Vegetais» 183

a intervenção consciente do Homem conduz à criação de um produto novo, inexistente, até esse momento, na Natureza[35]. Os *produtos*, isto é, os vegetais é que outrossim não seriam patenteáveis[36].

À parte a exclusão de certos objectos do domínio do direito das patentes, atenta a respectiva natureza, as razões que, em especial e no tocante aos vegetais, subjaziam a esta exclusão eram atinentes à verificação em concreto do requisito (de fundo) da *industrialidade* ou *aplicação industrial* e do requisito (de forma) da *suficiente descrição* do objecto da invenção.

No que toca ao primeiro, sustentava-se que a falta de *industrialidade* decorria da impossibilidade de o produto vegetal ser susceptível de *reproductibilidade, qua tale*, da *totalidade* do processo de obtenção do vegetal pelo perito na especialidade – dado que esta reproductibilidade seria a única garantia da ulterior utilização industrial[37] –, bem

---

[35] Cfr., por exemplo, a decisão do *Patentamt* (da 5.ª Câmara de Recurso: *Beschwerdesenat*), de 20/3/1959, in *Bl.*, 1960, pág. 86; o que não significava que estes procedimentos fossem sempre patenteáveis, posto que era preciso que revestissem actividade inventiva (*v.g.*, qualidades surpreendentes ou inesperadas dos vegetais obtidos; pelo que a patenteabilidade do processo dependia igualmente do *resultado* obtido, isto é, do *produto*, em princípio não patenteável) e industrialidade – cfr. a decisão da Divisão de Exame (*Prüfungsstelle*) do *Patentamt*, de 23/5/1956, in *GRUR Int.*, 1958, pág. 337.

Cfr., também, a sentença do tribunal de Seine, de 9/5/1921 e o acórdão da *Cour d'appel* de Paris, de 22/6/1922, in *Annales de la propriété industrielle, artistique et littéraire*, 1922, n.º 10, pág. 346, segundo os quais, embora os processos de obtenção fossem patenteáveis, *un produit naturel, quelque intéressante que puisse être sa découverte et de quelque utilité qu'il puisse être dans l'industrie, ne saurait, en dehors de toutes méthodes industrielles d'application ou des procédés industriels nouveaux, faire l'object d'un brevet*.

O que ia, de resto, ao arrimo da doutrina de E. POUILLET (*Trattato Teorico Pratico dei Brevetti D'Invenzione e della Contraffazione*, (consultei a trad. ital. da 4.ª edição do original em língua francesa), Vol. I, Società Editrice Libraria, Milano, 1916, n.º 24, pág. 87-88, seguida, *cum grano salis*, por alguns autores modernos como A. CASALONGA (*Traité Tecnique et Pratique des brevets d'Invention*, Tomo I, Librairie Générale de Droit & de Jurisprudence, Paris, 1949, n.º 133, pág. 91-92: *Nous partageons l'opinion de Pouillet, car, si la loi de 1844, n'exige pas un effort créateur de la part de l'inventeur, comme certains législations étrangères, elle demande tout de même, ainsi que nous l'avons indiqué, une création, due peut-être au hausard, mais dans laquelle on peut déceler néanmois la main de l'homme* (o sublinhado é meu).

[36] O que vinha ao arrimo do postulado segundo o qual as invenções consistem em actuações de natureza técnica, por parte do ser humano, sobre matérias inorgânicas, com vista à obtenção de soluções práticas – já assim, decisão do *Patentamt*, de 12/6/1914, in *Bl.*, 1914, pág. 257.

[37] Isto significa transpor para o *produto* algumas das objecções que certa doutrina e jurisprudência, em sede de patentes, já colocava no tocante à *reproductibilidade* dos *processos* de obtenção de vegetais. Paradigmático, também, neste aspecto, foi o caso *Rote*

184   *II Curso de Direito Industrial*

como a ausência de uma *solução técnica* para um *problema técnico*, pois o simples cruzamento e selecção efectuados pelo obtentor não poderia consistir num *Lehre zum technischen Handeln*[38].

Relativamente à segunda ordem de objecções, sustentava-se a inadequação, em sede de vegetais, da exigência de o objecto da invenção ser devidamente *descrito* (tendo em vista a sua *executabilidade* por qualquer perito na especialidade), porquanto isso importaria a indicação das características genotípicas e fenotípicas do material biológico vegetal, de tal modo que fosse claramente identificável e distinguível de outros vegetais (e/ou respectivo material de multiplicação ou de reprodução), o que se afigurava de difícil, senão impossível concretização, já que, ao tempo, não se dispunha das actuais técnicas de caracterização do genoma (*v.g.*, através de marcadores genéticos, etc.); até porque, se de um lado, o meio ambiente é capaz de influenciar determinados fenótipos vegetais, tais como, por exemplo, as flores, por outro lado, não era admissível, na época, a *descrição* do invento mediante, tão-só, a indicação do respectivo processo de obtenção (*product-by-process claim*).

2.4. A inclusão dos "produtos da Natureza" no campo da patenteabilidade

Pese embora a matéria biológica pré-exista na Natureza, tem sido admitida a respectiva patenteabilidade, desde que tenha sido *isolada* do seu ambiente natural e *caracterizada* por acção do inventor[39], precisa-

---

Taube, a propósito da patente de um *processo de obtenção* de uma pomba, por cruzamento e selecção (acórdão do BHG, de 27/3/1969, in *GRUR*, 1969, pág. 672). O tribunal decidiu que a patenteabilidade do produto estava condicionada pela *descrição* do respectivo processo de obtenção, desde que, por conseguinte, este pudesse ser reproduzível, visto que se assim não fosse o enriquecimento dos conhecimentos técnicos consistiria no resultado material obtido uma única vez, o que não se coadunaria com a exigência da lei, nos termos da qual a descrição deve habilitar a execução do invento quantas vezes forem precisas, por parte do perito na especialidade.

[38] SCHMIDT, K. A., "Warum nicht Pflanzenzüchtungspatente?", in *GRUR*, 1952, pág. 168 e ss.; HESSE, H. G., "Zur Patentierbarkeit von Züchtungen", in *GRUR*, 1969, pág. 644 e ss.

[39] BENKARD, G., *Patentgesetz*, por BRUCHHAUSEN, (...), cit., pág. 190; KRESBACH, G., *Patentschutz in der Gentechnologie*, (...), cit., págs. 94-95; DAVIES, M., "The Patenting of products of Nature", in *Rutgers J.*, Vol. 21, n.º 2 (1995), págs. 330-331; MOUFANG, R., *Genetische Erfindungen*, (...), cit., pág. 160 e ss., pág. 258 e nota 31; João Paulo F. Remédio MARQUES, "Algumas notas sobre a patenteabilidade de animais e vegetais", separata de *Lusíada, Revista de Ciência e Cultura*, Série de Direito, n.º 2, Coimbra Editora, Coimbra, 1999, § 2.2.

Patentes Biotecnológicas e «Obtenções Vegetais»   185

mente porque o que releva para determinar se existe invenção ou descoberta é, apesar de tudo, a natureza e *intensidade* da *intervenção humana*[40] de natureza técnica no processo de *isolamento*, extracção, *síntese*, *cruzamento*, *selecção*, *caracterização* e *obtenção* do material biológico animal ou vegetal.

Elucidativo é a este propósito o disposto nas Directrizes do Instituto Europeu de Patentes[41], nos termos das quais:

> *To find a substance freely occuring in nature is (...) a mere discovery and therefore unpatentable. However, if a substance found in nature has first to be isolated from its surrondings and a process for obtaining it is developed, that process is patentable. Moreover, if the*

---

[40] Cfr. REHMANN-SUTTER, C., "On the legitimacy of intellectual property claims in biotechnology", in *International Journal of Bioethics*, Vol. 7, n.° 4 (1996), pág. 311 e ss., espec. pág. 314.

A ideia não é nova, antes surge sob uma nova *indumentária*.

Na verdade, a doutrina clássica da época em que o universo do patenteável se circunscrevia quase exclusivamente às *patentes mecânicas* (posto que o domínio das *patentes químicas* era ainda incipiente) sempre fez depender a diferença entre a *descoberta* e a *invenção* da presença da *mão humana* – cfr. PICARD, E. / OLIN, X., *Traité des brevets d'invention et de la contrafaçon indsutrielle*, Parent et Fils, Bruxelles, 1866, n.° 97: *alors même que l'invention serait la découverte du hasard, elle sera brevetable, pourvu que la main de l'hommme y ait participé*; BRY, G., *La Propriété Industrielle, Littéraire et Artistique*, 3.ª edição, Recueil Sirey, Paris, 1914, n.° 237, que explica, citando vários acórdãos da *Cour de Cassation* tirados desde 1851, a págs. 203, o que segue: *C'est le travail et l'activité humaine que la loi veut protéger, et le brevet ne peut être acordé qu'à celui qui parvient à utiliser les propriétés d'un produit naturel en vue d'un résultat indsutriel*; tb., ROTONDI, M., *Lezioni di Diritto Industriale*, Ristampa, Cedam, Padova, 1935, pág. 292: *Il criterio differenziale fra l'invenzione e scoperta sta piuttosto nella natura dell'attività intellecttuale di cui sono risultati*; POUILLET, E., *Trattato*, (...), cit., n.° 24, pág. 88, onde afirma, concordando, ademais, com a doutrina de PICARD e OLIN, que: (...) *pensiamo che l'osservazione delle proprietà di un prodotto naturale, la loro utilizzazione per ottenerne un determinato risultamento industriale, siano di tal natura da constituire una scoverta brevettabile*; na Alemanha, ainda no quadro da primeira lei de patentes, de 25/5/1877, cfr. GAREIS, C., *Das Deutsche Patentgesetz*, Carl Heymanns Verlag, Berlin, 1877, pág. 28, onde se sustenta que a *invenção (Erfindung)* consiste na *descoberta (Entdeckung)* de um facto anteriormente desconhecido e que consiste na produção de um resultado repetível por acção humana, por via da concreta utilização industrial de uma substância ou de uma lei da Natureza; ou o acórdão do RG, de 4/3/1903, in *Bl.*, 1903, pág. 352, onde se explica que existe uma invenção sempre que, com o trabalho humano, se faz actuar uma lei da Natureza, que até aí não actuava, pelo menos no sentido desejado.

[41] *Guidelines for Examination in the European Patent Office* (1999), Cap. IV, 2.3., in European Patents Handbook, Sweet & Maxwell, (última actualização consultada: Abril de 1999), Vol. II.

substance can be properly characterised either by its structure, by the process by which itis obtained or by other parameters (see III, 4.7.a) and it is new in the absolute sense of having no previously recognised existence, then the substance per se may be patentable (see also, IV, 7.3.) – o sublinhado é meu.

Também a jurisprudência alemã do Tribunal Federal de Patentes (BPatG) já teve oportunidade de esclarecer[42], em matéria de *patentes químicas*, que os *produtos naturais* não devem ser tratados de forma diversa em relação aos demais, no tocante à sua patenteabilidade; e o facto de uma *descoberta* ter sido precedida de vários anos de pesquisa não a transforma numa invenção patenteável, pois patenteável é, ao invés, o *resultado* do esforço do inventor (que não o esforço propriamente dito), traduzido na solução de um *problema técnico*, *in casu*, a preparação de um novo composto químico (já, porém, existente na Natureza, mas de que se não tinha conhecimento) com uma composição mais *pura*.

Recentemente, no caso *Relaxina*, de 8/12/1994[43] – em que se peticionara a patente de certos fragmentos de ADN que codificam para uma proteína humana – a Divisão de Oposição, independentemente de se tratar de *ADN genómico* ou de *cADN* (*id est*, cópias de *ARNmesageiro*, onde somente se encontram transcritas as partes do AND, os *exões*, que codificam para a referida proteína, embora obtidas artificialmente, e inexistentes, como tal na Natureza), decidiu que:

> *Human H2-relaxin had no previously recognised existence. The proprietor has developed a process for obtaining H2-relaxin and the DNA encoding it, has characterised these products by their chemical structure and has found a use for the protein. The products are therefore patentable under Article 52(2) EPC* (ponto 5.2.).

Tanto a Directiva 98/44/CE como o Projecto de alteração do CPI se satisfazem [art. 51.°/1, alíneas *b*) e *d*)], *pelo baixo*, com o *isolamento* da matéria biológica do seu *ambiente natural* – sem prejuízo da verificação dos demais requisitos de patenteabilidade –, ainda que pré-exista no estado *natural* (art. 3.°/2 da citada directriz) e a *estrutura* dessa matéria biológica isolada ou produzida com base num processo técnico (*v.g.*, recombinação genética) seja idêntica à da matéria biológica *natural*.

---

[42] Decisão *Antinamid*, de 28/7/1977, in *IIC*, 1979, pág. 494.

[43] *OJ EPO*, 1995, pág. 388 = *Dalloz*, 1996, pág. 47 (com anotação de J.-C. GALLOUX).

Salvo melhor e ulterior reflexão, tudo me leva a supor que a matéria biológica assim obtida (conquanto sirva para resolver um *problema técnico*) desemboca, ainda assim, a montante, numa *descoberta*, por conseguinte, não patenteável; ou, noutro enfoque e a jusante, pode não satisfazer o requisito da *novidade*[44].

Na verdade, o mero *isolamento* da matéria biológica do seu meio natural (que até pode ser o corpo humano) só representa o *levantar do véu* sobre algo que até aí era *desconhecido* ou pouco conhecido; ao invés, a invenção, que tenha como objecto matéria biológica, supõe uma actividade humana de natureza técnica da qual derive a emergência de um *novo* produto (até aí inexistente, *qua tale*, na Natureza), de um *novo processo* ou de uma *nova aplicação* de um produto já conhecido. Não basta, pois, que ao requerente da patente seja, tão-só, exigida a *remoção* ou *colheita* de uma substância do respectivo meio biológico envolvente. È preciso mais; é preciso que, para além do mero *isolamento*, ele proceda à *alteração* dessa mesma matéria biológica[45] – *v.g.*, obtendo-a sob forma *purificada*, obtendo *ADN complementar*, vale dizer sob forma *sintética*, a partir do *ARNmensageiro*; modificando a sequência de amino-ácidos; *apagando* ou *adicionando* genes; *fundindo* sequências de *ARNmensageiro* de origem diversa; obtendo proteínas *mais puras*, ou com propriedades *diferentes* das suas congéneres sintetizadas pela replicação do ADN no seu *estado natural* –, de maneira que possa dizer-se que a matéria biológica, adrede *obtida, jamais existiu*, como tal, na Natureza. Ora, isto pressupõe uma *actividade humana*, de natureza *técnica*, dirigida não só ao *isolamento*, *caracterização* e *reprodução*, mas também à *modificação, fusão* ou *rearranjo* das sequências genéticas.

Destarte, é de exigir que tanto o *ADNcomplementar* (cDNA) como o conjunto dos amino-ácidos, ou a proteína para que codificam (ou os vege-

---

[44] Sobre estas duas objecções à patenteabilidade dos *produtos existentes na Natureza*, cfr. MOUFANG, R., *Genetische Erfindungen*, (...), cit., pág. 161 e ss., pág. 257 e ss.; JOÃO PAULO F. REMÉDIO MARQUES, *Patentes de Genes Humanos?* Centro de Direito biomédico, 4, Coimbra Editora, Coimbra, 2001, págs. 24-37.

[45] Cfr., *inter alia*, na jurisprudência estadunidense: *Kiren-Amgen Inc. v. Board of Regents of University of Washington* (in *I.P.R.*, 1995, pág. 557 e ss.); *Merk & Co. v. Olin Mathieson Chemical Corporation*, in *Federal Reporter, Second Series*, 1958, pág. 156; *Amgen Inc. v. Chugai Pharmaceutical Co. Ltd.*, in *U.S.P.Q.*, 2d., 1989, 1737 = Federal Reporter, Second Series, 1991, pág. 1200 e ss., pelo Federal Circuit; *in Re Bergy*, do Court of Customs and Patent Appeals (C.C.P.A.), in *Federal Reporter, Second Series*, 1977, pág. 1031 e ss.; no quadro da CPE, cfr., o caso *Howard Florey v. Relaxin*, da Divisão de Oposição, in *OJ EPO*, 1995, pág. 388 = *IIC*, 1996, pág. 704.

tais ou animais, que, *ultima ratio*, sejam obtidos) sejam *diferentes,* pelo menos no que respeita à estrutura (*v.g.* número de aminoácidos), de qualquer outra matéria biológica que possa ser *descoberta* na Natureza e isolada do respectivo meio natural[46].

Pelo que o preceituado no artigo 51.°/1, alíneas *b*) e *d*), do Projecto de alteração do CPI, colide com uma *regra de ouro* do direito das patentes, de resto, prevista no artigo 49.°/1, alínea *a*), do mesmo Projecto: qual seja a proibição da patenteação das *descobertas* – sendo até lícito observar que as específicas reivindicações de ADN genómico (*id est*, no seu estado natural) constituem meras *apresentações de informações* (id est, o *código* ou *alfabeto genético*) também, por isso, não patenteáveis.

> *A fortiori*, impor-se-á dizer que a *criação* de genes ou material genético *artificial*, ou a incorporação deste genes puramente *sintéticos* no material genético de organismos existentes na Natureza, com vista à satisfação de um escopo particular, nunca será havida como uma *descoberta*. Porém, isto (ainda) não é possível, pois, toda a transgénese *parte* de matéria biológica pré-existente na Natureza.

Seja como for, no tocante às patentes de vegetais, todas as objecções que, do ponto de vista técnico e conceitual, se colocavam à patenteabilidade destas matérias biológicas parecem encontrar-se presentemente ultrapassadas, pelo menos no âmbito dos Estados-membros da União Europeia – atente-se, de resto, no disposto no artigo 4.°/2, da Directiva 98/44/CEE, ao prever a patenteabilidade de vegetais e animais se a *exequibilidade técnica* da invenção não se limitar a uma determinada variedade vegetal ou raça animal (*idem*, o artigo 51.°/1, alínea *c*), do Projecto de alteração do CPI)[47].

De facto, quanto à objecção relativa aos *produtos naturais*, a doutrina e a jurisprudência têm repetidamente vindo a afirmar que o critério decisivo por cujo respeito um produto deve ser objecto de direitos de patente assenta no grau ou intensidade da *intervenção humana* ou do

---

[46] A circusnstância de o material biológico *de que se parte* pré-existir na Natureza não preclude a eventual patenteabilidade do material biológico que venha a sofrer a *modificação genética*, pois isso significaria *discriminar* injustificadamente as invenções realizadas no âmbito da *Biotecnologia*, ao arrepio do disposto no artigo 27.° do Acordo TRIPP's.

[47] Esta permissão pode, no entanto, vir a constituir motivo de acesa controvérsia entre as mais recentes orientações jurisprudenciais no quadro da patente europeia (a Via Europeia) e os futuros regimes nacionais dos Estados membros da União Europeia, obrigados a transpor a Directiva até 30/7/2000.

esforço criador do Homem (*Schöpferische Leistung*, *effort créateur*) na resolução de um *problema técnico* por via da *obtenção* ou *criação* desse produto, que não na natureza do produto cuja patente é requerida.

Quanto à objecção atinente à *falta de reproductibilidade* do produto, pelo menos desde o caso *Tollwutvirus*[48] (1987) encontra-se assente[49] a suficiência do *depósito* da matéria microbiológica ou biológica em instituição autorizada juntamente com a *descrição* do processo de multiplicação ou reprodução, até à data da apresentação do pedido[50]; sem que haja necessidade de demonstrar a multiplicação, *etapa a etapa*, em relação à *totalidade* do ciclo biológico de reprodução da matéria biológica em causa.

---

[48] BGH, de 12/2/1987, in *GRUR Int.*, 1987, pág. 357.

[49] As primícias desta orientação remontam, todavia, já a 1962, à decisão *Rosenzüchtung* (BGH, de 6/7/1962, in *GRUR*, 1962, pág. 349); porém, a desnecessidade de provar a repetibilidade do processo, pressupunha que o objecto da patente fosse o *processo* e não o *produto*. Na Holanda, já um aresto do *Octrooiraad, Aanvraagafdeling*, de 17/12/1958 (*apud* BERGMANNS, B., *La Protection*, cit., pág. 234, nota 32) decidira que, em caso de insuficiência da descrição escrita, seria necessário efectuar adicionalmente o depósito dos microrganismos.

Só em 1967 é que o Tribunal Federal alemão de Patentes (*BPatG*) exigiu, pela primeira vez, o depósito de microrganismos em lugar adequado sempre que a caracterização do microrganismo reivindicado não seja possível através de peças gráficas (caso *Tetracyclin*, de 30/6/1967, in *Entscheidungen des Bundespatentgerichts*, 1967, pág. 150; tb., STRAUSS, J. / MOUFANG, R., *Deposit and Release of Biological Material for the Purposes of Patent Protection*, Nomos Verlagsgesellschaft, Basen-Baden, 1990, pág. 13 e nota 3 = STRAUSS, J. / MOUFANG, R., *Hinterlegung und Freigabe von biologischem Material für Patentierungswecke*, Nomos Verlagsgesellschaft, Baden--Baden, 1989).

Nos E.U.A., esta prática tornou-se regera a partir do caso *In re Argoudelis* (decidido pelo C.C.P.A., in *USPQ*, 1970, pág. 99), pese embora já em 1949 o *Patent and Trademark Office* (PTO) tenha recomendado o depósito das culturas de microrganismos nos casos de patentes relativas a processos microbiológicos. Sobre isto, cfr. COOPER, I. P., *Biotechnology and the law*, West Group, St. Paul, Minesota, Revision 1998, (em actualização), Vol. I, § 5.05[1][a].

[50] Na sequência do disposto no artigo 13.° da Directiva 98/44/CE – que adoptou, de resto, o regime vertido nos artigos 28 e 28a, do Regulamento de Execução da CPE –, o artigo 60.°/1, do Projecto de alteração do CPI exige o *depósito* da matéria biológica (não acessível ao público e insusceptível de ser descrita no pedido de patente de forma a que o perito na especialidade possa realizar o invento), a realizar até ao momento da apresentação do pedido de patente, em instituição de depósito reconhecida, que tenha adquirido esse estatuto em conformidade com o Tratado de Budapeste, de 28/4/1977. O actual (2001) artigo 59.°/1, do CPI, já prevê este regime, mas não o desenvolve. Cfr. STRAUSS, J. / / MOUFANG, R., *Deposit and Release of Biological Material*, (...), cit., pág. 41 e ss. (sobre os regimes mais significativos existentes no direito estrangeiro).

190   *II Curso de Direito Industrial*

E daí também o claudicar da objecção relativa à falta de *industrialidade*, pois, a mais da palavra *indústria* dever ser intuída no seu sentido mais lato (incluindo, *in casu*, a indústria agrícola e a exploração florestal), a menor exigência no requisito da *reproductibilidade* importou na susceptibilidade de a matéria deste jaez poder ser objecto de uma *concreta* aplicação industrial [51].

2.5. Os motivos que levaram à criação de um título jurídico especial no domínio das obtenções vegetais

É sabido que desde os finais do século XIX se discute [52] o problema da patenteabilidade dos *processo* de cultivação e tratamento de vegetais, bem como dos *próprios vegetais*, sendo certo que foi, tão-só, a partir dos anos setenta do século XX que a moderna biotecnologia tem vindo a assegurar a exigência (também ela menos intensa) da suficiente *reproductibilidade* (e *executabilidade*) do invento que tenha como objecto matéria biológica [53].

Nos anos cinquenta do século XX, uma vez constatadas as descontinuidades de regime no tocante à protecção das obtenções vegetais – lembre-se que, à excepção dos E.U.A, que dispõe, desde 1930, do *Plant Patent Act* para as plantas de reprodução assexuada, alterado em 1954 [54], a jurisprudência e a doutrina europeias tinham, até à época, reve-

---

[51] Cfr., já também neste sentido, o teor do artigo 5.º/3, da Directiva 98/44/CE, quanto às patentes de genes e de sequências de genes.

[52] Cfr., ainda, EPHRAIM, J., "Zum Begriff der gewerblichen Verwertbarkeit", in *GRUR*, 1919, pág. 34 e ss.

[53] Apesar de tudo, essa inteira e completa *reproductibilidade* do processo de obtenção de um novo vegetal ainda não é, hoje, totalmente possível, visto que, por exemplo, após a introdução do material genético nas células do vegetal (tal como se pode indicar na descrição), o ADN *forasteiro* é integrado no núcleo de cada célula em lugares diferentes, o que implica que haja o risco de o perito na especialidade obter uma planta transgénica diferente. Todavia, a despeito de não ser, ainda, possível identificar e controlar o lugar, exacto e invariável, da integração e expressão desse ADN, é não obstante possível obter sucessivamente plantas transgénicas com o mesmo genótipo e com a expressão *constante* das mesmas qualidade ou propriedades.

[54] Já que, ao tempo, este processo de reprodução parecia constituir a única garantia da *estabilidade* das plantas, após vários ciclos de multiplicação, condição de que depende a tutela através de direitos de patente, já que assegura a *reproductibilidade* e a *executabilidade* constante pelo *perito na especialidade*. Cfr. COOPER, I. P., *Biotechnology and the law*, Vol. II, (...), cit., § 8, espec. § 8.07.

lado fortes hesitações quanto à protecção das patentes de *produtos* vegetais, bem como, embora em menor medida, das *patentes de processos* –, a mobilização de algumas associações de âmbito internacional dirigidas à defesa e promoção da propriedade industrial, conduziu à assinatura da *Convenção Internacional para a Protecção das Obtenções Vegetais* (Conv.UPOV), em 1961, na sequência da realização, a partir de 1957, de várias conferências [55].

É que cedo se intuiu a tendencial inadequação, perante a tecnologia ao tempo disponível, do direito de patente no que dizia respeito à satisfação da necessidade de tutelar os direitos de produção e comercialização dos obtentores. As obtenções vegetais – sem prejuízo dos esforços legislativos dos legisladores nacionais, que, já na década de 20 do século XX, começaram a introduzir regimes diferenciados de protecção de determinadas variedades vegetais – careciam do devido enquadramento jurídico internacional. O que se justificava por várias ordens de razões.

Em primeiro lugar, o sucesso dos obtentores e reprodutores de vegetais dependia, no essencial, da reprodução por meios *essencialmente biológicos* das espécies vegetais, naturalmente vulneráveis a mutações genéticas de origem natural.

Em segundo lugar, o desenvolvimento de uma nova *variedade vegetal*, a partir de sementes de uma variedade já conhecida ou *encontrada* no estado natural, pressupunha a realização de inúmeros testes e ensaios, o que, não raras vezes, tornava a variedade acessível ao público antes mesmo da dedução do eventual pedido de patente.

Last but not the least, algumas variedades vegetais somente se distinguiam de outras já conhecidas por motivo de revelarem um genótipo ou fenótipo diversos, sem que, contudo, apresentassem propriedades diversas, com o que se acharia em crise o requisito da actividade inventiva [56].

Daí que se compreenda o esforço de alguma doutrina, nos anos cinquenta do século XX, em adaptar o direito das patentes às especificidades das obtenções vegetais, quando a maioria dos autores reconhecia a dificuldade em predicar a tecnicidade dos resultados obtidos, e bem assim a sua industrialidade [57].

---

[55] Cfr. SCHADE, H. / PFANNER, K., "Das Internationale Übereinkommen zum Schutz von Pflanzenzüchtungen", in *GRUR Int.*, 1962, pág. 341 e ss.

[56] Cf., sobre isto, João Paulo F. Remédio MARQUES, "Algumas notas sobre a patenteabilidade de vegetais e animais", (...), cit., pág. e nota 75.

[57] Cfr., sobre esta evolução, NEUMEIER, H., *Sortenschutz under/oder Patentschutz für Pflanzenzüchtungen*, Carl Heymanns Verlag, Köln, 1990, págs. 20-30.

Os adeptos da patenteabilidade das variedades vegetais interpretaram, obviamente com alguma bonomia e ductibilidade, a exigência de a invenção dever ser *reproductível* (e, logo, *executável*, na prática), sobretudo se fosse entendido que esse requisito se bastava com a mera descrição da *reproductibilidade teórica*, o que equivalia, tão-só, à prova da obtenção ou *execução única* do resultado descrito; ou que o referido requisito se preencheria com a atestação de uma *reproductibilidade potencial*.

Numa segunda linha, sustentou-se que a exigência de *reproductibilidade* poderia, sem dano, ser substituída pela da *possibilidade de utilização* (*rectius*, de *utilização normal*), desde que o resultado da reprodução ou multiplicação inicial pudesse ser utilizado no futuro, fosse através da repetição dos mesmos processos, fosse por reprodução assexual ou sexual. Donde, se se pudesse presumir que a variedade se manteria, no essencial, *estável* e *homogénea*, na sequência da multiplicação ou reprodução, satisfeito se encontrava desde logo o referido requisito da industrialidade.

Num enfoque mais restritivo, considerou-se suficiente que as *características essenciais* das plantas pudessem ser reproduzidas nas gerações subsequentes [58].

De toda a maneira, parecia difícil, nos anos cinquenta e sessenta do século XX, admitir a patenteabilidade das variedades vegetais, por isso mesmo que a invenção consiste numa *solução técnica* (de um problema também ele *técnico*) com *aplicação industrial*, pelo que é mister se trate de uma solução *reproductível qua tale*, por qualquer perito na especialidade que tenha acesso às *descrições* (e *desenhos*), ou, inclusivamente, à matéria biológica ou microbiológica depositada em instituição idónea [59].

Por tudo isto – e também pelo facto de os requisitos da novidade e da actividade inventiva guardarem uma mais exigente satisfação –, ganhou decisivo apoio a corrente que propugnava uma tutela *sui generis* para as obtenções de variedades vegetais

---

[58] Cfr. João Paulo F. Remédio MARQUES, *Algumas notas sobre a patenteabilidade*, (...), cit., págs. 361-362.

[59] SCHMIDT, K. A., "Warum nicht Pflanzenzüchtungspatente?", (...), cit., pág. 168 e ss.

Patentes Biotecnológicas e «Obtenções Vegetais» 193

2.6. A noção de variedade vegetal; caracterização sumária dos requisitos intrínsecos de protecção no sistema da Conv.UPOV e no regime comunitário

a. A essa luz se explica, pois, a assinatura, em Paris, em 2/12/1961, da Conv.UPOV.

O circunstancialismo histórico levou a que a Convenção se inspirasse na disciplina já existente, nalguns países, sobre a certificação, controlo e comercialização exclusiva de sementes e de variedades vegetais.

A Conv.UPOV e o regime comunitário aplicam-se a todos os géneros e espécies botânicos. Apesar de o regime português existente à data da adesão do nosso país à Conv.UPOV (na versão de 1978)[60] limitar a atribuição de direitos de obtentor a alguns cereais, oleaginosas e forragens[61], Portugal acha-se obrigado a aplicar progressivamente as disposições da dita Convenção ao maior número de géneros e espécies, sendo o número mínimo de cinco (art. 4.º/2 e 3, da Conv.UPOV na versão de 1978)[62].

b. A protecção só pode ser atribuída às *variedades vegetais* (art. 1.º/1, da Conv.UPOV; art. 1.º do Regulamento (CE) n.º 2100/94), que desfrutem de *capacidade distintiva*, *novidade*, sejam *homogéneas* e *estáveis*[63].

Já na versão de 1978, a Conv.UPOV nada dispunha sobre o que devesse entender-se por *variedade vegetal*[64]. No entretanto, a versão

---

[60] Dado que Portugal ainda não aderiu à versão de 1991 da Conv.UPOV, que, entretanto, já entrou em vigor em Abril de 1998, é aplicável o disposto no artigo 34.º que rege as hipóteses em diferentes Estados se encontram vinculados perante versões diferentes.

[61] Cfr. o art. 7.º, do Regulamento sobre a Protecção das Obtenções Vegetais.

[62] A revisão da Conv.UPOV de 1991 pôs termo a esta técnica jurídica. Doravante, o mais tardar até cinco anos após a entrada em vigor desta versão (até Abril de 2003), todos os Estados devem prever a aplicação a todos os géneros e espécies botânicas; de resto, este dever vincula imediatamente os Estados onde já vigora a última versão da Convenção, o que não abrange a República Portuguesa.

[63] Arts. 7.º, 8.º, 9.º, da Conv.UPOV, na versão de 1991 = arts. 6.º e 7.º, na versão de 1978; arts. 7.º a 10.º, do Regulamento (CE), n.º 2100/94, de 27/7/1994; art. 2.º, do Decreto-Lei n.º 213/90, de 28 de Junho (que estabeleceu o regime jurídico do *direito de obtentor* de variedades vegetais); e art. 5.º/1, do Regulamento sobre a Protecção das Obtenções Vegetais, aprovado pela Portaria n.º 940/90, de 4 de Outubro.

[64] O regime português (art. 3.º do Citado Regulamento) decalcou (conquanto parcialmente) o disposto na versão de 1972 da Conv.UPOV, que estatuia que o vocábulo

de 1991 introduziu uma verdadeira definição de *variedade vegetal* (art. 1/vi).

Numa tradução livre, podemos enunciá-la:

> (...) *Entende-se por «variedade» um conjunto vegetal pertencente a um mesmo táxon botânico da ordem mais baixa conhecida, que, independemente de se encontrarem totalmente preenchidas as condições para a concessão de um direito de obtentor, pode ser definido pela expressão das características resultantes de um determinado genótipo ou combinação de genótipos*[65], *e distinguido de qualquer outro conjunto vegetal pela expressão de pelo menos uma das referidas características, e considerado como uma entidade, tendo em conta a sua aptidão para ser reproduzido tal e qual*[66].

A palavra *taxon* (singular de *taxa*) está na génese do vocábulo taxonomia; quer dizer, para o efeito de classificação de todas as plantas pertencentes ao reino das plantas, os taxonomistas (da escola de LINEU) criaram um sistema de ordenação nos termos do qual o *taxon*, enquanto conceito operador, desempenha o protagonismo principal. Isto pode significar que o abandono de um conceito de *variedade vegetal*, construído a partir de certas listas ou categoria de objectos biológicos (*clone, estirpe, linha, híbrido*) daquilo que possa constituir uma obtenção vegetal – posto que deixou de existir, após a revisão de 1991 da Conv.UPOV, uma cate-

---

variedade era aplicável a todo o *cultivar, clone, linha, estirpe* ou *híbrido* susceptível de ser cultivada.

De harmonia com esta antiga abordagem, a noção de variedade era mais ou menos precisa consoante o tipo de reprodução do vegetal em causa. Ora, o estado e a evolução dos conhecimentos científicos determina um *numerus apertus* de possibilidades de certos conjuntos de vegetais poderem constituir uma variedade vegetal, pelo que se constata a insuficiência – presente ainda no artigo 3.º do regulamento português – do critério que surpreende uma variedade vegetal (e logo uma *obtenção vegetal*) em todo o *cultivar, clone, linha, estirpe* ou *híbrido* que, como tal, seja reconhecido técnica ou comercialmente. Se é verdade que todas estas expressões significam diferentes tipos de variedades, no sentido da versão da Conv.UPOV anterior a 1978, esses tipos podem não ser os únicos.

[65] Isto permite que, apesar de dois ou mais genótipos poderem ser reciprocamente distinguíveis, se logre, não obstante, formar uma única *variedade vegetal* (*v.g.*, uma *variedade sintética*, obtida através de sementes *híbridas*, o que dá origem a um *híbrido*, que é uma planta resultante de cruzamentos espontâneos ou provocados a partir de progenitores com património genético diferente: cfr., art. 3, alínea *d*), do regulamento português).

[66] Plasma-se uma noção quase idêntica no artigo 5.º/2, do Regulamento (CE) n.º 2100/94.

gorização parcialmente *fechada* de conjuntos de plantas elegíveis como variedades vegetais –, autoriza que o processo de *reconhecimento* e de *criação* jurídica de uma nova variedade vegetal se adapte e responda, imediata e adequadamente, aos imperativos económicos (no vulgo, as *estratégias de mercado*) científicos. Pois, se as variedades são classificáveis e reconhecíveis a partir de um círculo pré-determinado (e *fechado*) de características fenotípicas e genotípicas, é bem de ver que os actuais titulares das obtenções vegetais desfrutam de uma posição de mercado (a que está inerente o *exclusivismo* na comercialização) mais consistente e estável, em suma mais forte [67].

Neste sistema, cada *taxon* mais elevado *absorve* ou *consome* todos os outros (*taxa*) inferiores; por exemplo: uma *ordem* é um *taxon* superior a *família*, pois reune mais do que uma *família* de plantas; por sua vez, a *família* cobre diversos *géneros*; os géneros abarcam várias espécies de plantas; e, finalmente, uma *espécie* de plantas recobre várias *variedades*.

Atente-se no seguinte exemplo [68], que *termina* (ou parte de) numa vulgar *batata*:

Reino	Plantas
Divisão	*Tracheophyta*
Classe	*Angiospermae*
Ordem	*Dicotyledonae*
Família	*Solanaceae*
Género	*Solanum*
Espécie	*Solanum tuberosum* (espécie de batata)
Variedade	*Bintje, Charlotte, Lamia; Solanda*, etc.

Decorre, desde logo, desta noção que o *sector normativo* do conceito *variedade vegetal* supõe a existência de um grupo distinto e estável de plantas que apresentem características análogas ou idênticas reconduzíveis, no fundo, a um mesmo material hereditário (*genoma*) por todas partilhado, que as identifica como variedade.

---

[67] Neste sentido, POTTAGE, A., "The Inscription of Live in Law: Genes, Patents, and Bio-Politics", in *Law and Human Genetics, Regulating a Revolution*, ed. por R. BROWNSWORD / W. R. CORNISH / M. LLEWELYNN, Hart Publishing, Oxford, 1998, pág. 148 e ss., espec. págs. 164-165; M.-A. HERMITTE, "Le rôle des concepts mous dans les techniques de déjuridicisation. L'exemple des droits intellectuels", in *Archives de Philosophie du Droit*, 1985, pág. 344.

[68] Extraído de VAN OVERWALLE, G., *The Legal Protection of Biotechnological Inventions in europe and in the United States*, Leuven Law series 10, Leuven University Press, Leuven, 1997, págs. 23-24.

É, destarte, ao derredor das características da *homogeneidade* e da *estabilidade* que a Conv.UPOV e o regime comunitário das obtenções vegetais fixam as condições de que depende a criação de um direito de obtentor.

Nos termos do artigo 6.º/1, alínea *c*) da versão da Conv.UPOV de 1978, a que Portugal aderiu, *a variedade deve ser suficientemente homogénea, tendo em conta as particularidades da sua reprodução sexuada ou da sua multiplicação vegetativa*[69]. O que quer dizer que as variações apresentadas – tendo em conta o modo de selecção e a presença de plantas anormais resultantes de mistura ou *mutação* acidentais e indesejadas – devem ser de escassa importância, de tal maneira que, apesar disso, ainda seja possível descrevê-las e distingui-las, como tal, de outras variedades. A *margem legal de tolerância* relativamente à admissibilidade de alguns *desvios* deverá aumentar na medida em que se trate de variedades de reprodução *sexuada* (através de sementes) e variedades *híbridas*, mas será menor em relação a variedades de *multiplicação vegetativa* ou de reprodução *assexuada* (*v.g.*, as batatas, a designada «grama» dos jardins, etc.)[70].

---

[69] Na versão de 1991, é na nova redacção do artigo 8.º que se contém a enunciação deste requisito de protecção, segundo o qual (numa tradução livre), *a variedade é considerada homogénea se ela for suficientemente uniforme na expressão dos seus caracteres, tendo em conta a variação previsível resultante das particularidades da sua reprodução sexuada ou multiplicação vegetativa.*

Redação idêntica, embora mais elaborada, consta do artigo 8.º do Regulamento (CE) n.º 2100/94: *Uma variedade é considerada homogénea se, tendo em conta a variação previsível resultante das particularidades da sua multiplicação, for suficientemente homogénea na expressão das características incluídas na análise do seu carácter distintivo, bem como quaisquer outras utilizadas para a descrição da variedade.*

Conforme o disposto no artigo 5.º/1, alínea *b*), do regulamento português, uma obtenção vegetal é homogénea *quando todas as plantas que constituem a nova obtenção sejam semelhantes, tendo em conta as particularidades da sua reprodução sexuada ou da sua multiplicação vegetativa.*

[70] VAN OVERWALLE, G., *Octrooieerbaarheid*, (...), cit., págs. 190-191; VAN OVERWALLE, G., *The Legal Protection*, (...), cit., pág. 45; VAN DER KOOIJ, P.A.C.E., *Introduction to the EC Regulation on Plant Variety Protection*, Kluwer Law International, London, The Hague, Boston, 1997, pág. 18; BYRNE, N. J., "Plant Breeders' Rights in biological Varieties", in *CIPA*, 1978, pág. 2 e ss., espec. pág. 6; BYRNE, N. J., "The Agritechnical Criteria in Plant Breeders? Right Law", in *Ind. Prop.*, 1983, pág. 293 e ss., espec. págs. 300-301; NEUMEIER, H., *Sortenschutz*, (...), cit., pág. 93 e ss.; MOUFANG, R., *Genetische Erfindungen*, (...), cit., págs. 300-301; BERGMANNS, B., *La Protection*, (...), cit., págs. 111-112; JOHNSON, H., "Property Rights and New Plant Varieties", in *International Journal of Biosciences and the Law*, 1996, pág. 135 e ss.

Vejamos o requisito da *estabilidade*[71]. De acordo com o artigo 6.°/1, alínea *d*) também da versão de 1978 da Conv.UPOV, *a variedade deve ser estável nas suas características essenciais, isto é, deve continuar a corresponder à sua definição, após reproduções ou multiplicações sucessivas ou, se o obtentor tiver definido um ciclo particular, de reproduções, ou de multiplicações, no fim de cada ciclo*[72].Também aqui se pode observar que nas variedades vegetais assexuadas é bem fácil preencher o presente requisito; nas variedades de reprodução sexuada, o requerente deve demonstrar que a expressão das suas características (*essenciais*) não sofre alterações, permanecendo fiel à descrição por ele apresentada, contanto que seja multiplicada através de um número suficiente de gerações (ou ciclo de multiplicação) susceptível de produzir a quantidade de sementes necessária para a (ou uma verdadeira) colocação no mercado.

O requisito da *capacidade distintiva*[73] [art. 6.°/1, alínea *a*), da Conv.UPOV, na versão de 1978 e art. 7.° na versão de 1991; art. 7.° do Regulamento (CE) n.° 2100/94; art. 5.°/1, alínea *a*), do regulamento português] aponta para a necessidade de a variedade vegetal ser susceptível de se distinguir *claramente* de outras variedades cuja existência seja noto-

---

[71] VAN OVERWALLE, G., *Octrooieerbaarheid*, (...), cit., págs. 191-192; VAN DER KOOIJ, *Introduction to the EC Regulation*, (...), cit., págs. 19-20; VAN OVERWALLE, G., *The Legal Protection*, (...), cit., pág. 45; NEUMEIER, H., *Sortenschutz*, (...), cit., págs. 95-97; MOUFANG, R., *Genetische Erfindungen*, (...), cit., págs. 301-302; BERGMANNS, B., *La Protection*, (...), cit., pág. 112.

[72] Na versão de 1991, este requisito surge-nos no artigo 9.°, nos termos do qual (igualmente numa tradução livre), *uma variedade é considerada estável se as suas características permanecerem sem alterações após reproduções ou multiplicações sucessivas, ou, no caso de um determinado ciclo de reprodução ou de multiplicação, no fim de cada ciclo.*

Nos termos do artigo 9.° do Regulamento (CE) n.° 2100/94: *Uma variedade é considerada estável se a expressão das suas características incluídas na análise do seu carácter distintivo, bem como de todas as outras utilizações para a descrição da variedade, permanecer sem alterações depois de sucessivas multiplicações ou, no caso de um determinado ciclo de multiplicação, no fim de cada ciclo.*

De harmonia com o artigo 5.°/1, alínea *c*) do regulamento português, a obtenção vegetal é <u>estável</u> se, *após multiplicações ou reproduções sucessivas*, [revelar] *os mesmos caracteres essenciais, de acordo com a descrição apresentada pelo seu obtentor.*

[73] NEUMEIER, H., *Sortenschutz*, (...), cit., pág. 87 e ss.; VAN OVERWALLE, *Octrooieerbaarheid*, (...), cit., págs. 183-186; VAN OVERWALLE, G., *The Legal Protection*, (...), cit., pág. 44; CHRISTIE, A., "The Novelty Requirement in Plant Breeders' Rights Law", in *IIC*, 1988, pág. 646 e ss.; MOUFANG, R., *Genetische Erfindungen*, (...), cit., págs. 285-286; BYRNE, N. J., "The Agritechnical Criteria", (...), cit., págs. 297-299; VAN DER KOOIJ, P.A.C.E., *Introduction to the EC*, (...), cit., págs. 15-17.

198 *II Curso de Direito Industrial*

riamente conhecida à data do pedido, por apresentar *uma* ou *várias* características *únicas*, que a *singularizam* perante as demais. Esta *capacidade distintiva* é aferida através da comparação das características (genotípicas[74] e/ou fenotípicas[75] e/ou fisiológicas[76]) apresentadas pelas amostras da planta ou de material de multiplicação, depositadas na respectiva instituição nacional (ou comunitária, se o pedido for de um direito de obtentor comunitário) com as características constantes de um *catálogo de características*, ordenado por *classes*, de modo a ser possível distinguir todas as possíveis variações adentro de cada classe.

Claro está que, a instituição que procede à verificação destes requisitos (ou a entidade por este contratada para o efeito) pode (e deve) usar os mais sofisticados métodos científicos de prova, contanto que comprovados, tais como a utilização de sondas com a função de marcadores genéticos[77], técnicas de electroforese e outras.

Mister é que, pelo menos, *uma* das características da variedade constantes dos referidos catálogos seja distinta, o que, ao ser prevista uma tão pequena distância entre as diversas variedades, assegura mais facilmente a criação e a protecção jurídica de novas variedades e, destarte, uma maior partilha do mercado; mais controverso é, porém, saber se é necessário demonstrar que essa ou essas características distintivas devem importar na expressão de propriedades genotípicas ou fenotípicas com relevo económico, de tal forma que, por exemplo, seja exigível que a aptidão para o cultivo em série ou o valor comercial intrínseco devam constituir bitolas de aferição daquela capacidade distintiva[78].

A variedade deve, por fim, ser *nova*. Vale dizer: na versão da Conv. UPOV de 1978 e do regulamento português, a variedade não deve ter sido *posta à venda* ou *comercializada* no País, à data do respectivo pedido, *há*

---

[74] *V.g.*, estrutura química, estrutura biológica.

[75] O aspecto exterior: *v.g.*, a cor, o brilho, a configuração das flores ou das folhas, o peso, a consistência do caule, etc.

[76] *V.g.*, maior resistência a certos pesticidas, herbicidas ou a condições climáticas extremas.

[77] BECKMANN, J. / BAR-JOSEPH, M., "The use of synthetic DNA probes in breeders' rights protection: a proposal to superimpose an alpha-numerical code on the DNA", in *Trends in Biotechnology*, 1986, pág. 230.

[78] Nestes sentido, MOUFANG, R., *Genetische Erfindungen*, (...), cit., pág. 286; NEUMEIER, H., *Sortenschutz*, (...), cit., págs. 87-89. Dada, porém, a supressão do adjectivo *importantes* (a anterior expressão era: *poder distinguir-se claramente, por uma ou várias características importantes*, (...), na revisão de 1991 da Conv.UPOV, parece que os *elementos funcionais* que, em maior ou menor medida, caracterizem a nova variedade já não devem constituir índices decisivos para a aferição da *capacidade distintiva*.

mais de um ano com o consentimento do seu obtentor, ou no estrangeiro *há mais de seis meses* ou *quatro anos*, consoante se trate de plantas lenhosas ou de plantas herbáceas, respectivamente[79]. Na versão de 1991 da Conv.UPOV (art. 6.°/1) e no Regulamento (CE) n.° 2100/94 [art. 10.°/1, alíneas a) e *b*)], somente a *venda* ou a *cedência a terceiros* da planta (*material de colheita* e/ou restantes *constituintes varietais*) preclude a *novidade*, mas já não a colocação à venda.

A variedade já não será, por conseguinte, *nova* se, conforme a última versão da Conv.UPOV e do regulamento comunitário, a venda ou a colocação à disposição de terceiros[80] tiver lugar: (**1**) há mais de 1 ano relativamente à data do pedido (no território nacional, ou no território da União Europeia, consoante se trate do regime nacional ou do regime comunitário); (**2**) há mais de 4 anos em relação à data do pedido, no caso de plantas herbáceas (fora do território nacional ou fora do território da União Europeia, respectivamente); (**3**) há mais de 6 anos relativamente à data do pedido, no caso de plantas lenhosas[81] (fora do território nacional ou fora do território da União Europeia, incluindo, neste último caso, as videiras). O não cumprimento destes "períodos de graça" destrói a novidade da variedade vegetal.

2.7. O estado da questão da patenteabilidade de vegetais no âmbito da CPE e da União Europeia

a. É já sabido que, no quadro da CPE, e do doméstico CPI, as *variedades vegetais* não podem ser objecto de direito de patente.

---

[79] Art. 6.°/1, alínea *b*), da Conv.UPOV na versão de 1978; art. 5.°/1, alínea *d*), do regulamento português sobre obtenções vegetais.

[80] Deve considerar-se que existe colocação à disposição de terceiros sempre que ocorra um desapossamento voluntário e consciente a favor a favor de um terceiro (*v.g.*, agente, depositário, comodatário, concessionário), seguido do inerente poder de disposição, de utilização e de controlo, das plantas, do *material de colheita* e/ou dos *constituintes varietais*. Sobre o conceito de *colocação no mercado* de OGM, cfr. João Paulo F. Remédio MARQUES, "A comercialização de organismos geneticamente modificados", (...), cit., § 3.4.2.; tb., João Calvão da SILVA, *Responsabilidade Civil do Produtor*, Almedina, Coimbra, 1990, pág. 670.

[81] Estas variedades, por isso mesmo que carecem de um ciclo biológico mais moroso até à obtenção do primeiro material de colheita, são tratadas com maior bonomia. A mesma justificação explica também a maior duração dos direitos de obtentor atribuídos a variedades deste jaez (30 anos: art. 19.°/1, do Regulamento (CE) n.° 2100/94 = art. 19.° da Conv.UPOV na versão de 1991).

Uma das razões de ser da exclusão das *variedades vegetais* do universo dos objectos patenteáveis é a existência em vários países aderentes à CPE cuja legislação estadual avulsa tutela os direitos *sui generis* de obtentor, na sequência da entrada em vigor da primitiva versão da Conv.UPOV de 1961. Uma outra razão reside na circunstância de, até à versão actual (de 1991) da Conv.UPOV, se encontrar vedada a protecção em ambas as formas – por direito de obtentor e por patente. Note-se, porém, que o disposto no artigo 92.°/1 do Regulamento (CE) n.° 2100/94 veio repor a proibição da *protecção cumulativa* relativamente a variedades vegetais que venham a ser protegida, no futuro, pela protecção comunitária[82], estatuindo que a variedade protegida por direito de obtentor comunitário não poderá ser objecto, simultaneamente, de um direito de obtentor nacional ou de um direito de patente.

b. O cotejo da jurisprudência do Instituto Europe de Patentes mostra-nos um panorama de certa maneira ambíguo no que tange ao exacto alcance da exclusão da patenteabilidade das *variedades vegetais*, constante do artigo 53.°, alínea *b*), da CPE.

São, hoje, cinco os arestos já tirados a respeito da patenteabilidade das *variedades vegetais* e dos *processos essencialmente biológicos da obtenção de vegetais*: as decisões *CIBA GEIGY*[83], *LUBRIZOL (Hybrid Plants)*[84], *LUBRISOL (Plant Gene Expression)*[85], *PLANT GENETIC SYSTEM*[86] e *NOVARTIS*[87].

---

[82] Nos termos do n.° 2 do citado artigo 92.°, o titular de um direito de obtentor ou de patente nacional, que venha a beneficiar do regime comunitário para a mesma variedade vegetal (o que só será possível se, além do mais, conseguir demonstrar a verificação do requisito da novidade), só poderá invocar a tutela jurídica nacional (qualquer que ela seja) se e quando o direito de obtentor comunitário caducar ou for declarado nulo.

Pode, apesar de tudo, *renunciar* à protecção anterior conferida pelo direito nacional; mas se a quiser manter, deverá obviamente suportar as competentes *taxas de manutenção* (art. 23.° e 29.°/1, alínea g), do regulamento português sobre obtenções vegetais), ou as taxas relativas a cada *anuidade* (ou, mesmo, as taxas para *revalidação* do direito de patente que tenha *caducado* por falta de pagamento: art. 281.° do CPI) no caso das patentes (art. 280.°, do CPI).

[83] Decisão T 49/83, in *OJ EPO*, 1984, pág. 112 e ss. (da Câmara de Recurso).

[84] Decisão T 320/87, in *OJ EPO*, 1990, pág. 71 e ss. = *GRUR Int.*, 1990, pág. 629 (da Câmara de Recurso).

[85] De 31/3/1992, da Divisão de Oposição, cit. e analisada por VAN OVERWALLE, G., *Octrooieerbaarheid*, (...), cit., págs. 137-139 e 142.

[86] Decisão T 356/93, de 21/271995, in *OJ EPO*, 1995, pág. 545 e ss. (da Câmara de Recurso).

[87] Decisão T 1054/96, de 13/10/1997, in *OJ EPO*, 1998, pág. 511 e ss. (da Câmara de Recurso), que foi objecto de um recurso na Grande-Câmara de Recurso (caso G1/98, in

Patentes Biotecnológicas e «Obtenções Vegetais»

De acordo com a jurisprudência dos três primeiros arestos, a insusceptibilidade de patenteação das plantas e do respectivo material de colheita somente se deve verificar nas eventualidades em que os referidos elementos vegetais se apresentam na *forma geneticamente fixada de uma variedade vegetal*; no mais, a proibição do artigo 53.°/b, da CPE não é aplicável se o objecto do pedido consistir em plantas ou em *conjuntos de plantas* pertencentes a um *taxon* botânico mais elevado do que o *taxon* variedade vegetal.

Tomando o exemplo há pouco apresentado (*supra*, 2.6.*b*.), pode observar-se o seguinte: enquanto que a *variedade vegetal* (de batata) *Charlotte* não seria patenteável, o mesmo já não sucederia, à luz da referida jurisprudência, se a invenção tivesse como objecto batatas geneticamente modificadas obtidas a partir da *espécie Solanum tuberosum*, ou outras plantas pertencentes ao *género Solanum*. Pois, neste último caso, não só não estaríamos perante uma forma geneticamente fixada de variedade vegetal como, ao invés, a reivindicação recaía sobre *conjuntos de plantas* pertencente a *taxon* botânico mais elevado que *variedade vegetal*.

Esta corrente jurisprudencial e doutrinal salva, por assim dizer, a patenteabilidade das *plantas transgénicas*, nas quais sejam, por exemplo, introduzidos genes resistentes a certos herbicidas ou a determinadas doen-

---

OJ EPO, 1998, n.° 11, pág. 509; cfr., para um resumo da matéria que se encontrava pendente de recurso para a mais alta instância do Instituto, JEHAN, R., *European Patent Decisions*, Sweet & Maxwell, 1999, em actualização, B1.203). Estava, pois, até finais de 1999, ainda por decidir se, no quadro da CPE, as reivindicações de vegetais ou conjuntos de vegetais podiam ser patenteáveis (WHITE, A. W. / BROWN, J. D., "Appeal Procedures Opinion G 03/95 (Inadmissibile referral)", in *EIPR*, 1996, pág. 419 e ss., espec. pág. 420). Na sequência da decisão T 1054/96, o assunto foi submetido, em 20/12/1999, à apreciação da Grande-Câmara de Recurso (Caso G1/98), com vista à uniformização de jurisprudência. Este plenário decidiu que:

(1) as reivindicações que não se refiram a específicas variedades vegetais *(specific plant variety)* não são excluídas da patenteabilidade no quadro do artigo 53.°, alínea *b*), da CPE, ainda quando possam abranger variedades vegetais;

(2) as variedades vegetais são, como tal, protegidas para efeitos do artigo 64.°/2, da CPE, enquanto produtos directamente obtidos pelo processo patenteado;

(3) a proibição constante do artigo 53.°, alínea *b*), 1.ª parte da CPE, aplica-se às variedades vegetais, independentemente da forma como são obtidas. Assim, não são patenteáveis as variedades vegetais que contenham genes introduzidos numa planta ancestral mediante técnicas de engenharia genética.

Cfr. o recurso da decisão em ROBERTS, T., in *EIPR*, n.° 3, 2000, pág. 49; tb. ANDERSON, R. / TILMANN, W., "Patent protection for plants – The Novartis ruling by the European Patent Office", in *Mitt.*, n.os 4/5, 2000, pág. 192 e ss.

ças, tanto nas hipóteses em que os genes são introduzidos em células de plantas não biologicamente transformadas como nos casos em que a reivindicação tem como objecto *conjuntos de plantas pertencentes*, por exemplo, *à mesma família ou género*, descendentes de um progenitor comum a quem introduzido do material hereditário *forasteiro*. É que, nestas eventualidades, não só o âmbito ou alcance da reivindicação abrange *mais do que uma variedade* vegetal (eis o famoso argumento doutrinal *more than a single plant variety*) como, igualmente, e no anverso, a reivindicação é dirigida a plantas que *formam mais do que uma* variedade vegetal[88]. Bastará, portanto, que não sejam reivindicadas variedades vegetais de forma individual, específica e literalmente e que a patente possa ser *materializada* em várias espécies de plantas que, até aí, e no seu conjunto, não formavam uma variedade vegetal.

Este enfoque apoia-se, essencialmente, no seguinte postulado: as patentes biotecnológicas não devem ser objecto, de harmonia com o artigo 27.° do Acordo GATT-TRIPPS, de um tratamento jurídico desigual em relação às patentes químicas ou mecânicas em geral, já que o negar-se a faculdade de reivindicação de *patentes de produto* para certos tipos de matéria biológica só deixa, como contrapartida, a possibilidade de se patentear o processo, cujo âmbito de protecção é bem mais fraco, nos termos do artigo 64.°/2, da CPE e artigo 93.°/2, do CPI: os direitos conferidos pela patente somente se estendem aos produtos obtidos *directamente* por esse processo.

Nos dois últimos arestos – o último dos quais foi objecto de uniformização jurisprudencial na Grande-Câmara de Recurso –, assistiu-se a uma mudança aparentemente radical de orientação contrariada, de resto e como referimos, pelo acordão uniformizador G1/98 (cfr. supra nota 87).

---

[88] Na doutrina, LANGE, P., "Patentierungsverbot für Pflanzensorten", in *GRUR Int.*, 1996, pág. 586 e ss., espec. pág. 591; SCHRELL, A., "Are Plants (Still) Patentable", in *EIPR*, 1996, pág. 242 e ss., espec. pág. 243.; NEUMEIER, H., *Sortenschutz*, (...), cit., pág. 211 e ss.; TESCHEMACHER, R., "Biotechnologische Erfindungen in der erteilungspraxis des Europäischen Patentamt", in *GRUR Int.*, 1987, pág. 303 e ss., espec. pág. 309; STRAUSS, J., "Patenting Human Genes in Europe", in *IIC*, 1995, pág. 920; STRAUSS, J., in *GRUR Int.*, 1998, pág. 1 e ss.; STRAUSS, J., *Genpatente, rechtliche, ethische, wissenschafts- und entwicklungspolitische Fragen*, Helbing & Lichtenhahn, Basel und Frankfurt am Main, 1997, pág. 40; SCHATZ, in *GRUR Int.*, 1997, pág. 588; VAN OVERWALLE, G., *The Legal Protection*, (...), cit., pág. 25; BENKARD, G., *Patentgesetz*, (...), por BRUCHHAUSEN, 9.ª edição, cit., § 2, Rdn. 12a e 13, págs. 223-224; GHIDINI, G. / HASSAN, S., *Biotecnologie Novità Vegetali e Brevetti*, (...), cit., págs. 85-88.

Não obstante continuem a ser patenteáveis: (**1**) os *processos* de inserção dos genes em células de plantas; (**2**) os *processos* de controlo da expressão desse ADN na síntese das proteínas desejadas; (**3**) os *processos* de reprodução ou multiplicação do material de colheita da planta; (**4**) *as células* propriamente ditas e os demais *constituintes vegetais da planta*, que não sejam variedades vegetais, enquanto *produtos*; bem como a patente sobre estes processos abrange (**5**) as *plantas directamente obtidas* pelo processo patenteado [89]; não obstante isto, como digo, o certo é que no caso PLANT GENETIC SYSTEMS o tribunal negou a patenteabilidade de *plantas* ou *conjuntos de plantas* geneticamente modificadas.

---

[89] Cfr. o § 82 e 83 da Decisão T 1054/96, no caso *Novartis*. Ou seja: a admissibilidade de uma protecção *reflexa* dos produtos obtidos directamente pelo processo patenteado embora o *produto*, *como tal*, seja insusceptível de patente nos termos dos artigo 53.°, alínea *b*), da CPE e 49.°/1, alínea *b*), do CPI. Neste sentido, tb. BENKARD, G., *Patentgesetz*, 9.ª edição, (...), por BRUCHHAUSEN, cit., pág. 224, Rdn. 13 ao § 2; contra MOUFANG, R., *Genetische Erfindungen*, (...), cit., págs. 380-381 (ao considerar que a proibição da dupla protecção das variedades vegetais é estensível à situação prevista no artigo 64.°/2, da CPE).

A situação pode colocar-se, hoje, de harmonia com o preceituado no artigo 8.°/2 da Directiva 98/44/CE (e respectivo Projecto de transposição no CPI português) no tocante à extensão dos direitos conferidos pela patente de um *processo* aos produtos obtidos por esse processo e, *em cascata*, a quaisquer outros obtidos a partir dos primeiros, desde que estes tenham sido obtidos directamente e os produtos obtidos a partir dos primeiros conservem as mesmas propriedades.

Note-se que na 2.ª versão da Proposta de Directiva sobre invenções biotecnológicas, do Parlamento e do Conselho (COM(95)661 final), de 25/1/1996 (in *JOCE*, n.° C 296, de 8/10/1996, pág. 4 e ss.) – art. 10.°/2 – a *protecção em cascata* conferida por uma *patente de processo* às matérias biológicas obtidas a partir da *matéria biológica obtida directamente do processo patenteado* não prejudicava a exclusão da patenteabilidade das variedades vegetais (e das raças animais). Esta última ressalva do legislador desapareceu na versão da directiva já em vigor.

Daí que, a meu ver, as plantas que devam considerar-se *variedades vegetais* obtidas a partir das plantas que resultaram *directamente* do processo patenteado podem ser protegidas pelos direitos de patente relativos ao referido processo, desde que expressem as *mesmas propriedades* (morfológicas/fisiológicas) das plantas por cujo respeito se encontra patenteado o processo que esteve na sua génese. Caso contrário, o titular da *patente do processo* carece de registar um *direito de obtentor* em relação a essa *variedade vegetal* (derivada da primeira que resultara directamente do processo patenteado) – ou encontra-se impedido de reagir contra todos os terceiros que utilizem essa variedade vegetal, posto que já não expresse as mesmas propriedades, no final de vários ciclos de multiplicação ou reprodução –, ou, em alternativa, depositar um pedido de patente de produto se a *exequibilidade técnica* da invenção não se limitar a uma única variedade.

204   *II Curso de Direito Industrial*

De igual modo, negou-se a patenteabilidade das plantas transgénicas por via da parte final da alínea *b*) do artigo da CPE (equivalente à parte final da alínea *b*), do n.° 1 do artigo 49.°, do CPI e que não é mais do que uma *excepção à excepção* da proibição de patentear *variedades vegetais* e *raças animais*); que o mesmo é dizer que essas plantas não podem ser havidas como *produtos obtidos através de processos microbiológicos* – hipóteses em que é patenteável tanto o *processo microbiológico* como o *produto* (que, nesta particular eventualidade, não carece de ser *directamente* obtido) por ele obtido[90]. *Produtos* obtidos através de *processos microbiológicos* serão, tão-só, os novos *microrganismos* (bactérias, fungos, algas, protozoários, fermentos, vírus, plasmídeos ou outras entidades unicelulares) usados para desenvolver outros microrganismos ou para modificar o genoma (e as funções) de outros *macrorganismos*. Uma nova planta (transgénica) é produto da conjugação de múltiplos processos e respectivas fases de desenvolvimento, e nem todos eles são microbiológicos, antes pelo contrário: a planta (transgénica) não é só resultado do inicial *processo microbiológico* de inserção e replicação do material hereditário *forasteiro* nas células embrionárias de um conjunto de plantas, mas também o resultado de subsequentes processos biológicos de regeneração[91] – pois, é mister: (**1**) introduzir o(s) gene(s) no genoma das células; (**2**) fazê-las multiplicar, o que implica a formação dos rebentos, o controlo dos nutrientes e outros reguladores crescimento; (**3**) induzir a multiplicação da primeira planta obtida ou do material de multiplicação destarte obtido – o que coenvolve o controlo da fertilização, germinação e desenvolvimento dos espécimens –, até à obtenção de uma geração de plantas (*v.g.*, a quinta geração) a partir da qual são expressadas de forma *homogénea* e *estável* as propriedades e/ou funções que correspondem ao escopo último da alteração do genoma outrora realizada nas células da planta ancestral que todas as outras descenderam. Em suma: a obtenção de plantas inteiras

---

[90] Cfr. o § 30 da Decisão T 1054/96, (*Novartis*) e §§ 36 e 39 da Decisão / 356/93 (*Greenpeace v. Plant Genetic Systems et alii*).

[91] Cfr. *Guidelines* do Instituto Europeu de Patentes, C-IV, 3.5., onde se observa que os *microrganismos* são os *produtos* obtidos, por multiplicação, a partir de *processos microbiológicos*. Tb., LUKES, R., "Das Verhältnis von Sortenschutz und Patentschutz bei biotechnologischen Erfindungen", in *GRUR Int.*, 1987, pág. 318 e ss.; LANGE, P., "Patentierungsverbot", (...), cit., pág. 590 (apoia este *obicter dicta*, embora critique a solução encontrada no acórdão); em sentido contrário, já BEIER, F.-K. / CRESPI, R. S. / /STRAUSS, J., *Biotechnology and Patent Protection. An International Review*, Paris, 1986, págs. 75-77 = *Biotechnologie und Patentschutz. Eine Internationale Untersuchung der OECD*, VCH Verlaggesellschaft, Weinheim, 1986.

geneticamente modificadas não pode ser havido como um mero *resultado* do processo inicial, sem dúvida um *processo microbiológico*.

O mesmo já não sucederá, segundo parece, no que toca aos *animais transgénicos*; nesse caso, e de um ponto de vista científico, a inserção, designadamente por *microinjecção*, do material hereditário nas células embrionárias do animal (*rectius*, nos cromossomas dessas células) desempenha um decisivo protagonismo, já que é essa mesma incorporação em células totipotentes que determina o (in)sucesso da transformação pretendida na morfologia e/ou na fisiologia do futuro animal.

Apesar de tudo, considero que em ambos os casos será abusivo considerá-los como *produtos de processos microbiológicos*, como tal patenteáveis. É bem de ver que a obtenção dos animais ou das plantas transgénicas pressupõe, a um tempo, a verificação e ocorrência de processos essencialmente biológicos, a par de processos não essencialmente biológicos e de processos microbiológicos. O mais que se pode afirmar é o considerar tais seres vivos como o *produto* de um acervo de processos em que teve lugar pelo menos *uma* intervenção humana de natureza técnica, e em que algum ou alguns deles serão por certo *processos microbiológicos*. E, por conseguinte, não patenteáveis ao abrigo da parte final da alínea *b*) do artigo 53.° da CPE ou do homólogo art. 49.°/1, alínea *b*), *in fine*, do CPI.

Com efeito, ao transpor o conceito de *variedade vegetal* constante da revisão da Conv.UPOV de 1991, a jurisprudência do acórdão PLANT GENETIC SYSTEMS – reveladora do legítimo desejo de *harmonização* do disposto na Conv.UPOV com a CPE, que lhe é posterior – passou a entender que, a despeito de *literalmente* as reivindicações não abarcarem *variedades vegetais*, a circunstância de serem reivindicadas plantas, porventura e até aí heterogéneas, que expressam no seu genoma determinados genes deliberadamente introduzidos por acção humana, importa que, doravante, elas formam ou originam uma *nova variedade vegetal*. Pois, a partir da sua criação ganha precisamente existência um conjunto de vegetais pertencentes a um mesmo *taxon* botânico da ordem mais baixa conhecida, definido pela expressão das características resultantes da partilha desse(s) gene(s) – *v.g.*, produção de uma proteína útil para o fabrico de um fármaco – e distinto de qualquer outro conjunto de plantas, já que expressa, pelo menos, essa(s) propriedade(s).

A decisão G1/98 revogou, como se sabe, a decisão T 1054/96, aproximando a questão da patenteabilidade das variedades vegetais ao regime, ora incorporado nos direitos internos dos Estados-membros, constante da Directiva n.° 98/44/CE (art. 4.°/2) – cfr. *infra* 2.7.c..

Salvo ulterior ponderação, creio que esta é, em sede da CPE *de iure condito*, uma solução discutível[92], apesar de, doutro modo, a proibição plasmada no artigo 53.°/b, da CPE poder ficar desprovida de quase todo o sentido útil; teríamos uma norma (*excepcional*, concede-se: a do art. 53.°/b, da CPE) mas quase não teríamos *sector normativo* por cujo respeito e existência ela encontraria a sua justificação, pois bastaria que, por exemplo, a reivindicação abrangesse *mais do que uma variedade vegetal*. Somente nos casos em que o objecto da invenção consistisse na modificação genética de *uma* variedade já existente por forma a obter *uma* nova variedade geneticamente modificada é que, mesmo à luz da Directiva 98/44/CE, a referida proibição seria aplicável.

c. A questão surge-nos actualmente associada a um outro elemento gerador de maior complexidade, perturbação e paradoxismo normativo.

É que o artigo 4.°, n.° 2 da Directiva 98/44/CE – reproduzido *qua tale* no artigo 51.°/1, alínea *c*), do Projecto de alteração do CPI – diz que as invenções que tenham por objecto vegetais ou animais são patenteáveis se a *exequibilidade técnica* da invenção não se limitar *a uma* determinada *variedade vegetal* ou *raça animal*.

Pelo que, de harmonia com esta orientação, são patenteáveis plantas que formem um *conjunto vegetal* caracterizado pela expressão de um determinado *gene* (presente no genoma de todas as plantas, embora nem todas elas partilhem um *genoma*, na sua *totalidade*, igual ou idêntico), contanto que pertencentes a um *taxon* botânico mais abrangente do que *variedade vegetal*.

Ao arrimo da doutrina *more than a single variety*, o legislador da União Europeia entrou em aparente *rota de colisão* com a mais recente jurisprudência do Instituto Europeu de Patentes anterior ao acordão G1/98. E nem vale objectar dizendo que a decisão do Conselho de Administração deste Instituto, de 16/6/1999[93] – que inseriu nos novos artigos 22 *ter* e 22 *sexties* do Regulamento de Execução da CPE as disposições da referida Directiva enquanto regras interpretativas – irá pacificar o conflito[94], pois nos ter-mos do artigo 164.°/2 da CPE, em caso de divergência entre o texto

---

[92] Tb. WINTER, M., "Das Patentierungsverbot für Pflanzensorten- Ein unzeitgemäßes Hindernis für die Patentierung gentechnisch veränderter Pflanzen?", In *Mitt.*, 1996, pág. 270 e ss.

[93] *OJ EPO*, 1999, pág. 573.

[94] Neste sentido, GALLOUX, J.-C., in *Dalloz*, 1999, pág. 330 e ss., espec. pág. 332.

da Convenção e o texto do Regulamento de Execução, prevalece *o primeiro* destes textos. De resto, esta modificação não vincula os tribunais dos Estados aderentes à CPE chamados, se for caso disso, a interpretar a referida Convenção.

Nem, tão-pouco, parece legítimo sustentar, salvo melhor juízo, que a utilização da expressão *exequibilidade técnica*, constante do referido artigo 4.°/2 da Directiva 98/44/CE, só mostra o propósito de o legislador da União Europeia reiterar a patenteabilidade dos *processos de obtenção* de animais e de vegetais aplicáveis a *mais do que uma* variedade vegetal ou raça animal – mas já não a patenteabilidade dos *produtos*. Se assim fosse, nenhum efeito útil se poderia retirar do mencionado artigo 4.°/2, visto que a mesma Directiva já prevê a patenteabilidade de *processos* que permitem *produzir*, *tratar* ou *utilizar* matéria biológica (art. 3.°/1, *in fine*, da Directiva 98/44/CE; *idem*, art. 48.°/1, *in fine*, do Projecto de alteração do CPI), contanto que *não sejam processos essencialmente biológicos* (art. 4.°/1, alínea *a*), *idem)*; para mais quando, de igual sorte, a protecção destes processos (*não essencialmente biológicos* da obtenção de variedades vegetais ou raças animais) já resulta do disposto no artigo 53.°/b, da CPE.

Ora, na sequência da Decisão G 1/98, foi revogada a jurisprudência firmada nos casos *Plant Genetic Systems* e *Novartis*, pelo que se corre o risco **(1)** de a CPE ser objecto de alteração no sentido de se suprimir a proibição da patenteabilidade das *variedades vegetais* e das *raças animais*, o que parece pouco provável, apesar de, de entre os países que formam a CPE, somente a Suíça, Chipre, o Lichtenstein e o Mónaco não integram a União Europeia; e **(2)** os requerentes de patentes relativas a plantas transgénicas já não se sentirão tentados a seguir, preferencialmente, a *Via Nacional*, depositando tantos pedidos de patente quantos os países da União Europeia onde desejam encontrar tutela para as respectivas invenções, o que não deixa de constituir uma escolha mais onerosa.

A situação era, até a uniformização jurisprudencial em Dezembro de 1999 deveras, paradoxal. Veja-se, exemplificadamente, o caso da tutela das plantas transgénicas – o que, *mutatis mutandis*, pode ser extensível para os animais trasngénicos.

Se o objecto da invenção consistir na modificação genética de uma determinada variedade vegetal, a *nova variedade vegetal* (transgénica), destarte criada, não era, *qua tale*, susceptível de patenteação; tão-só poderia ser abrangida (bem como as plantas que a partir dela forem obtidas em sucessivas multiplicações, desde que conservem a mesmas propriedades) pelo âmbito de protecção conferido pela *patente do processo* que permitiu a sua obtenção – embora a questão não seja incontroversa.

Tão-pouco poderia ser eficazmente protegida, atento o vultuoso investimento em investigação e desenvolvimento, em sede de direitos de obtentor, pois tratar-se-ia de uma *variedade vegetal* (transgénica) *essencialmente derivada de uma outra variedade* à qual já tinha sido eventualmente concedido um direito de obtentor, seja de âmbito nacional (no quadro da Conv.UPOV), seja de âmbito comunitário [95] – cfr. arts. 14.°/5, *i*) da conv.UPOV e 13.°/5, alínea *a*), do Regulamento (CE) n.° 2110/94.

Assim, resta ao requerente demonstrar a *exequibilidade técnica* da invenção *em mais do que uma variedade vegetal* – isto se for seguida a *Via Nacional*, posto que os vários Estados membros da União Europeia já tenham transposto o conteúdo da Directiva 98/44/CE no respectivo direito interno, ou, sendo seguida a Via Europeia, for mantida a corrente jurisprudencial uniformizadora tirada no acórdão G1/98, Grande-Câmara de Recurso do Instituto Europeu de Patentes.

Possibilidade que não lhe aproveitava, até Dezembro de 1999, acaso seguisse a *Via Europeia*, tão-só lhe ficando salva a faculdade de requerer a *patente do processo* de obtenção dos vegetais (cujo *âmbito de protecção* é regulado pelos ordenamentos dos Estados aderentes à CPE – *in casu*, o artigo 93.°/2, do CPI; *idem* art. 94.°/2, do Projecto de alteração do CPI) –, nos termos do artigo 64.°/1, da referida Convenção, pelo que passaria a beneficiar de um *licere* mais alargado, sobretudo no território dos Estados aderentes à CPE que também fossem Estados membros da União Europeia); a patente dos genes, das células e dos demais produtos microbiológicos que estão na génese da formação de uma nova variedade vegetal; e, talvez, a patente das variedades vegetais que não asseguram a satisfação dos requisitos da homogeneidade e da estabilidade, bem como as que sejam insusceptíveis de tutela por direito de obtentor, posto que não constem das listas nacionais de variedades protegidas [96].

d. Por outro lado, quer no âmbito da CPE, quer no da União Europeia, já foi sugerida, na doutrina e na jurisprudência [97] – em alter-

---

[95] STRAUSS, J., "Patenting Human Genes in Europe", in *IIC*, 1995, pág. 920 e ss.

[96] BERGMANNS, B., *La Protection*, (...), cit., pág. 127.

[97] Na Decisão T 320/87, de 10/11/1988 (no caso *Hybrid Plants / LUBRIZOL*) da Câmara de Recurso, in *OJ EPO*, 1990, pág. 71 e ss. = *GRUR Int.*, 1990, pág. 629; TESCHEMACHER, R., *Die Schnittstelle zwischen Patent- und Sortenschtuz nach der Revision des UPOV-Übereinkommen von 1991*, in Festschrift für RUDOLF NIRK zum 70, ed. por K. BRUCHHAUSEN *et alii*, München, 1992, pág. 1005 e ss., espec. pág. 1010.

Patentes Biotecnológicas e «Obtenções Vegetais» 209

nativa ao argumento *more than a single variety* – a patenteabilidade de plantas que não possam subsumir-se ao conceito de *variedades vegetais* por não preencherem os requisitos de que depende a concessão de um direito de obtentor, designadamente por não se manterem *estáveis* e *homogéneas* depois de sucessivas multiplicações. O que levou outros autores [98] a observar que o não preenchimento de certos requisitos de que depende a tutela jurídica mais fraca através de direito de obtentor pode implicar paradoxalmente a tutela jurídica mais forte pela via da concessão de direitos de patente. Creio que esta observação crítica já não faz hoje tanto sentido quanto o que fazia numa época em que vigorava somente a Conv.UPOV na versão de 1978, já que as faculdades jurídicas decorrentes da concessão de um direito de obtentor são, após a entrada em vigor da versão de 1991 da referida Convenção, sensivelmente equivalentes (embora o respectivo *licere* ainda seja um pouco mais fraco em sede utilização por terceiros das novas variedades para efeitos de descobrir e desenvolver outras variedades) às previstas em matéria de direito de patente.

§ 3. A COORDENAÇÃO ENTRE O REGIME DAS OBTENÇÕES VEGETAIS E O REGIME DO DIREITO DE PATENTE TENDO EM VISTA A TUTELA DE PRODUTOS VEGETAIS PELO DIREITO DA PROPRIEDADE INDUSTRIAL

3.1. Diferenças de regime mais relevantes entre o sistema da Conv.UPOV / regime comunitário das variedades vegetais e o regime jurídico do direito de patente

Prima facie, tanto o sistema UPOV como o regime comunitário das variedades vegetais não exigem que o pedido seja acompanhado de uma *descrição* do objecto do direito de obtentor, no sentido que a essa exigência é atribuído no direito de patente [99]. Isto porque o objecto dos direitos de obtentor é, antes do mais, um conjunto de *características fisiológicas* materializadas e reveladas por esses conjuntos de vegetais.

Apesar de a nova redacção do artigo 6.° da Conv.UPOV estatuir que os caracteres que permitem definir e distinguir a variedade (de outras

---

[98] Entre outros, Lukes, R., "Das Verhältnis von Sortenschutz", (...), cit., pág. 324.
[99] Art. 58.°, alínea *b*), do CPI; art. 78.°/1, alínea *b*), da CPE.

210   *II Curso de Direito Industrial*

variedades) devem ser *descritos* com precisão – o mesmo sucedendo com o disposto no artigo 50.°/1, alínea *f*), do Regulamento n.° 2100/94 [100] –, essa exigência não é tanto uma condição de que dependa a atribuição dos direitos de obtentor quanto uma forma de o requerente chamar a atenção dos serviços de exame sobre os principais caracteres que são susceptíveis de conferir à variedade requerida uma natureza distinta de outras variedades já conhecidas [101]. São outrossim os serviços técnicos de exame que estabelecem a descrição final com base no exame efectuado às amostras, destinado a comprovar a *novidade*, a *distinção*, a *homogeneidade* e a *estabilidade* [102] – exame que há-de supor a reprodução ou multiplicação das amostras fornecidas pelo requerente, de jeito a que se possa sindicar e verificar as características referidas pelo obtentor no pedido.

Vale isto por dizer que não é a *descrição* que determina o *âmbito de protecção* do direito de obtentor – o inverso ocorre no direito de patente, pois que neste sistema o *âmbito de protecção* é determinado pelo *conteúdo* das *reivindicações*, aí onde a *descrição* serve para o interpretar (art. 69.°/1, da CPE; art. 93.°/1, do CPI; *idem*, art. 94.°/1, do Projecto de alteração do CPI). Doutra sorte, nem todas as variedades são objecto de comparação *in concreto*, mas unicamente aqueles cujas características mais se aproximem das características indicadas no pedido; de resto, a apreciação dos caracteres distintivos é efectuada em função de critérios qualitativos e quantitativos e do respectivo nível de expressão. Pese embora nas obtenções vegetais a *descrição* não desempenhe um protagonismo puramente jurídico naquilo que se relaciona com o *círculo de protecção* da variedade, ela é, apesar de tudo, importante pois serve para comunicar e identificar, pelo menos em termos linguísticos, a essência (em termos de genótipo e de fenótipo) da variedade cuja protecção é requerida; crucial será, porém, a apreciação *in concreto* do carácter distintivo.

---

[100] No mesmo sentido, cfr. o estatuído no artigo 10.°/2, alínea *a*), e n.° 3 do Regulamento português sobre a Protecção das Obtenções Vegetais, onde se refere que a descrição deve indicar, designadamente: (**1**) os principais caracteres de natureza morfológica e fisiológica; (**2**) as semelhanças da variedade com qualquer outra existente e os aspectos que as diferenciam; (**3**) a técnica utilizada para a obtenção da variedade; (**4**) a designação da espécie botânica à qual a variedade pertença.

[101] Aliás, a descrição, em princípio sumária, da variedade requerida não permite que terceiros apurem se ela foi obtida (ilicitamente) a partir de um exemplar de uma variedade já anteriormente protegida.

[102] Cfr., por exemplo, o artigo 57.° do Regulamento (CE) n.° 2100/94.

Em segundo lugar, os sistemas UPOV, comunitário e nacional de protecção de variedade vegetais não conhecem aquilo que, no direito de patente, se designa por *reivindicações*, já que os direitos de obtentor são atribuídos em relação a uma particular ou *concreta* variedade vegetal; o que não significa, no entanto, que a tutela se circunscreva às plantas (partes de plantas ou respectivo material de reprodução e multiplicação) materialmente provenientes do obtentor (ou de um licenciado), pois haverá *contrafacção* de direitos de obtentor mesmo nas eventualidades em que a variedade protegida tenha sido obtida de forma autónoma ou independente – o que, de resto, será de difícil verificação, dado que será possível detectar invariavelmente pequenas diferenças de identidade (genotípica e/ou fenotípica).

E daí também, em terceiro lugar, um menor rigor em sede de violação do *licere* conferido pelos direitos de obtentor.

Com efeito, uma vez que o obtentor não é obrigado a revelar – senão de forma genérica – o modo como obteve a variedade (podendo, até, a obtenção resultar da detenção de um *mutante* de uma variedade já protegida), a protecção não se estende para além dos caracteres que conferem à variedade a *suficiente homogeneidade* e *estabilidade*[103]. Destarte, inexiste violação dos direitos de obtentor desde que uma variedade se distinga de uma outra ao menos devido à presença de uma característica morfológica ou fisiológica importante – com o que basta alterar, por exemplo, a estrutura genética da planta conferindo-lhe um fenótipo (*v.g.*, cor das raízes, das folhas) claramente distinguível de uma qualquer outra atinente a uma variedade notoriamente conhecida à data do pedido.

Assim, uma *identidade parcial* entre duas variedades vegetais não impede, em certas eventualidades, a protecção simultânea de ambas mediante direitos de obtentor. Mister é que as características *essenciais*[104] (genotípicas e fenotípicas) se achem reproduzidas numa outra variedade, pelo que, por exemplo, o facto de uma variedade vegetal ficar apta a resistir a certos pesticidas não significa necessariamente que tenha havido violação dos direitos de obtentor relativamente a uma variedade protegida[105].

---

[103] Para mais quando estes dois requisitos admitem uma folga ou margem de apreciação (*v.g.*, a expressão *variação previsível resultante das particularidades da sua multiplicação*, constante do artigo 8.° do Regulamento (CE) n.° 2100/94).

[104] A Conv.UPOV, na redacção de 1978 exigia, no artigo 6.°/1, alínea *a*), que a variedade requerida se pudesse distinguir por uma ou várias características *importantes*. Porém, este advérbio foi suprimido na revisão de 1991 (nova redacção do art. 7.°).

[105] Observe-se, no entanto, que nalgumas destas eventualidades estaremos perante *variedades essencialmente derivadas da variedade inicialmente protegida*.

212   *II Curso de Direito Industrial*

Daqui também se compreende que o regime das obtenções vegetais desconheça a protecção dos *processos que conduziram à obtenção*, seja de uma nova variedade, seja de variedades já protegidas [106], bem como os *novos usos* de variedades já conhecidas.

De igual sorte, o *ius prohibendi* conferido pelos direitos de obtentor não abarca os actos praticados com o escopo de criar ou desenvolver outras (novas) variedades vegetais, bem como a utilização da variedade protegida (e do respectivo material de multiplicação ou de reprodução) por parte dos agricultores nas respectivas explorações (o *farmers privilege*), ao contrário do que sucede em matéria de patentes, onde a tutela dos direitos só não abrange os actos praticados a título privado, sem fins comerciais e os realizados exclusivamente para fins de ensaio ou experimentais [107] – o que, no tocante a esta última faculdade, não é exactamente reconduzível ao mesmo conteúdo que se surpreende na faculdade de utilizar a variedade de outrém para criar ou desenvolver uma nova variedade, em especial se os tribunais não interpretarem restritamente esta limitação aos efeitos do direito de obtentor, ou seja, por exemplo, impedindo a produção e a utilização de grande número de plantas para fins experimentais.

Atente-se agora nas diferenças de regime no que quadra aos requisitos de fundo de patenteabilidade (actividade inventiva, industrialidade, novidade), incluindo a própria noção de *invenção*.

Desde logo, os sistemas UPOV, comunitário e nacional permitem a outorga de direitos de obtentor em relação a plantas *descobertas*, *qua tale*, na Natureza [108]. O obtentor não precisa, *ultima ratio*, de *modificar*, *purificar* ou *isolar* através de processos (bio)químicos (incluindo os resultantes da chamada *engenharia genética*) o(s) *especímen(es)* do seu meio natural; basta-lhe isolá-lo(s) no sentido *material* comum da expressão e, se for *exemplar único*, reproduzi-lo(s) de maneira assexuada – tal como, no passado, a descoberta de um recurso geológico concedia ao descobridor a automática faculdade de explorar o subsolo ao *manifestar* e *registar* a descoberta. O grau de *intervenção humana técnica* é, pois, em ambos os casos incomensuravelmente diverso [109]. Poderá inexistir qualquer alte-

---

[106] No direito das patentes, podem igualmente ser objecto de patente os *processo novos de obtenção de produtos, substâncias ou composições já conhecidos* (art. 47.º/2, do CPI).

[107] Arts. 97.º e 98.º, alínea *b*), do CPI; arts. 64.º/1 e 67.º/1, da CPE.

[108] Cfr., art. 1.º/iv, da versão de 1991 da Conv.UPOV.

[109] Como explica BERGMANS, B., *La Protection des Inovations*, (...), cit., pág. 424, os chamados *produtos naturais* compreendem uma multiplicidade de situações: produtos

ração entre o estado inicial (e natural) da planta *descoberta* e as características reveladas pelos exemplares que tiverem sido obtidos por multiplicação ou reprodução do referido *especímen* – e, apesar disso, essas plantas preencherem todos os requisitos para serem objecto de direitos de obtentor. Ao cabo e ao resto, o mero jogo e interacção das forças e dos fenómenos biológicos naturais pode estar – aparte o acto de descoberta por parte do homem – exclusivamente, *e pelo baixo*, na génese de um direito de obtentor.

Este direito não pressupõe, por outro lado, a presença de uma *solução técnica* até aí inapreensível pelo *perito na especialidade*, e, logo, de um *problema técnico* que dela esteja carente, visto que se pretende outrossim proteger a *forma externa* [110] do vegetal e o respectivo material de reprodução e multiplicação.

Se é verdade que, como vimos, os sistemas de protecção das obtenções vegetais permitem outorgar certos direitos de exclusivo a vegetais que constituem *meras descobertas*, daqui também logo decorre a desnecessidade de sindicar a *actividade inventiva*. Aquele sistema basta-se, neste particular, com a exigência de a variedade dever ser claramente *distinta* de qualquer outra variedade cuja existência seja *notoriamente conhecida* à data do pedido. Mesmo que a obtenção da variedade tenha sido precedida de intensa *actividade humana de natureza técnica*, a implicar o cruzamento, a selecção, alteração do genoma, etc, não vai ser necessário apurar se o vegetal resulta, ou não, de *maneira evidente* do acervo de conhecimentos existentes à data do pedido (em suma, do *estado da técnica*) [111],

pré-existentes na Natureza; descobertos na Natureza; obtidos a partir da Natureza ou do meio natural; ou obtidos a partir de organismos existentes na Natureza, etc. Pelo que o seu mínimo denominador comum (negativo) é não consistirem em produtos obtidos ou criados inteiramente a partir do engenho humano.

[110] E não tanto a *informação genética* que ele incorpora naturalmente ou que nele tenha sido introduzida por processos que não ocorrem na Natureza.

De facto, tanto os *genes*, as sequências de *genes*, todo o tipo de *proteínas*, as *células* de um vegetal e as *partes* desse vegetal (salvo, neste caso e em certas condições, se se tratar de plantas ornamentais) não se subsumem à noção de *variedade vegetal*, não podendo, por conseguinte, ser objecto de direitos de obtentor. No que toca às células e a certas partes de plantas, podemos considerá-las, tão-só, material de multiplicação ou de reprodução.

[111] Se assim fosse, raros seriam as eventualidades em que uma nova variedade poderia ser protegida através destes títulos jurídicos especiais (cfr. HEITZ, A., "Intellectual property in new plant varieties and biotechnological inventions", in *EIPR*, 1988, pág. 297 e ss.), pois seria necessário averiguar, por exemplo, as linhas de parentesco entre as variedades; se se tratava de populações selvagens ou não; se as mutações eram facilmente obtidas, bem como indagar acerca da técnica de obtenção (*v.g.*, hibridização, poliploidia, microinjecção, microincapsulação, etc.), o que tornaria este requisito de tal forma dúctil e fluído a ponto de não produzir o seu *efeito útil*.

nem, tão-pouco, é preciso saber se ela faz parte do estado da técnica (qual requisito da *novidade*, no domínio do patenteável), no sentido dos artigos 54.°/1, 2 e 3, da CPE e art. 50.°/1 e 51.°, do CPI.

Mister é que, pelo contrário, se apure a existência de uma prévia comercialização relativamente à data do pedido (art. 6.°/1, da nova redacção da Conv.UPOV; art. 5.°/1, alínea *d*), do regulamento português), e se é possível *distinguir claramente* a variedade de qualquer outra cuja existência seja notoriamente conhecida, aí onde pequenas diferenças (*v.g.*, no fenótipo, por via da alteração do genótipo), porventura economicamente pouco relevantes, são susceptíveis de preencher a verificação deste requisito.

Por último, não é exigível que a variedade seja susceptível de *aplicação industrial*; basta, outrossim, que a variedade, após sucessivas multiplicações, revele os mesmos caracteres hereditários essenciais (*estabilidade*) mencionados na descrição, e desde que todas as plantas que constituam a nova obtenção sejam semelhantes, tendo em conta, apesar de tudo, as particularidades da sua reprodução sexuada ou multiplicação vegetativa (*homogeneidade*) [112].

3.2. Algumas situações de conflito entre os direitos de obtentor e os direitos de patente sobre vegetais; algumas soluções possíveis

a. Proponho-me agora referir alguns problemas atinentes à coordenação dos vários sistemas de protecção de vegetais; referência que é feita em função do complexo quadro jurídico normativo resultante da conjugação da extensão da tutela jurídica conferida pelo sistema UPOV, pelo regime comunitário da protecção das variedades vegetais e pela CPE.

Pese embora os sectores normativos destes sistemas de protecção das inovações biológicas de natureza vegetal se apresentem reciprocamente *excludentes* e *complementares*, podem hipotizar-se várias eventualidades de colisão do respectivo *licere:*

(1) Direitos de patente concedidos a *genes*, ou sequências parciais de *genes*, introduzidos em plantas pertencentes a uma variedade vegetal já anteriormente protegida por direitos de obtentor (nacional e/ou comunitário);

(2) Direitos de patente que tenham por objecto células de plantas sobre as quais já incida um direito de obtentor; sendo que, nesta eventuali-

---

[112] O requisito da estabilidade é de mais fácil verificação nas hipóteses de multiplicação vegetativa.

Patentes Biotecnológicas e «Obtenções Vegetais» 215

dade, duas sub-hipóteses se poderiam colocar: tratar-se de células embrionárias indiferenciadas ou de células regeneradoras, a partir das quais seja possível produzir plantas inteiras (caso em que estaríamos perante *constituintes varietais* ou *material de reprodução*, que reflexamente beneficiam da protecção conferida à *variedade vegetal*[113]: arts. 5.°/1, da Conv.UPOV e 13.°/2, do Regulamento (CE) n.° 2100/94);

(**3**) Ficar a obtenção vegetal dependente da utilização de um processo (não essencialmente biológico ou um processo microbiológico) ou vários processos já patenteados[114]; ou encontrar-se a sua produção e criação dependentes da utilização de genes, plasmídeos, vírus, bactérias, e outros microrganismos já protegidos por direitos de patente;

(**4**) Direitos de patente que incidam sobre o *material da colheita* (*v.g.*, frutos, a celulose extraída da noz do coco geneticamente modificados) ou sobre a *utilização* desse material, nos casos em que se cura de material de colheita de uma *variedade vegetal* protegida por direito de obtentor.

(**5**) Direitos de patente sobre a *utilização* de *produtos obtidos directamente a partir do material de colheita* de uma variedade vegetal também ela protegida por direito de obtentor – nas hipóteses em que o direito interno dos Estados aderentes à versão da Conv.UPOV de 1991 (art. 14.°/4) incorpore (facultativamente) esta modalidade de extensão do *licere* conferido pelo direito de obtentor.

b. Uma solução possível consistiria na supressão do sistema UPOV e comunitário de protecção de variedades vegetais, ou, ao invés, no alargamento do conjunto de matéria biológica susceptível de ser protegida por direitos de obtentor, de jeito a abranger todos as espécies de material biológico vegetal (variedades, constituintes varietais, material de multiplicação, material de colheita).

---

[113] Não estaremos, segundo parece, perante uma *variedade vegetal*, pois essa linha de células só potencialmente constitui uma variedade, podendo outrossim estar na sua génese enquanto *material de reprodução* ou de *multiplicação vegetativa* de uma variedade vegetal.

[114] Neste caso, é ainda preciso saber se o direito de obtentor pode, sequer, ser concedido, pois, pelo menos no quadro da directiva sobre invenções biotecnológicas, os direitos conferidos pela *patente do processo* (não essencialmente biológico de obtenção de vegetais ou de animais) estendem-se aos vegetais (ou animais) que dele *directamente* resultem, bem como às *gerações seguintes*, contanto que conservem as *mesmas propriedades* (ainda que, neste caso, seja diferente o processo conducente à sua obtenção) – no mesmo sentido, o artigo 94.°/4, do Projecto de alteraçãodo CPI.

Se a primeira solução tem contra si o facto de exigir a criação de regras novas relativas às situações de *dependência* entre os direitos de obtentor, e reclamar o aumento da distância que, em termos de genótipo ou fenótipo, permite a verificação do requisito da capacidade distintiva (em termos de não bastar, doravante, a existência de pequenas diferenças nos genótipos ou na combinação de genótipos), a segunda solução pressuporia a extensão dos direitos conferidos pelo sistema UPOV a outros objectos que não somente as variedades vegetais, a saber: os processos de obtenção de vegetais; os novos usos ou utilizações de vegetais; a tutela de substâncias celulares e sub-celulares, incluindo o ADN e outras substâncias químicas, o que a torna em princípio irrealizável.

c. Uma original e interessante proposta consiste em plasmar a harmonização entre os diversos sistemas através da criação de uma espécie anómala de *esgotamento*, segundo a qual a protecção conferida por uma patente sobre matéria biológica (*v.g.*, actos cuja prática carece de consentimento do titular da patente) não abrangeria os actos expressamente proibidos ou autorizados pela Conv.UPOV e pelas legislações nacionais sobre obtenções vegetais [115]. Porém, esta solução é irrealizável, pois contra ela teria, por certo, uma profunda oposição dos titulares de direitos de patentes e das organizações que defendem os seus interesses.

d. Já se propôs, enfim, a supressão do artigo 53.°/b, da CPE, no sentido da coexistência ou do *concurso real* dos dois sistemas, tal qual existe nos E.U.A (o *Plant Patent Act* e o *Plant Variety Protection Act*), optando o requerente, por exemplo, pela via da patente se puder demonstrar a *reproductibilidade* (ligada indissociavelmente ao requisito da industrialidade) e a suficiente *descrição* da variedade vegetal [116].

À primeira aparência, a coexistência não reduz os potenciais conflitos antes os aumenta [117], já que, se assim for, as *variedades vegetais*

---

[115] NEUMEIER, H., *Sortenschtuz*, /...), cit., págs. 222-223; BEIER, K.-F., "Gewerblicher Rechtsschutz für moderne biotechnologische Verfahren und Produkte", in *GRUR*, 1990, pág. 219 e ss.

[116] Entre outros, STRAUSS, J., "Aippi and the protection of inventions in plants", in *IIC*, 1989, pág. 600 e ss.

[117] Como refere M. MATHELY, *Le nouveau droit français de brevets d'invention*, JNA, Paris, 1991, pág. 132, a regra do cúmulo é *geradora de confusão*; cfr., tb., STRAUSS, J., "Patent Protection for new varieties of plants produced by genetic engineering – Should double protection be prohibited?", in *IIC*, 1984, pág. 426 e ss.

Para outros autores, este concurso de títulos jurídicos de protecção só deveria conferir a possibilidade de *escolha* entre um deles e nunca o *cúmulo* (cfr., por exemplo, podem ser patenteadas, mesmo que a *exequibilidade técnica* da invenção só abranja uma variedade; ademais, o *âmbito de protecção* conferido pelos diversos títulos jurídicos não é idêntico (mesmo à luz da nova versão da Conv.UPOV), o que poderá levar os interessados a preferir a via do direito de patente; ou, ao invés, o sistema dos direitos de obtentor se o objecto da invenção não satisfizer, por exemplo, o requisito da *industrialidade* (*v.g.*, por falta de reproductibilidade) ou da *actividade inventiva* (*v.g.*, porque se trata de uma variedade simplesmente *descoberta* na Natureza).

A vantagem está na maior flexibilidade que oferece aos interessados, na medida em que permite a eleição do sistema de protecção mais adequado na circunstância concreta – para mais quando a nova versão da Conv.UPOV de 1991, bem como o Regulamento (CE) n.° 2100/94, já prevêem uma protecção mais intensa dos direitos de obtentor.

e. Pode, pois, perguntar-se qual o estado actual da questão no quadro dos países europeus aderentes à Conv.UPOV, à União Europeia e à CPE.

Pode dizer-se que, após o início de vigência da Conv.UPOV, na versão de 1991, subsiste (nos países que depositaram instrumentos de adesão a este último protocolo) uma situação de *concurso alternativo* (não cumulativo) dos títulos jurídicos pertinentes e, por isso também, uma situação caracterizada pela faculdade de uma *dupla protecção complementar*[118]; no que tange aos países aderentes à versão de 1978 da Conv.UPOV – bem como os Estados da União Europeia, mas só relativamente às variedades protegidas por um *direito de obtentor comunitário* (art. 92.°/1, do citado Regulamento) –, pode ser objecto de patente toda a matéria biológica e microbiológica que não deva ser considerada como *variedade vegetal*.

Este *concurso alternativo* não impede, porém, que – não obstante ainda subsista na maioria dos ordenamentos nacionais, bem como em todo o território da União Europeia, o regime de *protecção única* e *exclusiva* das *variedades vegetais* através de *direitos de obtentor* – sobre um *objecto-*

AZEMA, J., "La protection juridique des nouvelles techniques", in *Mélanges Mathély*, Litec, Paris, 1990, pág. 43 e ss.); outros pronunciam-se a favor do *cúmulo* e da *escolha* (GUTMANN, E., "Les modalités de la protection des innovations dans le domaine de la création végétale. Le système du brevet et ses limites", in *Le droit du génie génétique végétal*, Litec, Paris, 1987, pág. 195 e ss.).

[118] Em termos análogos, já TESCHEMACHER, R., "Biotechnologische Erfindungen", (...), cit., pág. 310.

-continente incida um dos títulos jurídicos e sobre certos *objectos-conteúdos* incida um outro título.

Até mesmo na versão da Conv.UPOV de 1991 (que abre aos Estados aderentes a possibilidade de os direitos de obtentor não constituírem a forma única e exclusiva de protecção dos direitos de obtentor) encontra-se não só afastada a faculdade de sobre *a mesma* variedade vegetal o titular de *direito de obtentor* poder obter cumulativamente *direitos de patente* sobre esse mesmo *produto* – pois também aqui é defensável a emergência de um princípio geral vigente no domínio da propriedade industrial segundo o qual não podem coexistir direitos totalmente incompatíveis sobre o mesmo *objecto*[119] (*in casu*, por um lado a *ideia inventiva* que resolve um *problema técnico* e, por outro, o *esforço* desenvolvido na criação e desenvolvimento de uma nova variedade vegetal ou a *recompensa* da simples *descoberta* e reprodução de plantas encontradas na Natureza) –, como também a hipótese de sobre *o mesmo conjunt*o de plantas subsumidas ao conceito de variedade vegetal poderem ser atribuídos *a titulares diferentes* direitos de patente (*do produto*) e *direitos de obtentor.*

Vale isto por dizer que à luz dos dados normativos actuais é ineliminável a existência de conflitos entre os titulares de direitos de obtentor e os titulares de direitos de patente. Algumas dessas situações conflituantes foram há pouco enunciadas (supra, 3.2.*a*.).

A existência destas interferências quanto ao *licere* entre direitos de obtentor e direitos de patente é co-natural nos ordenamentos jurídicos em que o exercício de certos direitos subjectivos *colide* com os direitos subjectivos de outros titular. Para estes casos, o genérico mecanismo predisposto para compor os conflitos existentes no direito privado designa-se por *colisão de direitos*, nos termos do qual os titulares devem *ceder na medida do necessário para que todos produzam igualmente o seu efeito* (art. 335.°/1, do CC).

Também na propriedade industrial são conhecidas situações de idêntico jaez.

É o que ocorre em sede de *patentes dependentes*, sempre que a exploração de uma patente não possa ser efectuada sem prejuízo dos direitos conferidos por uma patente anterior (art. 107.°/1, do CPI; *idem*, art. 107.°/1, do Projecto de alteração do CPI).

---

[119] Veja-se a seguinte analogia: tal como não podem coexistir dois direitos de propriedades sobre *o mesmo objecto* (e titulados pelo mesmo sujeito), também o artigo 84.°/1, do CPI veda a *dupla protecção* (patente nacional/patente europeia de *uma* invenção).

É, igualmente, o que sucede, de *lege data*, no ordenamento dos Estados-membros da União Europeia sempre que: (**1**) um *obtentor* não puder obter ou explorar o direito de obtenção vegetal sem infringir uma patente *anterior*; ou (**2**) o *titular de uma patente relativa a uma invenção biotecnológica* não puder explorá-la sem infringir um direito de obtenção vegetal *anterior* sobre a variedade.

Nestas eventualidades, prevê-se a faculdade de cada um dos referidos titulares requerer a concessão de *licenças de exploração* (*obrigatórias*), contra o pagamento de remuneração adequada ao titular dos direitos privativos anteriores; bem como, no anverso, se guarda o direito de os titulares dos direitos privativos anteriores solicitarem a concessão de *licenças recíprocas*, para o efeito de poderem continuar a explorar o seu direito (de patente ou de obtenção vegetal) com o *licere* anteriormente existente (art. 12.º/1 e 2, da Directiva 98/44/CE; *idem*, art. 107.º/4, 5, 6 e 7 do Projecto de alteração do CPI).

Se se curar de um conflito entre direitos de patente e direitos de obtentor de âmbito nacional, cabe a cada Estado-membro designar a autoridade competente para conceder a licença; se o conflito se colocar entre um *direito de obtenção comunitário* e uma *patente*, a competência para conceder uma licença para uma variedade vegetal cabe ao *Instituto Comunitário das Variedades Vegetais*.

f. A mútua dependência a que atrás aludi é, afinal, o resultado das *estratégias de apropriação* dos direitos de exclusivo, de diversa natureza, sobre a totalidade das matérias biológicas que formam os vegetais ou que estão na génese da sua obtenção.

Pode conceber-se a existência de vários direitos reciprocamente dependentes, e cujos titulares podem ser pessoas ou entidades diferentes, por ocasião da criação e desenvolvimento de um conjunto de plantas transgénicas, a saber:

(**1**) a patente da sequência genética (cADN) que imprime uma determinada propriedade à planta adulta; (**2**) patente sobre os plasmídeos que desempenham a função de vector de clonagem; (**3**) a patente sobre as bactérias onde é clonado o ADN; (**4**) a patente do processo de controlo da expressão desses genes nas células (embrionárias) das plantas; (**5**) a patente do processo de produção e reprodução do material de colheita da referida planta capaz, por exemplo, de neutralizar a acção de uma determinada proteína e estabilizar a acção daquele ADN forasteiro nas células das plantas seleccionadas; (**6**) a patente sobre as células das plantas

220   *II Curso de Direito Industrial*

que incorporem o referido ADN forasteiro; **(7)** a patente do uso de partes dessa planta (constituintes varietais) para um determinada finalidade; **(8)** o direito de obtentor sobre as plantas geneticamente modificadas; **(9)** a patente sobre o *material de colheita*, objecto de ulterior alteração genética, dessas plantas.

§ 4. A PROTECÇÃO DOS VEGETAIS POR MODELO DE UTILIDADE / MODELO E DESENHO

A tutela jurídica dos vegetais (e doutras matérias biológicas) adentro dos direitos industriais é susceptível de receber contributos iluminantes de certas formas de protecção específicas inicialmente criadas para proteger objectos inanimados.

Estou a referir-me à questão de saber se certos direitos de propriedade industrial, de *natureza híbrida*, tais como os *modelos de utilidade* e os *modelos industriais*, podem ser os instrumentos adequados para tutelar algumas inovações biotecnológicas nesta área da matéria biológica de natureza vegetal.

De facto, não parece estultícia interrogarmo-nos acerca da extensão destoutras formas de protecção às matérias biológicas, enquanto modos alternativos ou complementares relativamente ao *direito de patente* e ao *direito de obtentor*.

4.1. **Os modelos de utilidade.**

a. Os modelos de utilidade são, actualmente (2001), invenções que consistem em dar a um objecto (já conhecido) uma configuração, estrutura, mecanismo ou disposição de que resulte o aumento da sua utilidade ou a melhoria do seu aproveitamento (art. 122.°, do CPI) [120]. Trata-se de

---

[120] Figura (*Gebrauchsmuster*) surgiu na Alemanha, numa lei de 1/1/1891, com nova redacção a partir de 7/12/1923; foi revogada por uma lei de 5/5/1936, que por sua vez foi substituída por uma lei de 18/6/1953, alterada por uma outra de 9/5/1961 (que foi objecto de modificações em 1965 e 1967); em 2/1/1968 entrou em vigor um novo texto refundido; uma nova versão surgiu a partir de 28/8/1986, a qual sofreu a última alteração em 23/3/1993. Encontra-se actualmente em discussão uma profunda reforma no regime dos modelos industriais e dos direitos privativos que, sob outra designação, tutelam as "pequenas" invenções dispensadas de exame prévio. Cfr. a Proposta de Directiva de

Patentes Biotecnológicas e «Obtenções Vegetais» 221

invenções cuja ideia inventiva é ainda *corporizada* numa *forma* tridimensional, cujo escopo é o da obtenção de um resultado técnico-funcional: aumentar a utilidade de um objecto melhorar o seu aproveitamento [121].

b. No que diz respeito à protecção dos vegetais por *modelo de utilidade*, pode obtemperar-se dizendo que este direito de propriedade industrial não é apto a proteger vegetais ou quaisquer outros produtos compostos ou que contenham matéria biológica.

Primeiro porque, designadamente, os vegetais não são objectos destinados a ser usados de acordo com um escopo técnico, utilitário ou económico, antes revestem, as mais das vezes, uma finalidade *estética* (*v.g.*, a utilização de flores naturais na fabricação e ornamentação de coroas e ramos não é, ou não tem que ser efectuada de acordo com a vontade do requerente, mas de acordo com a utilização corrente, que varia de pessoa para pessoa).

Depois, as matérias biológicas em geral não revestem, por regra, uma forma material *estável* durante o respectivo *ciclo de reprodução* ou *multiplicação*; ao invés, durante o respectivo ciclo biológico, estes organismos assumem ou adquirem diversas *formas*.

12/7/97 (*JOCE*, n.° C 36, de 3/2/98, pág. 13 e ss., cuja redacção foi alterada em 12/7/99 (COM (1999) 309, de 12/7/99), cujo objectivo é a aproximação dos regimes jurídicos de protecção das invenções por modelo de utilidade. Registe-se, ainda, a existência do Relatório de Trabalho, de 26/7/2001, SEC (2001) 1307, relativo ao impacto da introdução de um regime comunitário de modelos de utilidade com eficácia extraterritorial em todo o espaço da Comunidade, o qual actualiza "Green Paper" acerca da protecção por modelo de utilidade no mercado interior – COM (95) 370.

Entre nós, a autonomização dos *modelos de utilidade* deu-se com a Lei n.° 1972, de 21/6/1938, que autorizou a elaboração e publicação do CPI de 1940. Pode ler-se nessa proposta de lei (in Diário das Sessões da Câmara Corporativa, n.° 147, de 3/12/1937, pág. 40) que: *Também se incluíram os modelos de utilidade, isto é, os objectos destinados a um uso prático, que, por uma nova configuração ou disposição, aumentam o seu valor e utilidade.*

[121] No sentido em que, no quadro do regime jurídico que irá ser objecto de modificações substanciais, os modelos de utilidade protegem a *forma* específica que *melhora* ou aumenta o *aproveitamento do objecto*, cfr. o AcSTJ, de 26/7/1955, in *BMJ*, n.° 50, pág. 454; AcSTJ, de 12/2/1974, in *BMJ*, n.° 234, pág. 310; sentença da 4.ª vara Cível de Lisboa, de 6/7/1963, in *Boletim da Propriedade Industrial*, n.° 3, 1964, pág. 296 de resto na sequência do disposto no § único do artigo 37.° do CPI de 1940; tb., António de Arruda Ferrer CORREIA, *Lições de Direito Comercial*, Vol. I, policopiado, Coimbra, 1973, pág. 323; Justino CRUZ, *Código da Propriedade Industrial*, 2.ª edição, Livraria Arnado, Coimbra, 1983, pág. 105.

b. Pode, todavia, observar-se que esta *variabilidade* da matéria biológica durante o respectivo ciclo de vida – e, logo, a falta de *estabilidade* – pode ser superada através da utilização de técnicas de reprodução assexuada. De resto, acaso as características iniciais de estrutura (*v.g.*, fenotípica) se alterem, sempre fica salva a possibilidade de ser requerida a *nulidade* do registo por abranger *objecto diferente* (art. 132.º/1, alínea *a*), do CPI, ou existir divergência entre a descrição e os respectivos duplicados: art. 129.º/1, alínea *c*), *idem*).

Ademais, não é descabido conferir a certas matérias biológicas uma configuração ou estrutura da qual resulte o aumento da sua utilidade. Basta pensar nos casos em que seja conferida a uma planta uma particular disposição dos ramos ou uma diversa configuração das pétalas ou das flores.

Doutra sorte, qualquer matéria biológica, por mais ínfima ou pequena que se apresente, possui sempre uma *forma*; ora, sendo *nova* e se implicar *actividade inventiva*, inexiste à primeira aparência motivo para a excluir da protecção por modelo de utilidade. De facto, nos casos em que a *forma exterior* da matéria biológica (mesmo que, porventura, somente seja visível através de microscópio) é de difícil descrição, o autor, em vez de aproveitar as potencialidades económicas das suas propriedades *fisiológicas* ou *morfológicas*, poderá explorar comercialmente a forma exterior dessa matéria.

Sendo certo que a protecção através de modelo de utilidade não é adequada a todos os organismos vivos, isso não significa que não revista de algum protagonismo para o efeito de proteger certas configurações ou estruturas que compõem as matérias biológicas; tudo dependerá do caso concreto e, portanto, da natureza do organismo vivo e do aproveitamento ou utilização que dele é esperado. O que isenta o autor do modelo de ficar sujeito às limitações resultantes dos *taxons* botânicos da ordem mais baixa conhecida, ou à exigência de a invenção ser exequível *em mais do que uma* variedade vegetal ou raça animal.

Se a protecção por esta via for admitida, necessário se mostra a aplicação do disposto no artigo 60.º do Projecto de alteração do CPI, que permite o *depósito* do modelo de utilidade, de jeito a torná-lo *acessível ao público* e sobre ele efectuar determinados exames destinados a apurar a *configuração* ou a *estrutura* da matéria biológica a que se aumenta a utilidade ou melhora o aproveitamento.

É que a concessão de patentes de vegetais (no quadro da CPE) ou de direitos de obtentor não prescinde de certos tipo de limitação ou fronteira genética, não conferindo qualquer protecção a conjuntos de plantas com-

Patentes Biotecnológicas e «Obtenções Vegetais» 223

pletamente diferentes no genótipo ou a plantas cuja *distância* ou diferença taxonómica seja escassa.

Seja como for, e apesar de o Projecto de alteração do CPI autorizar que a mesma invenção possa ser objecto, simultânea ou sucessivamente, de um pedido de *patente* e de um pedido de *modelo de utilidade* (arts. 48.°/5 e 116.°/3), o certo é que esse objectivo – acaso o disposto no Projecto do CPI venha a tornar-se direito positivo – não poderá ser logrado, visto que o artigo 118.°/1, alínea *b*), do referido Projecto, exclui que as invenções que incidam sobre *matéria biológica* possam ser objecto de modelo de utilidade.

Por outro lado, o Projecto de alteração do CPI modifica profundamente o que deva considerar-se como *modelo de utilidade*. A alteração substantiva mais relevante é a que abandona a *concepção espacial* que ligava certas características da aparência das formas tridimensionais às *funções* desempenhadas por esses objectos: no futuro próximo, o modelo de utilidade passará, igualmente, a proteger as soluções técnicas de problemas técnicos.

Na verdade, se a referida proposta de alteração do CPI vingar, irá decerto aumentar, sem aparente proveito para o mercado económico, a *ambiguidade* da figura dos modelos de utilidade, já que estes passarão a ser havidos como modelos de utilidade *fortes*, praticamente equiparados às patentes, no anverso quais *invenções menores, sucedâneos de patentes, mini-invenções, apêndices de patentes* – que jamais obteriam protecção pela via do direito de patente, nos termos dos artigos 48.° e ss. – que, apesar disso, são equiparados às verdadeiras patentes de invenção, salvo no que tange ao período de *duração do direito* (6 anos, a contar da data de apresentação do pedido: art. 141.°/1, do Projecto), caindo, ademais, o *núcleo central* da sua razão de ser: conferir a um objecto uma configuração, estrutura, disposição ou mecanismo de que resulte uma vantagem para o seu aproveitamento [122].

De facto, no sistema português ainda vigente, o *entroncamento* ou linha de *separação de águas* entre as patentes de invenção e os modelos de utilidade parece radicar nas *invenções* (de produto) *de aperfeiçoamento*, nas quais existe a solução de um problema técnico *já anteriormente resolvido* de outra maneira.

---

[122] Acentuadamente crítico quanto ao proposto regime dos modelos de utilidade, cfr. José de OLIVEIRA ASCENSÃO, *Observações ao Projecto de Alterações ao Código da Propriedade Industrial da CIP e da CCI*, separata da Revista da Faculdade de Direito da Universidade de Lisboa, Coimbra Editora, vol. XXXIX, n.° 2, 1998, pág. 653 e ss., espec. págs. 668-669.

224 *II Curso de Direito Industrial*

Consistindo os *modelos de utilidade* actuais (2001) no conceder uma *nova forma* a um produto (já conhecido), melhorando as suas qualidades do ponto de vista *funcional* e *utilitário*, o novo problema técnico que alcança uma solução (técnica) diz somente respeito, de todo o modo, a aspectos marginais do *produto*, qual seja a *forma externa* e não às *características internas* – isto se o virmos como o *resultado* de uma actividade inventiva que o *pensou* na *globalidade* para dele extrair determinada(s) funções (e utilizações)[123] apreensíveis pelo perito na especialidade, após ter tomado contacto com as reivindicações –, aí onde se surpreende uma *actividade inventiva* mais *fraca*[124] correspondente a uma ideia inventiva, *qualitativa* e *quantitativamente* mais *débil*[125]: basta que a nova solução técnica susceptível de utilização industrial revele apenas uma eficácia específica (*v.g.*, facilidade de aplicação ou de utilização) ou uma vantagem prática e industrial relativamente ao estado da técnica e não resulte, para o perito da especialidade, de uma maneira muito evidente daquele estado da técnica.

Ora, não só o Projecto de alteração suprime o requisito de os modelos de utilidade – posto que ligados às *formas* e plasticidades dos produto (*id est*, à configuração, estrutura, mecanismo ou à disposição) – servirem para aumentar o aproveitamento, comodidade ou a utilidade de um objecto tridimensional[126], como também propicia ou aumenta o grau de

---

[123] Também, deste modo, afasto o postulado (ainda largamente aceito na doutrina) da *protecção absoluta* das *patentes de produtos*, nos termos do qual a patente de um produto cobre *todos* os usos, conquanto não reivindicados ou pensados pelo requerente, ou pelo *perito na especialidade* colocado perante o teror das reivindicações. Apesar de se tratar de uma questão de importantíssimo relevo no domínio das *patentes de biotecnologia*, este não é, porém, nem o momento, nem o lugar apropriado para a desenvolver.

[124] Cfr. Franzosi, M., "La nozione di modello di utilità", in AA.VV. *Problemi attuali del diritto industriale*, Giufré, Milano, 1977, pág. 418 e ss.; Spolidoro, M., "Domanda alternativa di breveto per invenzione e per modello di utilità", in *RTDPC*, 1981, pág. 1086 e ss.; Di Cataldo, V., *I brevetti per invenzione e modello*, in Il Codice Civile, Commmentario, diretto da P. Schlesinger, Giufré, Milano, 1989, pág. 193 e ss.; Marchetti, P. / Ubertazzi, L. C., *Commentario Breve al Diritto Della Concorrenza, Antitrust, Concorrenza Sleale, Pubblicità, Marchi, Brevetti, Diritto D'Autore*, Cedam, Padova, 1997, pág. 1295. Loth, H.-F., *Gebrauchsmustergesetz*, C.H. Beck, München, 2001, pág. 67 e ss., espec. pág. 72 e ss., Rdn. 160 e ss.; Kern, M., "Towards a European Utility Model Law", in *IIC*, 1994, pág. 627 e ss., espec. págs. 635-636; Krasser, R., "Developments in Utility Model Law" in *IIC*, 1995, pág. 950 e ss., espec. págs. 954-955.

[125] Entre nós, Jorge Paúl (*Concorrência Desleal*, Coimbra, 1965, págs. 52-53) prefere uma distinção que assenta em puras bases *objectivas*.

[126] No Projecto de alteração do CPI, os modelos de utilidades, uma vez concedidos, passam, no mínimo, a proteger, a mais da *forma* do produto (configuração, estrutura,

sobreposição e de *conflitualidade* entre o que, de um lado, deva entender--se ser protegido por direito de *patente* e, de outro, por *modelo de utilidade*; para mais quando permite a *cumulação* de pedidos para registo de patente e modelo de utilidade, ou a *opção* do requerente por um destes direitos privativos (art. 16.º/2 e 3, do Projecto), não prevendo a possibilidade de o INPI, no caso de ter sido apresentado um pedido de patente, corrigir, *de officio*, o pedido, ou convidar o requerente a transformá-lo em pedido de *modelo de utilidade* [127]; e, enfim, chega ao ponto de autorizar que o objecto do modelo de utilidade possa consistir num *processo* (arts. 139.º/2, 140.º e 143.º/3, *idem*).

4.2. Modelo industrial; o novel regime dos "Desenhos e Modelos"; a tutela cumulativa por direito de autor: crítica

É hipotizável a tutela das matérias biológicas através de *modelo industrial* mas só nas eventualidades em que os objectos que sejam ou contenham matéria biológica possam servir de *tipo* na fabricação de um outro produto industrial (que também *seja* ou contenha em matéria biológica), definindo-lhe a forma, as dimensões, a estrutura ou ornamentação.

O Projecto de alteração do CPI [128] – posto que suprimiu as categorias de *modelo industrial* e *desenho industrial* e criou uma nova categoria designada por «Desenhos ou Modelos» – considera que o *desenho ou modelo* é um signo que designa a *aparência* da totalidade ou de parte de um produto resultante de certas características, tais como, as linhas,

---

disposição ou mecanismo), as suas próprias *qualidades intrínsecas*, que, de harmonia com a interpretação das reivindicações, sejam susceptíveis de merecer várias utilizações; ao que acresce o problema do indesejado aumento das situações de *dependência* entre estas *pequenas invenções* e as *grandes invenções* cujo registo seja posterior – basta ver que o artigo 149.º do citado Projecto manda aplicar o disposto nos artigos 105.º a 110.º do mesmo normativo.

[127] Cfr. os arts, 63.º e ss., do Projecto de alteração do CPI, no que concerne ao *exame da invenção* e os poderes do INPI; e artigo 70.º, quanto aos motivos de recusa da patente, onde já não consta a possibilidade de o pedido ser recusado por se tratar de *modelo de utilidade* (hoje, este motivo de recusa está previsto na alínea *d*) do n.º 1 do artigo 69.º do CPI).

[128] Pretende-se incorporar no direito interno o disposto na Directiva n.º 98/71/CE, in *JOCE*, n.º L 289, de 28/10/1998, pág. 28 e ss., sobre o regime jurídico dos desenhos e modelos.

os contornos, as cores, a forma ou as texturas (art. 174.°). Dado que não se limita a *natureza* dos produtos que podem servir de suporte à referida aparência, não é de excluir a sua aplicabilidade às *matérias biológicas*. Assim, pode conceber-se o registo como *modelo* ou *desenho* de parte de uma planta (*v.g.*, folhas, pétulas, caule) ou de microrganismos que nela sejam incorporados. Enquanto o "modelo" representa as características tridimensionais da aparência do objecto, o "desenho" expressa as características bidimensionais desse objecto (cfr., por todos, BERTRAND, A., *Marques et Brevets, Dessins et Modèles*, Delmas, Paris, 1995, págs. 35-36).

Uma vez afastados, na prática, os obstáculos atinentes à *falta de estabilidade* e *homogeneidade* de alguns organismos vivos (ainda que microbiológicos: células, vírus, bactérias, plasmídeos, etc.) – até porque o Projecto de alteração do CPI exige que os desenhos ou modelos deverão considerar-se *inalteráveis*, apenas sendo permitidas alterações de *pormenores sem importância* (arts. 208.°/1 e 209.°/2) –, não é estultícia pensar-se, por exemplo, na utilização de um *microrganismo – maxime*, se for insusceptível de patenteação – na fabricação em série de clones de células geneticamente modificadas, que possam servir como produto intermédio na ulterior fabricação de um fármaco. Mister se afigura o *depósito* do modelo industrial que seja ou contenha matéria biológica, nos termos do artigo 60.° do Projecto de alteração do CPI, para o efeitos de exame (acerca da forma, da executabilidade, da industrialidade e, essencialmente, da estabilidade e homogeneidade) e classificação; ou, pelo menos, como a lei obriga, a junção de desenhos ou *fotografias* (art. 186.°/1, alínea *b*), do Projecto de alteração do CPI).

Nestes casos, o objecto da protecção é, tão-só, a *forma* da matéria biológica do ponto de vista *geométrico* ou *ornamental* (art.139.°/2, do actual CPI), o que reduz acentuadamente o interesse na convocação deste direito de propriedade industrial.

Diferentemente do entendimento no ordenamento jurídico alemão, em sede de modelos de utilidade, até 1990 [129], não é exigível uma forma única, pelo que as substâncias químicas de jaez microbiológico são candidatos positivos à protecção por modelo industrial.

---

[129] MOUFANG, R., *Genetische Erfindungen*, (...), cit., pág. 325. Apesar de tudo, ainda é entendimento maioritário que as *substâncias químicas* não são susceptíveis de constituir objecto de modelo de utilidade – cfr. BEIER, K.-F. / SCHRICKER, G. / FIKENTSCHER, W., *German Industrial Property, Copyright and Antitrust Laws*, 3.ª edição, Max Planck Institute, VCH Verlagsgesellschaft, Weiheim, New York, Basel, Cambridge, Tokyo, 1996, I/A/7.

Isto dito se for mantida a dicotomia modelo industrial / desenho industrial, visto que, ao invés, se vingar a nova categoria «Desenho ou Modelo» [130], pode observar-se que, por exemplo, os microrganismos existentes numa planta, posto que devem ser considerados *componentes* de um produto complexo, não são susceptíveis de protecção. É que, nestas eventualidades, prevê-se que o produto continue *visível* mesmo depois de se achar *incorporado* no produto *complexo* (*v.g.*, na planta), durante a *utilização normal* deste último (art. 177.°/6, alínea a), do Projecto), o que só parece admitir o sentido de o produto se apresentar *visível aos olhos* do utilizador informado, sem necessidade de recurso a máquinas (*v.g.*, microscópios), salvo se este utilizador informado posicionar a sua actividade económica em sectores industriais onde a utilização de produtos incorporáveis ou incorporados noutros produtos não dispense a utilização de máquinas susceptíveis de os tornarem visíveis ao olhar humano.

Ademais, a incorporação destes microrganismos (geneticamente modificados) no organismo da planta (ou nas respectivas células embrionárias) estará, por via de regra, ligada exclusivamente ao resultado final traduzido no específico *fenótipo* da própria planta e, destarte, à função técnica ou ornamental dessa planta, pelo que não serão protegidos de harmonia com o disposto no artigo 177.°/8, do Projecto de alteração do CPI.

Ainda que a matéria biológica objecto do *desenho* ou *modelo* seja *visível* ao olhar humano através do auxílio de máquinas durante a utilização normal da matéria biológica em que é incorporada, dificilmente será, nesta sede, tutelável, posto que daquelas características decorrem, normalmente, efeitos no plano *técnico* ou *funcional*, sobretudo quando elas conferem à matéria biológica a sua natureza ou valor essencial (*v.g.*, as *formas necessárias* para que o produto desenvolva a sua função típica), seja quando sem elas o produto não pode desempenhar a *função técnica* para que fora criado, seja quando essas características devam ser necessariamente reproduzidas na sua forma e dimensões *exactas* para permitir que o produto possa desempenhar a sua função – *id est*, sempre que não haja *liberdade de formas* sob pena de se pôr em risco a *funcionalidade* ou *utilidade* da matéria biológica a cujas características fenotípicas se deve precisamente essa funcionalidade ou utilidade.

---

[130] Que, nos termos do artigo 174.°, do Projecto de alteração do CPI, serve para designar a aparência da totalidade ou de uma parte de um produto resultante das características de certas características, tais como, designadamente: linhas, contornos, cores, forma, texturas e ou materiais utilizados nos próprios produto e ou da sua ornamentação.

228   II Curso de Direito Industrial

Ao invés, já será registável como desenho ou modelo a cor ou a forma de certas pétulas ou folhas de plantas (trangénicas) cuja função seja puramente *estética* ou *ornamental*, ainda que hajam sido obtidas tendo em vista a sua colocação no mercado.

Mais polémica parece ser a projectada adopção do *cúmulo de protecção*: através de *desenho* ou *modelo* e pela via do *direito de autor* (existente no ordenamento francês, desde 1957, graças ao princípio da *unité de l'art*[131]), nos termos do artigo 201.° do Projecto de alteração do CPI; nem sequer se condiciona a *cumulação* dos direitos à verificação da concreta e eventual *cindibilidade* do valor artístico do jaez industrial do produto a que as referidas características se associem.

Apesar de a alínea *i*) do n.° 1 do artigo 1.° do CDA só proteger as *obras de artes aplicadas*, os desenhos e os modelos que constituam criação artística, o artigo 201.° do referido Projecto estende automaticamente a protecção do direito de autor ao desenho ou modelo registado, independentemente de – como seria de esperar – exigir uma *criação artística*, um limiar mínimo da *originalidade* ou o esforço criativo, radicado na forma que brota da *personalidade* do autor.

Vale isto por dizer que, a mais de a tutela do direito de autor – a despeito de não se achar vinculada ou dependente de juízos de valor acerca do conteúdo da obra – gozar, neste particular, de uma duração superior à que é conferida pelo registo do *modelo* ou *desenho* (70 anos: art. 31.°, do CDA[132]; 5 anos, mas renovável até perfazer a duração máxima de 25 anos: art. 202.°/1, do Projecto), o CDA não parece, igualmente, prescindir do *valor artístico* das *obras de arte* aplicadas (art. 1.°/1, alínea *i*), do mesmo código)[133]. Ora, é de supor que nem todos os desenhos ou

---

[131] Cfr., CHAVANNE, A. / BURST, J.-J., *Droit de la propriété industrielle*, 5.ª edição, Dalloz, Paris, 1998, pág. 406; SIRINELLI, P. / POLLAUD-DULIAN, F. / DURRANDE, S., *Code de la Propriété Intellectuelle*, 2.ª edição, coord. por G. BONET, Dalloz, Paris, 1999, págs. 210.

[132] Na redacção dada pelo Decreto-Lei n.° 334/97, de 27 de Novembro, que, de harmonia com o disposto no artigo 1.°/1, da Directiva n.° 93/98, de 29 de Outubro de 1993, estendeu o referido prazo a todas as categorias de obras, aí incluídas as obras de artes aplicadas, os modelos e desenhos industriais e as obras de *design* que constituam criação artística.

[133] Mesmo num sistema de *cúmulo*, como o francês, não se prescinde da apreciação do *mérito* e do *esforço criativo* ligados à *personalidade* do seu autor (cfr. SIRINELLI, P. / /POLLAUD-DULIAN, F. /DURRANDE, S., *Code*, cit., págs. 213-214; BURST, J.-J., in *Dalloz*, Somm., 311; *idem, Dalloz*, 1993, Somm., 299), não obstante essa apreciação nada tenha a ver com o *conteúdo*. Repare-se nos termos utilizados no artigo L. 511-3, do *Code de la Propriété Intellectuelle*: *Les dispositions du présent livre sont applicables à tout dessin nouvelle, à toute forme plastique nouvelle, à tout object industrielle qui se différencie*

Patentes Biotecnológicas e «Obtenções Vegetais» 229

modelos registáveis à luz dos requisitos (positivos e negativos) plasmados no artigo 177.º, do Projecto de alteração do CPI, possuam o referido *valor artístico*.

Pode, destarte, observar-se que o acesso, ora em vias de consagração *pela janela*, dos *modelos e desenhos* à tutela do *direito de autor* que não seja condicionado por um controlo mínimo de originalidade ou criação artística – para mais quando a duração do direito de autor foi, como vimos e neste particular, recentemente alargada para 70 anos, a contar da data da morte do criador intelectual – irá criar, decerto, algumas tensões no âmbito da *arte aplicada*, por isso que o mercado económico não deve tolerar a existência de direitos de propriedade industrial deste jaez (que se protraia por tão longo período de tempo) criados independentemente de um controlo *minimalista* acerca do respectivo mérito; controlo que é justificado precisamente enquanto contrapartida das faculdades jurídicas decorrentes da concessão dos referidos direitos, sob pena de o legislador executar políticas económicas de sinal contrário ao imposto pela *constituição económica*[134].

---

de ses similaires, soit par une configuration distincte et reconnaisable lui conférant un caractère de nouveauté, soit par un ou plusiers effets extérieurs lui donnant une physionomie propre et nouvelle – o sublinhado é meu.

Entre nós, também o Prof. OLIVEIRA ASCENSÃO (*Direito de Autor e Direitos Conexos*, Coimbra Editora, Coimbra, 1992, pág. 93 e ss.) admite em termos bastante restritivos a sobreposição do direito de autor relativamente às obras de artes aplicadas, não prescindindo do requisito do *mérito artístico*.

O postulado da não sobreposição completa do direito de autor *(copyright)* e as obras de arte aplicadas (*artistic copyright*) está também presente no direito anglo-saxónico. Nos termos da Secção 51 do *Copyright, Designs and Patents Act* inglês de 1988, a protecção conferida pelo *copyright* não é aplicável ao desenho, *document or model recording or embodying design for anything other than an artistic work*. Ou seja: a tutela do direito de autor só concorre com a dos *desenhos* nos casos em que exista suficiente trabalho e perícia que confiram *originalidade* ao desenho, independentemente da sua qualidade artística. Neste sentido, cfr. CORNISH, W. R., *Intellectual Property*, 3.ª edição, Sweet & Maxwell, London, 1996, § 14.27, págs. 495-496.

[134] Sobre a «constituição económica», cfr. José Joaquim Gomes CANOTILHO, *Direito Constitucional e Teoria da Constituição*, Almedina, Coimbra, 1998, pág. 317 e ss., espec. págs. 327-328 = 2.ª edição, Almedina, Coimbra, 1999.

ÍNDICE DE AUTORES

(os números entre parênteses referem-se às notas de rodapé
onde as obras são citadas pela primeira vez)

ANDERSON, R., — (87)
ASCENSÃO, José de Oliveira, — (12), (122), (132)
AZEMA, J., — (117)

BAR-JOSEPH, M., — (77)
BECKMANN, J., — (77)
BEIER, F.-K., — (31), (91), (115), (128)
BENKARD, G., — (21)
BERGMANNS, B., — (34)
BERNHARDT, W., — (33)
BERTRAND, A., — pág. 226
BOZICEVIC, K., — (29)
BRUCHHAUSEN, K., — (21)
BRY, G., — (40)
BURST, J.-J., — (131)
BYRNE, N. J., — (70)

CANOTILHO, José Joaquim Gomes, — (133)
CASALONGA, A., — (35)
CATALDO, L. M., — (5)
CHAVANNE, A., — (131)
CHRISTIE, A., — (73)
COELHO, José Gabriel Pinto, — (34)
COOPER, I. P., — (49)
CORNISH, W. R., — (131)
CORREIA, António de Arruda Ferrer, — (121)
CRESPI, R. S., — (91)
CRUZ, Justino, — (121)
CUTHBERT, A. P., — (5)

DAVIES, M., — (39)
DI CATALDO, V., — (21), (124)
DURRANDE, S., — (132)

EDELMANN, M., — (28)
EPHRAIM, J., — (52)

FERREIRA, P. M., — (5)
FIKENTSCHER, W., — (128)
FOSTER, J. A., — (5)
FRANZOSI, M., — (124)

GALLOUX, J.-C., — (43), (94)
GARREIS, C., — (40)
GELBART, W. M., — (5)
GHIDINI, G., — (5)
GIRARD-BASCOU, J., — (5)
GOLDBACH, K., — (21)
GRIFFITHS, A., — (5)
GROSS, F., — (5)
GUTMANN, E., — (117)

HAAS, M.,— (30)
HASSAN, G., — (5)
HEITZ, A., — (111)
HERMITTE, M.-A., — (67)
HESSE, H. G., — (38)
HIRSCH, F., — (29)
HOLDREGE, C., — (5)

JAMES, M. F., — (5)
JEHAN, R., — (87)
JOHNSON, H., — (70)

KERN, M.— (124)
KRAFT, A., — (21)
KRAßER, R., — (33), (124)
KRESBACH, G., — (27)

LANGE, P., — (20), (88)
LECHNER, Maria Celeste, — (5)
LEWONTIN, R. C., — (5)
LEONINI, F., — (5)
LINDEMAIER, F., — (31)
LOTH, H.-F. — (124)
LUKES, R., — (91)

MARCHETTI, P., — (124)
MARQUES, João Paulo F. Remédio, — (3), (13), (39), (44)
MATHELY, M., — (117)
MOUFANG, R., — (5),(49)
MOUSSERON, J. M., — (33)

NEUMEIER, H., — (57)
NEWBOLD, R. F., — (5)

NILSSON, A., — (10)
NOSSAL, G., — (5)

OLIN, X., — (40)

PAÚL, Jorge, — (125)
PFANNER, K., — (55)
PICARD, E., — (40)
POLLAUD-DULIAN, F., — (132)
POTTAGE, A., — (67)
POUILLET, E., — (35)

RAVÀ, T., — (32)
RAVID, K., — (5)
REHMANN-SUTTER, C., — (40)
RIBEIRO, Vítor, — (5)
ROTONDI, M., — (40)

SCHADE, H., — (55)
SCHATZ, — (88)
SCHMIDT, K. A., — (38)
SCHMIED-KOWARZIK, V., — (29)
SCHRELL, A., — (88)
SCHRICKER, G., — (128)
SILVA, João Calvão da, — (80)
SIRINELLI, P., — (132)
SPOLIDORO, M., — (124)

STRAUSS, J., — (31), (49), (88), (91), (116), (117)
SUZUKY, D., — (5)

TESCHMACHER, R., — (88), (97)
TILMANN, W., — (87)
TRINKAUS-RANDALL, V., — (5)

UBERTAZZI, L. C., — (123)
UTERMANN, J., — (29)

VANDER HAEGHEN, G., — (34)
VAN DER KOOIJ, P. A. C. E., — (70)
VAN OVERWALLE, G., — (5), (68)
VANZETTI, A., — (21)
VOGELSANG-WENKE, K., — (25)
VON PECHMANN, E., — (27)

WANG, Z., — (5)
WEIL, J. H., — (5)
WHITE, A., — (29)
WINTER, M., — (92)
WIRTZ, H., — (27)

ZIMMER, F.-J., — (25)
ZUMSTEIN, F., — (29)

O "ESGOTAMENTO" DO DIREITO INDUSTRIAL E AS "IMPORTAÇÕES PARALELAS"

DESENVOLVIMENTOS RECENTES DA JURISPRUDÊNCIA COMUNITÁRIA E NACIONAL

por PEDRO SOUSA E SILVA

Advogado.
Professor-coordenador do I.S.C.A.
da Universidade de Aveiro.

SUMÁRIO:

Introdução. O conceito de "importação paralela". O "esgotamento" do direito. O actual direito positivo. A questão face ao direito comunitário: Esgotamento internacional? Esgotamento do direito de marca à escala comunitária. O esgotamento do Direito de patente (à escalar comunitária?). O esgotamento dos direitos na jurisprudência portuguesa. Conclusão.

1. INTRODUÇÃO

A regra do "esgotamento" dos direitos de Propriedade Industrial anda normalmente associada à questão das denominadas "importações paralelas". E serve, essencialmente, para apreciar a licitude ou admissibilidade das restrições territoriais à venda e circulação de produtos protegidos por direitos exclusivos (de marca, patente, modelos ou desenhos).

Ora, se o princípio do esgotamento dos direitos já se encontra explicitado em normas de direito positivo, nacionais e comunitárias, o mesmo não poderá dizer-se do conceito de "importação paralela", que teve origens menos académicas, no mundo dos negócios. Apesar disso (ou melhor, por isso mesmo) torna-se necessário caracterizar com algum rigor aquele conceito, que vem adquirindo identidade própria no âmbito jurídico, sendo crescentemente utilizada nos tribunais, embora nem sempre de forma acertada.

Este texto pretende, assim, caracterizar devidamente a noção de "importação paralela", relacionando-a com a regra do "esgotamento" dos direitos, e enquadrando estas matérias nos domínios do Direito Comunitário e Nacional, em cujo âmbito se têm registado decisões jurisprudenciais relevantes, a que se fará referência crítica.

1.1. O conceito de "importação paralela"

Quando se fala em "importações paralelas", está a utilizar-se uma expressão da linguagem corrente que já adquiriu, entretanto, um significado jurídico preciso. *Importação paralela* é a importação realizada à margem do circuito oficial de distribuição de um produto. Ou seja, efectuada por um terceiro independente do fabricante dos produtos e dos seus distribuidores.

O importador paralelo é um "espontâneo", que compra os produtos num mercado onde os produtos são mais baratos e os remete para outro mercado onde os vai revender mais caros; ou que compra os produtos num mercado em que eles estão disponíveis e os vai revender (mais caros) num mercado onde a oferta não satisfaz a procura. Só há importadores paralelos quando há *diferenças de preços* significativas entre dois mercados, que possibilitem a obtenção de uma margem de lucro razoável para o importador.

Hoje em dia, e no âmbito da União Europeia, poderia pensar-se que já não faria sentido falar-se em "importação paralela", quando estivessem em causa trocas comerciais no interior da Comunidade: Tecnicamente, as vendas intracomunitárias não constituem importações, mas antes transacções realizadas no interior do "mercado interno". Mas acontece que os mercados dos 15 Estados-membros estão longe de ser totalmente homogéneos, continuando a ser autónomos e independentes em diversos aspectos, nomeadamente quanto à fiscalidade indirecta e em matéria de Propriedade Industrial. E, por isso mesmo, continuam a suscitar-se questões em torno das importações paralelas não só no comércio com Estados terceiros, mas também no comércio intracomunitário.

A *caracterização jurídica* da importação paralela não é especialmente difícil. É uma revenda de um produto, efectuada por um terceiro independente do respectivo fabricante e seus distribuidores, num território diferente daquele em que o produto foi inicialmente introduzido no comércio, pelo fabricante ou por alguém com o seu consentimento. Ou seja:

a) O importador paralelo é **independente**. Não é uma empresa do mesmo grupo empresarial do fabricante dos produtos, nem é seu representante comercial, directo ou indirecto.

b) Revende num **território diferente** daquele em que comprou a mercadoria (ou seja, num território submetido à soberania de outro Estado).

c) E esta mercadoria é **proveniente** da mesma empresa que mandou fabricar a mercadoria que é comercializada, pelos distribuidores "oficiais", no país de importação.

Esta última característica é essencial: o importador paralelo não é um contrafactor. Não é um "pirata". Ele compra produtos legítimos, autênticos, e vai revendê-los noutro território, fazendo concorrência àqueles que, nesse novo território, vendem os mesmos produtos autênticos e legítimos. Isto é, todos esses bens têm a *mesma origem empresarial*. "Oficiais" ou "paralelos", ambos são produtos genuínos, provenientes da mesma fonte empresarial, não havendo nestes caso qualquer contrafacção.

Então porque motivo se chama "paralelo" a este importador? Simplesmente porque se trata de um independente, um alternativo, de alguém que funciona à margem, "paralelamente" ao circuito comercial preestabelecido para a distribuição dos produtos em causa.

E preestabelecido por quem? Em princípio, pelo fabricante. Ou, mais rigorosamente, por quem tem o direito de decidir colocar os produtos no mercado: Normalmente, o titular da marca ou, se for caso disso, o titular da patente ou do registo do modelo ou desenho referentes ao produto.

1.2. O "esgotamento" do direito

As importações paralelas, em princípio, são lícitas.

Mesmo quando estão em causa produtos de marcas registadas, ou abrangidos por patentes ou registos de modelos, a importação e revenda, noutro território, de produtos legalmente produzidos e comercializados no país de origem, não pode considerar-se ilegal, quando o titular dos direitos de propriedade industrial nos dois territórios seja a mesma entidade, ou se trate de empresas do mesmo grupo ou ligadas por contratos de licença. Ou seja, quando o titular do direito no país de exportação e de importação sejam a mesma pessoa ou pessoas ligadas jurídica ou economicamente. Isto é assim, pelo menos, no interior da Comunidade Europeia, em que vigora, imperativamente, a regra do denominado "esgotamento dos direitos".

Importa dizer, antes do mais, que a expressão "esgotamento dos direitos" é uma metáfora, que não designa com rigor a realidade que visa exprimir. A doutrina do esgotamento dos direitos de propriedade industrial [1] assenta na ideia, simples, de que o monopólio legalmente atribuído ao titular do direito, até por constituir uma excepção à regra da liberdade do comércio, deverá confinar-se ao mínimo indispensável ao desempenho da respectiva função.

Esta doutrina serve para explicar e designar aquilo que é uma simples *regra de bom senso*, que decorre da função de cada DPI: Se os DPI servem para conceder um monopólio de comercialização de certos produtos (marcados, registados ou patenteados), então, uma vez cumprida essa função, através da colocação do produto no mercado, não se justifica mais que o titular continue a utilizar o seu direito, para controlar a circulação ou uso dos produtos que já pôs em circulação. Por isso se considera que um produto patenteado, ou abrangido por um registo de modelo, uma vez colocado no mercado, pelo titular ou por alguém com o seu consentimento, deixa de poder ser controlado, na sua utilização ou circulação, pelo dito titular. O mesmo se diga em relação às marcas: O direito de marca não permite impedir a distribuição ou circulação de um produto *autêntico*, ou seja, de um produto colocado no mercado pelo titular da marca ou por alguém com o seu consentimento.

Tudo isto tem a ver, essencialmente, com a admissibilidade das *restrições territoriais* à venda e circulação de produtos protegidos, embora também possam estar em causa outros tipos de restrições (v.g. de revenda a certo preço ou a certo tipo de clientela).

Para lidar com esta questão, da admissibilidade das restrições territoriais *posteriores* à venda (ou de quaisquer outras limitações subsistentes após a colocação no mercado), elaboraram-se diversas teses, entre as quais a da denominada *licença tácita,* enunciada ainda no século XIX, em França e na Alemanha, especialmente por KÖHLER, numa obra de 1878, e, já no início século XX, novamente sob a pena de KÖHLER, a doutrina do *esgotamento dos direitos*, que inicialmente foi apelidada de teoria da *continuidade dos actos de exploração*. Esta tese começou por ser judicialmente aplicada em matéria de marcas (no acórdão *Kölnish Wasser*, de

---

[1] Adiante, abreviadamente, "DPI". Para maiores desenvolvimentos e referências de jurisprudência e doutrina sobre este tema, cfr. SOUSA E SILVA, *Direito Comunitário e Propriedade Industrial. O princípio do esgotamento dos direitos*, Coimbra, 1996.

28.02.1902) e pouco depois em matéria de patentes (*Guajakol-Karbonat*, de 26.03.1902), em duas decisões do *Reichsgericht*.

Em termos simples, esta doutrina pode ser enunciada do seguinte modo: Quando um produto protegido por um DPI é colocado no mercado, pelo titular do direito ou por alguém com o seu consentimento, esse mesmo titular deixa, a partir desse momento, de poder controlar a circulação desse produto (isto é, do exemplar concreto que foi posto em circulação), não podendo opor-se a que esse produto seja revendido em qualquer outro lugar. Uma vez exercido, pelo titular ou por alguém com o seu consentimento, o direito exclusivo à primeira colocação de um produto no mercado, cessa com tal colocação a prerrogativa legal de resolver onde, quando, ou por que preço é que esse mesmo produto poderá ser vendido. De cada vez que é utilizado, o direito esgota-se, em relação ao produto concreto que foi posto em circulação.

É esta a formulação básica da doutrina do esgotamento dos direitos. Que deve ser complementada com duas observações, para corrigir a expressão "esgotamento", que não é exacta: Por um lado, porque – uma vez verificado o "esgotamento" de um direito – o direito não *desaparece*, não se extingue, mas deixa simplesmente de abranger os produtos que são, em cada momento, colocados no mercado (ou seja, as "unidades", os "exemplares" vendidos). Por outro, porque, mesmo depois da colocação dos produtos no mercado, há alguns direitos *residuais* que subsistem (nomeadamente o chamado direito à "caracterização do produto", destinado a impedir que o mesmo seja comercializado com a marca de origem, caso entretanto tenha sido adulterado)[2]. Por isso, e em rigor, nem sequer há "esgotamento", mas apenas uma *compressão* ou *atenuação* dos direitos do titular, aquando da introdução no comércio.

1.3. **O actual direito positivo**

Esta regra afirmou-se sobretudo por via jurisprudencial (inicialmente na Alemanha e noutros países europeus, e mais tarde com as decisões do Tribunal de Justiça das Comunidades Europeias), tendo hoje consagração legal generalizada nos Estados-membros da União Europeia. Até porque, em matéria de marcas, existe uma directiva de harmonização que já se encontra transposta (Directiva 89/104/CEE, do Conselho de 21.12.88) e que acolhe este princípio, que também está previsto, em matéria de mode-

---

[2] Sobre este aspecto, vd. ob. cit., pp. 79 e ss..

los e desenhos industriais, na Directiva n.° 98/71/CE, do Parlamento e do Conselho de 13.10.98, em curso de transposição. No domínio das patentes, prevê-se uma harmonização futura, impondo a adopção do esgotamento do direito de patente, quando entrar em vigor a célebre Convenção do Luxemburgo (da Patente Europeia para o Mercado Comum, aprovada em 1975), que todavia continua a aguardar ratificações.

Actualmente, no que respeita ao direito português da propriedade industrial, encontramos o princípio do esgotamento enunciado, para as patentes, no art. 99.° do CPI (aplicável também aos modelos de utilidade e aos modelos e desenhos industriais, por remissão, respectivamente, dos artigos 133.° e 162.°/2) e, para as marcas, no art. 208.° do mesmo Código, podendo encontrar-se afloramentos ou consequências daquela regra noutras disposições deste diploma (v.g. nos arts. 261.° a 264.°, quando subordinam à falta de " consentimento" ou de "licença" os casos de violação dos DPI, ou os artigos 96.° e 207.°, quando enunciam as prerrogativas conferidas pela patente ou pelo registo de marca). No âmbito do direito comunitário derivado, o princípio do esgotamento é enunciado expressamente pelo artigo 7.° da citada Directiva 89/104/CEE e pelo artigo 13.° do Regulamento (CE) 40/94, do Conselho, de 20 de Dezembro de 1993, relativo à marca comunitária, e pelo artigo 15.° da Directiva 98/71/CE.

Destas normas resulta, em síntese, o seguinte: Para que ocorra o esgotamento de um direito industrial relativo a determinado produto, este deverá ter sido licitamente colocado no mercado (ou em circulação), pelo titular do direito ou por alguém com o seu consentimento.

Na generalidade dos casos, pode dizer-se que um produto é **colocado no mercado** quando é transaccionado pelo titular do direito; ou seja, quando este vende ou doutra forma aliena o produto em questão[3].

---

[3] Importa contudo, a este propósito, ter em conta a diversidade de funções das marcas, de um lado, e das patentes, modelos e desenhos, por outro, pois essa diversidade poderá determinar diferentes soluções, em certos casos limite. Assim, e no que respeita às *patentes*, desenhos e modelos (destinados a assegurar ao inventor a possibilidade de obter do mercado a remuneração do seu esforço), haverá colocação no mercado quando o titular haja tido a *possibilidade* de obter a remuneração típica do monopólio conferido pela patente. Decisivo é que o titular, relativamente ao produto em causa, tenha tido a *possibilidade objectiva de se fazer remunerar em condições típicas de monopólio*. Já no que respeita às *marcas*, a colocação no mercado pressupõe, necessariamente, um acto que *transmita a propriedade* do produto para um terceiro independente do titular. Determinante, no domínio das marcas, é que se trate de produtos *genuínos,* ou seja, que provenham da esfera de responsabilidade do titular do direito

O "Esgotamento" do Direito Industrial e as "Importações Paralelas"   239

Para que esta colocação em circulação seja lícita, ela terá que ser *imputável ao titular*. Ou seja, terá de ser efectuada por este, ou por alguém que tenha agido com o seu **consentimento**. Se não for assim, o titular terá a faculdade de agir judicialmente, por forma a proteger o seu direito exclusivo.

Tal consentimento existirá, desde logo, no caso das *licenças de exploração*, mediante as quais o titular permite que um terceiro, normalmente contra remuneração, pratique actos de exploração (fabrico, utilização, venda, oferta de venda) que lhe estão reservados em exclusivo; actos que, na ausência da autorização, atribuiriam ao titular o direito de intentar uma acção judicial por usurpação da patente ou contrafacção. Mas tem-se considerado que o consentimento também existe quando a colocação de produtos no mercado é obra, não de um licenciado, mas sim de uma entidade juridicamente independente do titular, mas que com este mantenha *laços jurídicos ou económicos*.

Pode portanto dizer-se que o esgotamento se produz, não só quando a colocação no mercado é obra do titular, mas também de um seu licenciado ou de *uma empresa do mesmo grupo daquele*. Sendo assim, o critério mais simples e eficaz para aferir da licitude da introdução no comércio estará, precisamente, na existência, *expressa ou tácita*, do consentimento do titular do direito: expressa, no caso da licença contratual[4]; podendo ser apenas implícita, quando a entidade que procede à comercialização se encontrar submetida ao controle do titular ou ambos dependerem de um *controle comum*. Em qualquer destas situações, portanto, a colocação dos produtos no mercado deverá conduzir ao esgotamento do direito do titular.

(não tendo aqui especial relevância o critério da possibilidade de ganho, decisivo para as patentes). Produtos genuínos, ou autênticos, são aqueles que ostentam uma marca aposta por quem esteja *legitimado* para o fazer e cuja introdução no comércio tenha estado submetida ao *controle*, ainda que potencial, do titular do direito no país onde a comercialização ocorre. Para mais detalhes a respeito desta distinção, cfr., op. cit., nota 1, pp. 68 e ss..

[4] Pelo contrário, quando se trate de *licenças obrigatórias*, já não se justifica impor o esgotamento do direito. É que, apesar de se prever uma compensação ao titular da patente, este não procede livremente à determinação das condições sob as quais coloca os produtos no mercado, além de que essa contrapartida não corresponderá, necessariamente, à remuneração do esforço inventivo. Por esta razão, será de afastar nesses casos a incidência do princípio da exaustão.

2. A QUESTÃO FACE AO DIREITO COMUNITÁRIO

2.1. **Esgotamento internacional?**

O esgotamento dos direitos industriais não se verifica apenas quando a colocação dos produtos ocorre no interior de um só Estado. Pode também produzir-se quando a colocação de um produto no mercado se processe no estrangeiro.

Aliás, é nestes casos que a noção de esgotamento adquire maior relevância, pois é no domínio do comércio internacional – em que os mercados se encontram divididos pelas fronteiras estaduais – que mais interessa aos operadores económicos controlar a circulação dos seus produtos, em ordem à maximização dos lucros. Tal controle permitiria, por exemplo, compartimentar os mercados (tornados estanques mediante o exercício de direitos nacionais de Propriedade Industrial) e proceder a discriminações de preços e condições de transacção, ao abrigo da interferência de terceiros: O direito das marcas e das patentes (na ausência da regra do esgotamento) forneceria os meios de fazer respeitar os canais de distribuição, as zonas de exclusivo e as proibições de exportação que os titulares dos direitos entendessem estipular para proteger a sua estratégia comercial.

Estas prerrogativas, já o vimos, são negadas quando a colocação no mercado haja sido feita no interior do Estado em que o titular reclama protecção. No entanto, resta saber se a exaustão do direito também se produz quando essa colocação tenha ocorrido no território de um outro país. É que, se assim não for, o titular de uma marca em certo Estado poderá opor-se à importação de produtos dessa marca, que ele próprio haja colocado em circulação no território de outro Estado. Se não se considerar relevante a colocação em circulação efectuada no estrangeiro (pelo titular ou com o seu consentimento), terá de se concluir que – no estrito âmbito do país de importação – o titular não exercitou, relativamente a tais produtos, os seus direitos exclusivos. Por conseguinte, não os esgotou. Nesta perspectiva, a importação dos produtos, se efectuada por terceiros, equivaleria a usurpar o exclusivo legal do titular: *importer, c'est contrefaire.*

A resposta a dar à questão deverá atender à função e à natureza específicas de cada DPI. E, a essa luz, as soluções a encontrar no âmbito das marcas deveriam ser distintas das adequadas ao âmbito das patentes, modelos e desenhos, parecendo adequado, em abstracto, admitir-se o esgotamento internacional no primeiro caso e negar-se esse efeito no segundo caso.

O "Esgotamento" do Direito Industrial e as "Importações Paralelas"   241

No caso específico das marcas, em que está essencialmente em causa uma *indicação da origem* dos produtos, o titular do direito está para os seus produtos quase como um pai está para o filho que, atingida a maioridade, vai viver sozinho: Pelo facto de deixar a casa paterna, o filho não deixa de ter um pai, nem o pai pode renegar a paternidade. Por isso, onde quer que o pai tenha uma casa, o filho nela há-de poder entrar, como filho que é. Do mesmo modo, os produtos lançados no mercado pelo titular de uma marca nunca deixarão de ser produtos *genuínos*, devendo circular livremente em todos os países em que o direito exclusivo pertença ao mesmo titular.

Já no domínio das patentes, que servem sobretudo para assegurar uma remuneração monopolística, a lógica é totalmente diversa, justificando a adopção de soluções distintas que, não caberá agora discutir detalhadamente.

Mas desde já se adverte que esta perspectiva – seguramente a mais coerente no plano dos princípios – terá que ser ajustada, ou "formatada", pelas imposições decorrentes das normas comunitárias, tal como interpretadas pelo Tribunal de Justiça das Comunidades Europeias.

É que, no contexto do Direito Comunitário, a regra do esgotamento dos DPI regista importantes desvios de aplicação. Isto porque este princípio, para o TJCE, representou apenas um instrumento empregue para conciliar a existência e natureza restritiva dos DPI com a tensão liberalizante da liberdade de circulação de mercadorias e da disciplina da concorrência. Ou seja, a adesão do Tribunal do Luxemburgo à regra do esgotamento constituiu mais uma opção "interesseira" do que uma verdadeira escolha da melhor solução jurídica, no plano dos princípios. Tratou-se apenas de abraçar uma *solução útil* para os interesses da integração europeia e que, como tal, só se mantém na medida em que sirva adequadamente esses interesses (sendo abandonada logo que deixe de os servir).

2.2. Esgotamento do direito de marca à escala comunitária

A coexistência dos direitos nacionais com o direito comunitário, em matéria de *marcas*, poderá ser sintetizado da forma seguinte:

De acordo com um princípio geral, extraído do artigo 36.° (actual art. 30.°, na versão resultante do Tratado de Amesterdão) [5], o Tribunal

---

[5] Que prevê uma excepção ao princípio geral (do art. 28.° do Tratado) de proibição das *medidas de efeito equivalente* a restrições quantitativas à importação, na condição de

reconhece a *existência* dos direitos de marca nacionais, mas reivindica o poder de controlar o seu *exercício*, na medida em que este possa afectar o funcionamento do mercado comum, designadamente quando colidir com a disciplina da concorrência ou a liberdade de circulação de mercadorias.

Para conciliar estas normas com o carácter restritivo da liberdade do comércio – inerente aos DPI e decorrente da territorialidade e independência destes direitos – o Tribunal recorreu à noção de *objecto específico*, que foi definindo progressivamente, recorrendo em especial à teoria do esgotamento dos direitos. Nesta perspectiva, o objecto específico – que o Tribunal erigiu assim em noção comunitária – consiste no conjunto de prerrogativas reservadas ao titular que sejam indispensáveis para que a marca realize a sua função de *indicação de proveniência*. Por isso, as restrições à concorrência ou à liberdade de circulação apenas são admitidas na medida em que decorram do exercício daquele elenco de poderes. Uma vez ultrapassado o limite do objecto específico, as normas comunitárias prevalecem, impondo a liberdade de circulação ou de concorrência e a inerente compressão do conteúdo – porventura mais amplo – dos direitos nacionais de propriedade industrial.

Nesse objecto específico, caberão as seguintes prerrogativas do titular: o direito exclusivo de usar a marca, para a primeira colocação em circulação de um produto (incluindo o de escolher a marca a usar e os produtos que merecem ser com ela assinalados), o de reagir contra os concorrentes que vendam produtos indevidamente assinalados com essa marca, bem como o de impedir que terceiros, sem o seu consentimento, usem marcas idênticas ou confundíveis.

Recorrendo a esta noção e ao critério que a estruturou (o *esgotamento* dos DPI), conclui-se que o titular de uma marca, num dado Estado membro, não poderá invocar o seu direito para impedir a importação de um produto com essa marca:

a) Quando o produto em causa tiver sido colocado no mercado de outro Estado-membro pelo titular ou com o seu consentimento[6];

---

não estarem em causa *discriminações arbitrária*s ou *restrições dissimuladas* ao comércio intracomunitário.

[6] O TJCE considera que esse consentimento foi prestado quando exista uma licença de marca, quando os intervenientes sejam empresas do mesmo grupo ou submetidas a um controle comum, e também quando se trate de um concessionário exclusivo. Em contrapartida, tal consentimento *não se considera prestado* no caso de marcas pertencentes a titulares independentes, do ponto de vista económico, ainda que um dia as marcas em

O "Esgotamento" do Direito Industrial e as "Importações Paralelas" 243

b) quando, tratando-se de um produto *genuíno* – i.e., fabricado sob
o controle, ainda que potencial, do titular da marca – tenha havido
reacondicionamento do mesmo, ainda que tal operação envolva
nova aposição, por um terceiro, da marca inicialmente aposta pelo
titular ou mesmo a substituição desta [7];

c) quando, genericamente, o Tribunal entenda que o exercício, pelo
titular, das próprias prerrogativas contidas no *objecto específico*
do direito, dá lugar a uma *discriminação arbitrária* ou *restrição
dissimulada* ao comércio intracomunitário. Tal poderá suceder,
designadamente, quando o titular recorra a marcas distintas para
diversos Estados, para assinalar um mesmo produto [8];

---

causa hajam pertencido a uma mesma entidade e a unicidade de titularidade tenha sido
desfeita por um contrato de cessão ou um acto de autoridade pública (cfr. Acs. *HAG II*,
de 17.10.90, CJCE p. 3711, e *IHT.IDEAL STANDARD*, cit.).

[7] O reacondicionamento deverá respeitar diversas condições, taxativamente enunciadas na jurisprudência do TJCE e recentemente reformuladas nos acórdãos *BRISTOL-
-MYERS* (Ac. de 11.07.96) e *UPJOHN* (12.10.99, ainda não publicado): O reacondicionamento só poderá envolver substituição de uma marca por outra, também usada pelo
titular noutro país para os mesmos produtos, desde que tal seja *objectivamente necessário*
para possibilitar a comercialização do produto em causa no Estado-membro de importação, o que sucederá, nomeadamente, quando existam *regulamentações ou práticas no
Estado-membro de importação* que impeçam a comercialização do produto no mercado
desse país sob a marca que lhe foi aposta no Estado-membro de exportação (revendo
nesta parte o decidido no Ac. de 10.10.78, Rec. p. 1823, *CENTRAFARM.AMERICAN
HOME PRODUCTS*); não deverá afectar o estado originário do produto (Acs. de 23.5.78,
CJCE p. 1139, *HOFFMANN-LA ROCHE* e de 3.12.81, CJCE p. 2913, *PFIZER*); deverá
indicar-se a identidade do responsável pelo reacondicionamento, na nova embalagem,
bem como o nome do seu fabricante (*HOFFMANN-LA ROCHE, PFIZER e BRISTOL-
-MYERS*); a apresentação do produto reembalado não poderá ser de molde a lesar a reputação da marca nem a do respectivo titular, nomeadamente com embalagem defeituosa,
de má qualidade ou com aspecto desleixado (*BRISTOL-MYERS*), e o importador deverá
avisar, previamente à comercialização, o titular da marca e fornecer-lhe, a pedido deste,
um exemplar do produto reacondicionado (*BRISTOL-MYERS*). Uma outra condição, que
o Tribunal inicialmente formulara (em *HOFFMANN-LA ROCHE*, mas não já em *PFIZER*)
regressou com o Ac. *BRISTOL-MYERS*, embora com uma nova enunciação: deve demons-
trar-se que a utilização do direito de marca pelo titular para se opor à comercialização dos
produtos reembalados sob esta marca contribuiria para compartimentar artificialmente
o mercado intracomunitário, devido por exemplo à existência de embalagens diversas
consoante os países (contudo, não é necessário estabelecer que o titular da marca tem
qualquer intenção de compartimentar os mercados).

[8] Desde que tal sistema se destine a compartimentar artificialmente os mercados,
conforme resulta do acórdão *CENTRAFARM.AMERICAN HOME PRODUCTS* (cit., CJCE
p. 1841) embora esta condição deva ser actualizada à luz da jurisprudência *BRISTOL-
-MYERS e UPJOHN*.

244   *II Curso de Direito Industrial*

d) quando o exercício do direito de marca, pelo titular, constitua o *objecto, o meio ou a consequência de um acordo* restritivo da concorrência[9] e incompatível com o artigo 85.° (hoje 81.°), ou quando tal direito seja utilizado *como instrumento da exploração abusiva de uma posição dominante.*

Esta compressão dos direitos do titular, contudo, apenas tem lugar quando esteja em causa o funcionamento do mercado interno. Pelo contrário, quando os produtos a importar sejam provenientes do exterior da Comunidade (ou melhor, do Espaço Económico Europeu[10]) o Tribunal admite o exercício dos direitos de marca nacionais para impedir "as importações paralelas". Ou seja, numa decisão recente (proferido no caso dos óculos SILHOUETTE[11]) o TJCE considera que o artigo 7.°, n.° 1 da Directiva 89/104/CEE, na redacção resultante do Acordo EEE[12], *opõe-se*

---

[9] Cfr. Ac de 22.06.94 (*IDEAL STANDARD*), cit.. Tal não será porém o caso quando as empresas intervenientes *"pertencerem ao mesmo grupo, como sociedade dominante e subsidiária, se tais empresas formarem uma unidade económica no interior da qual a subsidiária não goza de uma real autonomia na determinação da sua linha de acção no mercado, e os acordos ou práticas tiverem por objectivo estabelecer uma repartição interna de atribuições entre as empresas"* (Ac. de 31.10.1974, *CENTRAFARM.WINTHROP*, CJCE p. 1198).

[10] Instituído pelo denominado *Acordo do Porto*, celebrado em 2 de Maio de 1992 entre os Estados-membros da Comunidade Europeia e os membros da E.F.T.A. (na altura a Áustria, Finlândia e Suécia, que entretanto aderiram à União Europeia, e também a Noruega, a Islândia, o Liechtenstein e a Suiça, a qual todavia acabou por não o ratificar – pelo que o EEE abrange, actualmente, além do território da U.E. alargada, o da Noruega, da Islândia e o do Liechtenstein). Este Acordo prevê, entre outros aspectos, a liberdade de circulação de mercadorias, pessoas, serviços e capitais, bem como a extensão da disciplina comunitária da concorrência. De sublinhar, contudo, que não poderá falar-se aqui de um *mercado comum* alargado, pois não foi adoptada uma pauta aduaneira comum, nem uma política comercial unitária, como sucede com a C.E.. Do mesmo modo, apesar de se prever a adopção, no domínio destas regras, do denominado *acquis communautaire*, ficou claro que as disposições do Acordo não constituem uma *nova ordem jurídica, autónoma e superior à ordem jurídica das partes contratantes*, como salientam GOLDMAN, LYON-CAEN e VOGEL, *Droit Commercial Européen*, 1994, p. 5.

[11] Ac. de 16.07.98 (*SILHOUETTE INTERNACIONAL.HARTLAUER*), Proc. n.° C-355/96, CJCE, p. 4799, em que estava em causa uma exportação de óculos da Áustria para a Bulgária, de uma marca alegadamente de "topo de gama", mas vendidos a preço de saldo, por se tratar de restos de colecção, que vieram a ser reexpedidos para a Áustria, onde uma cadeia lojas de óculos baratos os tentou comercializar.

[12] Cujo art. 65.°/e 3 Anexo XVII, n.° 4, determinam que, *para efeitos do acordo*, o n.° 1 do art. 7.° da Directiva seja adaptado de forma a ler-se, em lugar de *comercializados na Comunidade*, *comercializados no território de uma parte contratante* (Cfr. J.O.C.E. n.°. L 1/483, de 3.1.94).

a disposições nacionais que prevêem o esgotamento do direito conferido por uma marca para produtos comercializados fora do Espaço Económico Europeu sob essa marca pelo titular ou com o seu consentimento. Isto porque, no entender do Tribunal, *cabe interpretar os artigos 5.° a 7.° da directiva como comportando uma harmonização completa das disposições relativas aos direitos conferidos pela marca*, pelo que esta não deixa *aos Estados-membros a possibilidade de prever na sua legislação nacional o esgotamento dos direitos conferidos pela marca para produtos comercializados em países terceiros.*

Isto é, de uma forma surpreendente, o TJCE *rejeitou o esgotamento internacional das marcas*, deixando de reconhecer ao legislador nacional competência para escolher a solução mais adequada deste problema[13].

Significará isto que os titulares de marcas nos Estados-membros da Comunidade passaram, a partir desta decisão, a poder impedir as importações paralelas procedentes de países terceiros? Uma afirmativa categórica seria talvez precipitada, devido à resposta à segunda questão colocada no recurso prejudicial do caso *SILHOUETE*: É que o TJCE declarou que o artigo 7.°, n.° 1 da Directiva *não pode ser interpretado no sentido de que, unicamente com fundamento nesta disposição, o titular de uma marca pode obter uma decisão judicial inibitória da utilização dessa marca por um terceiro para produtos comercializados fora do Espaço Económico Europeu sob essa marca pelo titular ou com o seu consentimento.*

Por outras palavras, se o direito nacional de marcas, no Estado de importação, não atribuir ao titular da marca o poder de impedir as "importações paralelas", a norma da directiva não será base jurídica bastante para fundamentar uma acção inibitória. Ou seja, enquanto não houver normas nacionais que obstem ao "esgotamento internacional" do direito de marca, o titular da marca no país de importação, se quiser demandar o importa-

---

[13] Numa justificação adicional, para além dos argumentos de texto, o Tribunal de Justiça considerou que esta interpretação era a *única capaz de realizar cabalmente a finalidade da directiva, ou seja, salvaguardar o funcionamento do mercado interno. Com efeito, entraves inelutáveis à livre circulação de mercadorias e à livre prestação de serviços decorreriam de uma situação na qual alguns Estados-membros pudessem prever o esgotamento internacional enquanto outros só preveriam o esgotamento comunitário.* E acrescenta, no considerando 31, que o alargamento do esgotamento previsto no artigo 7.° aos países terceiros poderá sempre ocorrer, caso as *autoridades comunitárias competentes* celebrem *acordos internacionais nesta matéria*, sugerindo que esta questão poderá afinal servir de moeda de troca para a negociação de acordos externos.

246 *II Curso de Direito Industrial*

dor, terá que invocar outras normas, se as houver (v.g. a concorrência desleal, ou a responsabilidade civil), mas não poderá prevalecer-se directamente do artigo 7.°, n.° 1 da Directiva. Isto porque, como declarou o Tribunal (contrariando nessa parte as conclusões do Advogado-geral F. JACOBS) *uma directiva não pode, por si só, criar obrigações para um particular e não pode, portanto, ser invocada enquanto tal contra ele.* Por isso, em caso de litígio no tribunal de um Estado-membro, em que haja de se aplicar o direito nacional de marcas, esta directiva servirá unicamente para obrigar o *órgão jurisdicional nacional chamado a interpretá-lo a fazê-lo, na medida do possível, à luz do texto e da finalidade da directiva* (Considerando 36, p. 4834).

O exacto significado e o alcance desta fórmula sibilina são, nesta fase, difíceis de determinar. Parece, simplesmente, que o Tribunal não quis impor subitamente uma alteração tão radical dos direitos nacionais em matéria de esgotamento internacional (até porque uma boa parte dos Estados-membros admite-o...), tendo desta forma deixado uma *margem de manobra* considerável aos tribunais nacionais, quando chamados a decidir um caso deste tipo. Sendo assim, parece claro que o direito positivo dos Estados-membros não poderá doravante acolher a regra de esgotamento internacional [14]. Mas nada impede que, no silêncio da lei, os tribunais nacionais (ponderando todos os elementos disponíveis, incluindo a directiva, mas incluindo também a doutrina e jurisprudência que definiram a função das marcas), venham a denegar, ao titular da marca no país de importação, o direito de impedir a entrada e comercialização de produtos procedentes do exterior do EEE, desde que sejam *genuínos*, isto é, tenham sido colocados em circulação pelo titular ou com o seu consentimento.

Sendo assim, e até melhores dias, temos o seguinte panorama: **Esgotamento *nacional* do direito de marca; esgotamento também no plano *comunitário* e ainda à escala do EEE; o que não poderá haver, aparentemente, é esgotamento no plano *internacional*, ou seja, de países terceiros ao EEE.**

---

[14] Esta conclusão foi já reiterada em acórdão mais recente (de 1.07.99, Proc. n.° C--173/98, *SEBAGO*), em que o Tribunal de Justiça se limitou a repetir as palavras do acórdão *SILHOUETTE*, tendo apenas esclarecido que, *para se verificar o consentimento na acepção do artigo 7.°, n.° 1 desta directiva* [89/104/CEE], *este deve versar sobre cada exemplar do produto para o qual o esgotamento é invocado* (não bastando que o titular haja consentido na colocação de outros exemplares do mesmo produto, ainda que tenham características iguais).

2.3. Esgotamento do direito de patente (à escala comunitária?)

No estado actual da jurisprudência comunitária, a conciliação entre os direitos nacionais de patente (ou de modelos ou desenhos) e as normas do mercado comum rege-se pelos seguintes princípios:

À semelhança do que sucede para as marcas, e de acordo com o entendimento que faz do artigo 36.° (hoje 30.°), o Tribunal declara respeitar a *existência* dos direitos nacionais de patente, sem prejuízo de controlar o seu *exercício*, quando este possa interferir com o funcionamento do mercado comum, designadamente afectando a concorrência ou a liberdade de circulação de mercadorias.

Sendo assim, o *exercício* desses direitos só estará ao abrigo da incidência das normas comunitárias, quando o mesmo releve do *objecto específico* da patente, i.e., do conjunto de prerrogativas do titular reconhecidas como indispensáveis para a realização da função do exclusivo, tal como o Tribunal a concebe: a de permitir ao inventor a remuneração do seu esforço.

Neste núcleo essencial de poderes, o TJCE inclui o direito exclusivo de utilizar uma invenção com vista ao fabrico e primeira colocação em circulação de produtos industriais, bem como o direito de se opor a toda a contrafacção.

Partindo deste pressuposto, e invocando a teoria do esgotamento dos direitos, o Tribunal recusa ao titular da patente nacional o poder de impedir a importação de produtos:

a) Quando esse produtos hajam sido colocados no mercado de outro Estado-membro, por si ou com o seu consentimento, designadamente nos casos em que tal colocação seja obra de um licenciado ou de uma empresa do mesmo grupo.

b) Nos casos em que o produto a importar provenha de um Estado em que o mesmo não é patenteável, desde que aí tenha sido comercializado pelo titular da patente no país de importação, ou com o seu consentimento.

c) Além disso, mesmo quando fabricado por um terceiro, no exterior, ao abrigo de uma patente pertencente a este, o produto poderá ser livremente importado no território coberto pela patente nacional, quando as duas patentes hajam pertencido originariamente a uma única entidade, ou a entidades ligadas entre si, por laços de dependência jurídica ou económica. Por isso, não poderá o cedente opor-se à importação de produtos do cessionário, ou vice-versa.

Em contrapartida, o Tribunal reconhece ao titular da patente o direito de se opor à importação de produtos que:

a) tenham sido fabricados por um terceiro, num Estado em que os mesmos não sejam patenteáveis ou não hajam sido, efectivamente, patenteados; *ou*,

b) tenham sido fabricados por um terceiro, ao abrigo de uma patente estrangeira, originariamente concedida a entidade independente do titular primitivo da patente nacional.

c) Do mesmo modo, poderá ser impedida a importação de produtos fabricados no exterior, por um terceiro, ao abrigo de uma licença obrigatória.

Mesmo nas hipóteses, acima referidas, em que o Tribunal admite a oposição do titular às importações, o reconhecimento dessa prerrogativa dependerá sempre de não se mostrarem violadas as disposições comunitárias em matéria de concorrência [15].

As limitações impostas, ao direito de patente, pela liberdade de circulação de mercadorias e pelas normas da concorrência, não serão aplicáveis senão quando possa ser afectado o funcionamento do mercado comum. Em princípio, tal não ocorrerá nos casos de importações provenientes do exterior da Comunidade, pelo que não são afectados, quanto a estas, os regimes nacionais em matéria de patentes [16].

Sendo assim, os Estados-membros *poderão* estipular a proibição das "importações paralelas" dos produtos patenteados (ou sujeitos a registos de modelo ou desenho), relativamente a produtos provenientes de países terceiros. Ou seja, a jurisprudência "SILHOUETTE" não parece transponível para o domínio das patentes, continuando os Estados-membros a dispor de liberdade de consagrar, querendo, o esgotamento internacional do direito de patente. Isto porque a justificação invocada pelo Tribunal de Justiça naquele caso – a existência de uma harmonização do direito nacio-

---

[15] Cfr. Ac. de 29.02.1968 (*PARKE, DAVIS.PROBEL*), Rec. p. 112 e Ac. de 31.10.1974 (*CENTRAFARM.STERLING DRUG*), Rec. p. 1167.

[16] Esta solução decorre de várias decisões do Tribunal, embora nenhuma delas diga especificamente respeito às patentes. Ainda assim, é hoje um entendimento pacífico. No que respeita às situações que venham a colocar-se no contexto das relações comerciais entre países abrangidos pelo *Acordo do Porto*, admite-se que esta jurisprudência venha também a aplicar-se (dada a aplicação a todo o EEE das normas comunitárias da circulação de mercadorias e da concorrência, que constituem a base de toda a jurisprudência do TJCE em matéria da Propriedade Intelectual).

O *"Esgotamento" do Direito Industrial e as "Importações Paralelas"* 249

nal de marcas – não procede no âmbito das patentes, em que tal harmonização por enquanto não ocorreu[17].

Por este motivo, a questão do esgotamento do direito de patente no caso de importações de países terceiros continuará a reger-se, exclusivamente, pela legislação interna de cada Estado-membro, que poderá rejeitar o esgotamento internacional (solução que me parece preferível), ou consagrá-lo, sem que o Direito Comunitário interfira nessa opção.

Sintetizando o exposto, poderemos traçar, com alguma margem de segurança, o seguinte quadro: **Esgotamento *nacional* do direito de patente; esgotamento também no plano *comunitário* e ainda à escala do EEE; o que poderá haver ou não, consoante a opção do legislador de cada Estado-membro, é esgotamento no plano *internacional*, ou seja, de países terceiros ao EEE.**

3. O ESGOTAMENTO DOS DIREITOS NA JURISPRUDÊNCIA PORTUGUESA

Como é sabido, só com o CPI de 1995 passou a existir em Portugal regulamentação expressa da questão do esgotamento no Direito Industrial, nos termos que já ficaram enunciados.

No domínio do Código anterior, eram muito escassas a doutrina e jurisprudência que aflorassem o tema. Apesar disso, podia citar-se um acórdão do Supremo Tribunal de Justiça [18] que julgou um caso em que se configurava uma situação típica de *importações paralelas*, tendo consagrado uma solução inteiramente concordante, *nos seus resultados*, com a tese do esgotamento internacional do direito da marca. Tratava-se de uma importação, no nosso país, de ciclomotores da marca *Alpino*, provenientes de Itália, onde haviam sido fabricados pelo titular da marca local. Este fabricante italiano havia celebrado com uma sociedade portuguesa um contrato de agência ou representação para Portugal, com exclusivo de venda desses ciclomotores, tendo esta procedido ao registo, no nosso país, da marca comercial *Alpino-Portugal*. Como aquela importação fora promovida por um terceiro, o importador oficial, invocando o direito decor-

---

[17] Já não assim no domínio dos modelos e desenhos industriais, abrangido pela directiva de harmonização n.° 98/71/CE, já referida (o que faz prever que o Tribunal venha a aplicar neste domínio uma solução análoga à do caso "SILHOUETTE").

[18] Ac. de 29 de Maio de 1962, B.M.J. n.°. 117, p. 629 e ss..

rente deste registo, requereu o arresto dos referidos ciclomotores, que haviam sido adquiridos pelo *importador paralelo* a um revendedor italiano. A acção que se seguiu foi julgada improcedente, sucessivamente, pela primeira instância e pela Relação do Porto, em decisões que seriam confirmadas pelo Supremo Tribunal, que fundamentou o seu acórdão, essencialmente, na diversidade de natureza das marcas em questão, e que negou ao distribuidor oficial o direito de se opor àquela importação. Para tal, e entre outros fundamentos, o Tribunal declarou: *no caso dos autos, a recorrida* [o "importador paralelo"] *não assinalou com qualquer marca os produtos italianos que pretendia vender, não contrafez a marca da recorrente nem vendeu ou pôs à venda produtos com marca contrafeita, imitada ou fraudulentamente usada. Limitou-se a importar de Itália ciclomotores já assinalados pela casa fabricante com a sua marca, devidamente registada* (...) *marca a que a recorrida é alheia, que nenhum preceito legal manda retirar dos artigos importados ou vender sem essa marcação de origem. Procedendo assim, a recorrida agiu segundo as normas e os usos do comércio, não estando, por isso, sob a alçada do artigo 217.°. do Código da Propriedade Industrial. Nem praticou qualquer acto que envolva comércio desleal.* Por outro lado, acrescentou-se nesse acórdão, a empresa fabricante, *ao marcar os seus produtos, usa a sua marca, devidamente registada, não usurpa, falsifica ou imita a marca da recorrente.*

Estas considerações dirigiam-se ao núcleo central da questão: Tratava-se, de facto, de *produtos genuínos*, fabricados pelo legítimo titular da marca *Alpino*. E, se era certo que essa marca, em Portugal, pertencia a uma entidade diversa, não deixava por isso de se destinar a assinalar, no nosso país, produtos com a *mesma proveniência*: a fábrica italiana de ciclomotores. Não existia, pois, qualquer risco de confusão quanto à origem dos produtos, já que esta era comum. Dito de outra forma, não era minimamente posta em causa a *função indicativa* da marca do agente português.

Por outro lado, havia que considerar as ligações existentes entre os titulares italiano e português da marca *"Alpino"*, já que este era um agente daquele, e, possivelmente, só teria registado esta marca em Portugal com a anuência do seu representado.

Em resumo, não só era idêntica a *proveniência* dos produtos assinalados pelas duas marcas, como também, entre os respectivos titulares, existiam laços de *dependência jurídica e económica*. Sendo assim, sempre haveria que concluir – também na óptica da doutrina do esgotamento – pela inadmissibilidade da oposição à importação, por parte do titular da marca portuguesa. No respeitante aos produtos colocados em circulação

O *"Esgotamento" do Direito Industrial e as "Importações Paralelas"* 251

pelo fabricante italiano, estariam esgotadas as prerrogativas exclusivas do agente português.

O mesmo acerto na decisão não pode reconhecer-se – já no domínio do novo CPI – a um recente acórdão da Relação de Lisboa [19], que teve artes de decidir de modo *diametralmente* oposto ao que impunham os princípios e as normas, nacionais e comunitárias, que ficaram descritos no texto. Com a particularidade bizarra de o fazer invocando, como apoio doutrinário, uma obra do autor destas linhas em que este tentava – pelos vistos malogradamente... – defender justamente o contrário daquilo que foi decidido [20].

A factualidade em apreço, nesse caso, era relativamente simples: Uma empresa italiana, "De Rigo spa", é titular do registo internacional da marca "Police", para óculos de sol, que se encontra registada em seu nome na generalidade dos países europeus, incluindo a Itália e Portugal, onde vêm sendo comercializados os referidos produtos, sob esse sinal distintivo. No entanto, em Espanha, essa mesma marca está registada em nome de uma outra empresa, "Indústria Mecanotécnica Ópticas de Gestão, SA", totalmente independente da citada empresa italiana, quer do ponto de vista jurídico, quer económico.

Em 1995, foram exportados para Portugal óculos de sol fabricados em Espanha pela referida empresa espanhola, e posteriormente comercializados no nosso país pela empresa "Multiópticas de Gestão, SA" e outras. A titular da marca em Portugal (o fabricante italiano) denunciou criminalmente as empresas que comercializavam em Portugal, com a marca "Police", os óculos fabricados em Espanha, imputando-lhes a prática de um crime de contrafacção, p.p. pelo art. 264.° do Código da Propriedade Industrial.

Realizado o inquérito, o Ministério Público entendeu que não havia indícios de crime, e ordenou o arquivamento dos autos. Reagindo a este despacho, a titular da marca portuguesa requereu abertura de instrução, mas o TIC veio a manter o arquivamento dos autos, confirmando a tese do Ministério Público. Em recurso para a Relação de Lisboa, a titular do registo da marca em Portugal sublinhou que não tinha qualquer relação, jurídica ou económica, com a fabricante dos óculos, em Espanha, e que os óculos vendidos pelas duas empresas tinham proveniências completamente diferentes. De uma forma aliás claríssima, invocou e descreveu

---

[19] Acórdão de 30 de Setembro de 1998 (Recurso n.° 4.236, da 3.ª Secção).
[20] Cfr. *Direito Comunitário e Propriedade Industrial* cit., pp. 231 e 232.

252   *II Curso de Direito Industrial*

as regras comunitárias e nacionais que disciplinam esta matéria, para concluir que *o titular da marca pode opor-se à importação de produtos revestidos de marca idêntica ou confundível* quando, como é o caso, os produtos não provêm desse mesmo titular, mas sim de uma entidade independente.

Apesar disso, o Tribunal da Relação entendeu que não havia qualquer ilícito, pelo menos criminal, na medida em que o uso da marca Police nos óculos comercializados pela denunciada em Portugal foi legal, já que a empresa fabricante tinha registado tal marca e autorizado a Multiópticas a comercializá-la. Ou seja, como a fabricante espanhola tinha registado em seu nome, em Espanha, a marca "Police", então o *fabrico* no território espanhol tinha sido lícito. E a Relação partiu daí para concluir que seria também lícita a *comercialização* desses produtos, não apenas no território espanhol, mas também em Portugal e, possivelmente, em qualquer outro país da Comunidade Europeia. A isso obrigaria, no entender da Relação, a regra comunitária da liberdade de circulação das mercadorias: Se esta mercadoria tinha sido legalmente produzida em Espanha, então deveria poder circular livremente dentro da União.

Por outro lado, a Recorrente estaria enganada ao supor que *a titularidade de uma marca assegura ao seu titular o monopólio da respectiva comercialização*. Por isso, a Relação afirma que, mesmo estando *perante um caso de importação paralela, inexiste qualquer contrafacção ou imitação*. A tal obstaria, nomeadamente, o n.° 1 do art. 208.° do CPI (regra do esgotamento dos direitos), na medida em que *os óculos com a marca "Police" comercializados pela denunciada, em Portugal, são genuínos, sendo certo que tal <u>marca foi devidamente registada</u> (pelo fabricante) <u>e autorizado o seu uso</u> (pelo titular de tal registo)*[21]. E, sendo assim, o recurso foi julgado improcedente, tendo a Relação considerado *completamente fora de questão* promover um recurso prejudicial para o Tribunal de Justiça das Comunidades Europeias, como sugeria a Recorrente, por não se suscitar qualquer questão de interpretação do art. 36.° do Tratado de Roma...

Face àquilo que ficou dito, é manifesto que a Relação de Lisboa incorreu em vários equívocos:

O primeiro terá sido, porventura, o de recusar promover um reenvio prejudicial para o TJCE. Ter-se-ia evitado uma decisão (irrecorrível...), que contraria frontalmente tudo aquilo que esta instância europeia vem decidindo, pelo menos desde 1976, no célebre caso *Terrapin/Terranova*.

---

[21] Sublinhados no original.

O *"Esgotamento" do Direito Industrial e as "Importações Paralelas"*   253

Na verdade, nesse acórdão, o Tribunal de Justiça declarou que o titular de uma marca num dado país *se pode opor à importação* de produtos com essa marca ou marca confundível (mesmo se registadas também no país de origem), desde que as marcas em questão (a dos produtos importados e a dos produtos nacionais) hajam sido criadas, *por titulares distintos e independentes, ao abrigo de legislações nacionais diferentes.*

Entender o contrário agride a essência do próprio direito de marcas: se a marca tem por *função* distinguir produtos em ordem à indicação da sua proveniência, não pode admitir-se que coexistam, num mesmo mercado, produtos congéneres, com origens diferentes e marcas iguais. Isso põe em causa todos os interesses em presença, que o Direito de Marcas visa tutelar: Quer o interesse do titular da marca (que pretende ter um referencial unívoco para atrair os clientes para os seus produtos) quer o dos consumidores (que precisam desse sinal para escolherem, sem equívocos, os produtos que pretendem adquirir).

Tão pouco faz sentido sublinhar, como fez a Relação, que os óculos espanhóis tinham sido legalmente fabricados, ao abrigo de uma marca registada, e posteriormente comercializados com autorização do titular da marca espanhola. Dizer isso, é ignorar o *princípio da territorialidade* dos direitos de propriedade industrial e esquecer o carácter territorial dos direitos de marca: As marcas de registo nacional, aqui em causa (ao contrário do que sucede com as marcas comunitárias), só conferem protecção dentro dos limites do território do Estado que as concede. Por esta razão, a marca portuguesa e a espanhola não são uma mesma e só marca, mas sim duas marcas independentes, pertencentes a empresas diversas, sem qualquer ligação entre si. E o facto de os dois sinais serem iguais ou parecidos não torna igual a proveniência dos produtos, nem torna estes produtos iguais, com a mesma qualidade e características.

Por isso, à luz da lei portuguesa, estes óculos espanhóis não podem beneficiar de qualquer legitimação, pois não foram fabricados ao abrigo da marca registada em Portugal, nem comercializados com autorização do titular da marca portuguesa. Face à lei portuguesa, são produtos contrafeitos, cuja importação e comercialização pode ser impedida pelo titular do registo português.

Outro equívoco da nossa segunda instância foi aplicar neste caso a regra do esgotamento dos direitos, invocando o artigo 208.º do CPI. Como vimos, a colocação de um produto no mercado tem por efeito esgotar o direito do titular relativamente a esse produto. Mas isso acontece apenas quando essa introdução no comércio seja *imputável ao titular* da marca no país em que a questão da licitude se coloca, i.e., ao titular da marca <u>no país da importação</u>. Ou seja, só haverá esgotamento do direito do titular da marca portuguesa se a colocação do produto no mercado estrangeiro foi *efectuada por si próprio*, ou por alguém que tenha agido com o seu *consentimento*.

É isto aliás que resulta de uma leitura atenta do artigo 208.°/1 do CPI: o esgotamento abrange unicamente os produtos comercializados *pelo titular ou com o seu consentimento*. E o "titular" de que a lei fala é, obviamente, <u>o titular do registo da marca em Portugal</u>. Ao considerar que a colocação de um produto no mercado, feita pelo titular da marca espanhola, esgotava o direito relativo à marca portuguesa, a Relação fez uma leitura errada desta disposição, invocando a despropósito a regra do esgotamento e o princípio comunitário da livre circulação de mercadorias, em que tal regra assenta. Quando estão em causa titulares independentes de marcas iguais ou confundíveis, não há esgotamento, e prevalece o direito de marcas, cedendo nesse caso a liberdade de circulação de mercadorias, tal como se previa expressamente no art. 36.° do Tratado de Roma, tão justamente invocado pelo Recorrente vencido. É portanto evidente que, no caso em apreço, não havia qualquer "importação paralela". Como ficou dito, nas importações paralelas a mercadoria importada é *proveniente* da mesma empresa de onde provém a mercadoria comercializada pelos distribuidores "oficiais" no país de importação. Nestas situações, o titular do direito no país de importação e no país de exportação são uma mesma pessoa, ou são pessoas ligadas jurídica ou economicamente. O que não sucedia no caso "Police", em que o fabricante e o importador dos óculos precedentes de Espanha eram completamente estranhos ao titular do registo dessa marca em Portugal. Tratava-se portanto de importações ilícitas, que o tribunal podia e devia ter sancionado.

CONCLUSÃO

Como vimos, a importação paralela é, em princípio, uma prática perfeitamente lícita. E, mesmo quando estejam em causa mercadorias abrangidas por direitos de propriedade industrial, a regra do esgotamento destes direitos obsta a que o respectivo titular impeça a importação e comercialização dos produtos. No entanto, estas conclusões dependem de um pressuposto e de uma condição:

O "Esgotamento" do Direito Industrial e as "Importações Paralelas" 255

A condição, na sequência do acórdão "SILHOUETTE, é que os produtos importados provenham do interior da União Europeia ou do Espaço Económico Europeu. Sendo provenientes do exterior, a regra do esgotamento não deverá aplicar-se, quando esteja em causa um direito de marca (ou, provavelmente, quando se trate de direitos sobre modelos e desenhos industriais), cabendo para já a cada Estado-membro determinar, quanto às patentes, qual o regime aplicável em matéria de esgotamento internacional. Por isso, as importações paralelas de produtos sujeitos a DPI serão lícitas, para aquela jurisprudência, apenas quando ocorram no interior do EEE. Este acórdão veio assim confirmar que a regra do esgotamento dos DPI, para o Tribunal de Justiça, representou apenas um instrumento destinado a conciliar o carácter restritivo daqueles direitos com a liberdade de circulação de mercadorias e da disciplina da concorrência. Ou seja, a adesão a esta regra constituiu mais uma opção "interesseira" (ao serviço da integração europeia) do que uma verdadeira escolha da melhor solução jurídica, no plano dos princípios.

O pressuposto é que estejam em causa *verdadeiras* importações paralelas. Isto é: que um terceiro, independente do titular do direito (v.g. de marca, ou de patente) no país de importação, esteja a vender ou oferecer para venda produtos adquiridos noutro território, e que estes sejam *provenientes* da mesma empresa que mandou fabricar a mercadoria que é comercializada, pelos distribuidores "autorizados", no país de importação. O importador paralelo não é um pirata, pois vende produtos *genuínos*. Mas esta genuinidade só existe quando e na medida em os produtos importados tenham a *mesma origem empresarial* da mercadoria distribuída pelo circuito "oficial". Dito de outra forma, a regra do esgotamento dos direitos só funciona quando a introdução no comércio, no país de exportação, seja *imputável ao titular* do direito no país da importação. Ou seja, a importação só não viola o exclusivo do titular do direito nacional se a colocação do produto no mercado estrangeiro foi *efectuada por si próprio*, ou por alguém que tenha agido com o seu *consentimento*. É isto aliás que resulta de uma leitura atenta dos artigos 99.° e 208.°/1 do CPI: o esgotamento abrange unicamente os produtos comercializados *pelo titular ou com o seu consentimento*. E o "titular" de que a lei fala é, obviamente, o titular do registo da marca ou da patente em Portugal. Não um estranho que tenha um registo "paralelo" noutro território.

E se o princípio do esgotamento dos DPI tem na sua origem uma simples regra de bom senso, limitando as prerrogativas dos titulares ao mínimo necessário para que tais direitos desempenhem a sua função, o mesmo bom senso impõe que se acolha com a maior reserva a recente jurisprudência comunitária em matéria de marcas. Na verdade, esta contradiz os fundamentos de toda a jurisprudência anterior nesse domínio, ao consagrar uma solução incompatível com a função assinalada àqueles sinais distintivos. Sendo assim, e até que surja uma nova inflexão jurisprudencial – que nada teria de inédito, após o célebre acórdão HAG II – terão que ser os tribunais nacionais a valer à Propriedade Industrial, aproveitando a pequena margem de liberdade que o Tribunal de Justiça lhes outorgou, e que poderá servir para ajustar o direito de marcas à função indicativa que estas nunca deixaram de ter.

Porto, 7 de Março de 2000

DIREITO INDUSTRIAL
E TUTELA DO CONSUMIDOR *

por Luís Silveira Rodrigues

Advogado.
Coordenador do Departamento de Estudos
e Apoio ao Consumidor da DECO

SUMÁRIO:

1. Introdução
2. A noção de consumidor
   2.1. Diversas abordagens sobre a noção de consumidor
   2.2. Apreciação
   2.3. A Lei de Defesa do Consumidor Portuguesa
   2.4. Conclusão
3. Direito industrial e tutela dos consumidores
   3.1. O interesse dos consumidores no direito industrial
   3.2. Direitos exclusivos e concorrência desleal. Vantagens e inconvenientes para os consumidores
   3.3. Conclusão
4. O contributo do direito de defesa dos consumidores
   4.1. Os direitos fundamentais dos consumidores. O artigo 60.º da Constituição da República Portuguesa
   4.2. Os direitos à qualidade dos bens e serviços e à saúde e segurança física
   4.3. O direito à informação
   4.4. O direito à protecção dos interesses económicos
5. Conclusão geral

---

* Texto revisto que serviu de base à conferência de 16 de Março de 2000 no Curso de Pós-Graduação de Direito Industrial, 1999/2000, organizado pela Faculdade de Direito de Lisboa e Associação Portuguesa de Direito Intelectual.

1. INTRODUÇÃO

O tema que me cabe tratar é a tutela do consumidor no direito industrial. Importa, pois, saber quem são os consumidores e, consequentemente, que interesses é que são, ou deverão ser, tutelados.

Esta relação consumidor/direito industrial tem sido pouco explorada na doutrina portuguesa e não parece, também, estar nas principais preocupações, quer dos consumidores, quer das suas entidades representativas.

É, por isso, pertinente perguntar se não se tratará de um equívoco falar de tutela do consumidor na propriedade industrial ou se os consumidores andarão distraídos e ainda não se aperceberam dos direitos que, aqui, lhes assistem.

Com efeito, como refere Marie-Christine Piatti [1], em que medida é que os consumidores deverão estar preocupados *"(...) com direitos que – recordemo-lo – dão aos seus titulares monopólios temporários de exploração sobre criações técnicas ou exclusivos sobre sinais distintivos."*

Num instituto em que estão em causa, essencialmente, relações de concorrência, protecção de marcas, inventos etc., será que há tutela do consumidor, será que deve haver?

A concluirmos que há relações estreitas entre o direito do consumo e o direito industrial torna-se necessário analisar se, actualmente, a legislação da propriedade industrial tem ou não em conta os seus interesses e direitos, se tem a preocupação de os proteger, ou pelo contrário, se lhe são indiferentes.

Por fim, analisaremos também se os desenvolvimentos verificados quer na economia, quer no movimento de defesa dos consumidores tiveram os seus reflexos na propriedade industrial quer na legislação em vigor, quer, principalmente, na sua interpretação.

2. A NOÇÃO DE CONSUMIDOR

A defesa do consumidor, embora com raízes mais antigas [2], surge com a industrialização da forma de produção, a *"(...) inovação tecnológica*

---

[1] Marie-Christine Piatti, *"La Circulation des Produits Couverts par un Droit de Propriété Industrielle dans la Jurisprudence de la CJCE"*, Vers Un Code Europeen de la Consommation, Bruylant Bruxelles, 1998, pág. 179.

[2] João Calvão da Silva, *Responsabilidade Civil do Produtor,* Almedina, Colecção teses, 1999, pág. 28.

permite a produção em série de objectos múltiplos, estandardizados e homogéneos." [3] e, como diz K. Marx *"A produção cria, pois, os consumidores"* [4].

Assim a defesa do consumidor parte da constatação de que estes são a parte mais fraca numa determinada relação [5]. Quer porque os profissionais, sejam eles singulares ou colectivos, têm mais meios ao seu dispor, quer porque estão melhor informados sobre o seu negócio, quer porque se encontram numa posição em que é difícil ao consumidor negociar condições diferentes, o consumidor aparece, sempre, como a parte mais desprotegida [6].

Por outro lado, a concepção clássica do Direito, baseada nos princípios da igualdade das partes e da autonomia ou liberdade da vontade privada, não responde a uma relação por natureza desequilibrada.

Aliás, o Pe. António Vieira, no seu famoso "Sermão de Santo António aos Peixes" descreve, saborosamente, esta relação: *"A primeira cousa que me desedifica, peixes, de vós, é que vos comeis uns aos outros. Grande escândalo é este, mas a circunstância o faz ainda maior. Não só vos comeis uns aos outros, senão que os grandes comem os pequenos. Se fora pelo contrário, era menos mal. Se os pequenos comeram os grandes, bastara um grande para muitos pequenos; mas como os grandes comem os pequenos, não bastam cem pequenos, nem mil, para um só grande"* [7].

---

[3] Jorge Pegado Liz, *Introdução ao Direito e à Política do Consumo,* Notícias editorial, 1999, pág. 12.

[4] Citado por Jorge Pegado Liz, *Ob.Cit.,* pág. 12.

[5] No mesmo sentido Laurence Landy, *Le Consommateur Européen: Une Notion Éclatée,* Vers Un Code Europeen de la Consommation, Bruylant Bruxelles, 1998, pág. 57 e João Calvão da Silva, *Ob. Cit.,* pág. 29. Segundo este autor "(...) nas décadas de cinquenta e sessenta do século actual (...) instala-se um acentuado desequilíbrio ou desigualdade de forças entre produtores e distribuidores, por um lado, e consumidores, por outro, que faz sentir a necessidade de defesa dos mais fracos contra os mais poderosos, dos menos informados contra os mais bem informados."

[6] Segundo Carlos Ferreira de Almeida, a autonomia da vontade "(...) é tanto menor quanto menos fortes sejam as condições sociais e económicas dos sujeitos de direito-agentes económicos, de modo a que os mais débeis pouco mais são do que "sujeitos à sujeição" daqueles outros que dispõem dum poder negocial efectivo." (in *Os Direitos dos Consumidores,* Livraria Almedina, Coimbra, 1982, pág. 13).

[7] Pe. António Vieira, *Sermão de Santo António aos Peixes,* Páginas exemplares/1, DIABRIL Editora, Outubro de 1976, pág. 37, imagem sugerida por Mário Tenreiro no Seminário Internacional "A Defesa do Consumidor no I Quartel do Séc. XXI" organizado pela DECO – Associação Portuguesa para a Defesa do Consumidor, por ocasião do seu 25.° aniversário, em 11 e 12 de Fevereiro de 1999, na Cuturgest, em Lisboa.

Por isso, os Estados, sentiram a necessidade de *"(...) elaborar instrumentos jurídicos eficazes (...)"* [8] que procuram diminuir o desequilíbrio contratual existente.

Todos conhecemos a expressão do Presidente Kennedy, *somos todos consumidores* [9], mas, na acepção de que atrás falámos de consumidor como a parte mais fraca num contrato, sê-lo-emos? Será que o elemento distintivo para o definir é ser a parte mais fraca?

Se assim fosse, para saber quem é ou não consumidor e, consequentemente, quem beneficia da legislação protectora do consumidor, não esqueçamos que há actualmente regras especiais aplicáveis apenas aos contratos com consumidores, teríamos que analisar cada relação contratual e verificar quem, naquela relação específica, seria a parte mais fraca. No limite poderíamos chegar à conclusão que uma empresa poderosa mas que negociou mal, por inépcia ou circunstâncias pontuais, um determinado contrato que a desfavorece poderia ser considerada consumidor!? Ou à afirmação de que, por exemplo, nenhum licenciado em Direito poderia ser consumidor uma vez que se presume que tem um conhecimento próximo e profundo dos direitos e deveres que lhe assistem e de como usá-los, pelo que, nunca seria a parte débil.

E quem é a parte mais débil a idosa, produtora, que à porta de sua casa vende limões, ou o comprador, diferenciado, gestor de uma empresa?

2.1. Diversas abordagens sobre a noção de consumidor

A noção de consumidor não é pacífica e tem dividido a doutrina nos diversos países. Não admira, por isso, que sejam diversas as soluções encontradas e que, nem mesmo ao nível comunitário, se encontre uma definição uniforme de consumidor [10].

De comum as várias definições têm o referir-se a pessoas, o consumidor é uma pessoa, discutindo-se se o conceito abrangerá apenas as pessoas singulares ou também as colectivas; e ao uso não profissional dos bens ou serviços por ele adquiridos [11].

---

[8] Laurence Landy, *Ob. Cit.*, pág. 57.

[9] Mensagem do presidente John Kennedy ao Congresso dos EUA, a 15 de Março de 1962.

[10] L. Krämer, *La CEE et la protection du consommateur*, Collection Droit et Consommation, Centre de Droit de la Consommation, 1988, pág. 6.

[11] Carlos Ferreira de Almeida considera que as definições incluem alguns elementos comuns: subjectivo, objectivo e teleológico e outros característicos de concep-

Existem duas concepções principais: a subjectiva e a objectiva. Dentro de cada uma delas é possível encontrar várias diferenças, mas, no essencial, podem agrupar-se desta forma.

A concepção subjectiva, claramente maioritária, defende que o consumidor é uma pessoa física ou moral, que os produtos ou serviços que adquire são destinados a um uso não profissional e que a contraparte é sempre um profissional. Defensores desta concepção são, por exemplo, Thierry Bourgoignie, Jean-Calais Auloy e, entre nós, Carlos Ferreira de Almeida [12].

Segundo esta concepção estariam sempre excluídos da qualidade de consumidor os profissionais, empresas ou comerciantes, embora se admitam pessoas morais que não exerçam uma profissão ou actividade profissional, e as relações entre particulares uma vez que é necessário que uma das partes seja um profissional.

Para a concepção objectiva serão consumidores aqueles que praticarem um acto de consumo, definindo este como "o acto jurídico ou material que, realizando o destino final do bem que é seu objecto, esgota, total ou parcialmente, o seu valor económico e provoca, geralmente, a sua retirada, definitiva ou temporária, do mercado" [13].

Esta concepção permite alargar a qualidade de consumidor às empresas e comerciantes que adquiram produtos ou serviços que não se enquadrem tipicamente na sua actividade, mas, na opinião de alguns alarga exageradamente a noção de consumidor.

2.2. Apreciação

A justificação de uma defesa e protecção especial ao consumidor nasceu, como já foi referido, da constatação da especial debilidade que este tinha perante os profissionais e da incapacidade de o direito clássico responder a esta relação desequilibrada. Parece-me, pois, que não se pode pretender que relações jurídicas que não apresentam estas características sejam qualificadas como de consumo.

O alargamento exagerado da noção ou qualidade de consumidor faz pensar que se encontra no direito dos consumidores uma forma mais justa,

---

ções distintas: elementos (de relação) negocial e elementos (de relação) inter-subjectiva (in *Ob. Cit.*, págs. 208 a 217).

[12] Jorge Pegado Liz, *Ob.Cit.*, págs. 203 e 204.

[13] Marc Fallon in *Les accidents de la consommation et le droit,* citado por Jorge Pegado Liz, *Ob. Cit.*, pág. 208.

262   *II Curso de Direito Industrial*

adequada e equilibrada de regular qualquer conflito. O direito clássico seria, então, não só insuficiente para regular as relações de consumo mas todas as relações jurídicas e o que se pretenderia seria uma alteração muito mais profunda e estrutural do direito. De um direito especial, o direito dos consumidores passaria a direito comum [14].

Não me parece que seja por aí o caminho. Os princípios do direito clássico, igualdade das partes e autonomia ou liberdade da vontade privada, são adequados para regular as relações jurídicas em que efectivamente as partes estejam em igualdade e possam formar a sua vontade livremente.

Tomemos o caso das relações entre particulares. Não faz sentido que à venda de um automóvel entre dois particulares se aplique a legislação específica do consumo. Em princípio as partes estão em condições de igualdade, pelo menos tanto quanto se pode falar em igualdade na sociedade actual; e qualquer um deles pode formar livremente a sua vontade.

E não se diga que se o vendedor em questão, embora vendendo, o seu automóvel particular, tiver como profissão o comércio de automóveis já se verifica uma especial debilidade por parte do comprador pois isso implicaria que um arquitecto ao comprar uma casa ou um mobiliário a um profissional também não fosse consumidor, ou um médico internado num hospital também o não fosse. Por absurdo implicaria que se analisassem as habilitações e experiência profissional de cada interveniente para decidir se há ou não uma relação de consumo.

Nas relações entre profissionais, de um modo geral, também não fará sentido aplicar a legislação de consumo. A debilidade que se verifica na relação entre uma pessoa física e um profissional raramente se verificará entre dois profissionais e quando se verifica normalmente está relacionada com posições monopolistas ou quase monopolistas, com situações de cartelização dos mercados ou de abusos de posição dominante. Para essas situações a lei tem outras respostas, nomeadamente, através da defesa da concorrência.

Não se pode, no entanto, deixar de referir que, por via desta concepção, se pode chegar a alguma incongruência, senão vejamos: um arquitecto que, no exercício da sua actividade, se desloca a Londres de avião

---

[14] No mesmo sentido, João Calvão da Silva, *Ob. Cit.,* pág. 65, segundo o qual "Não se pretende um direito *ex novo*, mas a adaptação e melhoria do direito, sobretudo do tradicional direito das obrigações, designadamente do direito regulador dos contratos, de forma a restabelecer a igualdade das partes rompida pelas mutações sócio-económicas e a tutelar efectivamente a liberdade contratual e o equilíbrio ou justiça contratual."

Direito Industrial e Tutela do Consumidor 263

não é um consumidor, uma vez que adquiriu o bilhete de avião para fim profissional, mas, se se deslocar a Londres de férias, já o é. Trata-se da mesma pessoa que perante o acto que realiza está nas mesmas circunstâncias, ou seja, a debilidade, ou falta dela, é exactamente a mesma.

É, no entanto, importante manter os conceitos dentro da pureza que os originaram e, por isso, apesar da incongruência referida, parece-me que a noção de consumidor deveria ser restringida às pessoas singulares. É nestas e em relação a estas que a debilidade e a incapacidade de resposta do direito se verificam, são elas no seu relacionamento com os profissionais que fundamentam o direito especial de defesa dos consumidores que deverá "iluminar" todas as normas jurídicas que regulem situações em que estejam em causa interesses dos consumidores.

Tem sido esta, aliás, a orientação seguida pela DECO – Associação Portuguesa para a Defesa do Consumidor.

Justificar-se-á talvez alargar este conceito às pessoas morais que não exerçam uma actividade profissional nem tenham um fim económico. Penso, sobretudo, nas associações, com ou sem personalidade jurídica, que se limitam a agregar um conjunto de pessoas físicas com determinados objectivos comuns (ex: associações de idosos, condomínio etc.)

2.3. A Lei de Defesa do Consumidor Portuguesa

Em Portugal a Lei 24/96 de 31 de Julho, Lei de Defesa do Consumidor (LDC), no n.º 1 do seu artigo 2.º, considera consumidor "(...) todo aquele a quem sejam fornecidos bens, prestados serviços ou transmitidos quaisquer direitos, destinados a uso não profissional, por pessoa que exerça com carácter profissional uma actividade económica que vise a obtenção de benefícios." Incluindo no âmbito da lei "(...) os bens, serviços e direitos fornecidos, prestados e transmitidos pelos organismos da Administração Pública, por pessoas colectivas públicas, por empresas de capitais públicos ou detidos maioritariamente pelo Estado, pelas Regiões Autónomas ou pelas autarquias locais e por empresas concessionárias de serviços públicos" [15].

Esta noção de consumidor foi muito criticada e considerada até "(...) um emaranhado de conceitos confusos" [16] dado que parece "(...)

---

[15] Segundo Jorge Pegado Liz "Portugal é um dos raros países cuja ordem jurídica positiva inclui uma definição legal de consumidor", (in *Ob. Cit.*, pág. 185).

[16] Ataide-Ferreira – Pegado Liz, Prefácio ao II Volume da *Colectânea de Legislação Direitos do Consumidor*, DECO 1998, pág. 8.

abranger não apenas as pessoas singulares mas também as pessoas colectivas(...)" [17] "(...) pressupõe uma relação jurídica de consumo(...)" [18] que não define, recorre a "(...) conceitos ambíguos(...)" [19] e a noções que pouco significado têm no direito nacional, como seja a "obtenção de benefícios". [20]

É, no entanto, a noção vigente na nossa lei e é com ela que temos e vamos trabalhar.

Para que alguém seja considerado consumidor é necessário que:

- Seja uma pessoa, a nossa lei não distingue, aqui, se é singular ou colectiva mas a exigência de que os bens se destinem a uso não profissional parece apontar no sentido da exclusão das pessoas colectivas uma vez que os bens e/ou serviços que uma pessoa colectiva adquire e/ou contrata são sempre para uso na respectiva actividade, seja ela principal ou acessória. É este aliás o fundamento para que essas despesas sejam dedutíveis fiscalmente;
- os bens fornecidos, os serviços prestados ou os direitos transmitidos se destinem a uso não profissional;
- quem fornece, presta ou transmite seja uma pessoa, singular ou colectiva que exerça uma actividade económica com carácter profissional;
- essa actividade vise a obtenção de benefícios.

São estes, para a nossa lei, os elementos definidores do consumidor. Não entrarei na análise mais detalhada deste definição porque manifestamente me parece não ter cabimento no presente curso, no entanto, como é facilmente perceptível, esta definição levanta inúmeros problemas de interpretação excluindo situações injustificadamente como sejam aquelas em que o consumidor aparece como vendedor; segundo alguns autores, inclui outras que, a meu ver, não fazem sentido como as pessoas colectivas, e confunde a caracterização da contraparte ao exigir o exercício de uma actividade económica com carácter profissional que vise a obtenção de benefícios.

---

[17] Ibidem.
[18] Ibidem.
[19] Ibidem.
[20] Para uma apreciação mais completa vide Jorge Pegado Liz, *Ob. Cit., Introdução ao Direito...*, págs. 185 a 194.

2.4. Conclusão

Em face do exposto, parece-me que a noção de consumidor deverá ser restringida às pessoas singulares (incluindo, quando muito, as pessoas morais nas condições anteriormente referidas), abranger a aquisição e a venda de bens, a prestação de serviços e a transmissão de direitos, que não se destinem a uso profissional, e que sejam vendidos, adquiridos, prestados ou transmitidos por entidades no exercício da sua actividade profissional, seja ela principal ou secundária.

3. DIREITO INDUSTRIAL E TUTELA DOS CONSUMIDORES

A propriedade industrial é criada para defender a concorrência. Na expressão do artigo 1.º do Código de Propriedade Industrial (DL 16/95 de 24 de Janeiro), "A propriedade industrial desempenha a função social de garantir a lealdade da concorrência pela atribuição de direitos privativos (...), bem como pela repressão da concorrência desleal."

A lealdade da concorrência é, assim, garantida por duas vias, uma preventiva, a atribuição de direitos privativos, e outra repressiva, a concorrência desleal [21].

Mas, o que é a lealdade da concorrência, a quem é que ela interessa? Ao consumidor interessará a concorrência?

3.1. O interesse dos consumidores no direito industrial

Quando surgiu, a propriedade industrial não foi concebida, desenhada tendo em conta os interesses ou os direitos dos consumidores. Não foi para os defender que foi criada mas sim, para proteger os interesses dos grandes industriais estabelecidos, para os proteger dos *outsiders* [22].

Como diz Carlos Ferreira de Almeida: "(...) os regimes percursores foram ditados sem referência aos interesses dos consumidores.", e acres-

---

[21] Segundo Miguel J. A. Pupo Correia, "A defesa da lealdade de concorrência e dos legítimos interesses das empresas comerciais com ela relacionadas é obtida, em via preventiva, através da criação, concessão e protecção de direitos privativos sobre determinados elementos objectivos de carácter imaterial, integrantes do estabelecimento comercial (...)" (in *Direito Comercial,* 6.ª Edição, EDIFORUM, 1999, pág. 282).

[22] M. Nogueira Serens, *A Proibição da Publicidade Enganosa: Defesa dos Consumidores ou Protecção (de alguns) dos Concorrentes?*, Separata do Boletim de Ciências Económicas, volume XXXVII, Coimbra, 1994, 1 e 2.

centa "As normas históricas sobre a concorrência reportam-se a sujeitos de dois tipos, mas o primeiro (as empresas) são sujeitos que sujeitam e o segundo (os consumidores) sujeitos que se sujeitam."[23].

Mas, os desenvolvimentos verificados quer na economia, quer no movimento de defesa dos consumidores que levaram ao surgimento de legislação específica de tal modo vasta que hoje se discute se o Direito do Consumo será um ramo de direito autónomo[24] e de correntes doutrinárias e jurisprudênciais tendentes a atenuar o desequilíbrio existente entre consumidores e industriais e comerciantes, tiveram também os seus reflexos na propriedade industrial[25], mais em países como a Alemanha e menos em países como Portugal.

Por isso, é hoje pacífico para muitos autores que as regras de lealdade da concorrência têm uma tripla função: proteger os interesses dos concorrentes, o funcionamento do sistema e os interesses dos consumidores[26].

Por outro lado, é também pacífico afirmar-se que a livre concorrência é a melhor forma de o consumidor ver os seus interesses protegidos uma vez que o livre jogo da oferta e da procura (devidamente regulado) levará à obtenção de maior escolha, melhor qualidade e mais baixo preço.

Os objectivos supra enunciados, são, efectivamente, os que interessam ao consumidor mas, só e enquanto estes objectivos forem prosseguidos é que a concorrência lhe interessa.

Se assim não for e a tão falada globalização da economia com as políticas de concentrações a que diariamente assistimos leva-nos a pensar que, já hoje, em muitos casos, assim não é, para o consumidor a concorrência deixa de ser um bem a prosseguir.

Mas, enquanto ela existir e, até para que ela exista, é importante que seja leal. Daí que a lealdade da concorrência seja importante para o consumidor, até um certo ponto – uma vez que não é difícil encontrarmos exemplos, até no nosso quotidiano, em que não é do interesse dos consumidores a protecção, por exemplo, das marcas.

---

[23] Carlos Ferreira de Almeida, *Ob. Cit.*, págs. 72 e 74.

[24] Jorge Pegado Liz, *Ob. Cit., Introdução ao Direito...*, págs. 262 e sgs.

[25] Segundo Luís M. Couto Gonçalves, "A tendência doutrinária actual é no sentido da defesa do chamado modelo social da concorrência segundo o qual a disciplina do instituto não visa, exclusivamente, a satisfação dos interesses dos concorrentes, mas também a satisfação dos interesses dos consumidores e da economia em geral." (in *Direito de Marcas*, Almedina, Janeiro de 2000, pág. 182).

[26] No mesmo sentido António de Macedo Vitorino, *Visão Integrada da Concorrência desleal*, in *Concorrência Desleal*, págs. 132 e 133, Almedina, 1997.

A questão é, assim, mais de se saber se a referida tutela dos interesses dos consumidores, através da defesa da concorrência e da sua lealdade, é real ou se os seus interesses são secundária e reflexamente tutelados e apenas quando coincidem com os dos concorrentes.

É necessário distinguir o que efectivamente visa tutelar os interesses dos consumidores e o que, podendo até protegê-los indirectamente, visa defender os titulares dos direitos exclusivos.

Uma abordagem possível é afirmar que, no final, o mercado (os consumidores) é que decide quem é o melhor, ou, como afirma Carlos Olavo "A concorrência caracteriza-se pela possibilidade de flutuação de escolha por parte dos consumidores"[27].

Neste sentido diríamos que efectivamente os interesses dos consumidores encontram protecção directa na propriedade industrial. O que não me parece corresponder à realidade[28]. Com efeito, a soberania do consumidor é cada vez mais aparente. O desenvolvimento do marketing e da publicidade, o apuramento de técnicas cada vez mais sugestivas e agressivas limitam a liberdade de escolha do consumidor[29]. As necessidades deste são-lhe artificialmente criadas e as suas escolhas são ditadas pela eficácia dos métodos publicitários. Por outro lado, a própria política de concentração de empresas e, muitas vezes, a dificuldade em provar a existência de divisão estratégica de mercados entre empresas supostamente concorrentes acarretam para o consumidor uma escolha limitada, uma qualidade duvidosa e preços artificialmente elevados. Por fim "o melhor", para o consumidor é um conceito vago, pelo que já se disse "o melhor" às vezes é o único a que o consumidor tem acesso, outras vezes depende de consumidor para consumidor, "o melhor" pode ser o que apresenta produtos ou serviços de melhor qualidade, mas também pode ser o que apresenta uma melhor relação qualidade/preço.

Outra abordagem possível, situando-se no extremo oposto, é afirmar-se que os consumidores não encontram qualquer tipo de protecção

---

[27] Carlos Olavo, *Concorrência desleal e direito industrial,* in *Concorrência Desleal*, pág. 54, Almedina, 1997.

[28] Segundo Oliveira Ascensão referido por Luís M. Couto Gonçalves, *Ob. Cit.,* pág. 182, os interesses dos consumidores na propriedade industrial são apenas mediatamente protegidos.

[29] Segundo Manuel C. Ataíde Ferreira "(...) andam enganados os que pensam que existe publicidade sem algum engano, mesmo impondo a lei que esta não seja enganosa." (in *O Consumidor e a Publicidade*, Comércio, Sector Chave, Economia e Prospectiva, Vol. II, n.º 1, Abril/Junho 1998, Ministério da Economia, pág. 136.

na propriedade industrial e que esta visa apenas proteger os interesses dos concorrentes e o funcionamento do sistema. Também não me parece seja verdade. Mesmo no regime jurídico português da propriedade industrial, que não está tão evoluído como, por exemplo o alemão ou mesmo, nalgumas situações, o inglês, se nota uma evolução relativamente aos regimes jurídicos iniciais. A possibilidade das associações de consumidores se constituírem como assistentes nos processos de concorrência desleal, embora muito limitada, a proibição do uso enganoso da marca, entre outras, representam alguma evolução no sentido de considerar os interesses dos consumidores [30].

Que interesse têm então os consumidores na defesa da concorrência e da sua lealdade?

3.2. Direito exclusivo e concorrência desleal. Vantagens e inconvenientes para os consumidores

A atribuição de direitos privativos tem essencialmente três vantagens para os consumidores:

- A primeira, é que permitiu e permite o investimento na investigação e, consequentemente, embora não exclusivamente, o alargamento da escolha, a melhoria da qualidade e até, nalguns casos, uma maior racionalização dos meios com a consequente redução dos preços;
- A segunda, é que permite a distinção dos produtos e/ou serviços o que facilita a escolha e a garantia de que o titular de tais direitos se responsabiliza pelo seu uso não enganoso;
- A terceira, é que pode funcionar como uma garantia de qualidade (ou falta dela), permitindo também, assim, ao consumidor exercer a sua escolha através da experiência ou conhecimento que tem de determinado produto e/ou serviço.

Aliás, se analisarmos, por exemplo quanto às marcas, as funções que lhes são inerentes: função distintiva, função de garantia de qualidade e

---

[30] Segundo Luís M. Couto Gonçalves a proibição do uso enganoso da marca para além proteger os interesses dos consumidores protege, em simultâneo "(...) os interesses dos concorrentes impedindo com a constituição e-ou o uso da marca enganosa vantagens indevidas e desleais ao respectivo titular." (in *Direito de Marcas*, Almedina, Janeiro de 2000, págs. 181 e 182).

Direito Industrial e Tutela do Consumidor 269

função publicitária[31-32], podemos concluir que, qualquer delas, se usada de forma não enganosa, pode ser importante para os consumidores permitindo-lhes uma formação da vontade mais esclarecida e consequentemente uma maior liberdade de escolha.

Com efeito, a função distintiva permite ao consumidor distinguir um produto do outro pela sua origem e saber que o titular da marca se responsabiliza pelo seu uso não enganoso. A escolha do consumidor pode, assim, ser fundamentada pois pode escolher ou preterir um produto ou serviço consoante a informação que tem sobre a respectiva marca.

A função de qualidade, garante, embora de forma indirecta, já que o faz "(...) por referência a uma origem não enganosa."[33], a qualidade dos produtos ou serviços, permitindo ao consumidor, pela sua experiência anterior ou conhecimentos que tenha sobre a marca, optar ou preterir um determinado produto e/ou serviço. A marca de certificação, por sua vez e por maioria de razão, pode também ser importante para a escolha do consumidor, como refere Alberto Francisco Ribeiro de Almeida "O interesse do consumidor é tutelado pela informação qualificada que lhe é fornecida por este tipo de marca."[34]

A função publicitária, a menos interessante para o consumidor, que não se verifica em relação a todas as marcas mas apenas em relação àquelas que tenham força para promover os produtos ou serviços, potencia a divulgação desses produtos e/ou serviços o que poderá ser um elemento importante para a escolha do consumidor uma vez que o que não se conhece, não existe.

Na disciplina da concorrência desleal, o interesse dos consumidores é a defesa da concorrência, com os limites supra referidos, e a punição de

---

[31] Luís M. Couto Gonçalves considera que a marca tem uma função essencial, a função distintiva, uma especial, a de garantia de qualidade dos produtos e serviços e uma complementar a função publicitária (in *Ob. Cit.*, págs. 17 a 30).

[32] No mesmo sentido António Côrte-Real Cruz, *"O conteúdo e extensão do direito à marca: a marca de grande prestígio"* Conferência proferida em 13 de Maio de 1999 no Curso de Pós-graduação de Direito Industrial organizado pela Faculdade de Direito de Lisboa e pela Associação Portuguesa de Direito Intelectual.

[33] Luís M. Couto Gonçalves (in *Ob. Cit.*, pág. 23).

[34] Segundo este autor a marca de certificação não foi inicialmente concebida para proteger os interesses dos consumidores, mas tutela-os dado que "A confiança do consumidor resulta do controlo e da disciplina a que está sujeita a aposição desta marca, não é unicamente uma crença. (in *Denominação de Origem e Marca*, Boletim da Faculdade de Direito, Studia Iuridica, 39, Universidade de Coimbra, Coimbra Editora, 1999, págs. 366 e 367.

determinados comportamentos que, pela sua deslealdade, possam prejudicar a sua formação da vontade e a liberdade de escolha.

A outra face do problema são as desvantagens, os inconvenientes ou limitações que os consumidores encontram na disciplina da propriedade industrial.

Ao contrário do que seria o interesse dos consumidores a atribuição de direitos privativos pode funcionar como protecção dos concorrentes dominantes constituindo, assim, um entrave à entrada no mercado de novos concorrentes.

Pense-se por exemplo no registo de marcas apenas para impedir os potenciais concorrentes de utilizarem um sinal distintivo com impacto, o que, aliás, aconteceu recentemente em Portugal no sector das telecomunicações, Com ou sem intenção, o operador dominante registou uma marca (poucos) dias antes de um futuro concorrente. Marca que não usou e registo do qual o concorrente só teve conhecimento quando tinha já a decorrer toda a sua campanha publicitária. O problema acabou por ser resolvido embora se desconheça o teor das negociações e o novo concorrente ainda não tenha conseguido registar a sua marca.

Por outro lado, os consumidores pagam, habitualmente, mais caros os produtos de marca, sem que, nalgumas situações haja justificação para tal. É do conhecimento público, e o BEUC – Bureau Européen des Unions des Consommateurs fez estudos pormenorizados sobre este assunto, que, se um consumidor pretender comprar todas as peças que compõem um veículo automóvel este, sem entrar em linha de conta com o preço da mão--de-obra, fica muitíssimo mais caro do que se comprar o automóvel novo e pronto a circular.

Mesmo nas reparações automóveis é da experiência geral que a compra de uma peça na marca custa muito mais caro do que num estabelecimento independente, sendo que, muitas vezes o fabricante é o mesmo e o produto é exactamente igual, a diferença está apenas no invólucro, um ostenta a marca e o outro não. Outro exemplo, é ilustrado, nos hipermercados, pelos produtos brancos e pelas marcas próprias cuja única diferença reside no preço e no invólucro que não ostenta a marca do produtor e do fabricante (esta situação, por sinal, levanta outros problemas para os consumidores mas que saem do âmbito deste curso).

Quanto à disciplina da concorrência desleal o consumidor encontra ainda menor protecção. Com efeito, as várias situações aí previstas raramente tutelam os interesses dos consumidores, visam mais a defesa dos concorrentes e até da economia em geral do que os consumidores. Nesta matéria os interesses dos consumidores são reflexamente protegidos e

Direito Industrial e Tutela do Consumidor 271

apenas quando coincidem com os dos concorrentes. No mesmo sentido afirma Oliveira Ascensão "Os actos contra o consumidor não são por si actos de concorrência desleal, na ordem jurídica portuguesa. A pretensão de que é desleal a concorrência "feita nas costas do consumidor" não é aceitável tal e qual."[35]

3.3. Conclusão

Em face do exposto, parece-me forçoso concluir que os interesses dos consumidores só encontram na propriedade industrial uma tutela secundária, subordinada aos interesses dos concorrentes e da economia em geral. Mas, isto não significa que aos consumidores não interesse este instituto. Esta constatação serve apenas para relativizar e hierarquizar a questão. Serve também para tomar consciência de que o direito industrial, pelo menos em Portugal, ainda tem muito que evoluir e que se libertar de concepções ultrapassadas pela evolução da economia e do próprio direito.

Infelizmente, a proposta de novo Código de Propriedade Industrial apresentada pelo Governo anterior (e que se espera que este Governo altere profundamente) vem ao arrepio da evolução doutrinal, nomeadamente, no que aos direitos dos consumidores diz respeito como sumariamente demonstrarei.

Com efeito, por um lado, relativamente ao disposto no artigo 260.° do actual Código de Propriedade Industrial descriminaliza-se a concorrência desleal que passa a ser um ilícito contra-ordenacional e mais limitado do que o do código actualmente em vigor, por outro lado, deixa de se fazer qualquer referência expressa à publicidade que é, talvez, um dos principais meios de violação dos direitos dos consumidores e de deslealdade na concorrência, por fim, restringiu-se o elenco de entidades que se podem constituir como assistentes.

Questão diferente é saber se os consumidores, com estas alterações, se encontram mais desprotegidos.

A descriminalização da concorrência desleal vem no sentido do que a doutrina já apontava[36] e das dúvidas que se levantavam, nomea-

---

[35] J. Oliveira Ascensão, *O Princípio da Prestação: Um Novo Fundamento para a Concorrência Desleal?*, in *Concorrência Desleal*, pág. 29, Almedina, 1997, segundo este autor "São porém de concorrência desleal os actos lesivos dos consumidores que ponham em causa a genuinidade da escolha por parte deste. Justamente porque então é o princípio da prestação que é atingido."

[36] Entre outros, Adelaide Menezes Leitão, *A Concorrência desleal e o direito da publicidade*, in *Concorrência Desleal*, pág. 152, Almedina, 1997.

damente, quanto à inconstitucionalidade da norma constante do actual artigo 260.º.

Analisada em abstracto não levantará grandes problemas para os consumidores, não tem sido a criminalização de determinados comportamentos que tem levado a que estes se não verifiquem e a aplicação de uma coima pode ser bem mais eficaz.

A questão reside mais quer nos montantes das coimas, ridiculamente baixos para o que está em causa, quer na inércia e cumplicidade das nossas autoridades fiscalizadoras e reguladoras que, por exemplo, só muito raramente aplicam as sanções acessórias previstas, e na prática dos tribunais que, com grande frequência, ainda diminuem, em sede de recurso, o montante da coima aplicada.

Só por isto é que esta descriminalização suscita dúvidas aos consumidores. Se a situação já é, actualmente, complicada, assistindo os consumidores diariamente ao atropelo das mais elementares regras de lealdade, especialmente, em sectores muito competitivos, como seja o das telecomunicações e o do neófito comércio electrónico, com esta proposta e com as coimas previstas não é difícil pensar-se que se irá complicar ainda mais.

A exclusão de uma referência expressa à publicidade no elenco ilustrativo dos actos que constituem concorrência desleal pode significar uma menor protecção do consumidor.

Com efeito, o actual Código da Publicidade (DL 330/90, de 23 de Outubro, com as sucessivas alterações) sujeita esta actividade aos princípios da licitude, identificabilidade, veracidade e respeito pelos direitos dos consumidores (artigo 6.º). Proíbe a publicidade enganosa (artigo 11.º) e limita a publicidade comparativa (artigo 16.º). As coimas previstas para as infracções a este diploma são, embora ainda baixas se compararmos com os meios disponíveis e benefícios obtidos pelos prevaricadores, mais elevadas dos que as previstas no projecto de Código de Propriedade Industrial.

No entanto, a publicidade mesmo não sendo enganosa pode consubstanciar um acto de concorrência desleal prejudicial para os consumidores e, por isso, faz sentido manter uma referência nesse âmbito[37].

Para o consumidor esta solução tem ainda o inconveniente de retirar do âmbito da entidade reguladora de um determinado sector, quando exista, a possibilidade de actuar nesse mercado quando a publicidade enganosa ou comparativa constituísse concorrência desleal. Suponhamos o exemplo

---

[37] No mesmo sentido, Adelaide Menezes Leitão, *Concorrência desleal e direito da publicidade*, in *Concorrência Desleal*, pág. 152, Almedina, 1997.

Direito Industrial e Tutela do Consumidor

seguinte e que é real, no sector das telecomunicações uma empresa determinada A resolveu publicitar os seus preços sem incluir o imposto sobre o valor acrescentado (IVA), todas as suas concorrentes reagiram criticando a referida publicidade mas, na campanha seguinte, não houve uma que não seguisse o (mau) exemplo com o fundamento de que a publicitação de preços sem IVA, de que o consumidor se não apercebia até porque a menção "Preços sem IVA" se encontrava em letras minúsculas, por parte de uma operadora iria induzir aquele em erro. A DECO, quando da campanha publicitária inicial, denunciou esta situação ao Instituto do Consumidor que é a entidade competente para a instrução dos processos contra-ordenacionais, com fundamento de que se trava de publicidade enganosa e ao Instituto das Comunicações de Portugal, como entidade reguladora do sector, e à Direcção Geral de Comércio e Concorrência com fundamento já não na publicidade enganosa que não é das suas respectivas competências mas sim no facto de que esta prática consubstanciaria um acto de concorrência desleal o que levaria a que os restantes operadores adoptassem igual comportamento prejudicando, deste modo, os interesses dos consumidores.

A limitação das entidades que se podem constituir como assistentes não atinge os consumidores uma vez que as suas organizações representativas o poderão sempre fazer mesmo que não tenham interesse directo na causa, de acordo o disposto na alínea *m*) do número 1 do artigo 18.º da Lei de Defesa do Consumidor (Lei 24/96 de 31 de Julho).

Assim, o instituto da propriedade industrial se, actualmente, tem pouco em conta os interesses dos consumidores, no futuro, a manter-se a proposta actual, severamente criticada por vários sectores, ainda terá menos.

4. O CONTRIBUTO DO DIREITO DA DEFESA DOS CONSUMIDORES

Mas significa isto que os consumidores estão desprotegidos no âmbito da propriedade industrial?

Penso que não. Até agora analisámos o normativo legal numa perspectiva tradicional sem ter em conta o contributo específico que, ao nível da interpretação, a vasta legislação de defesa dos consumidores traz.

João Calvão da Silva diz que "(...) o direito de protecção do consumidor é uma diagonal que tange várias disciplinas jurídicas(...)" [38] e,

---

[38] João Calvão da Silva, *Ob. Cit.,* pág. 69.

neste sentido, a propriedade industrial é uma delas. Ou seja, é necessário interpretar a disciplina da propriedade industrial através do "olhar" deste direito de protecção do consumidor, através do contributo que ele trouxe para a análise da relação de consumo.

Aliás, de uma forma geral falar dos direitos do consumidor numa determinada área pressupõe propor a quem nos ouve ou lê que foque o seu olhar num aspecto diferente do até então, permitindo, dessa maneira, ver uma realidade que já lá estava presente mas, para a qual a nossa atenção ainda não estava desperta.

Os direitos dos consumidores fazem parte do elenco dos direitos fundamentais consagrados constitucionalmente e estão inseridos no título referente aos direitos económicos (art. 60.º da Constituição da República Portuguesa – CRP). Encontram-se definidos na Lei de Defesa do Consumidor (LDC), já referida, e em diversa legislação dispersa. Para os efeitos deste curso interessar-nos-ão principalmente a LDC e o Código da Publicidade.

4.1. **Os direitos fundamentais dos consumidores. O art. 60.º da Constituição da República Portuguesa**

A constituição consagra, no seu art. 60.º n.º 1, o direito dos consumidores:

* à qualidade dos bens e serviços;
* à protecção da saúde, da segurança;
* à formação e à informação;
* à protecção dos seus interesses económicos;
* à reparação dos danos

direitos esses constantes das alíneas *a)* a *f)* do art. 3.º da LDC e desenvolvidos, respectivamente, nos arts. 4.º a 9.º e 12.º do mesmo diploma legal.

No seu n.º 2 o art. 60.º da CRP proíbe todas as formas de publicidade oculta, indirecta ou dolosa, matéria tratada no art. 7.º, n.ºs 4 e 5 da LDC e nos arts. 6.º a 25.º-A do Código da Publicidade.

O enquadramento sistemático deste direitos na Constituição é, por si, bastante esclarecedor da importância que eles adquiriram, da concepção que lhes está subjacente e do efeito enquadrador que se pretende que tenham [39].

---

[39] Para um maior desenvolvimento sobre o enquadramento sistemático dos direitos dos consumidores na Constituição v. Jorge Pegado Liz, *Ob. Cit. Introdução ao Direito...*,

Com efeito, eles "iluminam" quaisquer relações em que estejam em causa direitos dos consumidores e, em consequência, também as da propriedade industrial.

Assim sendo, vamos analisar como é que o instituto da propriedade industrial responde à defesa destes direitos.

4.2. Os direitos à qualidade dos bens e serviços e à saúde e segurança física

Diz a LDC (art. 4.º n.ºs 1 e 2) que quaisquer bens ou serviços destinados ao consumo têm que:

- ser aptos a satisfazer os fins a que se destinam e produzir os efeitos que se lhes atribuem;
- segundo as normas legalmente estabelecidas, ou, na falta delas, de modo adequado às expectativas do consumidor;
- estando o fornecedor de bens móveis não consumíveis obrigado a garantir o seu bom estado e o seu bom funcionamento por período nunca inferior a um ano.

A previsão desta norma, muito diferente da dos arts. 913.º e sgs. do Código Civil referente à venda de coisas defeituosas, implica uma noção de qualidade mais exigente e que é aferida, em última instância, pelas expectativas do consumidor, até porque as normas legais poderão ser insuficientes ou inadequadas.

Esta disposição impede que sejam fornecidos ou prestados bens ou serviços sem qualidade, Não se trata de uma questão de graduação da qualidade, não se fala em má qualidade ou inferior qualidade, mas sim, em existência de qualidade. Qualquer bem ou serviço para que possa estar presente no mercado tem que ter qualidade, ou seja, tem que realizar os fins a que se destina e produzir os efeitos que se lhe atribuem.

---

págs. 73 a 77. São principalmente de referir dois excertos destas páginas, por um lado, a justificação da proposta do Partido Socialista em que se diz a determinada altura "Digamos que o que interessa aqui é afirmar o direito dos consumidores face à produção, ao comércio, etc. (...)", por outro lado, as declarações do deputados do CDS, Nogueira de Brito, "Nós entendemos que os direitos dos consumidores constituem, aliás, um dos pilares sobre os quais assentamos todo o nosso modelo de organização económica e que, nessa perspectiva, uma disposição deste tipo não deve estar inserida apenas no conjunto das normas de natureza organizacional, mas também nos direitos económicos e sociais, como parte dos direitos fundamentais."

Não pode, por exemplo, ser apresentada no mercado uma máquina de lavar a roupa que não a lave. Mas já podem existir no mercado máquinas de lavar roupa de diferente qualidade, com diversos programas consoante o tipo de roupa, como maior ou menor poupança de energia, com maior ou menor desgaste da roupa.

Aliás, as opções dos consumidores não são ditadas apenas pela qualidade. Se analisarmos os teste comparativos das revistas de consumidores, como é o caso da PROTESTE ou da DINHEIRO & DIREITOS, revistas da DECO, verificaremos (não em todas porque há revistas que não seguem estes critérios) que há várias classificações, melhor do teste, escolha acertada, escolha económica etc.. A classificação de escolha acertada e de escolha económica são atribuídas com base numa determinada relação entre a qualidade do produto e/ou serviço e o seu preço.

Da mesma maneira não pode ser fornecido um programa de computador, seja ele à medida ou standardizado, que não realize as funções para que foi concebido. Um "software" que falhe com grande frequência ou que apresente "bugs" que impedem a realização do seu fim não pode ser disponibilizado no mercado.

A velha teoria que o mercado (os consumidores) fazem a selecção entre os vários concorrentes, escolhendo os melhores em detrimento dos piores, deixa de poder ser invocada com a existência deste preceito legal. Abaixo de um determinado nível os produtos e/ou serviços nem sequer podem ser apresentados ao consumidor.

Ora, à luz deste direito à qualidade ganham um novo sentido quer a previsão geral do art. 260.° do Código de Propriedade Industrial (CPI) quer a sua alínea e) quando se refere a "(...) falsas descrições ou indicações sobre a(...) qualidade e utilidade dos produtos e mercadorias."

Com efeito, não podendo estar no mercado produtos sem qualidade, a sua presença consubstancia um "(...) acto de concorrência contrário às normas e usos honestos (...)" e a sua apresentação como realizando um fim que, em verdade, não realiza, é uma falsa descrição sobre a qualidade ou utilidade daquele produto. Assim, partindo do pressuposto que se preenchiam os restantes requisitos – intenção de causar prejuízo ou obter para sim um benefício ilegítimo – tal acto seria de concorrência desleal.

Como ensina Oliveira Ascensão "A concorrência repousa assim em dois pilares:

– a objectividade, ou autenticidade, da oferta;
– a liberdade, ou genuinidade, da escolha."[40].

---

[40] J. Oliveira Ascensão, *Ob, Cit.,* pág. 9.

Direito Industrial e Tutela do Consumidor 277

O que está aqui em causa não é a possibilidade de indução em erro do consumidor mas sim as características intrínsecas do próprio produto. São estas características que impossibilitam que o produto seja disponibilizado no mercado. Ele não tem qualidade, pelo que é afectada a objectividade da oferta.

Pode até o acto de concorrência não ser susceptível de induzir em erro o consumidor, porque notório, o importante é que o produto em causa não realiza os fins a que se destina nem produz os efeitos que se lhe atribuem.

Este acto afecta, assim, a prestação do operador económico que apresenta o produto. Como refere Oliveira Ascensão "A vitória será da prestação tal como a conseguiu apresentar, pelo recurso às armas normais do mercado.",[41] ora, no caso em apreço, não há "recurso às armas normais do mercado" quando a prestação consiste na apresentação de um produto sem qualidade, logo insusceptível de ser disponibilizado aos consumidores.

E o mesmo se diga, *mutatis mutandis,* acerca do direito à protecção da saúde e da segurança física previsto no n.° 1 do art. 5.° da LDC que proíbe "(...) o fornecimento de bens ou a prestação de serviços que, em condições de uso normal ou previsível, incluindo a duração, impliquem riscos incompatíveis com a sua utilização, não aceitável de acordo um **um nível elevado** de protecção da saúde e da segurança física das pessoas." (negrito e sublinhado meu).

Sou de opinião que, nestes casos, encontramos, efectivamente actos de concorrência desleal. Não porque o pressuposto da concorrência seja "que vença o melhor" no que se concorda com Oliveira Ascensão quando afirma "O lema não pode ser portanto: que vença o melhor. Seria traduzido mais correctamente por: *que vença quem vencer.*"[42] mas sim porque o fornecimento de bens deste tipo ou a prestação de serviços deste género são proibidos, estão fora de circulação no mercado, pelo que a sua apresentação é contrária às normas e usos honestos do respectivo ramo da actividade económica, para além, de conter falsas informações ou indicações sobre a qualidade e utilidade do produto.

Acresce ainda que para além da proibição do n.° 1 do art. 5.° da LDC o Código da Publicidade, no seu art. 12.° proíbe a publicidade que atente contra os direitos do consumidor – o que aconteceria se se publicitassem bens ou serviços sem qualidade ou que pusessem em causa a saúde ou segurança física do consumidor – e no seu art. 13.° n.° 1 proíbe

---

[41] Ibidem, pág. 13.
[42] Ibidem.

"(...) a publicidade que encoraje comportamentos prejudiciais à saúde e segurança do consumidor (...)", o que permite, caso houvesse publicidade dos produtos e/ou serviços supra referidos, enquadrar tais actos na alínea e) do art. 260.° do CPI ao referi-se a "reclamos dolosos". Nestas situações, ao contrário, já seria afectada a genuinidade da escolha.

Como afirma Ataíde Ferreira "O importante é que neste diálogo entre o Consumidor e a Publicidade (...) se consiga que, no sortilégio e no encanto da imagem, mensagem e cores que nos são propostos, a liberdade e a dignidade da pessoa humana não sejam beliscadas." [43]

4.3. O direito à informação

Os arts. 7.° e 8.° da LDC regulam o direito à informação. Os n.os 4 e 5 do art. 7.° definem os princípios a que deve obedecer a publicidade e que são desenvolvidos nos arts. 6.° e sgs. do Código da Publicidade.

São quatro esses princípios: licitude, identificabilidade, veracidade e respeito pelos direitos dos consumidores, dos quais nos referiremos apenas ao último (*the last but not the least*) regulado nos arts. 12.° e 13.° do Código da Publicidade, conforme referido supra.

A obediência a este princípio obriga a "(...) assegurar ao consumidor uma total liberdade de escolha, para que este possa aperceber-se das qualidades intrínsecas dos produtos e avaliar a relação custo/benefício dos mesmos." [44] e tem como consequência que qualquer tipo de publicidade que viole algum dos direitos dos consumidores é proibida.

Assim, este tipo de publicidade consubstancia um acto de concorrência desleal na medida em que induz, ou é susceptível de induzir, em erro o consumidor. Podem, assim, ser preenchidas as previsões das alínea *d)*, *e)* e *f)* do art. 260.° do CPI consoante o tipo de falsas indicações e reclamos dolosos que estiver em causa. A prestação que aqui é afectada é a liberdade, a genuinidade, da escolha.

4.4. O direito à protecção dos interesses económicos

Outro dos direitos fundamentais é o da protecção dos interesses económicos previsto no art. 9.° da LDC.

---

[43] Manuel C. Ataide Ferreira, *O Consumidor e a Publicidade*, in Comércio Sector Chave, Economia e Prospectiva, Vol. II, n.° 1, Abril/Junho 1998, Ministério da Economia, pág. 138.

[44] Ibidem, pág. 137.

É, talvez, para o que hoje aqui nos interessa, o mais importante dos direitos referidos. Com efeito, como afirma Carlos Ferreira de Almeida "O desprezo pelos interesses económicos dos consumidores constitui a parte mais visível da sua desprotecção."[45]

Ora, a consagração deste direito vai interferir em todas as situações em que tiverem em causa interesses económicos dos consumidores, como é o caso da propriedade industrial.

Se, até à altura em que este direito foi consagrado, se poderia dizer que os actos contra os consumidores não constituíam actos de concorrência desleal, a partir daí deixou de ser possível desde que, evidentemente, o acto em causa seja um acto de concorrência e preencha os restantes requisitos previstos na cláusula geral do art. 260.° do CPI.

É que, em face deste direito, os actos que ponham em causa os interesses económicos dos consumidores que, repete-se para que fique claro, sejam actos de concorrência e sejam praticados com intenção de prejudicar outrém ou alcançar um benefício ilegítimo, são actos de concorrência desleal.

O direito à protecção dos interesses económicos do consumidor impede que seja possível fazer concorrência contra o consumidor.

5. CONCLUSÃO GERAL

Vimos, assim, que há uma relação estreita entre o direito industrial e a defesa dos consumidores. Estes não encontram a sua tutela nas normas daquele instituto que não foi nem pensado nem negociado com eles mas sim na interpretação que deles se faz por recurso aos normativos legais específicos da defesa dos consumidores.

Com efeito, os direitos dos consumidores, constitucionalmente consagrados, são enquadradores de todas as disciplinas em que estejam em causa relações com consumidores.

---

[45] Carlos Ferreira de Almeida, *Ob. Cit.,* pág. 71.

"O ACORDO TRIPS/ADPIC: AVALIAÇÃO"

por GONÇALO MOREIRA RATO

Introdução

A – Os TRIPS – Um dos novos temas do Uruguay Round

Capítulo I – O GATT: o seu enquadramento, os seus rounds e os seus novos temas

Secção 1 – O quadro jurídico do GATT – as suas regras fundamentais

Secção 2 – As negociações até 1979

Secção 3 – Os temas discutidos no Uruguay Round

Capítulo II – O GATT: o seu direito, a sua competência e a sua oportunidade em relação aos direitos de propriedade intelectual

Secção 1 – O processo de resolução de diferendos

Secção 2 – A competência e a oportunidade do GATT

Secção 3 – GATT / OMPI

B – Os TRIPS – O seu âmbito

Capítulo I – A evolução das negociações

Secção 1 – As principais fases de negociações

Secção 2 – Os pontos fundamentais em discussão

Capítulo II – O Acordo TRIPS

Secção 1 – Os princípios e disposições gerais

Secção 2 – As normas relativas aos direitos de propriedade intelectual

Secção 3 – Implementação dos direitos de propriedade intelectual

Secção 4 – Prevenção e resolução de litígios

C – Conclusão

INTRODUÇÃO

O Acordo "TRIPS" insere-se numa larga tradição de protecção internacional dos direitos de propriedade intelectual que remonta aos finais do século XIX.

Com efeito, foi no final desse século, em pleno auge da revolução industrial, que foi sentida a necessidade de protecção dos direitos de propriedade intelectual a um nível internacional por força do aumento e da expansão do comércio mundial.

Podemos citar como grandes instrumentos internacionais surgidos no final do século XIX, a Convenção da União de Paris para a protecção da propriedade industrial de 20 de Março de 1883, o Acordo de Madrid de 1891 para o registo internacional de marcas e a Convenção de Berna de 9 de Outubro de 1886 para a protecção dos direitos de autor.

Durante o século XX vários instrumentos internacionais vieram completar esta protecção como o Acordo de Haia de 1925 referente ao Depósito Internacional de Desenhos e Modelos Industriais, o Acordo de Nice de 15 de Junho de 1957 que institui a classificação internacional dos produtos e serviços para as marcas, o Acordo de Lisboa de 31 de Outubro de 1958 relativo à protecção das denominações de origem e seu registo internacional, a Convenção de Estocolmo de 14 de Julho de 1967 que criou a Organização Mundial da Propriedade Intelectual (OMPI), o Patent Cooperation Treaty (PCT) de 19 de Junho de 1970, o Acordo de Strasbourg de 24 de Março de 1971, relativo à classificação internacional de patentes, a Convenção de Munique de 5 de Outubro de 1973 que criou a Patente Europeia, o Protocolo de Madrid de 28 de Junho de 1989 relativo ao registo internacional de marcas, e, mais recentemente, o Tratado de Direito de Marcas (TLT) de 1994 e o Tratado de Direito das Patentes (PLT) de 2000 sob a égide da OMPI.

É nesta sequência que surge a necessidade de proteger os direitos de propriedade intelectual no âmbito do "Acordo Geral sobre as Tarifas Aduaneiras e Comércio", mais conhecido por "GATT".

Até 1973, a protecção dos direitos de propriedade intelectual não esteve presente na ordem do dia dos vários "rounds" organizados no âmbito do GATT.

Dois factores foram decisivos para alterar esta situação a partir dessa altura.

Por um lado, um aumento considerável do comércio internacional das mercadorias contrafeitas que tomou proporções consideráveis.

"O Acordo TRIPS/ADPIC: Avaliação" 283

Por outro lado, a nova lei comercial de 1988 dos Estados Unidos que tinha uma implicação directa sobre os direitos de propriedade intelectual.

Quanto ao primeiro factor, embora a contrafacção não fosse um fenómeno novo, aumentou todavia consideravelmente a partir dos anos 70 com a correspondente violação dos direitos de propriedade intelectual.

Dois documentos fundamentais analisaram a questão: o relatório da OCDE de 1987 (Rapport du groupe de travail du Comité d'Echanges – Aspects Commerciaux des DPI (OCDE), TC/WP(87) 27, 1987) e o livro verde elaborado pela Comissão das Comunidades Europeias de Junho de 1988 (Commission des Communautés Européennes, com (88) 172 final, Bruxelles, juin 1988). Nestes dois documentos são assinalados, com grande detalhe, os prejuízos e consequências decorrentes da contrafacção.

Em relação aos Estados Unidos devemos considerar que a partir dos anos 80 tiveram uma recessão geral e persistente que condicionou a sua economia.

Por esse facto a opinião pública e os meios interessados deixaram de acreditar na sua política comercial e influenciaram a "Administração Reagan" a adoptar uma política proteccionista.

Este reexame da política comercial dos Estados Unidos tornou-se inevitável por força da dificuldade em suportar um défice comercial acumulado com uma decadência geral da sua economia (V. Jagdish, N. Bhagwati e Douglas A. Irwin: Return of the Reciprocitarians – US Trade Policy Today, The World Economy, Vol. 10, n.° 2, Junho, 1987).

Após 3 anos de debates, o Presidente Reagan promulgou, em 27 de Agosto de 1988, a nova lei americana sobre o comércio e a concorrência (La nouvelle loi commerciale américaine: Le Trade and Competitiveness Act de 1988, Bulletin du Poste d'expansion économique, n.° 34, 1988).

A promulgação da lei levantou uma grande controvérsia.

O Japão e a Comunidade Europeia consideraram a adopção desta lei proteccionista uma hipocrisia, uma vez que os Estados Unidos sempre se declararam favoráveis às livres trocas e ao neo liberalismo.

Esta lei que tinha inicialmente como objectivo alargar os poderes da administração em matéria de negociação de acordos comerciais internacionais acaba por ter como consequência o reforço do sistema existente.

A Lei comercial de 1988 é reveladora da preocupação corrente da opinião pública, quanto ao enfraquecimento do papel dos Estados Unidos na economia mundial.

A sua aplicação teve como objectivo ajudar a indústria norte-americana a abrir os mercados estrangeiros por todos os meios possíveis e a controlar o acesso de produtos estrangeiros ao mercado norte-americano.

A – Os TRIPS – Um dos novos temas do Uruguay Round

CAPÍTULO I
O GATT: o seu enquadramento, os seus rounds e os seus novos temas

O Acordo Geral sobre as Tarifas Aduaneiras e Comércio (GATT) foi estabelecido a título provisório após a II Guerra Mundial na sequência da criação das instituições de "Bretton Woods".

O GATT entrou em vigor em 1948 e foi durante largos anos o único instrumento multilateral regulador de comércio internacional (Accord général sur les tarifs douaniers et le commerce – ce qu'il est, ce qu'il fait, GATT, Genève, 1991).

Preenchendo uma tripla função o GATT é simultaneamente:

a) Um conjunto de regras multilaterais que regulam o comportamento dos governos no domínio comercial e constituem as regras de conduta do comércio internacional;

b) Um fórum onde se desenrolam negociações comerciais com vista a liberalizar as trocas comerciais e a torná-las mais previsíveis, seja através da abertura dos mercados nacionais, seja pelo reforço e alargamento das suas regras;

c) Um órgão internacional de conciliação onde os governos podem resolver os seus diferendos ou litígios.

SECÇÃO 1
O quadro jurídico do GATT

O GATT compreende, em resumo, um tratado de comércio multilateral e uma instituição encarregue de assegurar o seu bom funcionamento.

O seu objectivo, inscrevendo-se no contexto da edificação da nova ordem económica neo-liberal do pós-guerra, era de permitir o relançamento do comércio internacional abafado pelo proteccionismo e o bilateralismo da grande depressão dos anos 30 e da II Guerra Mundial.

a) As regras fundamentais

As regras fundamentais desse sistema de fortificação do comércio multilateral estão contidas nos 38 artigos do Acordo e podem ser resumidas:

a) A não discriminação

Por um lado, o princípio da não discriminação encontra a sua expressão no Acordo Geral na "Cláusula da Nação Mais Favorecida" (MFN).

Esta cláusula, pedra angular do acordo, prescreve que "todas as vantagens, privilégios ou imunidades acordadas por uma parte contratante a um produto originário ou com destino às outras partes serão, imediatamente e sem condição, estendidas a todos os produtos similares ou com destino ao território de todas as contrapartes contratantes" (artigo I).

b) A eliminação geral das restrições quantitativas

Tal princípio vem estabelecido no Artigo XI.

Quando este princípio foi estabelecido no Acordo Geral em 1949 este tipo de restrições eram ainda largamente utilizadas e constituíam o principal entrave às trocas de mercadorias.

A interdição das restrições quantitativas tinha por objectivo impedir o recurso a medidas de proteccionismo que tinham por efeito bloquear o mecanismo dos preços e, em consequência, alterar o funcionamento da economia de mercado nas trocas internacionais.

Ao Acordo geral são, no entanto, previstas várias excepções no que diz respeito à proibição, de que destacamos três:

- os produtos agrícolas e a pesca, quando as restrições quantitativas são necessárias à aplicação de medidas governamentais destinadas a estabilizar os mercados agrícolas nacionais;
- as restrições quantitativas destinadas a proteger o equilíbrio da balança de pagamentos;
- as restrições impostas pelos países em vias de desenvolvimento a título de ajuda do Estado em favor do desenvolvimento económico, nomeadamente para assegurar a protecção do mercado nacional, protecção necessária à criação de um ramo de produção com vista a aumentar o nível de vida geral da população.

c) Os direitos aduaneiros como único meio de protecção

Os direitos aduaneiros, únicos meios de protecção admitidos pelo Acordo, têm a vantagem de face às restrições quantitativas, mostrar claramente a extensão da protecção e de permitir a concorrência.

O objectivo da redução substancial dos direitos aduaneiros figura no preâmbulo do Acordo.

d) A reciprocidade

A reciprocidade é um princípio fundamental do GATT. Tal princípio, enunciado também no respectivo preâmbulo, visa, com base em vantagens reciprocas e mútuas, a redução substancial dos direitos aduaneiros.

SECÇÃO 2
As negociações até 1979

O GATT é também, em simultâneo, um fórum de negociações.

O GATT é conhecido pelos seus "rounds" de negociações multilaterais ao longo dos anos, em número de oito até à data (Th. Flory, L'évolution du système juridique du GATT, Clunet, 1977; D. Carreau, Th. Flory e P. Julliard, Chronique de droit international économique, AFDI, 1979, págs. 580 e segs.; 1980, págs. 547 e segs.).

Ao longo das várias negociações três pontos fundamentais foram sendo considerados:

a) a diversificação dos regimes em função de certos domínios não pautais;

b) a sectorialização dos regimes em função de certas categorias de produtos como por exemplo a agricultura e os têxteis;

c) a diferenciação dos regimes em função das categorias de países.

Ao mesmo tempo, sob a pressão da evolução económica e política mundial, sentiu-se a necessidade de fazer uma clara distinção entre países desenvolvidos e em vias de desenvolvimento, com vista a um tratamento mais favorável a estes últimos.

SECÇÃO 3
Os temas discutidos no Uruguay Round

a) Os temas tradicionais

I – Os temas a favor de uma maior liberalização:
- direitos aduaneiros;
- medidas não pautais;

- produtos tropicais;
- produtos provenientes de recursos naturais;
- têxteis e vestuário.

II – Os temas a favor do melhoramento do sistema
- agricultura;
- acordos que relevam do Tokyo Round (1979) – Mercados Públicos e Aeronaves Civis;
- salvaguarda;
- subvenções e medidas compensatórias;

III – Os temas a favor de uma melhor capacidade de adaptação
- artigos do acordo geral
- funcionamento do sistema GATT
- resolução de diferendos

b) Os novos temas

I – A negociação sobre os TRIPS (Trade Related Aspects of Intelectual Property Rights) e sobre o comércio de mercadorias contrafeitas – alargar a protecção tradicional dos direitos de propriedade intelectual
II – As medidas de investimentos ligadas ao comércio (TRIMS)
III – O comércio de serviços

CAPÍTULO II

**O GATT: o seu direito, a sua competência
e a sua oportunidade em relação aos direitos
de propriedade intelectual**

Como verificámos no capítulo anterior a iniciativa americana de introduzir a protecção dos direitos de propriedade intelectual no GATT resulta, por um lado, pelo agravamento constante do comércio mundial de mercadorias de contrafacção e, por outro lado, de uma revisão importante da política comercial dos Estados Unidos.

Contudo, poderemos questionar porque é que os Estados Unidos recorreram ao GATT, quando a OMPI – Organização Mundial da Propriedade Intelectual continua a ser a maior organização internacional especializada nesta área (GATT or WIPO? New Ways in the International Protection of Intellectual Property, Max Planck Institute, Munique, 1989).

288 II Curso de Direito Industrial

A explicação mais convincente parece ser a vantagem que os Estados Unidos poderiam tirar do processo de resolução de litígios do GATT.

SECÇÃO 1
O processo de resolução de diferendos

Este processo estava regulado no Artigo XXIII do Acordo Geral e visava a resolução rápida de qualquer situação que pudesse comprometer o equilíbrio das vantagens entre duas partes contratantes e era indispensável ao bom funcionamento do Acordo (J. H. Jackson, World Trade and the Law of GATT, The Bobbs-Merill Company, 1969; V. K. Dam, The GATT Law and International Economic Organization, Chicago University Press, 1970).

Em caso de litígio, as partes contratantes, mais do que serem sancionadas, pretendiam obter medidas destinadas a proteger as concessões e as vantagens resultantes de Acordo e restabelecer o equilíbrio comercial entre elas.

Este processo de resolução de diferendos tinha quatro objectivos:

– dar a conhecer através de notificações as medidas tomadas por países membros, que pudessem provocar eventuais litígios;
– recorrer a consultas bilaterais ou multilaterais para obter a resolução de diferendos amigavelmente;
– resolver os diferendos, não por decisão de carácter jurídico, mas através de recomendações, de modo a restabelecer o equilíbrio das concessões e das vantagens das partes em litígio;
– confirmar a responsabilidade de vigilância que incumbe às partes contratantes e sublinhar a importância, para a resolução dos diferendos, da pressão moral que a comunidade dos países membros exerce para esse efeito.

Este processo desenrolava-se através de notificações, consultas e resolução através de painéis. Estes processos conduziam a decisões das partes contratantes sem carácter vinculativo uma vez que a sua adopção era feita por consenso, o que implicava que, na generalidade dos casos, a parte ofendida não aprovasse a decisão e o processo se arrastasse sem qualquer efeito.

Estes processos constituíam uma parte fundamental das actividades do GATT.

SECÇÃO 2
A competência e a oportunidade do GATT

A questão preliminar respeita à competência do GATT em matéria de TRIPS, ou seja, a questão de saber se este se encontra habilitado a ocupar-se dos problemas relativos à protecção dos diferentes direitos de propriedade intelectual.

Por um lado, foi reconhecido que as partes contratantes do GATT tinham o direito de estender a sua competência a novos domínios, desde que actuassem em unanimidade como resulta da declaração de Punta del Este (Uruguay round – Papers and selected issues, UNCTAD/ITP/10, United Nations, New York, 1989).

Por outro lado, considerava-se que haveria grandes vantagens em recorrer ao GATT do que utilizar a OMPI. Com efeito, o processo seria bem mais simplificado com um quadro de negociações globais, em que os aspectos positivos excederiam os negativos e favoreceriam os compromissos, a ausência de negociadores representando blocos de países e um mecanismo eficaz de resolução de diferendos.

SECÇÃO 3
GATT / OMPI

Iremos agora analisar, em resumo, as cinco diferenças de natureza jurídica, que diferenciam o sistema do GATT e o sistema da OMPI, que administra as grandes convenções internacionais na área da propriedade intelectual.

a) A primeira diferença consiste nos destinatários das disposições jurídicas de cada um dos sistemas.

As normas do GATT dirigiam-se exclusivamente aos Estados soberanos. As suas regras não são directamente aplicáveis aos nacionais das partes contratantes. Um nacional de um Estado membro não pode, a título individual, utilizar o GATT.

Ao contrário, o sistema convencional da OMPI dirige-se não apenas aos Estados que são partes nas grandes convenções, mas também aos seus nacionais. Assim, os nacionais podem intentar acções contra outros nacionais invocando as regras estabelecidas nas várias Convenções.

b) Uma segunda distinção diz respeito ao carácter jurídico dos dois tratados que tem a qualidade de ser auto-executório para a OMPI, mas não para o GATT.

Segundo a doutrina internacional são auto-executórias as regras de um tratado que não somente se dirige às partes contratantes, mas, igualmente, se impõe como ordem jurídica interna para os países interessados, ou seja, as regras têm um carácter auto-executório se poderem ser aplicadas a nível interno de um país, seja através da sua transposição para lei nacional, seja na qualidade de direito internacional aplicável directamente aos nacionais dos Estados a que diz respeito (Wolfgang Fikentscher, GATT – Principles and Intellectual Property Protection, GATT or WIPO? ..., ob. cit., Max Planck Institute, págs. 109 a 111).

As regras do GATT, não eram desta natureza uma vez que este Acordo foi ratificado como obrigando exclusivamente os Estados e os seus órgãos.

c) Uma terceira diferença diz respeito à natureza dos direitos que são concedidos pelos dois sistemas.

O sistema convencional da OMPI atribui direitos.

As regras do GATT não conferem direitos.

d) Uma quarta diferença diz respeito ao princípio do tratamento nacional.

Para o GATT, o princípio do tratamento nacional (NT) é o corolário do princípio da nação mais favorecida (MFN) que é aplicado em todos os acordos internacionais.

Diferentemente o princípio do tratamento nacional adoptado pelas grandes convenções que a OMPI administra é considerado como pedra angular desta.

O princípio do tratamento nacional do GATT representa uma correcção ao princípio da soberania dos Estados sobre o livre comércio visando os objectos (livre trocas de mercadorias) enquanto que o princípio do tratamento nacional da OMPI visa nivelar as diferenças relativas à nacionalidade e ao território, estando em causa as pessoas.

e) Uma quinta distinção decorre do direito "anti-trust", nomeadamente em relação à sua aplicação aos direitos de propriedade intelectual.

Sabemos que o desenvolvimento dos direitos de propriedade intelectual esteve sempre acompanhado do desenvolvimento de um direito "anti-trust" assente sobre normas de origem nacional, regional ou internacional.

Na realidade, o sistema convencional de protecção dos direitos de propriedade intelectual sob a égide da OMPI deve ser considerada num contexto da sua conciliação com estas normas, cuja elaboração teve em vista a prevenção contra os abusos dos direitos de propriedade intelectual, nomeadamente através de acordos de licença.

Consciente da existência destes abusos através de cláusulas contratuais, a Comissão Europeia tratou de estabelecer uma série de regulamentos relativos à aplicação do artigo 85.º n.º 3 do Tratado a certas categorias de acordos como, por exemplo, de "franchising", de investigação e desenvolvimento, de licenças de "savoir faire" e de licenças de patentes (Regulamento (CEE) N.º 4087/88 de 30 de Novembro de 1988 in JO L 359 de 28/12/88, Regulamento (CEE) N.º 151/93 de 23 de Dezembro de 1992 in JO L 021 de 29/01/93).

B – Os TRIPS – O seu âmbito

CAPÍTULO I
A evolução das negociações

A reunião dos ministros do comércio em Punta del Este, em Setembro de 1986 teve como resultado o lançamento do chamado Uruguay Round.

No documento saído dessa reunião foram estabelecidos os mecanismos e os processos de negociação, bem como a definição dos objectivos concretos a atribuir pelos 15 grupos de trabalho.

Para tratar de cada aspecto do Uruguay Round, uma estrutura negocial foi criada após a reunião de Punta del Este.

Essa estrutura era composta de três órgãos:

– o Comité das Negociações Comerciais (Trade Negotiations Committee – TNC) que supervisionou o desenrolar do Uruguay Round no seu conjunto;
– o Grupo de Negociações sobre as Mercadorias (GNM) que se ocupa de todas os assuntos com exclusão dos serviços;
– o Grupo de Negociação sobre os Serviços (GNS).

Para o grupo TRIP que releva do TNC o objectivo foi, por um lado, favorecer uma protecção eficaz e adequada dos direitos de propriedade intelectual, por outro lado, estabelecer um quadro unilateral de princípios, regras e de disciplinas relativas ao comércio internacional de mercadorias de contrafacção. Estas negociações realizaram-se sem prejuízo de outras iniciativas complementares que pudessem ser tomadas no quadro da OMPI.

Na fase inicial foram tratados os aspectos dos direitos de propriedade intelectual relativos ao comércio e o comércio de mercadorias em contrafacção.

Numa fase posterior o exame complementar das sugestões específicas e dos processos e técnicas que podiam ser utilizados para as colocar em prática, a apresentação de textos específicos e a negociação sobre a base estabelecida.

Em Dezembro de 1988, teve lugar em Montreal uma reunião ministerial para fazer uma análise das negociações em curso ("Mid term Review").

Em Abril de 1989, em Genebra, o TNC aprovou 4 decisões (GATT, MTN.TNC/9):

- Aplicabilidade dos princípios fundamentais do Acordo Geral (GATT) e dos Acordos das convenções internacionais pertinentes em matéria da propriedade intelectual;
- Elaboração de normas e princípios adequados relativos à existência, ao âmbito e ao exercício dos direitos de propriedade intelectual relacionados com o comércio;
- Elaboração de meios eficazes e apropriados para fazer respeitar os direitos de propriedade intelectual relativos ao comércio, tendo em conta, as diferenças existentes entre os sistemas jurídicos nacionais;
- Elaboração de processos eficazes e rápidos para a prevenção e regulamentação dos diferendos entre governos.

SECÇÃO 2

Os pontos fundamentais em discussão

a) O comércio legítimo e as acções fronteiriças

Um dos problemas fundamentais invocados durante as negociações foi o respeito dos direitos de propriedade intelectual, o qual foi examinado, em primeiro lugar, sob o ângulo dos meios disponíveis nas fronteiras contra a importação, a exportação e o trânsito das mercadorias que violem esses direitos.

A este respeito foram levantadas duas questões: as práticas que operam uma discriminação contra os produtos importados e as medidas fronteiriças que não se mostram capazes de assegurar a protecção dos direitos de propriedade intelectual.

"O Acordo TRIPS/ADPIC: Avaliação"

b) O respeito dos direitos de propriedade intelectual e os processos
e medidas de recurso ao nível interno

Quanto a este ponto foi defendido que os problemas comerciais
resultavam por um lado da falta de medidas fronteiriças, por outro lado da
insuficiência dos processos e recursos existentes a nível interno para assegurar a protecção efectiva dos direitos de propriedade intelectual contra a
importação, exportação e o trânsito das mercadorias que constituíam violação desses direitos.

c) As restrições e abusos relativos às cláusulas dos acordos de licença

Este terceiro grupo de problemas encontra-se ligado ao exercício dos
direitos de propriedade intelectual.

Os acordos de licença dos direitos de propriedade intelectual são
considerados por um lado, do ponto de vista das restrições aplicadas pelos
poderes públicos e por outro lado, do ponto de vista do exercício desses
direitos.

Vários participantes referiram a existência de sistemas jurídicos
nos quais os acordos de licença são submetidos à autorização dos poderes públicos que impõem certas condições para a sua aprovação (montante das "royalties", concessão de licença de marca subordinada a transferência de tecnologia, cessão da patente ao licenciado findo o prazo da
licença, etc.).

Por outro lado, foram invocadas, por alguns participantes, as cláusulas abusivas ou anti-concurrenciais dos acordos de licença, que constituem
restrições injustificadas ao comércio internacional (nos casos em que os
acordos cobrem países nos quais a patente não se encontra concedida, estabelecem restrições à exportação dos produtos licenciados, etc.).

d) As normas e os compromissos estabelecidos no GATT e as suas
relações com OMPI.

Os debates neste ponto incidiram, por um lado, sobre as relações
entre as normas propostas pelo GATT e aquelas já existentes nomeadamente as da OMPI. Por outro lado, na relação jurídica entre as eventuais
obrigações decorrentes de um acordo específico no âmbito do GATT e as
obrigações impostas pelas grandes convenções internacionais reguladas
pela OMPI.

CAPÍTULO II
O Acordo TRIPS

No âmbito das negociações Uruguay Round foi criada a Organização Mundial de Comércio (OMC). A Acta Final do Uruguay Round foi aprovada na reunião do Comité de Negociações Comerciais (TNC) do GATT, em 15 de Dezembro de 1993 em Genebra e foi assinada a 15 de Abril de 1994 em Marráquexe.

O Acordo que institui a OMC e as Declarações e Decisões Ministeriais fazem parte integrante da Acta final.

A OMC é o fórum para as negociações entre os seus membros no que toca às relações comerciais multilaterais em questões abrangidas pelos acordos incluídos nos anexos ao Acordo que cria a OMC (arts. II e III). As partes contratantes do GATT de 1947 à data da entrada em vigor do Acordo que cria a OMC, que aceitem este acordo e os acordos multilaterais, tornar-se-ão, nos termos do art. XI, membros originais da OMC.

Do Acordo que cria a OMC fazem parte os Acordos Comerciais Multilaterais (aqui incluído o GATT com as alterações do Round) e os Acordos Comerciais Plurilaterais. Os Acordos Comerciais Multilaterais constam dos anexos 1, 2 e 3 do Acordo que cria a OMC. Do Anexo 1 faz parte o Acordo (anexo 1C) sobre os Aspectos dos Direitos de Propriedade Intelectual Relacionados com o Comércio. Este Acordo, como os outros, faz parte integrante do Acordo que cria a OMC.

O que importa salientar é que anteriormente existia apenas um acordo geral, agora criou-se uma organização internacional equiparada à OMPI.

O TRIPS constitui o acordo multilateral sobre propriedade intelectual mais completo, a nível mundial, celebrado até hoje, com a participação de um grande número de países e em que se prevêem níveis de comprometimento que ultrapassam os consagrados em outros acordos multilaterais.

O TRIPS vem reconhecer a importância e o peso económico e comercial da protecção dos direitos de propriedade intelectual face aos países que não pertencem à OMPI, nem à Convenção de Paris, nem à Convenção de Berna.

Através deste Acordo procurou-se reduzir as distorções e os entraves ao comércio internacional mediante o estabelecimento de *"Standards" mínimos de protecção dos direitos de propriedade intelectual* a ser aplicados pelos países membros, quanto aos direitos de autor e direitos conexos, às marcas, às indicações geográficas, aos desenhos e modelos industriais, às patentes, aos circuitos integrados e às informações não divulgadas.

"O Acordo TRIPS/ADPIC: Avaliação" 295

Em relação a cada um destes direitos o Acordo, na Parte II, nos Artigos 9.° a 40.°, estabeleceu as normas substantivas relativas à sua definição, aos direitos conferidos, às excepções permitidas e ao prazo mínimo de validade.

O Acordo estabelece estes mínimos de protecção através da imposição de adesão às principais Convenções internacionais que regulam estes direitos, nomeadamente, a Convenção da União de Paris, a Convenção de Berna e as Convenções da Organização Mundial da Propriedade Intelectual (OMPI).

As principais disposições destas Convenções são incorporadas no Acordo através de meras remissões para as mesmas tornando-se, assim, obrigatórias para todos os países membros da OMC.

Por outro lado, o Acordo acrescenta um número substancial de obrigações em certas matérias que as Convenções existentes não previam ou não regulavam da maneira mais adequada.

O segundo conjunto de disposições do Acordo (artigos 41 a 62) refere-se à obrigatoriedade de serem estabelecidos *dispositivos nas jurisdições nacionais para proteger os referidos direitos de propriedade intelectual,* nomeadamente, através de acções civis e criminais, providências cautelares, medidas fronteiriças, medidas correctivas e indemnizações que permitam aos titulares fazer valer os seus direitos em todos os países.

Um terceiro aspecto a ter em consideração no Acordo, e talvez o mais importante, é a implementação de um *sistema de prevenção e resolução de diferendos (litígios),* previsto na OMC, que impõe um estrito cumprimento das regras multilaterais, em matéria de propriedade industrial.

Em caso de protecção inadequada ou de divergências de interpretações a OMC prevê este mecanismo, que a OMPI não possui, e que funciona como uma verdadeira "jurisdição", com processo de consultas, constituição de painéis e possibilidade de recurso para um Órgão de Apelo.

SECÇÃO 1
Os princípios e as disposições gerais.

a) As obrigações e as convenções relativas à propriedade intelectual.

– A estrutura do projecto.

Foram consideradas duas possibilidade de texto quanto à sua estrutura.

Uma primeira que não separasse a questão dos direitos de propriedade intelectual e o tratamento do comércio das mercadorias em contrafacção.

296 *II Curso de Direito Industrial*

Uma outra perspectiva, sustentada pela União Europeia entendia que tal separação era necessária dada a enorme importância do seu conteúdo.

Como resultado final vemos que a questão das mercadorias em contrafacção foi tratada a título subsidiário, embora de maneira relativamente concreta.

– A liberdade de conceder uma protecção mais ampla

Desde o princípio que uma das preocupações dos países industrializados foi a de que as negociações do TRIPS não conduzissem a um nível mais baixo de protecção dos direitos de propriedade intelectual, como contrapartida da sua extensão a um maior número de países.

Por força desta preocupação, a maior parte das propostas dos países industrializados estabeleceram que, qualquer país, poderia conferir uma protecção mais ampla dos direitos de propriedade intelectual de que aquele previsto no Acordo TRIPS.

– As convenções internacionais.

Durante as discussões do TRIPS foi amplamente reconhecido que as convenções internacionais existentes eram a base a partir da qual o grupo de trabalho deveria trabalhar.

Por este facto o acordo menciona sem distinção todas as convenções no seu artigo 2.°.

b) Os princípios gerais do Acordo TRIPS

a) o Tratamento Nacional – NT (artigo 3.°)

Sendo um princípio fundamental do direito internacional, o tratamento nacional situa-se naturalmente à cabeça dos princípios que os participantes estabeleceram como directamente aplicáveis.

Na realidade, este princípio já fazia parte do GATT no que diz respeito às mercadorias e das convenções da OMPI relativamente aos direitos.

Em todo o caso, entendeu-se por conveniente reafirmar a sua aplicação a certos direitos de propriedade intelectual, não mencionados explicitamente nas convenções existentes.

b) O Tratamento da Nação Mais Favorecida – MFN (artigo 4.°)

Por oposição ao princípio do tratamento nacional o princípio do tratamento da nação mais favorecida é estranho às convenções existentes relativas aos direitos de propriedade intelectual.

Este princípio que não levantara grandes problemas aos países industrializados, foi defendido pelos países em vias de desenvolvimento, que consideravam que, na sua ausência, os países mais industrializados e os blocos comerciais os poderiam excluir de concessões negociadas bilateralmente.

c) Os princípios gerais (artigos 7.° e 8.°)

Trata-se de uma situação de compromisso entre PVD e os países industrializados.

Nestes dois artigos prevêem-se por um lado os objectivos a que se propõe o Acordo, como por exemplo a promoção e divulgação de tecnologia em benefício dos geradores e utilizadores dos conhecimentos tecnológicos.

Por outro lado, estabelecem-se claramente determinados princípios para evitar a utilização abusiva dos direitos de propriedade intelectual por parte dos titulares desses direitos.

c) As disposições transitórias (Art. 65.°)

– Os países beneficiários de períodos transitórios

Os PVD reclamaram como contrapartida da sua participação nas negociações sobre os TRIPS, o benefício de um tratamento diferenciado a seu favor. Tal tratamento, acordado de maneira idêntica noutras instâncias internacionais (cfr. B. Stern: Théorie et Pratique du Novel ordre économique international, Paris, Publisud, 1981, pág. 324), traduz-se no Acordo TRIPS por uma autorização especial reservada a certos países. Em virtude desta autorização, esses países diferem a aplicação do Acordo nos seus territórios por um certo período de tempo.

Nos termos do Acordo tal período transitório foi fixado, para os PVD, em cinco anos a contar da data da entrada em vigor do TRIPS.

– Os objectos a proteger na data da sua aplicação

Esta questão vem regulada no artigo 70.° do Acordo e estabelece obrigações de protecção apenas e só para os objectos existentes à data da aplicação do Acordo ao Membro em questão e que sejam protegidos nesse Membro na referida data.

d) A prevenção e resolução de diferendos

O mecanismo de prevenção e resolução de litígios vem prevista no artigo 64.° através da remissão para as disposições dos artigos XXII e XXIII do GATT.

Em caso de protecção inadequada ou de divergências de interpretações a OMC prevê este mecanismo, que a OMPI não possui, e que funciona como uma verdadeira "jurisdição", com processo de consultas, constituição de painéis e possibilidade de recurso para um Órgão de Apelo.

SECÇÃO 2
As normas relativas aos direitos de propriedade intelectual

As normas substantivas relativas à existência, âmbito e exercício dos direitos de propriedade intelectual vêm previstas na Parte II do Acordo, dos Artigos 9.° ao 40.°.

A) Direitos de autor e direitos conexos

Durante as negociações do Uruguay Round foi reconhecido que a Convenção de Berna estabelecia já, para a maioria dos países, os "standards mínimos" de protecção em matéria de direitos de autor. Assim, ficou estabelecido que o ponto de partida fosse o nível de protecção existente na Convenção de Berna, segundo o último acto de revisão da Convenção estabelecido em Paris em 1971 (cfr. artigo 9.°).

A única excepção é a protecção dos direitos morais por imposição dos Estados Unidos.

Para além dessas regras gerais o Acordo acrescentou duas questões novas.

A primeira questão inserida foi a protecção dos programas de computador e compilações de dados (art. 10.°).

Conscientes da protecção extremamente vigorosa que a Convenção de Berna reserva às obras literárias, os PVD não estavam de acordo que um tal estatuto fosse concedido aos programas de computador.

Esses receios foram ultrapassados tendo os programas de computador sido protegidos enquanto obras literárias nos termos da Convenção de Berna (art. 10.° n.° 1).

Também as compilações de dados foram protegidas, no quadro dos direitos de autor, como criações intelectuais.

Um segundo elemento inovador em relação à Convenção de Berna, diz respeito aos direitos de locação, que foram introduzidos pela primeira vez num acordo multilateral de grande participação, como direitos exclusivos do autor das obras cinematográficas e dos programas de computador (art. 11.°).

Relativamente aos direitos conexos dos artistas intérpretes ou executantes, dos produtores de fonogramas e dos organismos de radiodifusão, o Acordo TRIPS só poderia assegurar uma protecção relativamente inferior em comparação com a protecção conferida pela Convenção de Roma. Todavia dado o número pouco significativo de países aderentes a esta Convenção, é justo realçar que a aceitação deste princípio no Acordo TRIPS por todos os membros é um progresso notável na protecção dos direitos conexos (art. 14.°).

O Acordo TRIPS veio prever uma duração de protecção geral de todas as obras por um período de 50 anos (art. 12.°).

B) Marcas

Com excepção da Secção I relativa aos direitos de autor as outras secções do acordo correspondem aos vários direitos de propriedade industrial previstos na Convenção da União de Paris (CUP).

Podemos também constatar que cada uma destas secções é acompanhada de uma definição muito clara do direito em causa, da sua natureza e da maneira de o exercer.

O Acordo TRIPS, ao contrário da Convenção de Paris, veio estabelecer uma definição de marca no seu artigo 15.° "qualquer sinal, ou qualquer combinação de sinais, susceptível de distinguir os produtos ou serviços de uma empresa dos de outras empresas poderá constituir uma marca. Esses sinais, nomeadamente palavras, incluindo nomes de pessoas, letras, numerais, elementos figurativos e combinações de cores, bem como qualquer combinação desses sinais, serão elegíveis para registo enquanto marcas".

Nos casos em que certos sinais não sejam adequados ou suficientes para distinguir os produtos ou serviços a que respeitam, os membros poderão subordinar a possibilidade de registo ao carácter distintivo adquirido pelo uso. O registo de uma marca pode ainda ser recusado por outros motivos, desde que estes não sejam contrários às disposições da Convenção de Paris (art. 15 n.° 1 e n.° 2).

No n.° 3 do artigo 15.° é curioso verificar o compromisso entre os Estados Unidos (onde o uso confere o direito à marca) e a União Europeia (onde vigora o princípio de que o registo é que confere o direito à marca).

Por outro lado, o texto do Acordo, no seu artigo 16.° n.os 2 e 3, trouxe dois melhoramentos importantes à protecção das marcas notórias:

– veio colocar em pé de igualdade as marcas de produtos e serviços;
– veio conceder uma protecção alargada aos produtos ou serviços que não sejam semelhantes àqueles relativamente aos quais uma marca foi registada.

O Art. 18.° dispõe que o registo inicial de uma marca é feito por um período de sete anos, renovável indefinidamente.

Os artigos 19.° e 20.° resultaram de um outro compromisso durante as negociações do Acordo TRIPS, no que diz respeito às exigências especiais quanto ao uso da marca.

O artigo 19.° veio estabelecer que o registo de uma marca não poderia ser anulado senão após um período ininterrupto de não uso da mesma de pelo menos 3 anos.

Quanto ao artigo 20.°, existiram divergências resultantes do facto de em certos PVD as marcas estrangeiras ligadas a determinados produtos fabricados sob licença deverem ser sempre usadas nesses países em conjunto com uma marca local. Contudo, dada a firme posição dos países industrializados, o texto excluiu qualquer possibilidade de limitação especial que pudesse entravar o uso normal de uma marca.

Os membros poderão definir as condições aplicáveis à concessão de licenças e à cessão de marcas (art. 21.°).

C) Indicações Geográficas

A inclusão no Acordo TRIPS de uma secção inteira relativa à protecção das Indicações Geográficas deveu-se à pressão por parte dos países membros da União Europeia, em defender a sua forte tradição de produção em determinadas regiões específicas, como o Porto, o Champagne, etc, que representam interesses económicos vitais.

No artigo 22.° é dada uma definição de indicação geográfica como sendo uma indicação que serve para identificar um produto como sendo originário do território de um Membro, ou de uma região ou localidade desse território, nos casos em que uma determinada qualidade, reputação ou outra característica do produto possa ser atribuída a essa origem geográfica.

Dispõe ainda este artigo que os membros deverão estabelecer os meios jurídicos que permitam às partes interessadas impedir a utilização, na designação ou apresentação de um produto, de qualquer meio que indique ou sugira que o produto é originário de uma região que não a sua verdadeira região de origem, de modo a induzir em erro, bem como qualquer utilização que constitua um acto de concorrência desleal ao abrigo do artigo 10.° bis da Convenção de Paris.

Os membros deverão recusar o registo de uma marca que contenha uma indicação geográfica susceptível de induzir o público em erro quanto ao verdadeiro local de origem (art. 22 n.° 3).

As disposições deste artigo podem ainda aplicar-se às indicações geográficas que, se bem que exactas, possam levar o público a pensar que os produtos são originários de um outro território (art. 22 n.º 4).

O artigo 23.º consagra uma protecção adicional para as indicações geográficas de vinhos e de bebidas alcoólicas, impondo uma obrigação de serem estabelecidos por cada membro os meios jurídicos que permitam às partes interessadas impedir a utilização de uma indicação geográfica para vinhos ou bebidas alcoólicas que não sejam originários do local indicado pela indicação geográfica em questão, mesmo nos casos em que a verdadeira origem do produto é também indicada ou em que a indicação é acompanhada de expressões tais como «género», «tipo», ou «imitação».

A protecção estabelecida no artigo 23.º n.º 2, contra o registo como marca de uma indicação geográfica que identifique vinhos ou bebidas alcoólicas para, respectivamente, vinhos e bebidas alcoólicas que não são originários da zona geográfica em questão é bastante severa.

No n.º 3 do mesmo artigo estabelece-se o caso de indicações geográficas homónimas para vinhos para assegurar um tratamento equitativo dos produtores abrangidos.

É ainda previsto a fim de facilitar a protecção das indicações geográficas para os vinhos, o estabelecimento de um sistema multilateral de notificação e registo das indicações geográficas para os mesmos (art. 23.º n.º 4).

Estes trabalhos têm vindo a ser objecto de debate no concelho TRIPS tendo sido defendido pelos Estados Unidos e pela União Europeia que pretendem, respectivamente, por um lado que esse registo funcione como uma base de dados e por outro lado que traga uma protecção acrescida às indicações geográficas.

O Artigo 24.º dispõe que os membros deverão realizar negociações com vista a aumentar a protecção das indicações geográficas relativas aos vinhos e às bebidas espirituosas cujas disposições não podem ser invocadas para recusar a realização de acordos bilaterais ou multilaterais.

Ao pôr em prática as disposições do Acordo em matéria de indicações geográficas não deverão os membros do Acordo diminuir o grau de protecção existente (art. 24.º n.º 3).

No que toca aos vinhos e bebidas espirituosas, as excepções previstas no artigo 24.º são, porventura, mais importantes que a regra geral.

É assim que no n.º 4 deste Artigo dispõe que não se poderá impedir que uma indicação geográfica particular de um outro membro, relativa a vinhos ou bebidas espirituosas, *continue* a ser utilizada por um dos seus nacionais ou pessoas domiciliadas no seu território desde que essa indicação geográfica tenha sido usada de um modo contínuo relativamente a produtos ou serviços idênticos ou afins no território desse membro, a) durante um período de pelo menos dez anos anterior a 15 de Abril de 1994 ou, b) de boa fé, antes dessa data (grand father clause). Clausula dos direitos adquiridos (Champagne da California).

Nos casos em que uma marca tenha sido depositada ou registada de boa fé, ou nos casos em que o direito a uma marca tenha sido adquirido por um uso de boa fé, antes da data de aplicação das presentes disposições, ou que a indicação geográfica tenha sido protegida no seu país de origem, as medidas adoptadas com vista a pôr em prática a Secção 3 do Acordo não poderão prejudicar a elegibilidade ou a validade do registo de uma marca ou quanto ao direito de a utilizar, com fundamento no facto de que essa marca é idêntica ou semelhante a uma indicação geográfica existente.

Nesta matéria o Acordo estabelece, portanto, uma protecção eficaz das novas indicações geográficas, mas consagra o princípio das usurpações efectuadas no passado tendo, como é compreensível, países como Portugal e a França combatido as excepções previstas no artigo 24.°.

Contudo essa reivindicações não foram aceites pelos Estados Unidos e pela Austrália, que tinham dificuldade em aceitar as legítimas reivindicações dos seus parceiros europeus, dado o facto de as denominações em causa serem utilizadas desde há várias décadas e de a sua eliminação exigir, por exemplo nos Estados Unidos, uma modificação da legislação federal e das legislações estaduais pertinentes, extremamente difícil, e comportando indemnizações que, em certos casos, poderiam ser muito superiores ao valor dos fluxos comerciais em causa.

Tratou-se de um *dossier* em que, durante a fase inicial das negociações foram depositadas algumas esperanças, mas já nessa altura se afigurava que os interesses em causa EU/UE, mesmo sabendo-se que a razão estava do lado da União Europeia, não permitiriam que o resultado final fosse favorável às nossas pretensões.

D) Desenhos e modelos industriais

Os desenhos e modelos industriais aparecem como um dos direitos específicos da propriedade industrial, variando a sua protecção segundo a legislação interna de cada país.

O texto desta Secção 4 que estipula a protecção de tais direitos é relativamente simples dada a grande diversidade de legislações nacionais que regulam esta matéria.

Por outro lado, a possibilidade de cumulo de protecção dos desenhos e modelos pela propriedade industrial e pelos direitos de autor que existe em várias legislações como por exemplo a França, não foi consagrada pelo Acordo TRIPS.

Dispõe o artigo 25.°, que os Membros deverão prever a protecção dos desenhos e modelos que sejam novos ou originais, considerando-se que um modelo ou desenho não é novo ou original no caso de não deferirem significativamente de outros já conhecidos ou de combinações de características de desenhos ou modelos conhecidas.

A duração da protecção é de pelo menos dez anos (art. 26.° n.° 2).

E) Patentes

As negociações relativas a esta Secção foram particularmente complicadas dada as diferenças de protecção entre os países industrializados e os PVD.

O artigo 27.° prevê que uma patente deverá ser concedida com vista à protecção de qualquer invenção, seja de produtos ou de processos, em todos os domínios tecnológicos, desde que essa invenção seja nova, implique uma actividade inventiva e seja susceptível de aplicação industrial.

Sem prejuízo do disposto no n.° 4 do artigo 65.°, no n.° 8 do artigo 70.° e no n.° 3 do presente artigo, as patentes poderão ser obtidas, e será possível beneficiar dos direitos que estas conferem, sem discriminação quanto ao seu local de origem, quanto ao domínio tecnológico da invenção e quanto ao facto de os produtos serem importados ou de origem nacional (art. 27.° n.° 1).

A patenteabilidade das invenções poderá ser afastada pelos membros por razões de ordem pública ou dos bons costumes e por razões relativas à protecção da vida e da saúde das pessoas e dos animais, à preservação das espécies vegetais e à protecção do ambiente em geral (art. 27.° n.° 2).

A patenteabilidade pode ainda ser excluída em relação aos métodos diagnósticos terapêuticos e cirúrgicos para tratamento de pessoas ou animais, as plantas e animais, com excepção dos processos não biológicos e microbiológicos (art. 27.° n.° 3).

Nos termos do artigo 28.°, uma patente confere ao seu titular, no caso de um produto, o direito exclusivo de impedir o fabrico, utilização, venda ou importação, com vista a esses fins, desse produto e, no caso de um processo de fabrico, o direito de impedir que sem o seu consentimento se utilize esse processo ou se utilizem, vendam ou importem , para esses fins, produtos obtidos directamente por esse processo.

É ainda importante referir a este respeito as disposições constantes do n.º 8 do artigo 70.º (protecção dos objectos existentes), segundo o qual, nos casos em que à data de entrada em vigor do Acordo OMC, um determinado membro não conceda aos produtos farmacêuticos e aos produtos químicos destinados a agricultura a possibilidade de beneficiar da protecção conferida por uma patente nos termos do Artigo 27.º do Acordo. Esse membro deverá aplicar a esses pedidos, a contar da data de aplicação do Acordo, os critérios de patenteabilidade nele enunciados e deverá conceder a protecção de patente em conformidade com as suas disposições.

O artigo 30.º prevê excepções aos direitos exclusivos conferidos por uma patente desde que essas excepções não colidam de modo justificável com a exploração normal da patente e não prejudiquem de forma injustificável os legítimos interesses do titular da patente.

O artigo 31.º vem regular a questão das licenças obrigatórias e das utilizações sem autorização do titular do direito. Para qualquer utilização deste tipo nos termos da legislação nacional de uma parte, o Acordo TRIP impõe que o potencial utilizador tem a obrigação de tentar obter autorização do titular do direito em condições comerciais razoáveis e dentro de um prazo razoável.

Nos termos do art. 33.º, a duração da protecção oferecida por uma patente não poderá ser inferior a vinte anos calculado a partir da data de depósito.

O artigo 34.º do Acordo veio consagrar a inversão do ónus da prova para as patentes de processo. Nos casos em que o objecto da patente é um processo de obtenção de um produto (patente de processo), relativamente ao qual é, por razões óbvias, mais difícil saber se houve ou não infracção que no caso de uma patente de produto, e para efeitos de procedimento civil contra presumíveis autores de uma ofensa aos direitos visados no Artigo 28.º estabelece-se a *inversão do ónus da prova*.

Nos termos deste artigo, os membros disporão que, caso seja satisfeito pelo menos um dos critérios abaixo mencionados, qualquer produto idêntico fabricado sem o consentimento do titular da patente será, até prova do contrário, considerado como sendo obtido através do processo patenteado, ou seja presume-se que houve infracção.

Qualquer membro terá a liberdade de considerar que o ónus da prova incumbe ao presumível infractor (inversão de ónus da prova), desde que uma das seguintes condições se encontre preenchida:

– Se o produto obtido pelo processo patenteado for novo;
– Se existir uma forte probabilidade de que o produto idêntico tenha sido obtido por esse processo e o titular da patente não ter podido

determinar, não obstante ter realizado esforços razoáveis nesse sentido, qual o processo efectivamente utilizado.

F) Esquemas de configuração (Topografias) de circuitos integrados

A Secção 6 do Acordo ocupa-se dos esquemas de configuração (topografias) de circuitos integrados dispondo o Art.35.° que, nesta matéria, os membros respeitarão as disposições do Tratado de Washington, prevendo o Art. 36.°, que os membros deverão considerar como ilegais, caso tenham sido efectuados sem autorização do detentor de direitos nesta matéria, a importação para fins comerciais de esquemas de configuração protegidos ou que incorporem esquemas de configuração protegidos.

A duração da protecção é de dez anos (art. 38).

G) Protecção de Informações Não Divulgadas

O artigo 39.° estabelece a protecção de informações não divulgadas. As pessoas singulares e colectivas terão a possibilidade de impedir que informações legalmente sob o seu controlo sejam divulgadas, adquiridas ou utilizadas por terceiros sem o seu consentimento de uma forma contrária às práticas comerciais leais.

O Acordo recorre à noção de concorrência desleal prevista no art. 10 bis da Convenção de Paris.

H) Controlo das práticas anticoncorrenciais a nível de licenças contratuais

Certas práticas em matéria de concessão de licenças no domínio dos direitos da propriedade intelectual podem restringir a concorrência e ter efeitos adversos sobre o comércio, entravando a transferência e a difusão de tecnologia.

Este aspecto é reconhecido no Artigo 40.° do Acordo que diz expressamente que nenhuma disposição do Acordo poderá impedir os membros de especificar na sua legislação nacional as práticas ou condições de concessão de licenças que possam constituir um abuso dos direitos da propriedade intelectual com efeitos adversos sobre a concorrência no mercado considerado.

Nestas condições, poderão adoptar-se medidas apropriadas, em conformidade com as outras disposições do Acordo, para impedir ou controlar essas práticas.

Cada membro acederá a entrar em consultas com qualquer outro membro que tenha motivos para crer que um titular de direitos de propriedade intelectual, nacional do membro ao qual foram requeridas as consultas ou domiciliado nesse membro, está a agir em violação das disposições legislativas e regulamentares do membro requerente relativas ao objecto da presente secção (art. 40.° n.° 3).

SECÇÃO 3
Implementação dos direitos de propriedade intelectual

A Parte III do Acordo trata dos meios necessários para obrigar a respeitar os direitos de propriedade intelectual, podendo, entre outros, salientar os que respeitam às medidas na fronteira.

Nesta matéria, dispõe o Art. 51.° que os membros adoptarão processos que permitam ao titular de um direito, que tenha motivos válidos para suspeitar que possa ocorrer a importação de mercadorias apresentadas sob uma marca de contrafacção ou de mercadorias pirateadas em desrespeito do direito de autor, apresentar às autoridades administrativas ou judiciais competentes que suspendam a introdução em livre circulação dessas mercadorias por parte das autoridades aduaneiras.

SECÇÃO 4
Prevenção e resolução de litígios

A Prevenção e Resolução de Litígios, tratada na Parte V, constitui, sem dúvida, um dos aspectos mais importantes do Acordo, que em muitas matérias de substância remete para os textos de outros Acordos e Convenções, mas que, em relação às questões que tocam ao comércio, tinha necessidade de um sistema rápido e eficaz aplicáveis a todas elas.

Em primeiro lugar, o Artigo 63.°, relativo à transparência, dispõe que as leis e regulamentações, bem como as decisões judiciais e administrativas finais de aplicação geral tornadas executórias por qualquer membro e que visem questões que sejam de objecto do Acordo (existência, campo de aplicação, aquisição, respeito dos direitos de propriedade intelectual e prevenção do abuso desses direitos) sejam publicadas ou, nos casos em que a sua publicação não seja materialmente possível, postas à disposição do público. Também os acordos internacionais relativos a estas questões deverão ser igualmente publicados.

"O Acordo TRIPS/ADPIC: Avaliação" 307

Estas leis e regulamentos deverão ser notificados ao Conselho dos aspectos dos Direitos da Propriedade Industrial ligados ao Comércio, e devidamente analisados.

Deverão ser aplicados ao Acordo TRIPS os Artigos XXII e XXIII do GATT de 1994, tal como previstas e aplicadas pelo Memorando de Entendimento sobre a Resolução de Litígios, relativamente às consultas e à resolução de litígios no quadro do Acordo em apreço, salvo disposição expressa em contrária deste último.

C – Conclusão

O TRIPS veio reconhecer a importância da protecção dos direitos de propriedade intelectual face aos países que não pertencem à OMPI, nem à Convenção de Paris, nem à Convenção de Berna.

Este Acordo possibilita estender a um número extremamente signi-ficativo de países "standards" mínimos de protecção da propriedade inte-lectual já conseguidos nas várias Convenções internacionais, contudo em certos aspectos foi mais além do que as Convenções existentes.

Foi possível criar dispositivos nas jurisdições nacionais para proteger os direitos de propriedade intelectual.

Em caso de protecção inadequada ou divergências ou interpretações diferentes veio prever um mecanismo de resolução de litígios, que a OMPI não possui, que funciona como uma jurisdição, com processo de consul-tas, constituição de painéis e possibilidade de recurso para um órgão de Apelo.

Por outro lado, o aumento de protecção dos direitos de propriedade intelectual permitirá combater mais eficazmente a contrafacção.

Actualmente em discussão na agenda TRIPS encontram-se temas como a problemática dos produtos farmacêuticos e das licenças de paten-tes dos mesmos por causa da luta contra a sida, a malária e a tuberculose (PVD's versus países industrializados), a protecção de novos tipos de interesses (conhecimentos tradicionais, origem do material genético) e o comércio electrónico.

CIRCUITOS INTEGRADOS:
PROTECÇÃO JURÍDICA DAS TOPOGRAFIAS DE PRODUTOS SEMICONDUTORES *

por ALEXANDRE DIAS PEREIRA

*Assistente da Faculdade de Direito
da Universidade de Coimbra.*

SUMÁRIO:

§ 1. Introdução ao Problema da Protecção Jurídica das Topografias de Produtos Semicondutores. 1. Valor Económico-Tecnológico dos Circuitos Integrados. 2. Balanço de Interesses.

§ 2. Solução Jurídico-Legislativa: A Nova Propriedade Intelectual. 1. Patentes, Modelos, Direitos de Autor e Direitos *Sui Generis*. 2. US Semiconductor Chip Protection Act (1984). 3. Directiva Topografias de Produtos Semicondutores (1987), Tratado de Washington (1989), Acordo ADPIC (1994). 4. A Situação Portuguesa: A Lei n.º 16/89, de 30 de Junho, e o "Novo" Código da Propriedade Industrial (1995). 5. O Projecto de Alteração do Código da Propriedade Industrial.

§ 3. Análise Comparativa da Directiva Comunitária, da Lei Portuguesa e do Direito Internacional. 1. Harmonização Intermédia de Princípios Básicos. 2. Sequência. 3. Objecto de Protecção. 4. Requisitos de Protecção: Originalidade e Depósito. 5. Taxas. 6. Conteúdo dos Direitos Exclusivos. 7. Duração ou Prazo de Protecção. 8. Beneficiários. 9. Protecção Internacional. 10. Exibição de identificação: T. 11. Manutenção de outras disposições legais.

§ 4. Conclusão.

---

* O texto que agora se publica serviu de base à exposição proferida, no dia 6 de Janeiro de 2000, no Curso de Pós-Graduação em Direito Industrial promovido conjuntamente pela Faculdade de Direito de Lisboa e pela Associação Portuguesa de Direito Intelectual, sob coordenação do Senhor Professor Doutor José de Oliveira Ascensão.

§ 1. INTRODUÇÃO AO PROBLEMA DA PROTECÇÃO JURÍDICA DAS TOPOGRAFIAS DE PRODUTOS SEMICONDUTORES

1. Valor Económico-Tecnológico dos Circuitos Integrados

Tributária do paradigma científico de Einstein, a indústria dos circuitos integrados nasceria em 1947 com o desenvolvimento do primeiro transistor "ponto-contacto" nos laboratórios Bell (EUA). Actualmente, o mercado mundial dos circuitos integrados aproxima-se dos 200 biliões de euros, afectando virtualmente a generalidade dos domínios económicos, desde as tecnologias da informação às telecomunicações, passando pelos sistemas de controlo de segurança de trânsito e pela medicina.

Em pouco mais de meio século de existência, os circuitos integrados surgiram e passaram a representar um papel de crescente importância em muitos sectores da indústria. Com efeito, a tecnologia dos semicondutores constitui actualmente um elemento fundamental de base do desenvolvimento industrial, dependendo as funções dos produtos semicondutores, em grande parte, das topografias desses produtos.

Numa perspectiva puramente tecnológica, o conceito de topografias de produtos semicondutores (ou circuitos integrados) tem dois aspectos. Por um lado, o *aspecto funcional*, isto é, a função do circuito integrado, que consiste no conjunto de operações lógicas que o circuito integrado é capaz de desempenhar. Por outro lado, o *aspecto físico*, ou seja, a configuração geométrica dos componentes do circuito integrado que desempenham essas funções.

Seguindo um critério de natureza funcional, podemos subdividir os circuitos integrados em dois tipos. Por um lado, os circuitos integrados cuja função é armazenar ou memorizar informação. Por outro lado, os circuitos integrados que servem para armazenar e desempenhar funções lógicas (processar) sobre informação (a maior parte do *hardware*). Esta distinção funcional está bem patente no facto de que, enquanto 90% do mercado dos circuitos integrados de memória é controlado por empresas japonesas (por ex., "Nec", "Toshiba", "Hitachi", "Fujitsu", "Mitsubishi"), 80% do mercado dos circuitos integrados lógicos (ou processadores) pertence a empresas estadunidenses (por ex., Intel, Motorola). [1]

---

[1] *Vide* Andrew Christie, *Integrated Circuits and their Contents: International Protection*, London, 1995, p. 16 s.

2. **Balanço de Interesses**

2.1. A concepção destas topografias exige o investimento de recursos humanos, técnicos e financeiros consideráveis. Porém, é possível copiar essas topografias a um custo muito inferior ao exigido por uma concepção autónoma. Por exemplo, enquanto o desenvolvimento de um circuito integrado pode custar 100 milhões de euros, a sua réplica poderá ficar-se pelos 50 mil euros.

Isto permite compreender as razões económicas e sociais que animam o problema da protecção jurídica das topografias de produtos semicondutores. Por um lado, o poderoso mercado dos circuitos integrados, que regista uma curva acentuada de crescimento na procura pela generalidade dos sectores económicos. Por outro lado, a profunda desproporção entre o custo de concepção de uma topografia e o custo da sua reprodução.

Os interesses das indústrias de concepção de topografias de produtos semicondutores surgem como o primeiro nível de protecção, reclamando um exclusivo de utilização económica das suas topografias. Trata-se de proteger, sobretudo, o investimento das empresas de concepção de topografias. Esta protecção poderia obter-se nos termos da repressão da concorrência desleal[2]. Porém, tal via não acautelaria seguramente os interesses, prestando-se à incerteza da casuística.

2.2. Além disso, o problema da protecção jurídica das topografias de produtos semicondutores suscita questões de natureza concorrencial, que decorrem especialmente da importância dos circuitos de processamento. A ponderação de todos estes interesses levanta problemas quanto à existência e ao âmbito de direitos de propriedade intelectual sobre as topografias de produtos semicondutores.

Por um lado, coloca-se a questão da fonte alternativa (*second sourcing*), isto é, da necessidade de assegurar o fornecimento por dois ou mais fornecedores, acautelando descontinuidades de fornecimento resultantes de greves, incêndios ou concorrência de preços. Num regime de direitos de propriedade intelectual, a questão da fonte alternativa prende-se com a instituição de um sistema de licenças não voluntárias.

Por outro lado, põe-se o problema da normalização (*standardisation*), isto é, da produção de produtos compatíveis. O problema da normalização está em saber se um fabricante pode impedir um concorrente de produzir e fornecer circuitos integrados compatíveis ou substitutos,

---

[2] Através, nomeadamente, da figura da concorrência parasitária.

312   *II Curso de Direito Industrial*

o que dependerá da existência e âmbito da propriedade intelectual sobre esses aspectos da topografia. Ou seja, saber se a topografia será protegida apenas quanto à sua forma ou também quanto à sua função. Com efeito, a arquitectura, por exemplo, do processor "Intel" condiciona o sistema operativo DOS (*disk operating system*) e, consequentemente, os programas aplicativos (ou *software* de aplicações).

§ 2. SOLUÇÃO JURÍDICO-LEGISLATIVA: A NOVA PROPRIEDADE INTELECTUAL

1. Patentes, Modelos, Direitos de Autor e Direitos *Sui Generis*

A especificidade das topografias de produtos semicondutores prejudicou a sua assimilação aos objectos tradicionais da propriedade intelectual, considerando-se de um modo geral que dificilmente poderiam satisfazer os requisitos de protecção ora dos direitos das patentes, modelos e desenhos, ora dos diretos de autor. Em relação aos primeiros as topografias não seriam resultantes de actividade inventiva e, além do mais, a sua natureza funcional exclui-las-ia dos segundos. Em suma, tratar-se-ia de "uma nova forma de propriedade intelectual"[3].

Nesse sentido, firmou-se o entendimento da criação de um direito de propriedade intelectual *sui generis*, que fosse um misto de direito das patentes e de direitos de autor, em atenção à natureza híbrida das topografias de produtos semicondutores.

2. US Semiconductor Chip Protection Act (1984)

A primeira Lei sobre circuitos integrados surgiu nos EUA. Neste país, depois de rejeitada uma proposta de inclusão das TSC na Lei do *Copyright*, seria adoptada em 1984 a Lei de Protecção dos Produtos Semicondutores[4]. Esta Lei consagrou uma forma *sui generis* de protecção, permi-

---

[3] *Vide* Frank Gotzen (ed.), *Chip Protection: A New Form of Intellectual Property*, Brussel: Bruylant, 1990.

[4] US Semiconductor Chip Protection Act (1984). *Vide*, por ex., R. Oman, *Urheberrecht, Computerprogramme und Halbleiterchips in den USA*, GRUR Int. 1992, p. 886 (Gewerblicher Rechtsschutz und Urheberrecht – Internationaler Teil).

tindo a descompilação ou engenharia regressiva *(reverse engineering)* para a criação de topografias derivadas alternativas[5].

Além do mais, desvinculada das Convenções Internacionais, esta forma *sui generis* de protecção seria concedida a nacionais de, ou a topografias primeiramente exploradas em, outros países apenas numa base de reciprocidade material.

3. Directiva Topografias de Produtos Semicondutores (1987), Tratado de Washington (1989), Acordo ADPIC (1994)

A US Semiconductor Chip Protection Act (1984) foi uma medida pioneira, tendo servido de modelo às diversas Leis que seriam adoptadas por vários países. Com efeito, a lei estadunidense seria seguida, em termos semelhantes, pelo Japão (1985) e, posteriormente, pela Comunidade Europeia (1986)[6]. Seguiram-lhes países como a Suécia (1986), a Suíça (1988) e a Austrália (1989).

No plano internacional foi adoptado, na Conferência Diplomática da OMPI, em Washington (DC), Maio de 1989, o Tratado sobre a Protecção da Propriedade Intelectual respeitante aos Circuitos Integrados[7], apesar do voto contra das delegações do Japão e dos EUA. Este Tratado segue a terceira via de direitos de propriedade intelectual, consagrando uma forma de protecção autónoma da propriedade industrial e do direito de autor.

Recentemente, o Tratado de Washington foi integrado no Acordo ADPIC (TRIPS)[8], o qual obriga as Partes Contratantes a conceder protecção às topografias de produtos semicondutores de acordo com o Tratado de Washington, sujeita a uma exclusão e algumas modificações (TRIPS,

---

[5] Trata-se da "clonagem" de circuitos integrados funcionalmente equivalentes, ainda que expressivamente dissemelhantes.

[6] Directiva n.º 87/54/CEE do Conselho, de 16 de Dezembro de 1986, relativa à protecção jurídica das topografias de produtos semicondutores. *Vide*, por ex., Vincenzo Franceschelli, *La protezione giuridica del firmware e delle topografie dei prodotti a semiconduttori*, Rivista di Diritto Industriale, 1988, p. 232; Ettore Giannantonio, *The legal protection of semiconductor chips*, in E. Giannantonio (ed.), *Law and Computers*, Selected Papers from the 4th International Congress of the Italian Corte Suprema di Cassazione, Rome Spring 1998, I. *Legal Informatics*, p. 1221; Dirk Schroeder, *Computer Software Protection and Semiconductorchips*, London: Butterworths, 1990.

[7] Treaty on the Protection of Intellectual Property in Respect of Integrated Circuits (WIPO, 1989).

[8] Acordo sobre aspectos dos Direitos de Propriedade Intelectual relacionados com o Comércio (TRIPS/ADPIC), de 15 de Abril de 1994.

314 *II Curso de Direito Industrial*

Art. 35). A exclusão e as modificações são previstas nos artigos 36 a 38 do TRIPS: é excluído o art. 6 (3) do Tratado sobre licenças compulsórias e as modificações respeitam essencialmente a outros aspectos do Tratado, com os quais os EUA não concordavam[9].

Com a entrada em vigor do TRIPS, o Tratado de Washington ressuscitou, de modo a conceder um regime de protecção internacional para as TPC baseado no princípio do tratamento nacional ao invés do princípio da reciprocidade.

4. A Situação Portuguesa: A Lei n.º 16/89, de 30 de Junho, e o "Novo" Código da Propriedade Industrial (1995)

Em Portugal, a protecção jurídica das topografias de produtos semicondutores é objecto de um regime próprio[10], que foi adoptado em transposição da Directiva Comunitária.[11] Além disso, por remissão do art. 35.º do APDIC em vigor desde 1 de Janeiro de 1996, o Tratado de Washington obriga Portugal desde essa data, nos termos daquele Acordo.

São estas as principais fontes da protecção das topografias de produtos semicondutores na ordem jurídica portuguesa.

Um outro aspecto a considerar é o facto de a nossa Lei mandar regular certos aspectos por remissão para normas do antigo Código da Propriedade Industrial. Ora, este Código foi revogado pelo "Novo" Código da Propriedade Industrial[12], tornando necessário actualizar aquelas remissões para os actuais artigos.[13]

---

[9] Nomeadamente, a infracção por negociação comercial, infracção inocente e a duração de protecção.

[10] Lei n.º 16/89, de 30 de Junho.

[11] Directiva n.º 87/54/CEE do Conselho, de 16 de Dezembro de 1986, relativa à protecção jurídica das topografias de produtos semicondutores.

[12] Decreto-Lei n.º 16/95, de 24 de Janeiro.

[13] Neste sentido, Manuel Ohen Mendes, *Tutela Jurídica das Topografias de Circuitos Integrados*, in *Direito da Sociedade da Informação*, FDUL/APDI, Vol. I, Coimbra: Coimbra Editora, 1999, p. 95, embora reconhecendo que se trata de uma "solução, todavia, não isenta de dúvidas". Com efeito, uma orientação estritamente formalista da interpretação negará esse resultado, defendendo antes que essas remissões não deverão ser actualizadas em virtude de o Novo Código da Propriedade Intelectual ter alterado o anterior regime sem fazer qualquer menção ao problema das topografias de produtos semicondutores. Neste sentido, aquelas disposições da Lei das Topografias que remetem para o antigo Código da Propriedade Intelectual dever-se-iam considerar revogadas por contradição lógica. Seria este um caso típico de interpretação *ab rogante*, pois aquelas normas

5. O Projecto de Alteração do Código da Propriedade Industrial

Além disso, o Projecto de Alteração ao novo CPI integra a protecção das topografias dos produtos semicondutores no Código da Propriedade Industrial. Dedica-lhes um capítulo autónomo [14], que integra por via de remissões para o direito das patentes [15], no que respeita a regras gerais e especiais de titularidade do registo e direitos do criador (1), à não oponibilidade do registo a terceiros de boa-fé (2), à perda e expropriação do registo (3), a licenças de exploração obrigatoria (4), à invalidade do registo (5).

O Projecto, a ser aprovado, permitirá arrumar esta problemática. Com efeito, as remissões da presente Lei para artigos do antigo Código da Propriedade Industrial tornam o regime actual algo precário, exigindo um esforço de actualização remissiva para o actual Código.

Além disso, o projecto, na generalidade, continua as soluções da Lei de 89 e da Directiva, embora em algumas normas opte por consagrar a formulação literal das regras sobre topografias constantes do Acordo ADPIC.

§ 3. ANÁLISE COMPARATIVA DA DIRECTIVA COMUNITÁRIA, DA LEI PORTUGUESA E DO DIREITO INTERNACIONAL

1. Harmonização Intermédia de Princípios Básicos

1.1. No Livro Branco para o Conselho Europeu sobre a Realização do Mercado Interno, a Comissão considerou a adopção de medidas de harmonização comunitária no domínio da propriedade intelectual como um instrumento importante para a realização do mercado único.[16] Após

---

remetem para normas que entretanto deixaram de existir, sem qualquer ressalva. Todavia, segundo uma jurisprudência do razoável, parece-nos que a lacuna que assim se gerou ter-se-á ficado a dever a um lapso do legislador, o qual, enquanto não for formalmente rectificado, deverá ser suprido pelo intérprete, a quem cabe cuidar da razoabilidade do legislador. E, justamente, parece-nos razoável suprir esse lapso por via da actualização das remissões da Lei das Topografias para os correspondentes artigos do "Novo" Código da Propriedade Intelectual.

[14] Arts. 153.° a 173.°.

[15] Arts. 55.° a 69.°, com excepção do art. 60.°; arts. 102.° a 110.°.

[16] *A Realização do Mercado Interno*, COM(85) 310 final, 14.06.1985, p. 38 ss.

316   *II Curso de Direito Industrial*

este documento, seria adoptada a Directiva Topografias de Produtos Semi-condutores [17], que constituiu um primeiro passo rumo ao direito europeu da propriedade intelectual. Com efeito, posteriormente, em cerca de uma década seriam adoptadas diversas medidas de harmonização, ora no domínio dos direitos de autor [18], ora no domínio da propriedade industrial (patentes, modelos e marcas) [19], que integram, juntamente com a pioneira Directiva sobre os circuitos integrados, o acervo comunitário de fonte legislativa no âmbito da propriedade intelectual, encontrando-se outras medidas em discussão [20].

---

[17] Directiva 87/54/CEE, do Conselho, de 16 de Dezembro de 1986, relativa à protecção jurídica das topografias de produtos semicondutores (JO L 024, 27.01.1987).

[18] *Vide*, no domínio do *direito de autor e direitos conexos*: Directiva 91/250/CEE do Conselho, de 14 de Maio de 1991, relativa à protecção jurídica de programas de computador (JO L 122, 17.05.1991); Resolução do Conselho, de 14 de Maio de 1992, relativa ao reforço da protecção dos direitos de autor e direitos conexos (JO C 138, 28.5.1992); Directiva 92/100/CEE do Conselho, de 19 de Novembro de 1992, relativa ao direito de aluguer e ao direito de comodato e a certos direitos relacionados com o direito de autor no domínio da propriedade intelectual (JO L 346, 27.11.1992); Directiva 93/83/CEE do Conselho, de 27 de Setembro de 1993, relativa à coordenação de certas regras respeitantes ao direito de autor e aos direitos conexos aplicáveis à radiodifusão por satélite e à retransmissão por cabo (JO L 248, 6.10.1993); Directiva 93/98/CEE do Conselho, de 29 de Outubro de 1993, que harmoniza a duração da protecção do direito de autor e de certos direitos conexos (JO L 290, 24.11.1993); Directiva 96/9/CE do Parlamento e do Conselho, de 11 de Março de 1996, relativa à protecção jurídica das bases de dados (JO L 077, 27.03.1996).

[19] No âmbito específico da propriedade industrial, *vide*, nomeadamente: Primeira Directiva n.º 89/104/CEE, do Conselho, que harmoniza as legislações dos Estados-membros em matéria de marcas (JO L 040, 11.02.1989); Regulamento (CE) n.º 40/94 do Conselho, de 29 de Dezembro de 1993, sobre a marca comunitária (JO L 011, 14.01.1994); Regulamento (CE) n.º 2868/95 da Comissão, de 13 de Dezembro de 1995, relativo à execução do Regulamento (CE) n.º 40/94 do Conselho, sobre a marca comunitária; Regulamento (CE) n.º 2100/94 do Conselho, de 27 de Julho de 1994, relativo ao regime comunitário de protecção de variedades vegetais (JO L 227, 01.09.94), seguido de vários Regulamentos relativos à sua execução; Regulamento (CE) n.º 1610/96 do Parlamento Europeu e do Conselho, de 23 de Julho de 1996, relativo à criação de um certificado complementar de protecção para os produtos fitofarmacêuticos (JO L 198, 8.8.1996); Directiva 98/71/CE do Parlamento Europeu e do Conselho de 13 de Outubro de 1998 relativa à protecção legal dos modelos e desenhos; Directiva 98/44/CE do Parlamento Europeu e do Conselho, de 6 de Julho de 1998, relativa à protecção jurídica das invenções biotecnológicas (JO L 213, 30.7.1998).

[20] Veja-se, nomeadamente, no domínio dos direitos de autor, a Proposta alterada de Directiva do Parlamento Europeu e do Conselho relativa à harmonização de certos aspectos do direito de autor e dos direitos conexos na Sociedade da Informação, COM(99) 250 final.

Ora, a Directiva Topografias de Produtos Semicondutores [21] foi adoptada em virtude de, em meados da década de oitenta, a legislação em vigor dos Estados-membros não proteger claramente as topografias dos produtos semicondutores. Além disso, essa protecção, quando existente, apresentava características diferentes, as quais se acentuariam à medida que os Estados-membros fossem adoptando novas medidas legislativas neste domínio.

Estas diferenças actuais e futuras da legislação dos Estados-membros teriam efeitos negativos directos no funciomento do mercado comum, sendo por isso conveniente suprimi-las e impedir o surgimento de novas diferenças com tais efeitos.

1.2. Trata-se de uma medida de harmonização intermédia, uma vez que deixa provisioriamente para os Estados-membros determinadas matérias. Com efeito, ressalva-se que se necessário podem ser posteriormente consideradas outras medidas relativas à protecção jurídica das topografias dos produtos semicondutores na Comunidade, sem prejuízo da urgência de observância pelos Estados-membros dos princípios fundamentais comuns nos termos da directiva.

Assim, por um lado, entende-se que o quadro jurídico da protecção comunitária das topografias de produtos semicondutores pode, num primeiro momento, limitar-se a determinados princípios. Estes princípios básicos concretizam-se num regime que define quem deve ser protegido e qual o objecto de protecção, bem como os direitos exclusivos em que as pessoas protegidas se podem fundamentar para autorizar ou proibir determinados actos, as excepções a esses direitos e o prazo de protecção.

Por outro lado, ao âmbito do direito nacional foram deixados, "por agora", outros aspectos, como a questão de saber se o registo ou o depósito constitui uma condição necessária para a protecção (1), e se e em que condições podem ser concedidas licenças não voluntárias relativas a topografias protegidas, sem prejuízo da exclusão das licenças concedidas devido unicamente ao facto de ter decorrido um determinado período de tempo (2). Deixou-se ainda à liberdade dos Estados-membros a questão da extensão da protecção a pessoas no exterior da Comunidade, desde que não tenham sido tomadas decisões comunitárias num prazo determinado.

Por fim, a directiva não pretendeu proteger em exclusividade as topografias dos produtos semicondutores, considerando que a protecção concedida não deverá constituir obstáculo à aplicação de outras formas de protecção.

---

[21] Cuja data de transposição era até 7 de Novembro de 1987.

2. Sequência

A Directiva obriga os Estados-membros a regularem a protecção das topografias de produtos semicondutores através de disposições legislativas que confiram direitos exclusivos de acordo com a directiva. Nesse sentido, vamos analisar o teor da Directiva e os termos da sua transposição para a ordem jurídica portuguesa, percorrendo tópicos como o objecto ou noção de topografia de produto semicondutor, os requisitos de protecção, os beneficiários e a protecção internacional, o conteúdo dos direitos, a duração e a manutenção de outras disposições legais.

Além disso, por remissão do art. 35.° do APDIC em vigor desde 1 de Janeiro de 1996, o Tratado de Washington obriga Portugal desde essa data, nos termos daquele Acordo. Pelo que interessa também apurar a conformidade da lei portuguesa (e da directiva comunitária) com o direito internacional.[22]

3. Objecto de Protecção

3.1. A Directiva delimita positiva e negativamente o objecto de protecção.

Positivamente, mediante a definição de topografia de produto semicondutor para efeitos do regime que institui[23]. Por topografia de um produto semicondutor entende-se o conjunto de imagens relacionadas, quer fixas, quer codificadas, que representem a disposição tridimensional das camadas de que o produto semicondutor se compõe (1) e em que cada imagem possui a disposição ou parte da disposição de uma superfície do produto semicondutor em qualquer fase do seu fabrico (2). Esta noção de topografia é informada pela definição de produto semicondutor, que consiste na forma final ou intermédia de qualquer produto que consista num corpo de material que inclua uma camada de material semicondutor (1) e que possua uma ou mais camadas compostas de material condutor, isolante ou semicondutor, estando as camadas dispostas de acordo com um modelo tridimensional pré-determinado (2) e destinado a desempenhar

---

[22] O Tratado de Washington permite às Partes Contratantes a implementação do seu regime através de lei especial sobre topografias, ou da lei dos direitos de autor, das patentes, dos modelos de utilidade, dos desenhos industriais, da concorrência desleal ou qualquer outra lei ou uma combinação dessas leis (art. 4.°). A lei portuguesa respeita portanto essa liberdade de forma.

[23] Art. 1.°, 1, a/b, DTPS.

Circuitos Integrados 319

uma função electrónica, quer exclusivamente, quer em conjunto com outras funções (3).[24]

Negativamente, pois certos elementos são excluídos: a protecção concedida às topografias de produtos semicondutores incide apenas sobre a topografia propriamente dita, com exclusão de qualquer conceito, processo, sistema, técnica ou informação codificada incorporadas nessa topografia.[25]

3.2. A Lei da Protecção Jurídica das Topografias de Produtos Semicondutores define o objecto de protecção em termos semelhantes à Directiva.

Por um lado, delimita-o positivamente através da definição de topografia de produto semicondutor (art. 2.°). Por topografia de um produto semicondutor entende-se o conjunto de imagens relacionadas, quer fixas, quer codificadas (1), que representem a disposição tridimensional das camadas de que o produto se compõe (2), em que cada imagem possua a disposição ou parte da disposição de uma superfície do mesmo produto, em qualquer fase do seu produto (3) isto é, final ou intermédia[26]. A noção de topografia é informada pela noção de produto semicondutor, que também é definida. Por produto semicondutor entende-se a forma final ou intermédia de qualquer produto (1) que, cumulativamente: consista num corpo material que inclua uma camada de material semicondutor (2); possua uma ou mais camadas compostas de material condutor, isolante ou semicondutor, estando as camadas dispostas de acordo com um modelo tridimensional predeterminado (3); e seja destinada a desempenhar uma função electrónica, quer exclusivamente, quer em conjunto com outras funções (4).[27]

---

[24] Com vista à sua adaptação em função do progresso técnico, é prevista a possibilidade de alteração da definição de produto semicondutor pelo Conselho, deliberando por maioria qualificada, sob proposta da Comissão (art. 1.°, 2, DTPS).

[25] Art. 8.° DTPS. Neste sentido, já antes nos EUA, §902(c) SCA. Este princípio é caro aos direitos de autor, estando entre nós consagrado no art. 1.°, 2, do Código do Direito de Autor.

[26] Art. 3.°, 1, LTPS.

[27] Esta noção, que seria retomada pela Lei da Criminalidade Informtática (Lei n.° 109/91 de 17 de Agosto, art. 2.°-d/e), é decalcada da definição da Directiva. Parece corresponder-lhes a noção, embora mais simplificada, do Tratado de Washington (art. 2, i, ii). A dúvida colocar-se-ia eventualmente na utilização pelo Tratado da expressão "disposição tri-dimensional de qualquer modo expressa". Porém, se atendermos à terminologia "quer fixas quer codificadas" da Directiva e da nossa Lei, parece ser legítimo concluir pela correspondência.

320   *II Curso de Direito Industrial*

Por outro lado, delimita negativamente o objecto de protecção, dispondo que a protecção concedida às TPS só é aplicável à topografia propriamente dita, excluindo-se dessa protecção os conceitos, processos, sistemas, técnicas ou informações codificadas nela incorporados (art. 3.º, 6).

4. Requisitos de Protecção: Originalidade e Depósito

4.1. Em matéria de requisitos de protecção, a Directiva começou por consagrar um requisito de originalidade, que mais se assemelha a um misto da originalidade dos direitos de autor com a novidade do direito das patentes. Com efeito, a originalidade é definida (art. 2.º, 2), em termos de a topografia de produto semicondutor ser protegida na medida em que satisfaça dois requisitos. Primeiro, deverá resultar do esforço intelectual do seu próprio criador (1). Segundo, não poderá ser conhecida na indústria dos semicondutores (2). Prevê-se, ainda, o caso de a topografia de produto semicondutor consistir em elementos conhecidos na indústria de semicondutores. Neste caso, a topografia de produto semicondutor poderá ser protegida apenas na medida em que a *combinação* de tais elementos, encarada no seu conjunto, satisfizer os dois requisitos enunciados. Isto é, considerada como um todo, a combinação de tais elementos, e não os elementos em si, deverá resultar do esforço intelectual do seu próprio criador e não poderá ser conhecida na indústria de semicondutores.

Em termos idênticos, a Lei Portuguesa consagrou o requisito de "originalidade" da Directiva comunitária (art. 3.º, 3/4). Assim, a TPS será protegida na medida em que resulte do esforço intelectual próprio do seu criador (1) e não seja conhecida na indústria dos semicondutores (2). Além disso, mesmo que a topografia consista em elementos conhecidos da indústria de semicondutores poderá ainda ser protegida na medida em que a combinação desses elementos, no seu conjunto, resulte do esforço intelectual próprio do seu criador e não seja conhecida na indústria dos semicondutores.[28]

4.2. Definido o requisito da "originalidade", a Directiva reservou depois aos Estados-membros a possibilidade de condicionarem a protecção a registo ou depósito (Art. 4.º). Com efeito, permitiu-lhes dispor que a topografia não beneficiará ou deixará de beneficiar dos direitos

---

[28] Em termos próximos à Directiva e à nossa Lei, veja-se o art. 3.º, 2, do Tratado de Washington. E, já antes, veja-se a Lei dos EUA (§ 902 (b)).

Circuitos Integrados 321

exclusivos se não tiver sido apresentado um pedido de registo em devida forma junto de uma autoridade pública num prazo de dois anos a contar da sua primeira exploração comercial. Além do registo, possibilitou ainda aos Estados-membros exigirem o depósito, junto de uma autoridade pública, de material que identifique ou exemplifique a topografia ou qualquer combinação desta, bem como uma declaração da data da primeira exploração comercial da topografia, quando esta anteceda a data do pedido de registo. [29] Não obstante, optanto pela via do depósito, os Estados-membros ficaram obrigados a assegurar que o material assim depositado não fique à disposição do público, quando constituir um segredo comercial, sem prejuízo de tal material poder ser divulgado na sequência de uma decisão judicial ou de outra autoridade competente resultante de um litígio relativo à validade ou infracção dos direitos exclusivos. [30]

O legislador português optou por esta via, condicionando a protecção da TPS à realização de depósito. Sendo que o depósito não pode efectuar--se depois de decorridos dois anos a contar da primeira exploração comercial da topografia em qualquer lugar (1), nem após o prazo de quinze anos a contar da data em que ela tenha sido fixada ou codificada pela primeira vez no caso de nunca ter sido explorada (2). Isto significa que, decorridos os referidos prazos nas respectivas circunstâncias, caduca o direito a protecção, uma vez que o depósito não pode efectuar-se e a protecção depende da realização de depósito.

O depósito de topografia não "original" ou realizado fora dos prazos referidos é ferido de nulidade (arts. 3.°, 3, 8.°-a). É ainda nulo quando tenha sido efectuado com preterição das formalidades legais (art. 8.°-b),

---

[29] Por exploração comercial entende-se (art. 1.°, 1-c) a venda, aluguer, locação financeira ou qualquer outro método de distribuição comercial ou qualquer oferta para esse fim, ressalvando-se, porém, que nestes e noutros casos, a exploração comercial não deve incluir a exploração em condições de confidencialidade na medida em que não se verifique uma distribuição a terceiros. Desta ressalva exceptuam-se, porém, os casos de a exploração de uma topografia ser feita em condições de confidencialidade exigidas por uma medida nos termos do art. 296.°, 1-b, do Tratado de Roma (antigo art. 223.°). Esta disposição prevê que qualquer Estado-membro pode tomar as medidas que considere necessárias à protecção dos interesses essenciais da sua segurança e que estejam relacionadas com a produção ou o comércio de armas, munições e material de guerra, ressalvando embora que tais medidas não devem alterar as condições de concorrência no mercado comum no que diz respeito aos produtos não destinados a fins especificamente militares.

[30] Por seu turno, os Estados-membros que exigirem o registo deverão consagrar o direito de recurso a favor da pessoa que beneficie do direito à protecção nos termos da directiva e que possa provar que outra pessoa pediu ou obteve o registo de uma topografia sem a sua autorização.

que se traduzem, nos termos dos arts. 18.° e 19.°, em pedido de depósito mediante requerimento, redigido em português, com indicação, por um lado, do nome, firma ou denominação social do requerente, sua nacionalidade, profissão e domicílio ou lugar em que está estabelecido, e, por outro, das reivindicações que caracterizam a topografia; a este requerimento devem juntar-se, em triplicado, resumo das características da topografia e descrição da topografia e das respectivas reivindicações, nos termos do art. 15.°, 1, 2 e 3 do antigo CPI [veja-se, agora, o art. 57.° do novo CPI].

A Lei Portuguesa não consagra expressamente, porém, que o material depositado, quando constitua segredo comercial, não fique à disposição do público. Parece-nos que, numa interpretação conforme à Directiva, poder-se-á integrar esta lacuna por remissão para a Lei de Acesso aos Documentos da Administração (LADA), que permite à Administração recusar o acesso a documentos cuja comunicação ponha em causa segredos comerciais, industriais ou sobre a vida interna das empresas.[31] Idêntica disposição resulta do Código de Procecimento Administrativo, dispondo que os interessados não têm o direito de consultar processos que contenham documentos classificados ou que revelem segredo comercial ou industrial[32].

5. Taxas

A Directiva possibilitou aos Estados-membros exigirem o pagamento de taxas que não excedam os custos administrativos do registo e do depósito nos referidos termos.

Exercendo essa possibilidade, a lei portuguesa estabeleceu que pelos diversos actos nela previstos são devidas taxas a fixar por portaria do Ministro da Indústria e Energia (art. 20)[33]. Seria discutível se estas taxas

---

[31] LADA, Art. 10.°, 1. Lei n.° 63/93, de 26 de Agosto, alterada pela Lei n.° 8/95, de 29 de Março, e pela Lei n.° 94/99, de 16 de Julho.

[32] CPA, Art. 62.°, 1. Decreto-Lei n.° 442/91, alterado pelo Decreto-Lei n.° 6/96, de 31 de Janeiro. Além disso, nos termos do art. 7.° da Lei da Criminalidade Informática (Lei n.° 109/91 de 17 de Agosto), será punível com pena de um a cinco anos quem, não estando para tanto autorizado e com a intenção de alcançar, para si ou para outrem, um benefício ou vantagem ilegítimos, aceder a um sistema ou rede informático e através desse acesso tiver tomado conhecimento de segredo comercial ou industrial ou de dados confidenciais, protegidos por lei, sendo a tentativa punível.

[33] Actualmente, estas taxas estão previstas na Portaria n.° 418/98, de 21 de Julho. Assim, por exemplo, o pedido de depósito de TPS custará 7800$00.

não excederiam os custos administrativos do depósito. Não obstante, o Tratado de Washington permite a cobrança de taxas, sem condicionar os seus montantes (art. 7.°, 2-c).

6. Conteúdo dos Direitos Exclusivos

6.1. A Directiva define positiva e negativamente o conteúdo dos direitos exclusivos (Art. 5.°).

Por um lado, no que respeita ao recorte positivo, os direitos exclusivos incluem os direitos de autorizar ou proibir qualquer um dos seguintes actos: 1.° a reprodução de uma topografia; 2.° a exploração comercial ou a importação para esse efeito de uma topografia ou de um produto semicondutor fabricado mediante a utilização da topografia.[34] Em ordem a integrar a hipótese desta norma, a exploração comercial é definida (art. 1.°, 1-c), em termos de consistir na venda, aluguer, locação financeira ou qualquer outro método de distribuição comercial ou qualquer oferta para esse fim, ressalvando-se que nestes e noutros casos, a exploração comercial não deve incluir a exploração em condições de confidencialidade na medida em que não se verifique uma distribuição a terceiros. Desta ressalva exceptuam-se, os casos de a exploração de uma topografia ser feita em condições de confidencialidade exigidas por uma medida nos termos do art. 296.°, 1-b, do Tratado de Roma (antigo art. 223.°). Esta disposição prevê que qualquer Estado-membro pode tomar as medidas que considere necessárias à protecção dos interesses essenciais da sua segurança e que estejam relacionadas com a produção ou o comércio de armas, munições e material de guerra, ressalvando embora que tais medidas não devem alterar as condições de concorrência no mercado comum no que diz respeito aos produtos não destinados a fins especificamente militares.

Por outro lado, no que respeita ao recorte negativo dos direitos exclusivos, a Directiva possibilita aos Estados-membros permitirem a reprodução a título privado de uma topografia para fins não comerciais. Se a reprodução privada para fins não comerciais é deixada ao arbítrio dos Estados-membros, já dos direitos exclusivos é expressamente excluída a reprodução para fins de análise, avaliação ou ensino de conceitos, pro-

---

[34] Em termos próximos, ver o Tratado de Washington, art. 6.°, 1-a. Este Tratado permite que as Partes Contratantes integrem outros actos como ilícitos se praticados sem autorização do titular do direito (art. 6.°, 1-b).

324   *II Curso de Direito Industrial*

cessos, sistemas ou técnicas incorporados na topografia propriamente dita[35], permitindo ademais a criação por terceiros de topografias originais com base nesta análise e avaliação de outra topografia[36], em razão de os direitos exclusivos não serem extensivos a topografias originais concebidas com base numa análise e numa avaliação de outra topografia assim efectuadas.[37]

---

[35] Acresce que a protecção concedida às topografias de produtos semicondutores incide apenas sobre a topografia propriamente dita, com exclusão de qualquer conceito, processo, sistema, técnica ou informação codificada incorporadas nessa topografia (art. 8.°). Esta solução é considerada já como uma forma de permitir o *reverse engineering* do *lay-out* da topografia de terceiros. Cfr. Alfred Meijboom, *The EC Directive on Software Copyright Protection*, in H. Jongen/ A. Meijboom (eds.), *Copyright Software Protection in the EC*, Deventer: Kluwer, 1993, p. 15.

[36] *Vide* J. Oliveira Asccensão, *Direitos do utilizador de bens informáticos*, in *Comunicação e Defesa do Consumidor*, Actas do Congresso Internacional organizado pelo Instituto Jurídico da Comunicação da Faculdade de Direito da Universidade de Coimbra, de 25 a 27 de Novembro de 1993, Coimbra 1996, p. 337-8.

[37] O mesmo não se permitiria, posteriormente, em sede de programas de computador. Veja-se o art. 7.°, 2-a, da Directiva n.° 91/252/CEE do Conselho, de 14 de Maio de 1991, relativa à protecção jurídica dos programas de computador. Com efeito, a Directiva Programas de Computador, para além de admitir a descompilação apenas em circunstâncias restritas, proíbe a utilização das informações assim obtidas para outros fins que não sejam assegurar a interoperabilidade entre sistemas informáticos. Isso significa que o regime das topografias é mais generoso, quer no acesso às informações, quer no que respeita à sua utilização. Não obstante, o regime dos programas de computador parece ter sido decalcado desta primeira experiência. Considerava-se a propósito que o "sistema legislativo fornecendo protecção *sui generis* para as topografias de circuitos integrados foi, até recentemente, único entre os regimes de propriedade intelectual ao excepcionar expressamente certos actos de 'reverse engineering'. [...] As implicações da política de concorrência dos direitos de propriedade intelectual na tecnologia da informação são tais, contudo, que a lei do direito de autor seguiu, pela primeira vez, a lei de protecção das topografias de circuitos integrados, e recentemente adoptou defesas expressa de *reverse engineering*." (Andrew Christie, *Integrated Circuits and their Contents: International Protection*, London, 1995, p. 136).

Em sede de circuitos integrados, a excepção de descompilação e criação de topografias funcionalmente idênticas foi primeiramente adoptada nos EUA (§ 906(a)), onde só mais tarde, por via da casuística jurisprudencial, se viria a admitir a licitude do *reverse engineering* do *software* para fins de interoperabilidade segundo o princípio de *fair use*. Cfr. a nossa dissertação *Informática, direito de autor e propriedade tecnodigital*, Coimbra 1998, §§ 41 e 55. Por outro lado, o Tratado de Washington consagra também esta figura (art. 6.°, 2). Esta excepção prossegue o imperativo de normalização neste sector das tecnologias da informação, recortando o conteúdo dos direitos exclusivos em conformidade com a delimitação negativa do objecto de protecção desta forma de propriedade intelectual.

Por outro lado, em matéria de conformidade dos acordos de transferência de tecnologia às regras comunitárias de defesa da livre concorrência no mercado interno, é

Circuitos Integrados 325

Também o exclusivo de exploração comercial é negativamente delimitado. Para começar, o direito exclusivo de exploração comercial ou importação para esse efeito esgota-se em relação aos actos praticados depois de a topografia ou de o produto semicondutor ter sido colocado no mercado de um Estado-membro pela pessoa habilitada a autorizar a sua comercialização ou com o seu consentimento [38]. Depois, não é impedido de explorar comercialmente o produto, quem, ao adquirir um produto semicondutor, não saiba nem tenha razões plausíveis para supor que o produto está protegido por qualquer direito exclusivo concedido por um Estado-membro, nos termos do disposto na directiva. Porém, relativamente aos actos praticados depois de a pessoa saber ou ter razões plausíveis para supor que o produto semicondutor está protegido nos referidos termos, os Estados-membros deverão assegurar que, a pedido do titular do direito, possa ser exigido judicialmente o pagamento de uma remuneração adequada em cumprimento do disposto na legislação nacional. [39]

6.2. O legislador português definiu o direito de protecção como o direito exclusivo de dispor da topografia (art. 3, 1), pelo qual se entende o direito ao seu uso exclusivo em todo o território português, produzindo, fabricando, vendendo ou explorando essa topografia ou os objectos em que ela se aplique (art. 10). Acrescentou, porém, que a subsistência do direito de uso exclusivo é condicionada à obrigação de o fazer de modo efectivo e de harmonia com as necessidades da economia nacional (10, *in fine*). [40]

---

importante referir que o Regulamento (CE) n.° 240/96 da Comissão de 31 de Janeiro de 1996 relativo à aplicação do n.° 3 do artigo 85.° do Tratado a certas categorias de acordos de transferência de tecnologia, equipara as topografias às patentes para efeitos do regime que institui (cfr. art. 8.°, 1-d).

[38] A consagração do esgotamento comunitário do direito de exploração comercial não afecta o Acordo ADPIC, que prevê expressamente que nenhuma das suas disposições será utilizada para tratar a questão do esgotamento dos direitos de propriedade intelectual (Art. 6.°). O esgotamento comunitário do direito de exploração comercial, formulado nos referidos termos, poderia conflituar com o não esgotamento comunitário do direito de aluguer em matéria de direitos de autor. Não obstante, como veremos, as disposições aplicáveis de direitos de autor são restritas às faculdades de reprodução.

[39] Ver, em termos próximos, o art. 37.° APDIC.

[40] O Tratado de Washington permite às Partes Contratantes não protegerem as topografias enquanto estas não forem normalmente exploradas comercialmente, separadamente ou incorporadas num circuito integrado, em qualquer parte do mundo (art. 7.°, 1).

326 *II Curso de Direito Industrial*

O exclusivo de dispor da topografia consiste no direito de autorizar ou proibir dois grandes tipos de actos (a reprodução e a exploração comercial ou importação), recortados positiva e negativamente.[41]

Por um lado, a reprodução da topografia protegida (arts. 12.°-a, 13.°). O direito de reprodução é delimitado negativamente no sentido de não abranger: a reprodução, a título privado, de uma topografia para fins não comerciais (1), tal como possibilitado pelo Directiva; a reprodução para efeitos de análise, avaliação ou ensino (2); e a criação, a partir dessa análise ou avaliação, de uma topografia distinta que possa beneficiar da protecção prevista (3).

Por outro lado, a exploração comercial ou importação para esse efeito de uma topografia ou de um produto fabricado mediante a utilização dessa topografia (arts. 14, 15)[42]. A Lei Portuguesa não define, porém, o conceito de exploração comercial. Não obstante, segundo o princípio da interpretação conforme à Directiva, deveremos utilizar o conceito previsto na Directiva, nos termos do qual (art. 1.°, 1-c) a exploração comercial consiste na venda, aluguer, locação financeira ou qualquer outro método de distribuição comercial ou qualquer oferta para esse fim, ressalvando-se, porém, que nestes e noutros casos, a exploração comercial não deve incluir a exploração em condições de confidencialidade na medida em que não se verifique uma distribuição a terceiros[43].

---

[41] A definição destes dois tipos de actos informará a hipótese do art. 9.°, 2, da Lei da Criminalidade Informática. Esta disposição estatui a aplicabilidade da pena prevista para a chamada "reprodução ilegítima de programa protegido", que se traduz em pena de prisão até três anos ou pena de multa, a quem ilegitimamente reproduzir topografia de um produto semicondutor ou a explorar comercialmente ou importar, para estes fins, uma topografia de produto semicondutor fabricado a partir dessa topografia.

[42] Esta norma, correspondente à Directiva, é reformulada pelo Acordo ADPIC (art. 36.°), no sentido de se tratar do direito exclusivo de proibir ou autorizar os actos de importação, venda ou distribuição por qualquer outra forma com finalidade comercial de uma topografia protegida, de um produto semicondutor em que é incorporada uma topografia protegida, ou um artigo em que é incorporado um produto semicondutor desse tipo, apenas na medida em que se continue a incluir uma topografia ilegalmente reproduzida. O Projecto de Alteração do CPI adopta esta última redacção.

[43] Desta ressalva são exceptuados, como vimos, os casos de a exploração de uma topografia ser feita em condições de confidencialidade exigidas por uma medida nos termos do art. 296.°, 1-b, do Tratado de Roma (antigo art. 223.°). Esta disposição prevê que qualquer Estado-membro pode tomar as medidas que considere necessárias à protecção dos interesses essenciais da sua segurança e que estejam relacionadas com a produção ou o comércio de armas, munições e material de guerra, ressalvando embora que tais medidas não devem alterar as condições de concorrência no mercado comum no que diz respeito aos produtos não destinados a fins especificamente militares. Será de considerar

Circuitos Integrados 327

Já à semelhança da Directiva, é consagrado o princípio do esgotamento, nos termos do qual o exclusivo de exploração comercial esgota-se relativamente aos actos praticados depois de a topografia ou de o produto semicondutor ter sido colocado no mercado de um Estado membro das Comunidades Europeias pela pessoa habilitada a autorizar a sua comercialização ou com o seu consentimento.[44]

Como limite ao exclusivo de exploração comercial é ainda de considerar que o adquirente de boa-fé que ignore ser o produto semicondutor protegido não está impedido de o explorar comercialmente. E, se tiver conhecimento superveniente da protecção do produto semicondutor, não fica impedido de prosseguir a sua exploração. Porém, a pedido do titular do direito exclusivo pode ser judicialmente obrigado a pagar a este remuneração adequada. O mesmo vale para os seus sucessores ou representantes legais.

6.3. A Lei portuguesa prevê ainda regras em matéria de transmissão dos direitos e licenças de exploração. Dispõe, por um lado, no art. 16.°, que o direito exclusivo pode ser, total ou parcialmente, transmitido. Para o efeito, exige-se requisito de forma, pois a transmissão deverá ser feita por documento escrito, autêntico ou autenticado. Além disso, consagra-se ainda um requisito de eficácia *erga omnes* do negócio, uma vez que a transmissão só produz efeitos em relação a terceiros depois de ser autorizada pelo Instituto Nacional da Propriedade Industrial. Esta possibilidade foi deixada aos Estados-membros pela Directiva, permitindo-lhes exigirem o registo das transferências de direitos de topografias protegidas.

Quanto às licenças, dispõe, por outro lado, no art. 17.°, que o proprietário da topografia pode conceder a outrem licença para a explorar, total ou parcialmente, em certa zona ou em todo o território nacional, nos termos acordados pelas partes, mediante documento escrito autêntico ou autenticado. Sendo que, salvo estipulação em contrário, o licenciado não pode transmitir o seu direito de exploração sem consentimento expresso do proprietário da topografia.

---

a este respeito a aplicação do regime das Patentes Secretas, aprovado pelo Decreto-Lei n.° 42 201, de 2 de Abril de 1959, bem como o Acordo para a Salvaguarda Mútua do Segredo das Invenções com Interesse para a Defesa cujas patentes tenham sido requeridas, celebrado no âmbito da NATO, de 21 de Setembro de 1960 (Decreto-Lei n.° 46 204).

[44] O Projecto de alteração do CPI vem referir o esgotamento ao Espaço Económico Europeu, no sentido de abranger não apenas os Estados-membros da Comunidade Europeia, mas também os seus associados no EEE.

Trata-se de normas destinadas a regular as relações contratuais pelas quais o titular de direitos aliena o seu exclusivo de exploração ecónomica, no primeiro caso, ou permite que outrem nele participe mediante a concessão de licenças. Estes contratos serão de qualificar nos termos do Código Civil, nomeadamente como contratos de compra e venda ou de locação no caso de serem onerosos, atentos porém os requisitos de forma que a Lei das Topografias prescreve.

Para além das licenças voluntárias que a lei regula, a Directiva prevê as *licenças não voluntárias*. Estabelece que os direitos exclusivos não podem depender de licenças concedidas automaticamente e nos termos da lei, apenas devido ao facto de ter decorrido um determinado prazo (art. 6.°). Contudo, deixa aos Estados-membros a liberdade de fixarem se e em que condições podem ser concedidas licenças não voluntárias relativas a topografias protegidas. Esta liberdade, porém, foi limitada pelo Acordo ADPIC, que condiciona a instituição de licenças não voluntárias aos termos previstos no art. 31.°, al. *a*) a *k*), desse Acordo (art. 37.°, 2). Assim, por exemplo, essa utilização sem consentimento do titular deverá ser limitada quanto ao âmbito e duração à finalidade para a qual é autorizada (c), ser não exclusiva (d), remunerar adequadamente o titular em vista do valor económico da utilização (h), etc.[45]

7. Duração ou Prazo de Protecção

7.1. O prazo de protecção ou duração do direito exclusivo é definido pela Directiva[46]. O regime de aquisição e caducidade dos direitos exclusivos varia consoante haja ou não exigência de registo (art. 7.°).

Por um lado, havendo exigência de registo, os direitos exclusivos adquirem-se na primeira das seguintes datas: ou na data em que a topografia foi pela primeira vez explorada em qualquer parte do mundo (1) ou na data em que o pedido de registo foi apresentado em devida forma (2). Além disso, sendo o registo condição de aquisição ou da manutenção dos direitos exclusivos, estes caducam após um período de dez anos a contar da primeira das seguintes datas: ou do último dia do ano civil durante o qual a topografia foi pela primeira vez explorada comercialmente em qual-

---

[45] O Projecto de Alteração do CPI prevê expressamente que as licenças não voluntárias deverão prosseguir uma finalidade pública não comercial (art. 105.°, 5, por remissão do art. 169.°).

[46] Ver, em termos próximos, o Art. 38.° do Acordo ADPIC.

quer parte do mundo (1), ou do último dia do ano civil durante o qual o pedido de registo foi apresentado em devida forma (2). De todo o modo, sendo o registo condição de aquisição ou da manutenção dos direitos exclusivos, só podem ser adquiridos novos direitos exclusivos se tiver sido apresentado em devida forma um pedido de registo dentro do prazo de quinze anos.

Por outro lado, não havendo exigência de registo, os direitos adquirem-se na primeira das seguintes datas: ou quando a topografia for pela primeira vez explorada em qualquer parte do mundo (1) ou quando a topografia for pela primeira vez estabelecida ou codificada (2)[47]. Nestes casos, os direitos exclusivos caducam invariavelmente dez anos após o último dia do ano civil em que a topografia for pela primeira vez explorada comercialmente em qualquer parte do mundo. Além disso, os direitos exclusivos caducam se a topografia não tiver sido explorada comercialmente em qualquer parte do mundo nos quinze anos seguintes ao primeiro estabelecimento ou codificação.

7.2. A Lei portuguesa optou pela via do depósito, estabelecendo um regime de duração de protecção "mitigado" (art. 11). Dispõe que o depósito de topografias produz efeitos pelo prazo de dez anos. Este prazo conta-se a partir da data em que o respectivo pedido foi formalmente apresentado, ou da data em que a topografia foi pela primeira vez explorada em qualquer lugar, se esta for anterior. Nesse sentido, o direito conferido pelo depósito caduca: 1. decorridos dez anos a contar do último dia do ano civil em que o pedido de depósito foi formalmente apresentado ou do último dia do ano civil em que a topografia foi pela primeira vez explorada comercialmente, em qualquer lugar, se este for anterior; 2. se a topografia não tiver sido explorada comercialmente nos quinze anos posteriores à data em que ela tenha sido fixada ou codificada pela primeira vez. A estes dois grupos de casos acrescenta a lei portuguesa duas outras situações de caducidade não contempladas na Directiva: uma é a renúncia expressa do proprietário, constante de documento autenticado, salvo prejuízo de terceiros, o qual é ressalvado nos termos pres-

---

[47] Em ordem à protecção de terceiros, a Directiva dispõe que, à excepção deste último caso, deverão ser assegurados, para o período anterior à aquisição dos direitos, os meios de recurso a favor de uma pessoa que beneficie do direito à protecção nos termos da directiva e possa provar que outra pessoa fraudulentamente reproduziu, explorou comercialmente ou importou, com esse fim, uma topografia, sem prejuízo dos meios de recurso disponíveis para reforçar os direitos exclusivos concedidos.

330   *II Curso de Direito Industrial*

critos para a renúncia à patente no Código da propriedade industrial (1); outra é a falta de pagamento de taxas (2).

A lei portuguesa prevê, ainda, uma outra situação não contemplada na Directiva. Dispõe que o depósito não pode efectuar-se decorridos dois anos a contar da primeira exploração comercial da topografia comercial, ferindo de nulidade tal depósito (art. 3, 2 e 3). O Tratado de Washington permite esta situação (art. 7.°, 2-b).

8. Beneficiários

8.1. A Directiva define regras quanto aos beneficiários ou sujeitos de protecção (art. 3.°, 1 e 2). Em princípio, a protecção é atribuída às pessoas que sejam criadoras de topografias de produtos semicondutores. Trata-se do princípio da autoria na propriedade intelectual, nos termos do qual o direito pertence *ab origine* ao criador intelectual da obra de engenho.

Contudo, a Directiva permite aos Estados-membros a consagração de desvios a este princípio. Por um lado, poderão estabelecer que o beneficiário da protecção seja a entidade patronal do criador quando a topografia for criada num período em que o criador esteja a trabalhar por conta de outrem. Por outro lado, para os casos em que a topografia tenha sido criada ao abrigo de uma relação contratual de natureza não laboral, os Estados-membros poderão determinar que o beneficiário da protecção seja a parte contratante que tenha encomendado a topografia. Porém, quer se trate de contrato de trabalho quer de encomenda, estes dois desvios ao princípio da atribuição da protecção ao criador da topografia deverão respeitar a possibilidade de estipulação contratual ressalvando a protecção em favor do criador.

8.2. A Lei Portuguesa consagra o princípio de que o direito exclusivo pertence ao criador da topografia (art. 3.°, 1). Prevê também a hipótese de a topografia ser criada por dois ou mais autores, sendo os direitos resultantes do depósito regulados pelas disposições da lei civil relativas à propriedade comum, salvo acordo em contrário (art. 5.°).

Depois, servindo-se da possibilidade deixada aos Estados-membros pela Directiva, a Lei Portuguesa manda aplicar às topografias criadas por trabalhadores por conta de entidades públicas ou privadas o disposto no art. 9.° §§ 1, 2, 3, do antigo CPI, salvo acordo em contrário. Contudo, esta

remissão deverá actualizada, no sentido de serem aplicáveis os arts. 54.°
e 55.° do novo CPI. [48]

[48] Operamos esta actualização remissiva segundo um princípio de aproveitamento das leis orientado por uma jurisprudência do razoável. Esta operação é, todavia, problemática. A Lei das Topografias remete para o antigo Código da Propriedade Industrial. Porém, este foi revogado e o novo Código não ressalva nem prevê a disciplina das topografias. Desse modo, dever-se-ia proceder a uma interpretação ab-rogatória daquele preceito legal em virtude de remeter para normas legais inexistentes. Depois, dado que a Lei das Topografias não prevê critérios para o problema da titularidade dos direitos no caso de topografias criadas por trabalhadores por conta de outrem, o resultado seria a existência de uma lacuna de regulamentação legal em sentido estrito. Lacuna essa que se integraria mediante disposições legais no âmbito do instituto da propriedade intelectual susceptíveis de mobilização para a resolução do problema, isto é, segundo normas aplicáveis aos casos análogos, havendo analogia sempre que no caso omisso procedam as razões justificativas da regulamentação do caso previsto na lei, nos termos do art. 10.°, 1 e 2, do Código Civil. Ora, o critério da analogia levar-nos-ia a procurar caso análogo noutros regimes da propriedade intelectual. Sendo que a natureza das topografias de produtos semicondutores apresenta semelhanças mais relevantes com os programas de computador e os objectos dos direitos de patente e modelos do que com as obras literárias e artísticas reguladas no Código do Direito de Autor (ao que não será estranho o facto de no catálogo de exemplos de obras susceptíveis de protecção pelo direito de autor não constarem as topografias, contrariamente ao previsto na Convenção de Berna). Assim, poderíamos encontrar caso análogo quer na Lei de protecção dos programas de computador (art. 3.°, 3, Decreto-Lei n.° 252/94 de 20 de Outubro) quer no actual Código da Propriedade Industrial (arts. 54.° e 55.°). Em ambas as situações, o critério traduz-se em atribuir a titularidade do direito exclusivo à empresa empregadora. Na escolha da norma aplicável por analogia seria razoável optar pelas disposições do actual Código da Propriedade Intelectual, tanto mais que essa era a solução anterior.

Porém, nesta via levanta-se um problema delicado e complexo. Embora as soluções dos casos análogos apontem ambas no mesmo sentido, a verdade é que esse sentido é contrário ao princípio da autoria na propriedade intelectual, no sentido da atribuição do direito ao criador. Em virtude disso, poder-se-ia argumentar que tais normas seriam excepcionais, não admitindo portanto aplicação analógica (art. 11.° do Código Civil). Assim sendo, a integração da lacuna descoberta por via da ab-rogação interpretativa do preceito da Lei das Topografias não poderia efectuar-se excepcionando a regra da atribuição da titularidade de direitos aos criadores. No fundo, ab-rogar-se-ia o preceito da Lei das Topografias, por contradição lógica, e sujeitar-se-ia o caso à regra geral, em virtude da inexistência de disposições legais em contrário e da inaplicabilidade analógica de normas destinadas a regularem casos análogos.

Assim sendo, o resultado que propomos – a actualização remissiva para as disposições do actual CPI – não seria admissível, violando as exigências de certeza e segurança jurídicas. Tendo o legislador descontinuado a aplicação de regras do direito das patentes em matéria de titularidade de direitos às topografias de produtos semicondutores, ao intérprete não restaria aplicar senão o regime geral, estando-lhe vedado o recurso à analogia com outras normas.

Receamos, porém, que esta seja uma via interpretativa puramente formalista. O princípio da autoria não é um axioma lógico. Trata-se antes de uma exigência de sen-

332   *II Curso de Direito Industrial*

Assim, nos termos do art. 54.°, tendo a topografia sido criada durante a execução de contrato de trabalho em que a actividade inventiva seja prevista e esteja especialmente remunerada, o direito à topografia pertence à empresa (1), considerando-se feitas nesse âmbito as topografias cujo depósito tenha sido pedido durante o ano seguinte à data em que o inventor deixar a empresa (9). Porém, se a remuneração especial da actividade inventiva não estiver prevista, o inventor tem o direito de ser remunerado em harmonia com a importância da topografia (2). Mas, se assim não suceder e a topografia se integrar na actividade da empresa, esta terá direito a assumir a propriedade da topografia ou a reservar-se o direito a exploração exclusiva ou não exclusiva da topografia, à aquisição da topografia, enquanto o inventor terá direito a remuneração equitativa deduzida a importância correspondente a qualquer auxílio prestado pela empresa para realizar a invenção (3). Depois, o direito de aquisição ou de reserva de exploração, que antes se dizia de preferência, poderá ser exercido pela empresa no prazo de três meses a contar do recebimento da notificação do inventor (6), o qual deverá informar a empresa das invenções que tiver realizado no prazo máximo de três meses a partir da data em que a invenção é considerada realizada (4) [49]. Por outro lado, a aquisição do direito

---

tido que informa valorativamente os direitos de propriedade intelectual. As regras que atribuem direitos de propriedade intelectual a outrem que não o criador de engenhos de espírito não são excepções uma vez que essa atribuição não opera em termos de aquisição originária mas antes por via de *cessio legis*. São desvios ao princípio, justificados por outros princípios que também informam os direitos de propriedade intelectual, em especial o princípio da protecção do investimento. Mas não são excepções em sentido próprio, uma vez que o direito pertence originariamente ao criador intelectual, embora seja derivadamente, *ex vi legis*, cedido à empresa; cessão, que aliás, pode ser operada de igual modo por via contratual. Pelo que, a nosso ver, dentro dos cânones metódicos do Código Civil, a aplicabilidade analógica de tais normas não seria de afastar por não terem natureza excepcional.

Por outro lado, é discutível que se trate verdadeiramente de uma lacuna. Segundo a jurisprudência do razoável, a correcção dos lapsos do legislador tem um sentido não apenas negativo mas também positivo, no sentido do aproveitamento das leis sempre que não sejam feridas por contradições valorativas, e não puramente lógicas, insanáveis. Neste caso, apesar de no plano linguístico-formal parecer apontar-se no sentido da ablação do preceito da Lei das Topografias, por remeter para normas legais já revogadas, a verdade é que no plano da ponderação valorativa material parece ser dever do intérprete cuidar da razoabilidade do legislador, corrigindo o seu lapso mediante a actualização remissiva que propomos.

[49] Acrescenta o n.° 5 que o não cumprimento da obrigação de comunicação acarreta a perda dos direitos que se lhe reconhecem a esse título. Esta "pena legal" destina-se a coagir o inventor ao cumprimento da obrigação, de modo a que a empresa exerça o seu

Circuitos Integrados 333

da empresa fica sem efeito se a remuneração não for integralmente paga no prazo estabelecido (7), e os direitos do trabalhador não podem ser objecto de renúncia antecipada (11). Em caso de não acordo entre a empresa e o inventor quanto à remuneração deste, a questão é resolvida por Tribunal Arbitral (8). Para terminar, o art. 55.° dispõe que o criador da topografia tem direito de ser mencionado como tal no pedido de depósito e no respectivo título, se não for pedido em seu nome, apenas não podendo ser mencionado como tal nas publicações a que o pedido der lugar se assim o solicitar, por declaração expressa por ele assinada, junto do Instituto Nacional da Propriedade Industrial.[50]

9. Protecção Internacional

9.1. A Directiva regula o problema da "protecção internacional", estabelecendo regras de conexão (art. 3.°, 3 a 6). Dispõe que para beneficiarem da protecção, as pessoas criadoras da topografia deverão ser pessoas singulares nacionais de um Estado-membro ou ter a sua residência habitual no território de um Estado-membro.

Nos casos em que a protecção é atribuída a outrem que não os criadores intelectuais, nos termos da possibilidade deixada aos Estados--membros, estabelece que os beneficiários de protecção deverão ser nacionais de um Estado-membro ou ter a sua residência habitual no território de um Estado-membro, tratando-se de pessoas singulares (1), ou possuir efectiva e realmente um estabelecimento industrial ou comercial no território de um Estado-membro, tratando-se de sociedades ou outras pessoas colectivas (2). Neste grupo de casos incluem-se, ainda, como beneficiários de protecção, as pessoas singulares ou colectivas que explorem comercialmente pela primeira vez num Estado-membro uma topografia que ainda não tenha sido explorada comercialmente[51] em

---

direito de aquisição ou de reserva de exploração. A nosso ver, porém, esta norma deve ser interpretada no sentido de se referir apenas aos direitos de remuneração, não abrangendo o direito pessoal de ser considerado inventor.

[50] No Projecto de Alteração ao CPI esta matéria é revista. Em especial é de referir a qualificação do antigo direito de preferência como direito de opção, e a aplicação destas regras igualmente às invenções (e topografias) feitas por encomenda (arts. 55 a 57, aplicáveis às topografias por força do art. 156.°).

[51] Veja-se a definição de exploração comercial constante do art. 1.°, 1-c (venda, aluguer, locação financeira ou qualquer outro método de distribuição comercial ou qualquer oferta para esse fim, exceptuada a exploração em condições de confidencialidade,

334   *II Curso de Direito Industrial*

qualquer outra parte do mundo e que tenham obtido da pessoa habilitada a fazê-lo uma autorização de exploração comercial exclusiva da topografia em toda a Comunidade [52].

Além disso, a Directiva permite aos Estados-membros iniciarem negociações com países terceiros (art. 3, 7 e 8) em ordem a extender o direito à protecção a pessoas que, ao abrigo da directiva, dele não beneficiam. Para o efeito prescreve um procedimento de notificação. Regula ainda a possibilidade de, sob proposta da Comissão, a protecção ser alargada a terceiros. O que sucedeu em várias decisões do Conselho, tendo a protecção sido alargada, nomeadamente, às pessoas dos Estados Unidos da América, do Canadá, de membros da Organização Mundial do Comércio, e da ilha de Man. [53]

9.2. A Lei Portuguesa, no seu art. 1.º, considera-se aplicável a todos os portugueses e aos nacionais dos Estados membros das Comunidades Europeias, sem dependência de condição de domicílio ou estabelecimento. Além disso, equipara aos nacionais da União os de quaisquer outras nações que tiverem domicílio ou estabelecimento industrial ou comercial efectivo e não fictício no território de um daqueles países, e nas mesmas condições, aos nacionais e pessoas colectivas dos países e territórios referidos em anexo até 7 de Novembro de 1989 (por ex., Hong Kong e os EUA).

Relativamente a outros estrangeiros será de observar o disposto entre Portugal e os respectivos países, e na sua falta, o regime da reciprocidade. Ora, em virtude do Tratado de Washington (art. 5.º), aplicável

---

na medida em que não se verifique uma distribuição a terceiros, como as que resultam do art. 296.º, 1-b, do Tratado de Roma, o qual prevê a possibilidade de qualquer Estado-membro tomar as medidas que considere necessárias à protecção dos interesses essenciais da sua segurança e que estejam relacionadas com a produção ou o comércio de armas, munições e material de guerra, se não alterarem as condições de concorrência no mercado comum no que diz respeito aos produtos não destinados a fins especificamente militares).

[52] Tal como nas outras situações, o direito à protecção aplica-se não apenas às próprias pessoas beneficiárias, mas também aos seus sucessores ou representantes legais (art. 3.º, 5).

[53] *Vide*: Decisão n.º 93/16/CEE, do Conselho, de 21 de Dezembro de 1996, relativa à extensão da DTPS a pessoas dos Estados Unidos da América e de certos territórios (JO L 011, 19.01.1993); Decisão n.º 94/700/CE, do Conselho, de 24 de Outubro de 1994, relativa à extensão da DTPS a pessoas oriundas do Canadá (JO L 284, 1.11.1994); Decisão n.º 94/824/CE, do Conselho, de 22 de Dezembro de 1994, relativa à extensão da DTPS a pessoas de um membro da Organização Mundial do Comércio (JO L 349, 31.12.1994); Decisão n.º 96/644/CE, do Conselho, de 11 de Novembro de 1996, relativa à extensão da DTPS a pessoas da ilha de Man (JO L 293, 16.11.1996).

por remissão do Acordo ADPIC, a Lei Portuguesa deverá conceder aos Membros da OMC o mesmo tratamento que concede aos nacionais portugueses. É o princípio do tratamento nacional, que anula relativamente aos demais Membros a exigência de reciprocidade. Sendo que, por decisão do Conselho, tinha já sido extendida a Directiva Topografias de Produtos Semicondutores a pessoas de um membro da OMC.

10. Exibição de identificação: T

A Directiva regula a exibição de indicação de produtos semicondutores fabricados através das topografias protegidas (art. 9.°). Quando a legislação dos Estados-membros permita tal exibição de identificação, a indicação a ser utilizada será um T maiúsculo com uma das seguintes apresentações: T, <<T>>, [T], T, T* ou T.

A lei portuguesa possibilitou ao titular do direito a utilização de indicação com tais apresentações durante a vigência do depósito.

11. Manutenção de outras disposições legais

8.1. A Directiva contém um capítulo relativo à manutenção de outras disposições legais (art. 10.°)

Por um lado, ressalva a aplicabilidade, ora das disposições legais relativas aos direitos de patente e de modelos de utilidade, ora da legislação dos Estados-membros relativa aos direitos de autor que limita a reprodução de desenhos ou das representações artísticas das topografias através de cópia em duas dimensões.[54]

Só estas formas de protecção poderiam cumular-se com a protecção prevista na Directiva após 7 de Novembro de 1987, uma vez que a Directiva dispõe que não afecta a protecção garantida pela legislação nacional às topografias ou aos produtos semicondutores, estabelecidos ou codificados antes da entrada em vigor das disposições nacionais que executem a directiva, mas não após 7 de Novembro de 1987.

8.2. A Lei Portuguesa não ressalva a aplicabilidade em bloco das disposições legais relativas aos direitos de patente e de modelos de uti-

---

[54] Em termos mais amplos, o Tratado de Washington não prejudica as obrigações das Partes Contratantes que resultem das Convenções de Paris e de Berna (art. 12.°).

lidade. Manda aplicar às topografias de produtos semicondutores vários artigos do antigo CPI [55]. A remissão para estas normas do antigo CPI deverá actualizar-se em função do novo CPI. Trata-se de matérias atinentes, especialmente, a desenhos industriais (arts. 149.º a 164.º), tramitação administrativa (arts. 10.º a 29.º), infracções contra a propriedade intelectual (arts. 257.º a 277.º).

Mas, significa isto que apenas serão aplicáveis as disposições do CPI para as quais a Lei expressamente remete? Significa isso que, por interpretação *a contrario*, é afastada a aplicação dos regimes de patente e de modelo, salvo as normas para as quais a Lei expressamente remete?

O problema coloca-se também relativamente aos direitos de autor. Serão as topografias também protegidas pelos direitos de autor? A Directiva ressalva a aplicabilidade da legislação dos Estados-membros relativa aos direitos de autor que limita a reprodução de desenhos ou das representações artísticas das topografias através de cópia em duas dimensões. Em conformidade só nestes termos seriam de aplicar normas de direitos de autor. Porém, mesmo em tais termos, a sua aplicabilidade é discutida. No elenco de obras protegidas não constam as topografias, ao contrário do que passa na Convenção de Berna. Para uns tal não excluiria *tout court* a protecção pelos direitos de autor, tendo em conta a natureza exemplificativa do elenco. Outros, porém, enjeitam esse cúmulo de protecções.

Ora, em nossa opinião, a interpretação que melhor se coaduna com a Directiva é a seguinte. Por um lado, relativamente aos direitos de patente e de modelos de utilidade serão apenas aplicáveis as normas para as quais a Lei portuguesa das topografias remete [56]; a Directiva permite a aplica-

---

[55] Nomeadamente, arts. 55.º (unicidade do depósito), 59.º a 63.º (publicação do pedido, reclamações, processo subsequente, recusa do depósito, modificações nos modelos e desenhos), 172.º (prioridade de apresentação de pedido de depósito), 175.º a 188.º (regularização de irregularidades, reconhecimento notarial de assinaturas, publicação das reclamações, prazo de constestação, prazo de réplica e tréplica, cópia dos articulados, formalidades subsequentes, vistorias, vistorias oficiosas, junção de documentos, articulados e documentos fora do prazo que devem ser recusados, revogação oficiosa da decisão, fundamentos da recusa, revalidação e indeferimento), 190.º a 194.º (prova dos direitos de propriedade industrial, entrega dos títulos de concessão, conteúdo dos títulos, formalidades da caducidade por renúncia do titular, procuração no requerimento de renúncia), 197.º a 199.º (certificados, finalidade dos certificados, documentos juntos a outros processos), 202.º a 216.º (prorrogação dos prazos, tribunal de recurso competente, legitimidade para recorrer, delitos contra a propriedade intelectual). Ver ainda arts. 222.º, 224.º, 226.º a 229.º, 256.º a 260.º, 262.º e 263.º.

[56] Remissão essa que, em virtude da alteração do quadro legal, deverá ser actualizada segundo o critério de razoabilidade que sustentamos, sob pena de também neste

ção em bloco destes regimes, mas a tal não obriga; de resto, existindo um regime especial muito próximo do direito industrial, compreende-se que o Código da Propriedade Industrial tenha apenas um valor de direito subsidiário por remissão. Por outro lado, relativamente aos direitos de autor, parece-nos que não será de afastar a hipótese de existirem desenhos ou representações artísticas nas topografias, pelo que estes direitos deverão intervir em tal caso, nos termos da Directiva, isto é, proibindo a sua reprodução através de cópia em duas dimensões.

Para terminar, a Directiva ressalva ainda os direitos conferidos pelos Estados-membros em cumprimento de obrigações decorrentes de acordos internacionais, incluindo as disposições que tornam extensivos esses direitos a nacionais do Estado-membro em causa ou a pessoas residentes no território desse Estado. Em termos próximos, o Tratado de Washington (art. 16.º, 3), por seu turno, ressalva a possibilidade de as Partes Contratantes não aplicarem este Tratado a qualquer topografia que exista à data da sua entrada em vigor, na medida em que tal não afecte qualquer protecção de que uma tal topografia possa, nessa altura, gozar no território dessa Parte Contratante em virtude de outras obrigações internacionais que não as resultantes deste Tratado ou da legislação da referida Parte Contratante.

§ 4. CONCLUSÃO

O problema da protecção jurídica das topografias de produtos semicondutores foi um dos primeiros desafios que o "paradigma electrónico" das novas tecnolologias da informação e da comunicação lançou ao quadro jurídico tradicional dos direitos de propriedade intelectual e da concorrência desleal. "Podiam ser livres, no sentido de cada pessoa as pudesse livremente utilizar"[57]. Porém, a importância económica e social

---

domínio concluirmos pela interpretação ab-rogante dos preceitos da lei que remetem para as normas do antigo Código da Propriedade Intelectual, tendo que, depois, por via analógica, integrar as lacunas de regulamentação assim suscitadas.

[57] José de Oliveira Ascensão, *Direitos do utilizador de bens informáticos*, in *Comunicação e Defesa do Consumidor*, Actas do Congresso Internacional organizado pelo Instituto Jurídico da Comunicação da Faculdade de Direito da Universidade de Coimbra, de 25 a 27 de Novembro de 1993, Coimbra 1996, p. 337.

338   *II Curso de Direito Industrial*

destas criações tecnológicas exigiu que se clarificasse que não se tratava de bens livres, exigindo uma regulamentação legal que atribuísse direitos de protecção ao esforço intelectual dos criadores e ao investimento das empresas, mas que ao mesmo tempo assegurasse a continuidade de fornecimento mediante licenças não voluntárias (*fonte alternativa*) e permitisse a produção e comercialização de produtos funcionalmente compatíveis e substitutos (*normalização*).

Tratou-se, em suma, de um problema de direitos de propriedade intelectual, garantindo, por um lado, a recompensa do esforço criador e do investimento mediante direitos de protecção exclusiva, mas prevendo, por outro lado, restrições de interesse público e de promoção da concorrência por via da delimitação negativa dos direitos de propriedade intelectual, em especial no que respeita ao objecto e ao conteúdo dos direitos.

A especificidade das topografias de produtos semicondutores prejudicou a sua assimilação aos regimes tradicionais da propriedade intelectual, apesar de estarem previstas no catálogo exemplificativo de obras literárias e artísticas da Convenção de Berna e de poderem ser consideradas, também, modelos e desenhos industriais. A via adoptada foi a instituição de uma nova forma de propriedade intelectual, um misto de direitos de autor e propriedade industrial ou uma espécie de protecção *sui generis* em vista da natureza *sui generis* ou híbrida das topografias. Neste sentido apontou a pioneira US Semiconductor Chip Protection Act (1984), no que foi seguida, *inter alia*, pela Directiva comunitária sobre as topografias de produtos semicondutores (1987), e, a nível internacional, pelo Tratado de Washington (1989) e, mais recentemente, pelo Acordo ADPIC (1994).

Entre nós, a Lei n.° 16/89 de 30 de Junho transpõe a Directiva comunitária, parecendo qualificar este direito como uma forma de propriedade, como resulta da referência, no art. 17.°, ao "proprietário da topografia". Não enjeitamos a qualificação proposta pelo legislador: trata-se de uma forma especial no "arquipélago" da propriedade intelectual[58], figura esta que se autonomiza e distingue da propriedade corpórea prevista e regulada no Código Civil. Depois, a nossa lei suscita alguns problemas interpretativos, especialmente pela remissão que faz para o antigo Código da Propriedade Intelectual. Em nosso entender, essas remissões deverão ser actualizadas para o "novo" Código da Propriedade Industrial (1995). Por outro lado, encontra-se em discussão entre nós o Projecto de alterações

---

[58] *Vide* Michel Vivant, *Pour une épure de la propriété intellectuelle*, in *Propriétés Intellectuelles*, Mélanges en l'honneur de André Françon, Paris: Dalloz, 1995, p. 415 ss.

ao Código, que, a ser aprovado, permitirá "arrumar" o regime legal, para além de actualizar a formulação literal das regras em função do Acordo ADPIC.

Assim, fizemos uma análise comparativa da Directiva comunitária e da Lei Portuguesa (com a referida actualização remissiva), tendo em conta também o Direito Internacional e o Projecto de alterações ao Código. Vimos que a Directiva realiza uma harmonização intermédia de princípios básicos e estudámos diversos tópicos de regime, como sejam o objecto e os requisitos de protecção, a delimitação (positiva e negativa) do conteúdo dos direitos exclusivos, incluindo o prazo de protecção, os beneficiários e a protecção internacional, bem como a interpretação da cláusula de manutenção de outras disposições legais.

Referências Bibliográficas

ASCENSÃO, José de Oliveira, *Direitos do utilizador de bens informáticos*, in *Comunicação e Defesa do Consumidor*, Actas do Congresso Internacional organizado pelo Instituto Jurídico da Comunicação da Faculdade de Direito da Universidade de Coimbra, de 25 a 27 de Novembro de 1993, Coimbra 1996

CHRISTIE, Andrew, *Integrated Circuits and their Contents: International Protection*, London, 1995

FRANCESCHELLI, Vincenzo, *La protezione giuridica del firmware e delle topografie dei prodotti a semiconduttori*, Rivista di Diritto Industrialle, 1988, p. 232;

GIANNANTONIO, Ettore, *The legal protection of semiconductor chips*, in E. Giannantonio (ed.), *Law and Computers*, Selected Papers from the 4th International Congress of the Italian Corte Suprema di Cassazione, Rome Spring 1998, I. *Legal Informatics*, p. 1221

GOTZEN, Frank (ed.), *Chip Protection: A New Form of Intellectual Property*, Brussel: Bruylant, 1990

MENDES, Manuel Ohen, *Tutela Jurídica das Topografias de Circuitos Integrados*, in *Direito da Sociedade da Informação*, Vol. I, Coimbra: Coimbra Editora, 1999, p. 89

PEREIRA, Alexandre Dias, *Informática, direito de autor e propriedade tecnodigital*, Coimbra 1998

OMAN, R., *Urheberrecht, Computerprogramme und Halbleiterchips in den USA*, GRUR Int. 1992, p. 886 (Gewerblicher Rechtsschutz und Urheberrecht – Internationaler Teil).

SCHROEDER, Dirk, *Computer Software Protection and Semiconductorchips*, London: Butterworths, 1990

VIVANT, Michel, *Pour une épure de la propriété intellectuelle*, in *Propriétés Intellectuelles*, Mélanges en l'honneur de André Françon, Paris: Dalloz, 1995

DENOMINAÇÕES GEOGRÁFICAS E MARCA *

por Alberto Francisco Ribeiro de Almeida
Mestre em Direito e Assistente Universitário.

SUMÁRIO:

I. Introdução. II. Definição e delimitação das figuras. 1. Indicação de proveniência (IP). 2. Denominação de origem (DO). 3. Indicação geográfica (IG). **III. Regime Jurídico Nacional (confronto com a proposta de alteração ao CPI).** 1. Âmbito de protecção. 2. Âmbito de protecção (cont.). O princípio da especialidade. O problema da DO com renome. 3. Violação do direito de propriedade da DO e IG (aplicação do regime das falsas IP). 4. Degenerescência ou vulgarização da DO e da IG. 5. O registo. 6. Regimes especiais. **IV. Marca.** 1. Noção e função da marca. 2. Marca *versus* Denominação de Origem. 3. Marca geográfica.

> "WER VIEL EINST ZU VERKÜNDEN HAT
> Wer viel einst zu verkünden hat,
> schweigt viel in sich hinein.
> Wer einst den Blitz zu zünden hat,
> muss lange – Wolke sein."
>
> Friedrich Nietzsche

---

* Este texto corresponde à conferência que pronunciámos no 2.º Curso de Pós-Graduação de Direito Industrial – 1999/2000, organizado pela Faculdade de Direito de Lisboa e pela Associação Portuguesa de Direito Intelectual.

I. INTRODUÇÃO

A denominação de origem (DO), a indicação geográfica (IG) [1] e a indicação de proveniência (IP) são alguns dos sinais distintivos que o nosso ordenamento jurídico tutela. Tratam-se de sinais constituídos, em regra, por nomes geográficos. As denominações geográficas podem, nestes termos, desempenhar uma função relevante no tráfico comercial e podem ser objecto de um direito privativo.

O uso de um nome geográfico para distinguir, na concorrência, produtos provenientes da região correspondente a esse nome data de tempos muito antigos. A sua importância económica resulta, desde logo, do facto de terem sido concluídos diversos acordos bilaterais respeitantes à protecção de IP e DO e de ter sido celebrado o Acordo de Lisboa relativo à protecção das DO e ao seu registo internacional. Recentemente, considerando o desenvolvimento das trocas no plano internacional de produtos que contêm uma IG ou uma DO (os produtos originais e de qualidade podem suportar um maior preço) e o interesse crescente que os consumidores atribuem à origem e à qualidade dos produtos que adquirem, a Organização Mundial do Comércio autonomizou e disciplinou a figura das indicações geográficas no Acordo sobre os Aspectos dos Direitos de Propriedade Intelectual Relacionados com o Comércio (TRIP's), arts. 22.º e ss. Os países mais interessados nestes sinais são, fundamentalmente, agrícolas, dado que tais sinais se aplicam, especialmente, a produtos como os vinhos, as aguardentes e os queijos. [2]

Face aos interesses em causa (dos produtores contra as usurpações e imitações e dos consumidores contra os enganos) os nomes geográficos foram objecto de disciplina jurídica. A regulamentação foi efectuada, em regra, através de disposições autónomas ou no quadro da concorrência desleal. Todavia, da análise de diversos ordenamentos jurídicos concluímos que importantes divergências decorrem da variedade de pontos de vista com os quais os ordenamentos jurídicos nacionais abordam a disciplina dos nomes geográficos, considerando-os de forma diferente no

---

[1] *Vide* os arts. 249.º e ss. do Código da Propriedade Industrial (CPI), aprovado pelo DL n.º 16/95, de 24 de Janeiro.

[2] Sobre a Organização Mundial do Comércio, veja-se, entre outros, Thiébaut Flory, *L'organisation mondiale du commerce – droit institutionnel et substantiel*, Bruylant, Bruxelles, 1999; Marc Maresceau, *The European Community's Commercial Policy after 1992: The Legal Dimension*, Netherlands, Martinus Nijhoff Publishers, 1993, em especial as pp. 197 e ss. (*Intellectual Property Protection and Commercial Policy* by Inge Govaere).

aspecto sistemático, no conteúdo e nas definições. Daí que a tentativa de harmonização internacional do direito sobre os nomes geográficos seja confrontada com o obstáculo resultante da variedade das estruturas jurídicas nacionais e das divergências entre os interesses económicos nacionais em presença. Quando se protege (no ordenamento jurídico nacional, comunitário ou internacional) um nome geográfico surgem dificuldades na salvaguarda dos direitos anteriores sobre esse nome (particularmente sobre marcas geográficas) ou em relação à liberdade de terceiros em o utilizar (uma DO protegida num país pode ser considerada uma designação genérica num outro país).

Ao contrário da DO, a marca não garante que o produto tenha sempre as mesmas características nem a mesma qualidade (salvo a marca de garantia ou de certificação[3]). A marca não é um instrumento adequado a vincular o seu titular a garantir ao consumidor a constância qualitativa do produto, não pode ser exigido da marca uma função de garantia de qualidade. A função de garantia de qualidade do produto deve polarizar-se num outro sinal distintivo. Essa função de garantia poderá passar pelo nome geográfico[4]. Contudo, a relação da marca com os nomes geográficos está longe de se limitar a este aspecto.

O nome geográfico pode ser entendido como um sinal distintivo autónomo, como um sinal distintivo que faz parte de um outro sinal (de uma marca, por exemplo), ou como um sinal distintivo que tem pontos comuns com outro sinal. No primeiro caso, esta expressão é utilizada para designar as IP, as DO e as IG[5] (cujo sentido e alcance é muito diferente), que relevam do domínio dos sinais distintivos. A compreensão destas figuras como objectos de propriedade industrial, não é posta em causa, como resulta da Convenção da União de Paris (CUP) para a protecção da propriedade industrial (arts. 1.°/2 e 10.° em conjugação com os arts. 9.°, 10.°

---

[3] Sobre esta marca: N. Dawson, *Certification Trade Marks, law and practice*, Intellectual Property Publ. Ltd., London, 1988; L. Quattrini, *Marchi collettivi, di garanzia, e di certificazione*, Rivista di Diritto Industriale (RDI), n.ºs 1-2, 1992, pp. 126 e ss.; o nosso *Denominação de Origem e Marca*, Coimbra Editora, 1999, pp. 359 e ss.

[4] Existe uma grande diferença entre a marca e um sinal que tenha uma função de garantia qualitativa. A marca é aplicada a produtos de uma empresa ou de várias empresas que de alguma forma estejam juridicamente ligadas entre si. Já o sinal de garantia pode distinguir produtos de diversas empresas, sem que entre elas exista qualquer vínculo, mas que produzem com a mesma qualidade. *Vide* G. Floridia, *I marchi di qualità, le denominazioni di origine e le qualificazioni merciologiche nel settore alimentare*, RDI, 1990, p. I, pp. 5 e ss.

[5] De acordo com o CPI, que diferenciou esta figura (IG) da DO e da IP.

344   *II Curso de Direito Industrial*

bis e 10.° ter), do Acordo de Madrid respeitante à repressão das IP falsas ou falaciosas sobre os produtos e do Acordo de Lisboa relativo à protecção das DO e o seu registo internacional.

II. DEFINIÇÃO E DELIMITAÇÃO DAS FIGURAS[6]

A utilização do nome de uma localidade, região ou território para designar um produto (para especificar, no mínimo, a sua proveniência), pode assumir diversas formas: IP (ou indicação de origem); indicação geográfica; DO e denominação tradicional. A utilização destas diferentes figuras gera, por vezes, confusões. Em particular, durante muito tempo, verificou-se na doutrina e na jurisprudência uma falta de precisão entre a IP e a DO, usando-as como expressões sinónimas ou sem estabelecerem uma distinção suficientemente clara[7]. A confusão verifica-se nos próprios tratados internacionais. Na CUP, no art. 1.°/2, considera-se a DO e a IP como figuras sinónimas. O Acordo de Madrid para a repressão das falsas IP sobre as mercadorias refere-se, realmente, às IP, mas logo no art. 4.° trata das DO ("denominações regionais de proveniência dos produtos vinícolas") convertidas em genéricas.

1. Indicação de proveniência.

Comecemos pelo sinal aparentemente mais fácil – a IP. Dizemos aparentemente mais fácil porque a propósito deste sinal coloca-se a questão delicada de saber se é um direito privativo. Temos, no mínimo, muitas dúvidas; mas este não é, pela escassez de espaço, o local apropriado para

---

[6] Para mais desenvolvimentos sobre estas figuras veja-se o nosso *Denominação de Origem e Marca*, *ob. cit.*, pp. 31 e ss.

[7] Veja-se L. Sordelli, *Denominazione di origine ed indicazione di provenienza*, RDI 1982, I. pp. 5 ss., e Ugo Draetta, *Il regime internazionalle della proprietá industriale*, Milano, Giuffrè, 1967, pp. 271-272. A distinção entre DO e IP encontra uma primeira expressão na Convenção sobre o emprego de DO de queijos, assinada em Stresa em 1 de Junho de 1951, orientação confirmada, pouco tempo depois, com a assinatura do Acordo de Lisboa respeitante à protecção das DO e o seu registo internacional. Por outro lado, a Organização Mundial da Propriedade Intelectual (OMPI) tende a usar o conceito de indicação geográfica com um sentido amplo de modo a abranger as IP e as DO (esta noção de indicação geográfica é diferente da que nós vamos referir em seguida e que consta da legislação nacional e comunitária).

debater esta questão. Contudo, o primeiro passo implica uma delimitação da figura. Assim, entendemos que a IP se traduz numa simples menção do local em que um produto foi produzido, fabricado, extraído, etc. Trata-se de uma simples informação que permite ao consumidor saber, por exemplo, se o produto é de origem portuguesa ou estrangeira. A IP deve ser conforme à realidade (princípio da verdade), isto é, o produto em que é aplicada deve ter sido produzido (fabricado, etc.) na região que corresponde a essa indicação, e esta não deve ser enganosa ou criar confusão acerca da origem do produto. Todavia, ela não constitui uma garantia de qualidade do produto. Qualquer denominação geográfica (nome de um país, região, lago, montanha, rio, etc.) pode constituir uma IP, dado que é apenas uma simples informação e não um título de qualidade. Alguns autores têm uma concepção mais estreita de IP aproximando-a da IG [8]. Alguma doutrina distingue a IP da indicação de origem [9]. Por fim, alguns utilizam, ainda, outras expressões, como sejam: "marca de origem" ou "marca de exportação", indicação geográfica e ainda "indicação de procedência" como sendo distinta de "indicação de proveniência". [10]

Este sinal pode ser constituído pelo nome geográfico em si mesmo, isto é, com o nome Porto, Barcelona, etc., ou pela designação laranja portuguesa, fabrico italiano, por exemplo. Também pode fazer-se com a menção: "made in the (..)" ou "feito em (..)". Podem constituir, igualmente, IP as indicações indirectas, como seja a reprodução de monumentos ou lugares típicos e conhecidos de um país ou de uma cidade, como a

---

[8] É o caso de L. Sordelli, *Les possibilités futures de protection international des indications geographiques*, La Propriété Industrielle, n.º 2, 1991, OMPI, pp. 159 e ss. Mas em *L'identificazione dei prodotti agricoli sul mercato (marchi, indicazioni geografiche e denominazioni di origine)*, RDI, 1994, n.º 3, I, pp. 481 e 496, defende que a noção actual de indicação geográfica corresponde à (antiga) noção de IP. Contudo, na sua obra *Segni distintivi e nomi dei prodotti (premessa allo studio delle denominazioni di origini ed indicazioni di provenienza)*, RDI, 1959, I, pp. 25 e ss., apresenta um conceito de IP semelhante ao que defendemos (pp. 83-84).

[9] A. Vlétian, *Appellations d'origine, indications de provenance, indications d'origine*, J. Delmas e Cie, 1.ª ed., Paris, 1989, pp. 15 e 21 e ss.; L. Coquet, *Les Indications d'Origine et la Concurrence Déloyale*, Paris, 1913, p. 25; B. Moreno, *Tratado de marcas de fábrica y de comércio*, Robis, Buenos Aires, 1946, pp. 585 e ss.

[10] Veja-se Campos Birnfeld, *Da concorrência desleal*, Pat., Rio de Janeiro, 1937, p. 74; T. Soares, *Tratado da Propriedade Industrial*, Vol. II, RT, São Paulo, 1988, p. 610 (considera que a marca de origem não tem qualquer relação com as IP nem com as DO); WIPO, *The Role of Industrial Property in the Protection of Consumers*, Genebra, 1983, p. 50 (o termo indicação geográfica é entendido como visando cobrir as IP e as DO); T. Soares, *ob. cit.*, pp. 591 e ss. distingue os termos 'procedência' e 'proveniência'.

346   *II Curso de Direito Industrial*

Torre Eiffel, bandeira de um Estado, retrato de personagens históricas, etc. Estas indicações indirectas só constituem uma IP se [eventualmente em conjunto com os outros elementos que figuram no produto (na embalagem, no rótulo ou na etiqueta)] a indicação indirecta aparecer como um sinal indicador da proveniência geográfica do produto. Contudo, se os restantes elementos (nome do fabricante, local de fabrico, etc.) desqualificam aquela indicação indirecta, de forma que o consumidor poderá não a valorar como uma indicação da proveniência geográfica do produto, entendemos que poderá não existir uma IP, pela quebra da conexão [11].

2. Denominação de origem.

Entendemos por DO a denominação geográfica de um país, região ou localidade, ou uma denominação tradicional (geográfica ou não), que se usa no mercado para designar ou individualizar um produto originário do local geográfico que corresponde ao nome usado como denominação e que reúne determinadas características e qualidades típicas que se devem essencial ou exclusivamente ao meio geográfico, compreendendo os factores naturais e os factores humanos [12]. É um sinal distintivo com uma função complexa: para além de desenvolver uma função distintiva, a DO desempenha uma função de garantia de qualidade e certifica que o produto tem, obviamente, uma certa proveniência geográfica.

A DO consiste, em regra, numa denominação geográfica. Este nome geográfico pode corresponder a um qualquer local geográfico, seja um Estado, uma região, uma comarca, um município, etc., isto é, qualquer denominação geográfica. A possibilidade de a DO ser constituída pelo

---

[11] Todavia, só a análise do caso concreto esclarecerá se a indicação indirecta não é, ainda nesta hipótese (em que dos restantes elementos parece resultar a verdadeira proveniência), um acto de concorrência desleal (art. 260.º/f) [desde que verificados os requisitos desta]. Decisivo, para este efeito, é a valoração do consumidor. *Vide* Winfried Tilmann, *Die geografische Herkunftsangabe – Tatsachen, Rechtsschutz und rechtspolitische Entwicklung im Inland, im Ausland und im Internationalem Bereich*, C. H. Beck'sche Verlagsbuchhandlung, München, 1976, p. 15.

[12] A doutrina italiana defende uma noção semelhante (Ascarelli, Sordelli, Auletta-Mangini). Veja-se L. Sordelli, *Denominazione di origine ed indicazione di provenienza*, *ob. cit.*, pp. 5 ss. No direito francês *vide*, entre muitos, Martine Dehaut/Yves Plasseraud, *Appellations d'origine – droit français et européen*, Paris, Egyp, 1989; A. Chavanne, J. J. Burst, *Droit de La Propriété Industrielle*, Dalloz, 5.ª ed., Paris, 1998, pp. 851 e ss.; J. Schmidt-Szalewsky, J.-L. Pierre, *Droit de la Propriété Industrielle*, Paris, Litec, 1996, pp. 255 e ss.

nome de um país, apenas parece viável nos países de pequena superfície ou que tenham um meio geográfico de produção homogéneo (o que é raro). A DO pode ser constituída também por uma denominação tradicional, geográfica ou não. É o caso do nome da DO não ser um nome geográfico (embora corresponda a uma área geográfica precisa) ou, sendo um nome geográfico, este deixou de constar das cartas geográficas modernas, ou trata-se de um nome geográfico de uma região ou localidade de um outro país ou de uma outra região ou localidade dentro do mesmo país. Como exemplos temos: Retsina (vinho grego), Grappa (aguardente italiana), Téquilha (bebida mexicana), Cava (espumante espanhol) e, em Portugal, Vinho Verde.

Importante e nem sempre fácil de efectuar [13], é que a área geográfica esteja devidamente delimitada. Esta área geográfica delimitada é o local de origem do produto, o local de produção, de transformação e de elaboração do produto [14]. Todavia, não é necessário que a área delimitada corresponda a uma circunscrição administrativa ou a qualquer unidade geográfica. Fundamental é a delimitação. Os critérios para a delimitação não são consensuais; o elemento natural (o "terroir") parece decisivo (isto é, as condições naturais de produção, ligadas ao meio geográfico físico, como o solo, o subsolo, o clima, a exposição solar, etc., mas também o meio humano que utiliza certos processos técnicos e conhece certas tradições), mas a realidade inerente a cada delimitação resulta, tantas vezes, da conjugação de outros interesses.

Os produtos originários desta área delimitada devem ser produtos típicos dessa área e reunir determinadas qualidades e características próprias que não se encontram em qualquer outro local. O meio geográfico (que compreende os factores naturais e humanos [15]) é determinante para

---

[13] Sobre a delimitação da região do Champagne veja-se Jean-Marie Auby / / Robert Plaisant, *Le Droit des Appellations d'Origine, l'Appellation Cognac*, Paris, 1974, pp. 45 e ss.

[14] Nos termos do CPI (art. 249.º) e da legislação comunitária [Regulamento (CEE) n.º 2081/92, do Conselho, de 14 de Julho, relativo à protecção das indicações geográficas e denominações de origem dos produtos agrícolas e dos géneros alimentícios.

[15] A questão que se pode colocar é a da proporção em que podem intervir os factores naturais e os factores humanos. Da noção que apresentámos parece resultar que os factores naturais não podem ser afastados, e o que é lógico pensar é que tem que existir uma clara influência do meio natural. Os factores humanos, em parte, estão condicionados pelo meio natural, dado que este (o clima, o solo, a configuração do terreno) limita, em certa medida, as possibilidades de cultura. Contudo, existe entre ambos uma certa interdependência. Na medida em que é essencial a delimitação da área geográfica, da área

a qualidade e as características do produto; produto diferente dos que procedem de outros lugares. A denominação geográfica não é utilizada apenas com a finalidade de indicar a proveniência do produto, mas principalmente para designar um produto determinado (que preenche certas qualidades e características). Neste sentido temos Roubier e Ronga; o primeiro diz-nos que as "(..) qualidades são essencialmente devidas à acção de condições naturais próprias de um terreno determinado (..)". Ronga diz: "(..) qualidades típicas (..), devidas exclusivamente ou essencialmente ao lugar e ao método de produção e de fabrico, de extracção, (..)". [16] Não basta, nestes termos, delimitar a área de produção. É preciso também determinar as qualidades ou caracteres do produto para ter direito à DO. Para este efeito é imperioso definir as condições de produção (as características do produto e os processos de fabrico).

Assim, nem todo o produto de uma mesma área geográfica delimitada poderá ser distinguido com a DO, dado que não a poderá utilizar se não reunir as qualidades e características estabelecidas. Nem todo o vinho produzido na Madeira será vinho com direito à DO "Madeira". Para que possa usar esta DO o produto deve reunir as qualidades e as características que são próprias dos produtos designados com essa DO e que estão regulamentadas. O produto deve ser obtido e elaborado segundo normas estabelecidas, deverá preencher todas as características exigidas (cada DO deve ter o seu próprio regulamento) e para a consecução de tal objectivo é necessário que exista um organismo especializado para o controlo da aplicação dessa regulamentação [17]. Este organismo de controlo deverá – para além de estar dotado de meios técnicos e humanos – obedecer a critérios de objectividade e imparcialidade; a aplicação do interprofissionalismo (ou aquilo que outros já designaram pelo governo interessado das famílias) neste domínio poderá implicar (se não for rodeado das necessárias cautelas) "confusão" de interesses.

---

natural, os factores humanos ocupam um segundo lugar em relação aos factores naturais. Esta influência do homem, transportada para uma outra área geográfica, não produz o mesmo resultado quanto às características e às qualidades do produto; o produto seria outro.

[16] Roubier, *Le droit de la propriété industrielle*, Vol. II, 1954, p. 768. Ronga, em *Avant-propos, Les indications de provenance et les appellations d'origine dans la législation de certains pays de l'Union de Paris pour la protection de la propriété industrielle*, Berna, 1958.

[17] Neste sentido se orienta o regime jurídico das DO em Portugal e na regulamentação comunitária (*vide* o Regulamento (CEE) n.° 2081/92, de 14 de Julho). Se a DO não estiver regulamentada deve-se atender às "condições tradicionais e usuais" (CPI, art. 249.°/5) ou aos "usos leais e constantes" (CPI, art. 250.°).

A DO aplica-se, fundamentalmente, a produtos naturais ou elaborados em que o elemento geográfico tem importância ou até influência decisiva na qualidade ou na tipicidade do produto, isto é a produtos agrícolas, transformados ou não (especialmente vinhos e queijos). Mas uma DO pode igualmente aplicar-se a produtos industriais: por exemplo louças de Vallauris [18].

Para a doutrina francesa a unicidade ou tipicidade do produto é o fundamento da DO; se esse elemento falta a DO cai. Assim, se a DO certifica que o produto apresenta qualidades que resultam de uma relação estreita com o "terroir" (os factores naturais); se os produtos devem ter uma ligação estreita com o território delimitado, em termos de não poderem ser reprodutíveis em outro local; se se deve tratar de um produto único, original; — então, se for possível obter o mesmo produto, utilizando os mesmos métodos, noutro local, o produto em causa não pode mais ser objecto de uma DO. Com fundamento nesta ideia a jurisprudência francesa recusou a admissão de diversas DO: "Moutarde de Dijon", "Camembert", "Nougat de Montélimar" [19].

3. **Indicação geográfica.**

A DO e a IG contêm uma IP (mas a inversa já não é verdadeira); todavia, entre a noção de IP e a noção restrita que demos de DO encontra-se a IG. Este sinal encontra-se definido no Regulamento (CEE) n.° 2081/92, de 14 de Julho, e no nosso CPI. Comparemos a noção de IG com a de DO. Na DO as qualidades e as características dos produtos devem-se essencial ou exclusivamente ao meio geográfico compreendendo os factores naturais e humanos, na IG a reputação, uma qualidade determinada ou outra característica podem ser atribuídas a essa origem geográfica, independentemente dos factores naturais e humanos. Na IG o elo que une o produto à região determinada é mais débil que na DO. Ou seja, na DO as qualidades e as características do produto estão intimamente ligadas ao

---

[18] Cassation Civ. 18/11/1930, D.H. 1931, 20; P. Mathely, *Le Droit Français des signes Distinctifs*, in Librairie du Journal des Notaires et des Avocats, Paris, 1989, p. 881.

[19] Roubier, *ob. cit.*, p. 760. Mathely, *ob. cit.*, p. 878. M. Vivez, *Traité des Appellations d'Origine*, RP&RD-A, Paris, 1943, p. 63. J. M. Aubouin, *Le droit au nom de Cognac*, Sirey, Paris, 1951, p. 146. Sobre estes e outros exemplos ("Linge basque", "Savon d'huile de Marseille", "Dentelle du Puy", "Raviole du Dauphiné") veja-se A. Chavanne, J. J. Burst, *ob. cit.*, pp. 856 e ss.

meio geográfico, compreendendo os factores naturais e humanos, na IG a reputação do produto (ou uma sua qualidade ou outra característica) pode (basta que possa) ser atribuída à região sem influência directa dos factores naturais e humanos. Por outro lado, aquela menor ligação, na IG, do produto à região determinada resulta, igualmente, da não exigência de que todas as operações de produção, transformação e elaboração ocorram na área determinada (como se estabelece para a DO), bastando que uma delas ocorra na área delimitada [diz de facto o CPI e o Regulamento (CEE) n.° 2081/92, de 14 de Julho: "cuja produção e/ou transformação e/ou elaboração"].

O Regulamento (CEE) n.° 2081/92, de 14 de Julho, e o CPI diferenciam claramente a DO e a IG (veja-se também a noção de IG no art. 22.°/1 do TRIP's), de modo que não podemos falar indiferentemente de uma ou de outra, nem podemos utilizar a IG no sentido de abranger a IP e a DO (embora algumas organizações e certa doutrina a use num sentido amplo abrangendo estas duas figuras). Não podemos confundir as noções de IP, IG e DO. Comum à DO e à IG é a exigência de que os produtos devem ser originários do país, da região ou do local determinado, cujo nome serve para designar ou identificar um produto, e a necessidade dos limites da área geográfica serem determinados.

No domínio da Organização Mundial do Comércio a figura da IG (autonomizada no acordo TRIP's) adquire um relevo especial. Neste fórum discute-se, com particular acuidade, a protecção elevada de que gozam as IG relativas a vinhos e bebidas espirituosas, bem como a implementação de um sistema multilateral de notificação e registo de IG para vinhos. Embora este sistema esteja previsto (art. 23.°/4 do TRIP's) apenas para vinhos existem, neste momento, diversas propostas (essencialmente dos países menos desenvolvidos) no sentido de o alargar a outros produtos (os países industrializados, em regra, opõem-se). A importância económica da IG é incontestável. [20]

---

[20] Sobre esta questão *vide* R. Tinlot/Y. Juban, "Différents systèmes d'indications géographiques et appellations d'origine. Leurs relations avec l'harmonisation internationale" *in Bulletin de L'OIV, 1998, 811-812, pp. 772 e ss.*; J. Audier, "L'application de l'Accord sur les ADPIC par les membres de l'OMC (Section 3: Indications géographiques)" *in Bulletin de L'OIV, 1999, 821-822, pp. 532 e ss.*; J. Audier, "La caractérisation des vins et spiritueux désignés par une indication géographique au sens de l'Accord ADPIC" *in Bulletin de L'OIV, 1998, 811-812, pp. 798 e ss.*

Denominações Geográficas e Marca

III. REGIME JURÍDICO NACIONAL (CONFRONTO COM A PROPOSTA DE ALTERAÇÃO AO CPI).

1. Âmbito de protecção.

O nosso ordenamento jurídico concede uma protecção bastante ampla às DO e às IG. A latitude desta tutela (que tem longa tradição) resulta da necessidade de proteger os interesses económicos dominantes (existem em Portugal diversas DO e IG, algumas delas com prestígio internacional). Ao lado da múltipla legislação avulsa e dos acordos internacionais, o nosso Código da Propriedade Industrial (CPI) reserva algumas disposições às DO e às IG.

Neste sentido, o CPI começa por determinar, no art. 251.°/1/*a*), a aplicação, no domínio das DO e das IG, da proibição geral de falsas IP, directas ou indirectas e qualquer que seja o instrumento utilizado: etiquetas, documentos, rótulos, publicidade, etc. Na verdade, a citada disposição refere-se a "qualquer meio". A aplicação desta proibição deriva do facto das DO e das IG conterem em si uma IP. Esta proibição tem como finalidade, diz o legislador, proteger o público, mas entendemos que também é para proteger o titular da DO ou da IG, pelo prejuízo que sofre em ver a origem do seu produto "desviada". Na alínea *b*) aquela disposição concede ao titular da DO ou da IG registada o direito de impedir qualquer utilização que constitua um acto de concorrência desleal.

No art. 251.°/2 e 3 reserva-se a DO e a IG para os produtos que a elas têm direito e proíbe-se a sua utilização em outros produtos. Na verdade, o n.° 2 reserva a DO e a IG (melhor, as suas palavras constitutivas) para os produtos (típicos, que têm direito à DO ou à IG) provenientes da região delimitada, proibindo-as (por qualquer que seja a forma apresentada) para outros produtos. Quanto ao âmbito merceológico desta interdição (qualquer produto não típico ou respeita-se o princípio da especialidade?) estudaremos a seguir. De acordo com o n.° 3 a proibição do n.° 2 subsiste ainda que se usem "deslocalizantes" (por ex. "Porto da ilha Terceira"), correctivos (por ex. "tipo Madeira") ou qualquer "expressão, apresentação ou combinação gráfica" que possa gerar confusão no comprador.[21]

---

[21] Apesar das proibições referidas o vendedor pode (art. 251.°/4) apor "o seu nome, endereço ou marca sobre os produtos provenientes de uma região ou país diferente daquele onde os mesmos produtos são vendidos; mas neste caso não deverá suprimir a

1.1. As modificações introduzidas pela proposta de alteração ao CPI[22].

A proposta de alteração do CPI vem esclarecer, no art. 308.º/4, que o uso da DO ou IG só poderá ter lugar quando haja autorização do titular do registo. Por outro lado, o art. 315.º/1/c) determina que "o registo das denominações de origem ou das indicações geográficas confere o direito de impedir o uso por quem não esteja autorizado pelo titular do registo". Resulta destas disposições que se distingue a titularidade do direito do exercício do direito. Quanto à titularidade do direito diz o art. 308.º/4 que as DO e as IG, "quando registadas, constituem propriedade comum dos residentes ou estabelecidos na localidade, região ou território, de modo efectivo e sério". Quanto ao exercício diz-se, na mesma norma, que as DO e as IG "podem indistintamente ser usadas por aqueles que, na respectiva área, exploram qualquer ramo de produção característica, quando devidamente autorizado pelo titular do registo". Parece ainda resultar destas disposições que o titular do registo será pessoa diferente do titular do direito.[23]

O art. 251.º do CPI actual corresponde ao art. 315.º da proposta de alteração do CPI, apresentando algumas alterações significativas. Para além da introdução de uma nova alínea c) ao n.º 1, nos termos que vimos, a alínea a) sofreu uma alteração importante. O actual CPI exige [art. 251.º/1/a), *in fine*], para que uma denominação geográfica seja falsa, que o público seja induzido em erro quanto à origem geográfica do produto. Ora, a proposta de alteração do CPI suprimiu esta exigência, o que significa que uma denominação geográfica será falsa independentemente da indução do consumidor em erro, isto é, a falsidade é determinada objectivamente (basta que não seja verdadeira). Esta redacção inspira-se no art. 23.º/1 do TRIP's.

---

marca do produtor ou fabricante". Esta norma aproxima-se do art. 3.º do Acordo de Madrid relativo à repressão das falsas IP nas mercadorias. Se o objectivo do art. 251.º/4 é, como no Acordo, evitar qualquer erro sobre a origem das mercadorias, a disposição do CPI anterior (art. 167.º) era mais eficaz na sua consecução.

[22] Temos aqui em consideração o texto da Proposta de Alteração ao Código da Propriedade Industrial que nos foi fornecido no seminário denominado *"Importância das Acções do INPI na Modernização da Economia / Proposta de Alterações ao Código da Propriedade Industrial"* organizado pelo Instituto Nacional da Propriedade Industrial e que teve lugar no dia 29 de Junho de 1999 em Lisboa.

[23] Sobre a natureza jurídica da DO veja-se o nosso *Denominação de Origem e Marca, ob. cit.,* pp. 102 e ss.; Marie-Christine Piatti, "L'appellation d'origine – Essai de qualification" *in Revue Trimestrielle de Droit Commercial et Économique, 52 (3), juill--sept. 1999, pp. 557 e ss.*

O art. 315.°/1/*b*) corresponde, com pequenas alterações de forma, ao art. 251.°/1/*b*). O mesmo se diga do n.° 2 do mesmo artigo da proposta em relação ao n.° 2 do correspondente artigo do CPI actual. O art. 315.°/3 da proposta corresponde ao art. 251.°/3 do actual CPI, tendo a proposta melhorado a redacção, retirando expressões arcaicas ("rival de", "superior a") ou incompreensíveis ("indicação regional especificada"). Por fim, o n.° 5 do art. 315.° da proposta é similar ao correspondente n.° 4 do art. 251.° do CPI em vigor.

2. Âmbito de protecção (cont.). O princípio da especialidade. O problema da DO com renome.

No campo das marcas funciona o princípio da especialidade, isto é, a marca está protegida em relação a sinais idênticos ou confundíveis para produtos idênticos ou afins àqueles para os quais ela foi registada [arts. 189.°/1/*m*) e 207.° do CPI]. Assim, em regra, não existe nenhum inconveniente a que a mesma marca seja adoptada também por um terceiro, para produtos inteiramente diferentes daqueles para os quais ela foi registada por outro[24]. Em relação às marcas com renome (a terminologia tem sido a mais diversa) tem-se aceite que o princípio da especialidade possa ser afastado. A marca com renome é aquela (a definição está longe de ser pacífica) que é largamente conhecida pelo público, por uma larga fracção do público e não apenas por um círculo profissional especializado.

Nas DO valerá um princípio da especialidade? Vimos que nas DO as palavras constitutivas da denominação se encontram reservadas para os produtos típicos da região determinada. Se tal princípio for aplicado às DO não se deverão excepcionar as DO com renome?

---

[24] O princípio da especialidade é ainda defendido por muita jurisprudência. No domínio da jurisprudência italiana chamamos a atenção para a sentença da Cassação italiana de 21/10/1988. Neste caso, as empresas SA Veuve Ponsardin di Reims, SA Champagne Moet & Chandon de Epernay, SAGH Mumm & Cie SVCS – três famosas casas produtoras de Champagne, que vendem em todo o mundo, sob marcas também muito famosas, como Veuve Cliquot a primeira, Don Perignon a segunda, Cordon Rouge a terceira – tiveram conhecimento que a firma Franco Zarri Profumerie tinha adoptado, para vender um gel de banho ("bagni schiuma") da sua produção, uma garrafa idêntica (bem como a marca, o nome, a DO, etc.) àquela que aquelas usam para vender Champagne. O tribunal entendeu que não havia contrafacção nem concorrência desleal, logo, deveria ser respeitado o princípio da especialidade.

No domínio das marcas têm sido apresentados diversos argumentos para excepcionar as marcas com renome do princípio da especialidade. Um primeiro argumento reside na possibilidade de o consumidor ser induzido em erro sobre a origem das mercadorias. O público consumidor pode ser levado a crer que os diferentes objectos individualizados com uma marca com renome provêm, senão do mesmo titular, pelo menos de fabricante que lhe está associado ou que se trata de um fabrico novo realizado pelo titular da marca. Este argumento não nos parece decisivo se tivermos em consideração que o titular da marca pode ceder (temporária ou definitivamente) a sua marca a terceiro. Um segundo argumento parte do princípio que a marca com renome goza de um grande poder atractivo. O público será necessariamente atraído por uma marca com renome, mesmo que ela se aplique a objectos diferentes daqueles em relação aos quais adquiriu renome. Estamos aqui perante a utilização de uma vantagem injustificada, ou seja, um aproveitamento indevido do poder atractivo da marca com renome. Aquilo a que alguns chamam "concorrência parasitária". Num terceiro argumento invoca-se o prejuízo que adviria para o titular da marca com renome se esta fosse aplicada (por outros fabricantes, sem o seu consentimento) a produtos de inferior qualidade, provocando a sua degradação. Por fim, refere-se o enfraquecimento do carácter distintivo e do poder atractivo da marca com renome quando esta é aplicada a outros produtos. É a chamada teoria da Diluition ou Verwässerung (diluição, vulgarização ou enfraquecimento com a consequente debilitação da marca, perca da sua celebridade e força distintiva).

Nesta breve (e necessariamente incompleta) análise podemos concluir que o alargamento do âmbito merceológico na marca com renome deve fundar-se na perda da distintividade (destruição do poder distintivo) da marca. Movemo-nos não por uma ideia de protecção do consumidor, mas de "protecção da marca". O CPI no art. 191.° admite a excepção ao princípio da especialidade nas marcas com renome quando a "marca posterior procure, sem justo motivo, tirar partido indevido do carácter distintivo ou do prestígio da marca ou possa prejudicá-los". Aceita-se, assim, os argumentos relativos ao aproveitamento indevido do poder atractivo e ao enfraquecimento do carácter distintivo da marca; mas na medida em que a norma admite o prejuízo do "prestígio da marca" também o terceiro argumento parece relevante. O legislador alargou em demasia as possibilidades de excepção ao princípio da especialidade. [25]

---

[25] Sobre esta questão no âmbito das marcas veja-se, entre muitos, Marie-Laure Izorche, "Les fondements de la sanction de la concurrence déloyale et du parasitisme"

Será defensável que nas DO, considerando essencialmente o art. 251.º/2 e 3, não funcione o princípio da especialidade, conhecido no direito das marcas? E isto, repare-se, independentemente de a DO ser afamada ou não? – aliás este conceito não transparece, para as DO, no CPI. Vamos analisar alguma jurisprudência estrangeira (não conhecemos nacional) relativa a esta questão; começaremos por aquela que se debruça sobre a aplicação da DO a produtos semelhantes ou afins (mas que tenham fundamentos relevantes para o nosso problema), para depois referirmos a que trata da aplicação da DO a produtos merceologicamente muito distantes (que é o que nos interessa).

No processo Elderflower Champagne [26], a sociedade inglesa Thorncroft Vineyard, lançou no mercado uma bebida gasosa sem álcool denominada "Elderflower Champagne" e apresentada numa garrafa similar às garrafas de Champagne. Taittinger, o Comité Interprofessionel du Vin de Champagne e o Institut National des Appellations d'Origine, interpuseram uma acção judicial invocando a possibilidade de verificação dos requisitos da acção de "passing off" [27] e o Regulamento (CEE) n.º 823/87, de 16 de Março (art. 15.º/5). Na primeira instância a decisão (de 8/2/93) foi

---

in *Revue Trimestrielle de Droit Commercial et Économique, 51 (1), janv.-mars 1998, pp. 17 e ss.*; Y. Auguet/M.-L. Izorche/Y. Picod/Y. Serra/C. Vilar, "Concurrence interdite et concurrence déloyale" in *Recueil Dalloz 1999, 11.ᵉ cahier, sommaires commentés, pp. 93 e ss.*; Philippe Le Tourneau, "De la spécificité du préjudice concurrentiel" in *Revue Trimestrielle de Droit Commercial et Économique, 51 (1), janv.-mars 1998, pp. 83 e ss.*; P. Sousa e Silva "O princípio da especialidade das marcas. A regra e a excepção: as marcas de grande prestígio" in *Revista da Ordem dos Advogados, Ano 58, I – Lisboa, Janeiro 1998, pp. 377 e ss.*; Ignacio de Medrano Caballero, "Le droit communautaire des marques: la notion de risque de confusion", in *Revue du Marché Unique Européen 3/1999, pp. 141 e ss.*; Magali Michaux-Foidart, "L'intégration européenne au travers du droit des marques" in *Revue du Marché Unique Européen 3/1998, pp. 85 e ss.*; Erik Verbraeken, "L'incidence de l'article 30 du traité de Rome sur le droit national des marques: les arrêts *Deutsche Renault* et *Ideal Standard*" in *Revue Trimestrielle de Droit Commercial et Économique, 50 (4), oct.-déc. 1997, pp. 591 e ss.*; Fernando Leonini, *Marchi Famosi e Marchi Evocativi*, Milano – Dott. A. Giuffrè Editore, 1991; Jérôme Passa, *Contrefaçon et concurrence déloyale*, Paris, Litec, 1997, em especial as pp. 117 e ss.

[26] Sobre este processo veja-se "High Court of England and Wales, Taittinger and Others v Allbev Ltd and Another", Intellectual property reports, Vol. 25, 1993, pp. 297 e ss.; e "Court of Appeal (civil division) [Taittinger v. Allbev Ltd]", Trading Law Reports, Vol. 12, pp. 165 e ss.

[27] Esta acção de "passing-off" consiste em proibir que produtos ou serviços de uma empresa se façam passar por produtos ou serviços de um terceiro, beneficiando da reputação destes e causando, assim, prejuízo ao titular do sinal reproduzido.

desfavorável ao Champagne. Todavia, o tribunal de apelação (em 25/6/93) deu satisfação aos produtores de Champagne condenando Thorncroft com base em "passing-off" e com base no direito comunitário.

O tribunal reconheceu que a palavra Champagne é um nome distintivo de um vinho produzido apenas em Champagne, e entendeu que o emprego da expressão "Elderflower Champagne" é uma representação errada apta a enganar uma parte não insignificante do público consumidor; defendeu ainda que essa representação pode levar as pessoas a acreditar que o produto é Champagne ou, no mínimo, um grande número pensará que ele está "de uma alguma forma associado ao Champagne". O tribunal sublinhou que existiam possibilidades de dano para os queixosos, desde logo na sua "goodwill", se ao demandado fosse permitido continuar a usar o nome; este perderia (ou enfraqueceria) a sua distintividade por um processo de gradual erosão. A denominação Champagne foi, assim, protegida contra actos de banalização que poderiam conduzir à destruição do seu poder distintivo. "A palavra 'champagne' é exclusiva e é enfraquecida se é usada em relação a um produto (particularmente uma bebida) que não é champagne (..). A depreciação é uma gradual destruição, diluição ou erosão do que é distintivo (..). As consequências da destruição, diluição ou erosão não são demonstráveis por números em termos de perdas, mas provocará danos na 'goodwill' (..)".[28]

No âmbito dos produtos não idênticos ou similares encontramos o acórdão de 30/3/90 do Tribunal de Justiça de Genebra (Champagne Pol Roger & Cia. SA, Comité Interprofessionel du Vin de Champagne et Parfums Christian Dior v. F.C.W. Genève SA.).[29] F.C.W. vendia gel de banho em frascos semelhantes às garrafas de Champanhe. Nas etiquetas encontrava-se escrito "Champagne" ou "Schaumpagner" com a indicação da verdadeira origem. O tribunal entendeu que o consumidor médio não poderia confundir uma garrafa de Champanhe com os frascos que vende a FCW; são produtos diferentes. Considerou ainda que "os actos censurados à FCW não importavam nenhum descrédito para as mercadorias das demandantes, nem um confronto inutilmente ofensivo ou parasitário com

---

[28] Sobre esta questão veja-se: Norma Dawson, *Certification Trade Marks, Law and Practice*, London, 1988, pp. 65 e ss.; Sam Ricketson, *Intellectual Property, Cases, Materials and Commentary*, Butterworths, Austrália, 1994, pp. 803 e ss. e o nosso *Denominação de Origem e Marca*, *ob. cit.*, pp. 291 e ss., n. 26 e 27.

[29] Sobre este acórdão: Revue suisse de la Propriété Intellectuelle, 1990, pp. 371--379, e F. Dessemontet, *Utilisation illicite de la dénomination 'Champagne'*, Bulletin de l'OIV, 1991, n.º 721-722, pp. 241 e ss.

Denominações Geográficas e Marca 357

elas – dada a natureza ostensivamente diferente dos produtos. Eles não equivalem a uma exploração indevida do resultado do trabalho de um terceiro". Assim, o tribunal considerou que o comportamento da ré não era, até aqui, desleal ou ilícito.

O tribunal vai-se fundamentar no Acordo franco-suíço, de 14/5/74, para a protecção das IP e das DO. Face a este Acordo (art. 2.°) o tribunal distingue os nomes que beneficiam de uma protecção absoluta (qualquer que seja a natureza das mercadorias ou produtos nos quais estes nomes são apostos) e, por outro lado, uma lista de diversas IP (lugares, cidades, etc.), que só gozam normalmente de uma protecção relativa, isto é, limitada a certos produtos determinados. A protecção absoluta significa que se proíbe o uso da DO para qualquer produto que não provenha da região determinada, ficando reservada unicamente para os produtos desta originários (e que tenham direito a essa denominação nos termos da legislação do país de origem); a confusão do consumidor não é chamada à colação. Assim, os nomes das antigas províncias francesas – ex. Champagne – gozam de uma protecção absoluta. A protecção desta denominação não é limitada apenas a vinhos. O acórdão sublinha que, segundo o acordo bilateral, o direito do país de origem (da indicação geográfica) prevalece, e que a protecção se estende às traduções das DO e das IP (art. 4.°). Com base neste raciocínio o tribunal decidiu que a utilização da palavra "Champagne" e da sua tradução alemã "Schaumpagner" contrariavam o art. 2.° do tratado franco-suíço. A indicação do verdadeiro local de origem não afastava a proibição. [30]

Importante para o nosso estudo é a decisão de 15/12/93 da Cour d'Appel de Paris, resultante do recurso da decisão de 28/10/93 do T.G.I. de Paris [31]. Os factos são estes: a sociedade Yves Saint-Laurent Parfums distribuiu um perfume sob a denominação Champagne cujo frasco evoca a rolha característica das garrafas de Champanhe. As empresas

---

[30] Oposta a esta decisão foi a da Cassação italiana, de 21/10/88, citada. Estava aqui em causa o tratado Italiano-Francês, de 28/5/1948, renegociado em 28/4/1964, e em tudo análogo ao Acordo franco-suíço. A apelação de Bolonha considerou que este tratado diz respeito somente à protecção de produtos no confronto com produtos do mesmo género fabricados no país contraente (os vinhos espumantes italianos não podem chamar-se Champagne). A Cassação também entendeu que tais disposições se aplicavam somente quando se tratasse de outros vinhos apresentados como Champagne. A protecção absoluta, que referimos no texto em relação a um Acordo bilateral semelhante, foi afastada pelos tribunais italianos, num caso idêntico.

[31] Veja-se esta decisão, por exemplo, na Revue Internationale de la Propriété Industrielle et Artistique, n.os 175-176, 1.° e 3.° trimestres de 1994, pp. 14 e ss. e 22 e ss.

de Champagne demandaram Yves Saint Laurent, pedindo a anulação do registo da marca Champagne com o fundamento de que a comercialização de um perfume com essa denominação deturpa e enfraquece a notoriedade da DO.

O tribunal baseia-se no art. L 115-5/4 do código de consumo, que dispõe que: "o nome geográfico que constitui a denominação de origem ou qualquer outra menção que a invoca não pode ser empregue para qualquer produto similar (..) nem para qualquer outro produto ou serviço quando essa utilização é susceptível de deturpar ou enfraquecer a notoriedade da denominação de origem". A primeira parte deste texto estabelece uma proibição absoluta para os produtos idênticos ou similares e a segunda, para os outros produtos, limita a proibição aos casos em que a utilização da denominação é susceptível (basta a possibilidade) de deteriorar ou enfraquecer a notoriedade. O tribunal compara esta disposição com as normas sobre marcas: "o artigo L 713-5 do Código da Propriedade Industrial protege o titular de uma marca 'que goze de renome' contra o emprego desta para produtos ou serviços não similares, quando possa implicar um prejuízo ou constituir uma exploração injustificada do sinal". O tribunal referiu ainda o Regulamento (CEE) n.° 2081/92, de 14/7, que prevê [art. 13.°/1/*a*)] que as DO e as IG, desde que registadas, são protegidas, mesmo que não se trate de produtos "comparáveis" na medida em que a utilização comercial directa ou indirecta "explore a reputação" da denominação protegida.

O tribunal admitiu que a DO Champagne beneficia de uma excepcional notoriedade (em França e no estrangeiro); que os apelantes ao adoptarem o nome e a imagem das rolhas das garrafas de Champagne, "quiseram criar um efeito atractivo ligado ao prestígio da denominação litigiosa"; assim, por um processo constitutivo de comportamentos parasitários, deturparam a notoriedade de que só os produtores e os negociantes de Champagne podem desfrutar. Nestes termos, a Cour d'Appel de Paris entendeu que o registo da marca foi efectuado com o único fim de apropriação do renome e do prestígio da DO, que tal é propício a deturpar a notoriedade da DO litigiosa e, assim, determinou a nulidade da marca Champagne para perfumes.

Da análise destas decisões resulta que não só não existe unanimidade quanto ao âmbito merceológico das DO como os fundamentos apresentados são diferentes. O uso da DO em produtos similares pode enganar o consumidor e conduzir ao desaparecimento do produto com DO (a concorrência entre um modelo produtivista e um modelo de DO é desigual). A utilização do nome da DO por um produto de natureza diferente pode banalizar o nome, deturpar e enfraquecer a sua distintividade; deixa de designar um produto típico. É o poder distintivo deste nome que pode ser enfraquecido e, por isso, a possibilidade de remuneração dos constrangimentos diminui.

Face ao nosso ordenamento jurídico [em especial, o art. 251.°/2 e 3 do CPI; no direito comunitário veja-se o Regulamento (CEE) n.° 2081/92, de 14/7, art. 13.°/1/*a*)] e à atitude proteccionista do nosso legislador no domínio das DO (em especial a propósito da degenerescência da DO), poderíamos pensar que ele consagrou a tese da protecção absoluta. Esta orientação seria justificável de um ponto de vista económico-social: os produtos com DO (em particular vinhos) têm um peso importante na economia nacional. Todavia, entendemos que se deve continuar a seguir a regra: o princípio da especialidade (é certo que este princípio terá, provavelmente, que ser repensado na sua aplicação às DO; o âmbito merceológico da tutela das DO poderá ser diferente das marcas; contudo, esta questão merece um tratamento autónomo e neste local não temos espaço suficiente). Assim, em regra, a DO encontra-se protegida contra a sua utilização em produtos idênticos ou afins. A sua utilização em produtos de natureza completamente diferente poderá ser interdita se, tratando-se de DO com renome, existir perigo da sua distintividade (ou eficácia distintiva) ser prejudicada, diluída ou destruída.

2.1. *As modificações introduzidas pela proposta de alteração ao CPI.*

A proposta de alteração do CPI vem consagrar a figura das DO ou IG de prestígio, alargando o seu âmbito merceológico de protecção. Na verdade, o art. 315.°/4 da proposta determina que "Será igualmente proibido o uso de Denominação de Origem ou Indicação Geográfica com prestígio em Portugal ou na Comunidade para produtos sem identidade ou afinidade, sempre que o uso das mesmas procure, sem justo motivo, tirar partido indevido do carácter distintivo ou do prestígio da Denominação de Origem ou da Indicação Geográfica anteriormente registada ou possa prejudicá-las". Cremos que esta norma – se futuramente vier a ser admitida no nosso sistema jurídico – corresponde de uma forma muito mais acentuada aos interesses nacionais e regionais do tráfico do que a disposição análoga estabelecida para a marca (art. 191.° do CPI actual).

3. Violação do direito de propriedade da DO e IG (aplicação do regime das falsas IP).

A propriedade da DO é garantida, em princípio, pelo seu registo, como veremos; mas o art. 255.°/1 determina que a mesma é protegida independentemente do registo e faça ou não parte de marca registada. Assim, o facto da DO não estar registada não impede a sua protecção pela aplicação das medidas na lei decretadas contra as falsas IP (de acordo com aquele preceito). Na verdade, como sabemos, a DO contém uma IP. Contudo, a violação do direito de propriedade da DO não se encontra previsto e punido em nenhuma norma do título III do CPI relativo às infracções. Não encontramos nos arts. 261.° e ss. uma disposição que autonomamente tipifique a violação do direito de propriedade da DO. A protecção do uso exclusivo da DO terá de realizar-se pela aplicação das providências estabelecidas contra as falsas IP (art. 255.°).

No caso de uma marca registada conter uma DO, e nos termos do art. 269.°/c), quem usar marcas com falsas IP será punido nos termos desta norma. A protecção da DO resulta, nesta hipótese, da protecção consagrada para as marcas. Se a DO não fizer parte de uma marca registada, e na medida em que também não existe um preceito no CPI que autonomamente preveja e puna as falsas IP, a DO só é protegida, no CPI (não estamos a pensar nos diplomas especiais) pela disposição que pune a concorrência desleal (art. 260.°). Todavia, esta norma só funciona quando estivermos perante actos de concorrência (para além dos outros pressupostos consagrados no corpo da referida disposição). Interessam-nos as alíneas *f*), *g*) e *h*) do art. 260.°. A alínea *g*) está em concordância com o preceituado no art. 249.°/5 e no art. 252.°/1/c), todos do CPI. Destas disposições resulta que o uso da DO deve ser efectuado nas condições tradicionais e usuais ou devidamente regulamentadas. A alínea *h*) está em conformidade com o art. 251.°/4 do CPI. Convém ainda realçar o art. 274.°/1 do CPI que está em harmonia com o disposto no art. 10.° da CUP e nos arts. 1.° e 2.° do Acordo de Madrid relativo à repressão das falsas IP. Por fim, deve-se ter em conta o art. 257.° do CPI.

3.1. *As modificações introduzidas pela proposta de alteração ao CPI.*

O art. 313.° da proposta determina que "A denominação de origem e a indicação geográfica têm duração ilimitada e a sua propriedade será protegida pela aplicação das providências previstas neste Diploma, em

Denominações Geográficas e Marca   361

legislação especial, bem como as decretadas contra as falsas indicações de proveniência, independentemente do registo e faça ou não parte de marca registada". Este preceito corresponde ao art. 255.°/1 do CPI em vigor. Apenas se introduziu a referência às providências decretadas neste Diploma ou em legislação especial. Todavia, as alterações são significativas.

A violação do direito de propriedade da DO ou IG é previsto e punido nesta proposta de alteração ao CPI. De facto, o art. 328.° (incluído nos ilícitos criminais) determina que "Será punido com pena de prisão até três anos ou com pena de multa até 360 dias quem, em termos de actividade empresarial e com o objectivo de obter para si ou para terceiros um benefício ilegítimo: *a)* Reproduzir ou imitar, total ou parcialmente, uma denominação de origem ou uma indicação geográfica protegida; *b)* Não tendo direito ao uso de uma denominação de origem ou de uma indicação geográfica, utilizar nos seus produtos sinais que constituam reprodução ou imitação das mesmas, ainda que indicando a verdadeira origem dos produtos ou que a denominação ou indicação seja usada em tradução ou acompanhada de expressões como "género", "tipo", "maneira", "imitação", "rival de", "superior a" ou outras semelhantes".

Para além da alínea *b)* deste art. 328.° não estar de acordo com as expressões utilizadas no art. 315.°/3 da proposta, entendemos que a sua redacção não é a mais feliz. Na verdade, parece-nos que esta disposição pretende sancionar dois comportamentos diferentes: por um lado, a utilização da DO ou IG por quem não é titular destes direitos (reproduzindo, imitando, indicando a verdadeira origem, traduzindo, utilizando correctivos ou quaisquer outros meios que criem confusão no consumidor); por outro lado, a sua utilização por quem sendo titular da DO ou IG não a pode usar, designadamente por os produtos em causa não terem direito a DO ou IG (a amplitude dos comportamentos a sancionar é praticamente a mesma).

No domínio dos ilícitos contra-ordenacionais, o art. 338.°, relativo aos actos preparatórios, inclui as DO e as IG registadas. Por fim, o art. 341.°, relativo à invocação ou uso indevido de direitos privativos, engloba as DO e IG [de forma expressa, a alínea *b)*].

A concorrência desleal (verificados os seus pressupostos) tutela as DO e as IG (art. 320.° da proposta e que corresponde ao art. 260.° do CPI em vigor). A alínea *e)* do art. 320.° da proposta corresponde, com algumas alterações, às alíneas *e)* e *f)* do art. 260.° do CPI actual. A alínea *f)* do art. 320.° da proposta corresponde, também com pequenas modificações, à alínea *h)* do art. 260.° do CPI em vigor. Foi suprimida a alínea *g)* do art. 260.° do Código em vigor. Esta alínea determina que pode constituir concorrência desleal o uso de DO registada fora das condições tradicionais, usuais ou regulamentares. Entendemos que este comportamento deveria ser punido pela concorrência desleal; quem usa DO em produtos que não têm direito a essa denominação está a fazer concorrência desleal aos que têm direito ao seu uso. A punição da concorrência desleal está prevista no art. 334.º (ilícito contra-ordenacional) da proposta.

Por fim, as DO e as IG, são ainda tuteladas pelo art. 322.º (apreensão pelas alfândegas) que corresponde ao art. 274.º do actual CPI (introduziram-se alterações no domínio do procedimento), bem como pelo art. 319.º (garantias da propriedade industrial) que corresponde ao art. 257.º do CPI actual.

4. Degenerescência ou vulgarização da DO e da IG.

A transformação de uma DO em designação genérica, no nosso ordenamento jurídico, encontra um forte obstáculo legal. Na verdade, o art. 256.º do CPI consagra uma excepção tão ampla que a regra vê a sua aplicação muito limitada. A degenerescência é afastada nas DO relativas a produtos vinícolas, a águas mineromedicinais e a demais produtos cuja DO seja objecto de legislação especial de protecção e fiscalização. A maioria das DO nacionais não vinícolas nem relativas a águas mineromedicinais, são objecto de legislação especial de protecção e fiscalização. Aliás, muitas destas DO estarão abrangidas pelo Regulamento (CEE) n.º 2081/92, de 14/7, que estabelece no seu art. 13.º/3 que "as denominações protegidas não podem tornar-se genéricas". Não consente qualquer excepção. Assim, a possibilidade do reconhecimento jurídico da degenerescência da DO fica praticamente limitada a alguns (muito escassos) produtos industriais e artesanais (que não sejam objecto de legislação especial de protecção e fiscalização) que beneficiem de uma DO. Esta perspectiva legal é exageradamente proteccionista. Todavia, para além desta limitada possibilidade, julgamos que na prática não se pode evitar a degenerescência; mas, mesmo nesta hipótese, o uso da DO só será possível em relação aos produtos que respeitem as condições a que está sujeita a utilização da DO. Quando e em que termos é que se verifica a transformação da DO em designação genérica? Sublinhe-se, desde já, que não é fácil determinar tal transformação. No campo das marcas têm sido apresentados alguns critérios. Duas linhas podem ser seguidas: uma objectiva outra subjectiva.

Numa perspectiva objectiva, o desaparecimento da eficácia distintiva da DO é um facto que a constatação impõe, e verifica-se quando a DO se

Denominações Geográficas e Marca 363

torna uma denominação usual e genérica de um determinado tipo ou espécie de produtos, quando perde a função referenciadora de uma região ou localidade, de um produto com certas características típicas, únicas, proveniente de uma certa região. A degenerescência só se pode conceber se diversos produtos considerados pelo público do mesmo tipo, provenientes de diversos locais (não sendo esta proveniência significativa aos olhos do público), estão em concorrência no mercado.

Para se admitir a transformação da DO num termo genérico basta o ponto de vista dos consumidores [o uso que fazem da DO na linguagem oral (passando a fazer parte do vocabulário corrente) e escrita (*vide* o art. 10.° do Regulamento (CE) n.° 40/94, de 29/12/93)] ou deve tal transformação ser efectiva em todos os meios interessados, isto é, tanto para o conjunto dos consumidores como para os concorrentes, produtores e retalhistas? A orientação objectiva, no domínio das marcas, compreendeu que se se tivesse em consideração unicamente a atitude dos consumidores seriam as marcas afamadas que mais sofreriam[32]. Neste sentido, tem admitido a degenerescência exigindo uma vulgarização total, i. e., não só para os consumidores, mas também para os meios comerciais. Entendemos que a degenerescência só se poderá admitir se uma parte substancial do público consumidor e dos meios comerciais interessados perceber a DO como uma designação genérica. Mas bastará este requisito? A vontade do titular da DO não é chamada à colação? Para a concepção objectiva a vontade do titular não é relevante; o titular nada pode fazer. A degenerescência é uma realidade sociológica, uma situação objectiva resultante de circunstâncias fortuitas. A perda da marca (ou da DO) não é uma sanção de um comportamento ou de uma negligência, mas o respeito de uma necessidade social. Se desaparece a eficácia distintiva desaparece igualmente o direito, evitando que se estabeleça um monopólio de produção em favor do titular do sinal.[33]

---

[32] Na jurisprudência norte-americana já se admitiu a vulgarização de uma marca tendo unicamente em consideração o ponto de vista dos consumidores – foi o que se verificou nos casos Thermos, Aspirin e Cellophane. *Vide* S. Ladas, *Patents, Trademarks and Related Rights – National and International Protection*, Massachusetts, 1975, p. 1168.

[33] A tese objectiva desenvolveu-se principalmente no direito norte-americano no domínio das marcas, devido à sua concepção de marca. Esta posição não prevaleceu nos países europeus. Na França é rejeitada; os tribunais franceses deixam subsistir o direito à marca apesar da sua generalização. A Itália, pelo contrário, seguiu, até muito recentemente, uma orientação objectiva (Dec. de 21/6/1942, art. 41.° – a doutrina seguia o legislador). Entre nós, e seguindo uma posição que nos parece ir na linha da anterior legislação

É devido a esta concepção que nos EUA as DO europeias têm tido dificuldade em obter protecção. Os tribunais norte-americanos consideram uma DO como genérica ou semigenérica tendo em conta essencialmente a opinião do público. [34]

Numa perspectiva subjectiva o desaparecimento do direito só pode resultar da vontade do seu titular. A vontade pode ser entendida de duas formas: como fundamento da degenerescência ou como excepção à degenerescência.

A vontade como fundamento da degenerescência exige uma intenção clara da parte do titular do direito no sentido de aceitar a perda do seu direito. O abandono do direito não se presume, não se aceita que a renúncia tácita ou a tolerância de abusos cometidos por terceiros ponham em risco o direito. Se falta uma intenção de abandono, a DO não cai; mesmo que na prática se tenha tornado uma designação genérica, o seu uso pelos concorrentes continua interdito. Para esta tese basta a continuação do uso da DO para demonstrar a vontade de preservar o direito, afastando-se qualquer hipótese de renúncia. [35]

A vontade como excepção à degenerescência implica do titular do direito uma intervenção activa que funcionará como o único obstáculo à perda do direito. Se o titular do direito se esforça por impedir a trans-

---

italiana, temos Ferrer Correia, *Lições de Direito Comercial*, UC, 1973, p. 358, n. 2. Num caminho objectivo encontramos, igualmente, M. Nogueira Serens, A *'vulgarização' da marca na Directiva 89/104/CEE, de 21 de Dezembro de 1988 (id est o nosso direito futuro)*, Coimbra 1995.

[34] É com base na opinião do público consumidor e em enciclopédias e revistas da especialidade que os tribunais norte-americanos têm decidido alguns processos relativos a DO europeias. No processo "The Institut national des appellations d'origine des vins et eaux-de-vie v. Vintners International Company, Inc." [958 F. 2d (Fed. Cir. 1992)], relativo à marca "Chablis with a Twist", o tribunal entendeu que a denominação "Chablis" era um termo genérico. No processo "Quadry Winery, Inc." [221 USPQ 1213 (TTAB 1984)] foi recusado o registo da marca "Essensia" para um vinho da Califórnia por ser idêntica a "Essensia" que é um tipo raro de Tokay húngaro (Tokay é uma DO húngara), que os consumidores entendiam como um produto proveniente da Hungria.

[35] No domínio das marcas defende-se que basta a renovação do registo. Esta ideia está bem patente no caso "Cellophane" decidido pela Cassação Francesa em 16/5/1966 [Rev. Int. Prop. Ind. Art., 1967, p. 75]. Todavia, hoje em dia, exige-se a continuação do uso da marca, uma exploração efectiva da marca. Sobre esta exigência da lei francesa (art. L. 714-5 da lei n.º 92-597, de 1/7/1992) veja-se a Rev. Int. Prop. Ind. Art., n.ºs 168-169, 1992. A posição francesa do direito das marcas resulta da concepção do direito à marca como um direito de propriedade do titular, como qualquer outro direito pertencente à sua propriedade pessoal. Tal direito não lhe pode ser retirado sem o seu consentimento ou explícita renúncia.

Denominações Geográficas e Marca 365

formação da DO em designação genérica (agindo contra os consumidores e os concorrentes) parece injusto que dela seja privado. A perda do direito resulta da realidade sociológica que não se pode afastar ou ignorar, mas essa consequência jurídica pode não funcionar se o titular do direito desencadeou uma defesa activa. É um temperamento da teoria objectiva. Procura-se um equilíbrio entre o respeito pelo direito do titular do sinal e o interesse geral do comércio. No domínio das marcas a jurisprudência francesa está longe desta tese, mas a jurisprudência italiana aproxima-se [36].

Feito este percurso, vejamos a posição do nosso ordenamento jurídico.[37] Nos termos do art. 256.º a transformação de uma DO ou IG em designação genérica de um sistema de fabrico ou de um tipo determinado de produtos (conhecidos exclusivamente por aquela denominação ou indicação) será apreciada "segundo os usos leais, antigos e constantes do comércio". No Parecer da Câmara Corporativa (Diário das Sessões, 147, 1937, pp. 143 e ss.) defende-se que a DO só se converteria em designação genérica se se verificassem dois requisitos: que a DO se tenha tornado na designação única e necessária do produto e que os proprietários da DO tenham dado o seu consentimento ao emprego generalizado do nome. Em virtude das normas legais sobre as DO não se terem alterado substancialmente com o novo CPI, e até a degenerescência ter sido afastada em maior número de casos em consequência do Regulamento (CEE) n.º 2081/92, não faltará quem defenda que a opinião do citado Parecer continua perfeitamente aplicável. Julgamos, todavia, que em face das alterações verificadas no domínio das marcas (em que o subjectivismo é atenuado), da dinâmica da vida comercial e para evitar monopólios na uti-

---

[36] Se a lei italiana não colocava qualquer restrição à perda do direito à marca pela degenerescência (entendida objectivamente), certas decisões judiciais (no domínio da lei anterior) recusaram-na quando não existia inércia por parte do titular, mas antes, uma atitude agressiva. *Vide* a decisão da Cassação italiana de 2/8/1956 no caso *Spuma* (Codazzi & Nesozzi v. Verga, Rassegna, 1956, p. 165).

[37] O legislador nacional, no campo das marcas, orienta-se por uma posição subjectiva. Nos termos do art. 216.º/2/*a*) do CPI "O registo caduca ainda se, após a data em que o registo foi efectuado: a) A marca se tiver transformado na designação usual no comércio do produto ou serviço para que foi registada, como consequência da actividade ou inactividade do titular; (..)". *Vide*, igualmente, a Directiva n.º 89/104/CEE, relativa às marcas [art. 12.º/2/*a*)], e o Regulamento (CE) n.º 40/94, sobre a marca comunitária [art. 50.º/1/*b*)]. Estas normas parecem exigir dois requisitos: aquisição do carácter genérico ou usual de forma generalizada e responsabilidade do titular da marca. Uma atitude subjectiva, embora a responsabilidade possa ser activa ou passiva e, neste sentido, a vontade funciona não só como fundamento, mas também como excepção à degenerescência, o que corresponde a uma posição mais equilibrada.

lização de DO que já não correspondem ao seu sentido original, se deve adoptar uma posição não tão extremada.

Refira-se que o primeiro requisito exigido pelo Parecer encontra algum apoio na letra do art. 256.º/1, parte final: "conhecidos exclusivamente por aquela denominação ou indicação". Se existem outros nomes apropriados para descreverem os produtos parece que já não se poderá dizer que a denominação se tornou na designação única e necessária do produto. Julgamos que não é imperioso que a DO seja a única designação do produto, basta que passe a ser a designação genérica do produto. Por outro lado, o Parecer defende que só a vontade pode ser fundamento de degenerescência. Entendemos que o elemento fundamental é a percepção da DO pelo público e pelos meios comerciais. Se uma parte substancial do público consumidor e dos meios comerciais interessados perceber a DO como uma designação genérica, deve a DO deixar de ser protegida. Todavia, deve-se ter em consideração a actuação dos titulares da DO. Estes devem ser diligentes na salvaguarda dos seus direitos. Mas esta reacção, entendemos, deve ser atempada, i. e., deve ser desencadeada a tempo de evitar a degenerescência. Tendemos a seguir a concepção em que a vontade funciona como excepção à degenerescência, concedendo prevalência aos interesses do comércio e não aos interesses monopolistas de alguns, mas o quadro legal estabelecido para as DO é muito proteccionista. [38]

---

[38] A transformação de uma DO em designação genérica foi objecto, recentemente, de uma decisão do TJCE. Trata-se do acórdão de 16/3/1999, relativo à denominação "feta", proc. apensos C-289/96, C-293/96 e C-299/96, Reino da Dinamarca e o. contra Comissão das Comunidades Europeias (Col. Jur., pp. I-1541 e ss.). Estava aqui em causa a anulação do Regulamento (CE) n.º 1107/96 da Comissão, de 12/6/1996, relativo ao registo das indicações geográficas e denominações de origem nos termos do procedimento previsto no art. 17.º do Regulamento (CEE) n.º 2081/92, na parte em que procede ao registo da denominação "feta" como denominação de origem protegida. A Dinamarca, a Alemanha e a França pretendiam a anulação do referido Regulamento com fundamento, essencialmente, no carácter genérico da designação "feta". O TJCE considerando que a Comissão não teve em conta todos os factores que estava obrigada a tomar em consideração por força do art. 3.º/1, 3.º parágrafo, do Regulamento (CEE) n.º 2081/92, com vista a determinar se a designação "feta" é ou não genérica, decidiu que o Regulamento (CE) n.º 1107/96 é anulado na parte em que procede ao registo da denominação "feta" como denominação de origem protegida. Em consequência desta decisão o Regulamento (CE) n.º 1070/99 da Comissão, de 25/5, vem determinar a supressão da denominação "feta" do Registo das denominações de origem protegidas e das indicações geográficas protegidas, bem como do anexo do Regulamento (CE) n.º 1107/96. Todavia, esta anulação fundamentou-se em erros de procedimento e não em razões de fundo; assim o n.º 3 do art. 1.º

4.1. As modificações introduzidas pela proposta de alteração ao CPI.

O art. 318.° da proposta corresponde ao art. 256.° do CPI em vigor. O n.° 2 não sofreu qualquer alteração. Quanto ao n.° 1 introduziram-se alguns melhoramentos, mas a concepção básica que referimos mantém-se. As modificações traduzem-se na consagração de um conceito mais amplo de "usos leais, antigos e constantes", que agora não são do "comércio" mas da "actividade económica". Por outro lado, suprimiu-se a referência, na parte final do preceito, a "conhecidos exclusivamente por aquela denominação ou indicação". Significa isto que já não é necessário que a DO ou a IG se tenham tornado na designação única e necessária do produto (como se exigia no Parecer da Câmara Corporativa em relação à DO, como indicámos). Nos termos da disposição em vigor parece que se existem outros nomes apropriados para descreverem os produtos, já não se poderá dizer que a denominação se tornou na designação única e necessária do produto. Face à proposta de alteração do CPI, não é imperioso que a DO seja a única designação do produto, basta que passe a ser a designação genérica do produto.

5. O registo.

Vamos examinar, sucintamente, o registo das DO e das IG. O pedido de registo de uma DO ou IG deve indicar o nome das pessoas singulares

---

do citado Regulamento (CE) n.° 1070/99 determina, nos termos do art. 17.°/3 do Regulamento (CEE) n.° 2081/92, que a denominação "feta" continua protegida a nível nacional até à data em que for tomada uma decisão ("decisione in merito" diz o texto italiano do regulamento) sobre o seu registo. Aliás, do arrazoado do acórdão resulta uma clara vontade do Tribunal em evitar decidir esta questão (que implicava uma opção no domínio dos critérios da degenerescência). Por outro lado, este acórdão do TJCE contraria decisões anteriores deste órgão. Na verdade, o TJCE nos seus acórdãos de 16/7/1998 (Gut Springenheide GmbH, Proc. C-210/96, Col. Jur. pp. I-4657 e ss.) e de 4/5/1999 (Windsurfing Chimsee Produktions, Proc. apensos C-108/97 e C-109/97, Col. Jur. I-2779 e ss.) permite o recurso a sondagens de opinião; e no acórdão de 10/11/1992 (Exportur SA/LOR SA e Confiserie du Tech, Proc. n.° C-3/91, Col. Jur., pp. I-5529 e ss.) defende que se deve atribuir prioridade à situação no Estado-membro de origem. Ora, estes pressupostos não são ponderados da mesma forma neste acórdão "feta". Sobre este problema do queijo "feta" veja-se, ainda, o processo C-317/95, Canadane Cheese Trading amba e Afoi G. Kouri AEVE contra Ypourgou Emporiou e o., objecto de Despacho do Presidente do Tribunal de Justiça, de 8/8/1997, em especial merecem referência as conclusões do Advogado-Geral D. RUIZ-JARABO COLOMER (Col. Jur., pp. I-4681 e ss.).

ou colectivas, públicas ou privadas, que possam adquirir o registo [art. 252.°/1/*a*)]. O título do registo será passado em nome da entidade requerente (art. 252.°/3). O pedido de registo deve ainda indicar o nome do produto ou produtos, incluindo a DO ou a IG, e as condições tradicionais ou regulamentadas do uso da DO ou da IG, bem como os limites da respectiva localidade, região ou território [art. 252.°/1/*b*) e *c*)]. O disposto nos arts. 233.° e ss., relativo ao processo de registo do nome de estabelecimento, será aplicável, com as devidas adaptações, à concessão do registo da DO ou da IG.

Particular relevância [desde logo por a questão não ser pacífica e o legislador se furtar à sua resolução (talvez porque evita a natureza jurídica da DO)] merece a análise de quem pode requerer o registo de uma DO ou IG (o título do registo será passado em nome de quem requer). Na verdade, não têm qualidade para adquirir o registo o conjunto desorganizado dos produtores proprietários da DO ou da IG. O registo em nome dos proprietários efectivos da DO ou da IG é inviável dada a impossibilidade de fixar de forma concreta, determinada e estável, quem eles sejam. Nestes termos, a pessoa que requer e em nome de quem o registo é passado terá que agir como um representante daqueles que são os proprietários comuns da DO ou da IG. Só nestes termos podemos admitir tal registo. Actualmente o registo tem sido passado em nome dos organismos que controlam e certificam que os produtos contêm as características e as qualidades exigidas para gozarem da DO ou da IG, ou que superintendem os organismos de controlo e certificação. Neste último caso temos a Direcção-Geral do Desenvolvimento Rural (DGDR) – que veio substituir o Instituto dos Mercados Agrícolas e Indústria Agro-Alimentar (IMAIAA) – em relação a um conjunto muito vasto de produtos. No primeiro caso temos, por exemplo, a Federação dos Vinicultores do Dão em relação ao vinho do Dão; o Instituto do Vinho da Madeira em relação ao vinho da Madeira; o Instituto do Vinho do Porto em relação ao vinho do Porto; o Instituto de Bordado, Tapeçarias e Artesanato da Madeira em relação ao Bordado da Madeira. Em abono desta posição, verificamos que as diversas versões de anteprojecto do CPI diziam que "O registo será pedido pela competente entidade interessada na defesa dos produtos a que respeita a denominação de origem (..)". Cfr. os arts. 182.°/1.°, 198.°/2 e 283.°/2 da 1.ª, 2.ª e 3.ª versões do anteprojecto de CPI, respectivamente.

O registo será recusado se for requerido por pessoa que não tenha qualidade para o adquirir; se não corresponder à noção de DO ou IG (cfr. art. 249.°); se for reprodução ou imitação de DO ou IG anteriormente registada; se for susceptível de induzir o público em erro, nomeadamente sobre a natureza, qualidade e proveniência geográfica do respectivo produto – [art. 253.°, alíneas *a*), *b*), *c*) e *d*)]. Por fim, a alínea e) deste preceito estabelece que o registo de uma DO ou IG pode ainda ser recusado se constituir "infracção de direitos de propriedade industrial ou de direitos de autor, ou seja ofensiva da lei, da ordem pública ou dos bons costumes, ou possa favorecer actos de concorrência desleal". Parece resolvido nesta alínea o problema (a que voltaremos mais tarde) da relação da DO com a marca. Julgamos, assim, que uma DO não pode infringir o direito a uma marca anterior, isto é, não poderá ser idêntica ou similar a uma marca anterior registada para produtos idênticos ou afins. Deve valer aqui uma regra de anterioridade e de especialidade.

O registo internacional das DO está preceituado no art. 254.°. Esta disposição limita-se, fundamentalmente, a remeter para o Acordo de Lisboa relativo às DO e seu registo internacional.

5.1. *As modificações introduzidas pela proposta de alteração ao CPI.*

O art. 310.° da proposta (pedido de registo) corresponde ao art. 252.° do CPI em vigor. As alterações são mínimas. Todavia, entendemos que se deveria precisar quem pode solicitar o registo ou em nome de quem será passado o registo de uma DO ou IG (questão que o projecto do CPI em vigor, de alguma forma, tentava resolver, como vimos). O art. 311.° (recusa do registo) da proposta é idêntico ao art. 253.° do CPI em vigor. No campo do registo internacional nada muda.

Por fim, a proposta de alteração ao CPI distingue os casos em que o registo de DO ou IG é nulo (art. 316.°) ou poderá ser anulado (art. 317.°).

6. **Regimes especiais.**

Desde longa data que o sector vitivinícola nacional mereceu a atenção do legislador, dotando-o de regras específicas. Recentemente outros sectores foram objecto de disciplina própria inserida na finalidade comunitária de promover produtos regionais (essencialmente do sul da Europa e, provavelmente, como compensação pela reorientação da política agrícola comum). Comecemos pelo sector vitivinícola.

Não existe entre nós um organismo com competência para superintender em todas as DO. A gestão de cada DO pertence a organismos particulares de cada região: as Comissões Vitivinícolas Regionais (CVR) (a este figurino fogem o vinho do Porto e o vinho da Madeira[39]). É certo que temos o Instituto da Vinha e do Vinho (instituto público) que, para além de coordenador das CVR, tem uma função de disciplina geral do vinho, mas dos vinhos em geral e não apenas dos que têm direito a DO. A lei quadro das regiões demarcadas vitivinícolas (Lei n.° 8/85, de 4/6) disciplinou a criação das regiões demarcadas (sem prejuízo das já existentes) e das CVR.

Curiosamente esta lei (art. 1.°/1) refere-se não só a denominações de origem, mas também a indicações de proveniência regulamentadas. Por sua vez, o art. 2.°/1 do DL n.° 429/86, de 29/12, refere que no "estatuto de cada zona vitícola, a definir nos termos da Lei n.° 8/85, de 4 de Junho, será feita a qualificação dos respectivos vinhos como 'indicação de proveniência regulamentada' (IPR), ou em condições excepcionais como 'denominação de origem controlada' (DOC)". O n.° 2 da mesma disposição determina que as IPR poderão transitar para DOC, tendo-se em consideração "o regime disciplinar aplicável e a própria evolução verificada na respectiva comercialização". Ou seja, a DOC corresponde ao que nós definimos como DO; uma DO *é sempre controlada*. Quanto às IPR, trata-se de uma figura anómala, não prevista no CPI. Nos termos do art. 1.°/1 do DL n.° 429/86 e do segundo parágrafo do preâmbulo do DL n.° 375/93, de 5/11, as IPR incluem-se nas DO, opondo-se às DOC, mas que nada têm a ver com a IP tal como a definimos. Isto é, o legislador dividiu as DO vinícolas em DOC e IPR. Do confronto dos diplomas legais relativos às diversas CVR parece resultar que a qualificação de um produto vínico como DOC ou IPR depende da sua notoriedade ou renome. De uma forma expressa o segundo parágrafo do preâmbulo do DL n.° 12/95, de 21/1, que transforma algumas IPR em DOC, refere-se ao prestígio granjeado e ao aumento da exportação para justificar aquela transformação. Ou seja, para além de se admitir um direito privativo transitório, recorre-se a um critério (notoriedade) que não é ínsito à figura da DO.

Na sequência do Regulamento (CEE) n.° 2081/92, de 14/7, foram, recentemente, reconhecidas diversas DO e IG relativas a produtos agrícolas e a géneros alimentícios[40]. Com vista à plena execução deste Regu-

---

[39] A gestão da DO Madeira compete ao Instituto do Vinho da Madeira (instituto público). No que diz respeito à DO Porto, a sua administração é efectuada pela Comissão Interprofissional da Região Demarcada do Douro (pessoa colectiva de direito público), pelo Instituto do Vinho do Porto (instituto público) e pela Casa do Douro (associação pública).

[40] Foram reconhecidas DO e IG para múltiplos produtos, por ex. queijo, carne de bovino, azeite, borrego, cordeiro, cabrito, mel, castanha, maçã, pêssego, presunto, cereja,

Denominações Geográficas e Marca 371

lamento o legislador emanou o Despacho Normativo n.° 47/97, de 30/6. Aqui se determina que compete à Direcção-Geral do Desenvolvimento Rural propor e adoptar as medidas nacionais e gerir os sistemas de protecção das IG e das DO dos produtos agrícolas e dos géneros alimentícios, e estabelece-se o procedimento a adoptar para o pedido de registo das DO e das IG, bem como as condições para o reconhecimento das entidades de controlo e certificação.

A multiplicidade de DO e IG reconhecidas para produtos agrícolas e géneros alimentícios, para além de revelar que estes direitos privativos possivelmente foram atribuídos a produtos que não os merecem (muitos não são típicos de uma região ou não manifestam qualquer vínculo à região) demonstra, ainda, que esses direitos foram convertidos em puros instrumentos de monopólio (provavelmente com funções compensatórias, como acima referimos).

IV. MARCA.[41]

1. Noção e função da marca.

Vamos fazer uma breve aproximação à marca para de seguida analisarmos, em especial, a relação da marca com a DO e o problema da composição da marca por um nome geográfico. A marca é um sinal sensível aposto em (ou acompanhando) produtos ou serviços para os distinguir, diferenciar ou individualizar dos produtos ou serviços idênticos ou similares dos concorrentes.[42]

A marca tem uma função distintiva, distingue os objectos a que é aplicada, permitindo que os consumidores, por um meio fácil e cómodo, identifiquem o que querem adquirir. Todavia, é frequente afirmar-se que não basta esta função distintiva ou que esta função só se exerce pela indicação da proveniência. Na verdade, o consumidor percebe a marca como sendo um sinal que identifica um objecto como pertencente a um conjunto,

---

azeitona, ameixa, pêra, amêndoa, vitela, citrinos, lombo, cacholeira, chouriço, linguiça, morcela, farinheira, salpicão. *Vide* Despachos n.ᵒˢ 4/94 e ss. (D.R., II Série, n.° 21, de 26/1/94, e ss.).

[41] Sobre este número veja-se o nosso *Denominação de Origem e Marca, ob. cit.,* pp. 333 e ss., bem como a bibliografia aí citada.

[42] *Vide* o art. 2.° da Directiva n.° 89/104/CEE, de 21/12/88, o art. 4.° do Regulamento (CE) n.° 40/94 e, ainda, o art. 165.° do CPI.

em que todos estão assinalados com a mesma marca. O produto ou serviço marcado é um entre outros. O que existe de comum em todos eles é terem a mesma origem, procederem da mesma empresa, da mesma fonte produtiva. O consumidor está convencido que a marca é aposta por um único empresário, uma única empresa. A marca tem, nestes termos, uma função de indicação da proveniência do objecto, no sentido de que este tem sempre a mesma origem, mesmo que o consumidor a não conheça.

Esta função da marca tem, todavia, que conviver com alguns desvios. De facto, o nosso ordenamento jurídico permite a cedência da marca, temporária ou definitivamente, independentemente do estabelecimento comercial[43]. Os arts. 29.º e 211.º do CPI admitem, com certos condicionalismos (art. 211.º/2), que o pedido de registo ou a propriedade da marca se transmitam independentemente da transmissão (venda, locação, usufruto, etc.) do estabelecimento comercial. Por outro lado, consente-se a licença de exploração da marca – exclusiva ou não – (arts. 30.º e 213.º do CPI), e não falta quem considere lícito o *merchandising* de marcas[44]. Assim, não só não se assegura que o objecto marcado (com a mesma marca, entenda-se) tem sempre a mesma origem, como é possível o uso da mesma marca por diversos empresários, por exemplo, com base numa licença não exclusiva.

Por fim, a marca não tem uma função de garantia da qualidade dos produtos ou serviços com ela assinalados (salvo a marca de certificação ou de garantia). A garantia de qualidade poderá, quanto muito, ser uma função derivada. O consumidor pode escolher um certo produto com determinada marca em função da sua qualidade, mas é apenas uma qualidade esperada. O titular da marca não está obrigado a manter essa qualidade, embora tenha interesse se quer conservar a clientela. Na medida em que o consumidor usualmente atribui à marca uma qualidade constante derivada do facto dos produtos ou serviços marcados terem, em princípio, sempre a mesma origem, o legislador protege o consumidor exactamente quando o sujeito utilizador e/ou proprietário da marca se substitui ou multiplica – *vide* os arts. 211.º/2 e 213.º/1 do CPI. E, no art. 216.º/2/*b*), o legislador admitiu a caducidade do registo da marca que se torne susceptível de induzir o público em erro, nomeadamente quanto à qualidade

---

[43] Se só se admitisse a transmissão da marca conjuntamente com o estabelecimento comercial é que se poderia defender, sem contestação, que a marca pode assegurar que os produtos ou serviços têm sempre a mesma origem.

[44] Sobre o merchandising *vide*, em especial, Marco Ricolfi, *Il contratto di Merchandising nel diritto dei signi distintivi*, Milano – Dott. A. Giuffrè Editore, 1991.

Denominações Geográficas e Marca   373

dos produtos ou serviços marcados, quando tal resulte do uso feito pelo titular ou por terceiro com o seu consentimento (será o caso da licença de exploração de marca). Esta norma aplicar-se-á principalmente, parece-nos, às marcas sugestivas. [45]

2. Marca *versus* Denominação de Origem.

A marca e a DO podem conviver pacificamente, embora com diversos elementos comuns e de distinção, mas também podem entrar em conflito. É o que vamos ver.

Um produto com DO usualmente também está revestido de uma marca. Uma DO pode ser elemento de uma marca complexa desde que os produtos a que ela é aplicada tenham direito a essa denominação. O facto da DO fazer parte de uma marca complexa não impede os concorrentes, cujos produtos igualmente tenham direito ao uso da DO, de fazerem figurar a DO na sua marca complexa. Não prevalece o mais antigo registo da marca que engloba a mesma DO. Essencial é que a marca que engloba a DO o faça de uma forma original.

No que respeita à titularidade destes sinais, o direito à marca é propriedade exclusiva do seu titular (fabricante, comerciante, artífice, pessoa colectiva, etc.); o direito à DO é um direito colectivo (propriedade colectiva) exercido por todos os produtores de uma localidade, região ou território. É verdade que a marca colectiva também é utilizada por muitos (embora pertença a um único sujeito: uma pessoa colectiva), e o registo da DO é passado em nome de uma pessoa singular ou colectiva, mas a DO é propriedade comum dos residentes ou estabelecidos, de modo efectivo e sério, na localidade, região ou território e pode indistintamente ser usada por aqueles que, na respectiva área, exploram qualquer ramo de produção característica (art. 249.º/4).

O proprietário da marca goza de grande liberdade: pode usar a marca como desejar, para o produto que escolher, fabricado em qualquer lugar; pode modificar a qualidade, as características, o modo de fabrico ou de apresentação do produto designado com a marca. Esta liberdade não a tem

---

[45] Sobre estes problemas veja-se, entre outros, Remo Franceschelli, *Sui Marchi di Impresa*, Milano – Dott. A. Giuffrè Editore, 1988; Giorgio Oppo, *Diritto Dell'Impresa, Scritti Giuridici*, Cedam Padova, Itália, 1992, em especial as pp. 422 e ss.; Luís M. Couto Gonçalves, *Função Distintiva da Marca*, Coimbra, Almedina, 1999; Jorge Manuel Coutinho de Abreu, *Curso de Direito Comercial*, Vol. I, Coimbra, Almedina, 1998, em especial as pp. 313 e ss.

o titular de uma DO. Esta só pode ser utilizada nos produtos provenientes da região determinada e que obedeçam às regras estabelecidas; deve tratar-se de um produto típico, com certas características qualitativas derivadas de uma íntima ligação com o território. Apenas a marca de certificação ou de garantia se aproxima desta característica da DO.

No que concerne à composição, a DO é (salvo as denominações tradicionais) formada pelo nome geográfico da região, localidade ou território. A marca não pode ser exclusivamente constituída por indicações que possam servir no comércio para designar a proveniência geográfica dos produtos ou serviços [art. 166.°/1/*b*)]. Contudo, as marcas colectivas podem ser constituídas por "sinais ou indicações utilizados no comércio para designar a origem geográfica dos produtos ou serviços" (art. 172.°/2).

No campo da alienação se a DO não pode ser cedida (temporária ou definitivamente) a marca pode. Na marca colectiva, a marca de certificação não é transmissível, salvo disposição especial da lei ou dos estatutos dos organismos que, tendo por função a tutela ou o controlo de actividades económicas, são titulares de tal marca (art. 212.°).

Na DO, se o produto corresponde às condições exigidas, o produtor pode apor a DO nesse produto. Na marca de certificação o mesmo se deve passar (o titular da marca de certificação não pode recusar o uso da marca a quem produza ou fabrique a mercadoria ou preste o serviço de acordo com as regras exigidas); na marca de associação já o titular (a pessoa colectiva) pode limitar o uso da marca apenas a quem admitir, a seu livre arbítrio, como membro da associação.

O não uso de uma marca pode determinar a caducidade do seu registo [art. 216.°/1/*a*); para a marca colectiva vejam-se os n.os 6 e 7 da mesma norma]. Na DO tal não se verifica; na DO não existe qualquer prazo de caducidade (cfr. art. 255.°/1).

A marca tem uma função distintiva e, tendencialmente, uma função indicadora de uma mesma origem empresarial. A DO, para além da função distintiva, garante que o produto tem uma certa origem geográfica e certas características qualitativas típicas.

Por fim, é diferente o regime e o processo de registo da marca e da DO.

A relação entre a marca e a DO gera por vezes atritos. Um problema que já causou bastante polémica na cena comunitária e no plano internacional e que promete mais desenvolvimentos prende-se com a questão de saber se uma DO posterior (registada ou reconhecida) pode prevalecer sobre uma marca *anterior* adoptada para produtos idênticos ou semelhantes. Este problema já produziu frutos amargos no âmbito das DO

Denominações Geográficas e Marca 375

vinícolas e promete conflitos inflamados no domínio do Regulamento (CEE) n.° 2081/92, de 14/7, relativo à protecção das IG e DO dos produtos agrícolas e dos géneros alimentícios.

Na verdade, no domínio da regulamentação vitivinícola comunitária, mais precisamente a propósito do art. 40.° do Regulamento (CEE) n.° 2392/89 do Conselho, de 24/7/89 (JOCE, n.° L 232/13, de 9/8/89), que estabelece as regras gerais para a designação e a apresentação dos vinhos e mostos de uvas, surgiram contendas. Na sua versão inicial, e com a finalidade de proteger eficazmente os nomes geográficos utilizados na designação de um produto do sector vitivinícola, aquele preceito determinava que deveriam ser *eliminadas* as marcas aplicadas a produtos vitivinícolas (vinho e mosto de uvas), sempre que contivessem palavras idênticas ou confundíveis com um nome geográfico utilizado para designar um vinho de mesa, um vinho de qualidade produzido numa região determinada (vqprd), ou um vinho importado cuja designação fosse regulada por disposições comunitárias, e quando o produto que a marca em causa individualizava não tivesse direito a uma tal designação (art. 40.°/2). Apenas se estabelecia uma excepção, mas por um período transitório (art. 40.°/3).

Foi no âmbito desta regulamentação que entre nós surgiu a conhecida questão "Torres". A DO "Torres" foi reconhecida em Portugal pelo DL n.° 331/89, de 27/9. Esta DO era idêntica à marca "Torrès", mundialmente conhecida, propriedade da sociedade espanhola "Torrès". A regulamentação comunitária implicava que a DO passasse à frente da marca e esta última desaparecesse. Face a este conflito, surge o Regulamento (CEE) n.° 3897/91 do Conselho, de 16/12/91, que veio alterar o citado art. 40.°, consagrando uma segunda excepção. Com base neste diploma a utilização de marcas na rotulagem de vinhos e de mostos de uvas continua a ser regida pelos n.°s 2 e 3 do art. 40.°, nos termos que vimos. Contudo, este Regulamento reconhece que a aplicação destes preceitos revelou existirem *marcas notórias* (registadas para um vinho ou um mosto de uvas que contenham palavras idênticas ao nome de uma região determinada ou ao nome de uma unidade geográfica mais restrita que uma região determinada e sem que o produto tenha direito a esse nome) que correspondem à identidade do titular originário ou do mandatário originário, registadas e utilizadas sem interrupção desde há pelo menos 25 anos, na data do reconhecimento oficial do nome geográfico, e que nestes casos convém permitir a continuação do uso dessas marcas. Por outro lado, este Regulamento alterou ainda o n.° 1 do art. 40.° passando a exigir que o nome geográfico que designa uma região determinada deve ser sufi-

376 *II Curso de Direito Industrial*

cientemente preciso e notoriamente ligado à área de produção para que, atendendo às situações existentes, as confusões possam ser evitadas.

Importante é verificar, igualmente, que se a marca se mantém, mas a DO também, pois o 3.º parágrafo do n.º 3 do art. 40.º, de acordo com a nova redacção, estabelece que as marcas que preencham as condições do primeiro e do segundo parágrafos (refere-se às duas situações de excepção) não podem ser opostas ao uso dos nomes das unidades geográficas utilizadas para a designação de um vqprd ou de um vinho de mesa. Mas, repare-se, só se mantém a marca *notória*, e, por isso, o princípio da prevalência da DO posterior continua. Assim, a DO (designação posterior) pode beneficiar, sem justificação, da notoriedade da marca. Em consequência da modificação da regulamentação comunitária (o referido aditamento ao n.º 1 do art. 40.º), Portugal alterou a sua legislação: a DO "Torres" foi substituída por "Torres Vedras" (DL n.º 375/93, de 5/11).

Fonte conflitos é o art. 14.º do Regulamento (CEE) n.º 2081/92, de 14/7[46]. O princípio está consagrado no n.º 1: o registo (nos termos do Regulamento) de uma DO ou IG impede o registo *posterior* de uma marca (para produtos que não têm direito a essa DO ou IG) que corresponda a uma das situações referidas no art. 13.º (por exemplo, e esta será a situação mais grave, a marca ser composta por palavras idênticas à DO ou à IG) e desde que a marca se destine a ser aplicada a produtos do mesmo tipo (respeita-se o princípio da especialidade). Entende-se por marca posterior

---

[46] Manifestação desta fonte de conflitos é o acórdão do TJCE de 4/3/1999, proc. C-87/97 (Consorzio per la tutela del formaggio Gorgonzola contra Käserei Champignon Hofmeister GmbH & Co. KG e Eduard Bracharz GmbH), ainda não publicado. O Tribunal analisou a relação entre a marca "Cambozola" destinada a queijo de pasta azul e a denominação de origem "Gorgonzola" para queijo. O TJCE entendeu que o uso de uma denominação como "Cambozola" pode ser qualificado, nos termos do art. 13.º/1/*b*) do Regulamento (CEE) n.º 2081/92, como evocação da denominação de origem protegida "Gorgonzola". De seguida, o TJCE estabelece que quando o uso de uma marca como "Cambozola" corresponde a uma das hipóteses em que a protecção das denominações de origem registadas se aplica, há que examinar se as condições consagradas no art. 14.º/2 do Regulamento (CEE) n.º 2081/92 para permitir a manutenção da utilização de uma *marca anteriormente registada* estão preenchidas. A este propósito o TJCE diz que compete ao órgão jurisdicional nacional determinar se as condições estabelecidas pelo art. 14.º/2 Regulamento (CEE) n.º 2081/92 permitem, neste caso, que o uso da *marca previamente registada* prossiga, *não obstante* o registo da denominação de origem protegida "Gorgonzola", fundamentando-se, nomeadamente, no estado do direito em vigor no momento do registo da marca, para apreciar se este pode ter sido feito de boa fé, e se não considerar que uma denominação como "Cambozola" constitui, por si própria, uma forma de induzir em erro o consumidor.

Denominações Geográficas e Marca 377

aquela cujo pedido de registo seja apresentado após a data de publicação prevista no art. 6.°/2[47]. As marcas que forem registadas, em violação do exposto, serão anuladas. Serão igualmente anuladas as marcas cujo pedido de registo seja apresentado antes da data de publicação do pedido de registo previsto no art. 6.°/2, na condição desta publicação ser feita antes do registo da marca.

Se é certo que a marca posterior tem que respeitar a DO ou IG anterior, a inversa não é verdadeira. Uma marca que corresponda a uma das situações enumeradas no artigo 13.° (podemos continuar a usar o exemplo referido), registada de *boa fé* antes da data de depósito do pedido de registo de uma DO ou de uma IG, pode continuar a ser utilizada se a marca não incorrer nos motivos de nulidade ou caducidade, previstos na Directiva n.° 89/104/CEE, de 21/12/88, relativa à aproximação das legislações dos Estados membros sobre marcas, designadamente no art. 3.°/1/c) e g), e no art. 12.°/2/b) – art. 14.°/2[48]; mas, nesta hipótese, *o registo da DO ou da IG continua a efectuar-se* [aliás, da forma como o preceito está redigido – "(..) poderá prosseguir não obstante o registo da denominação de origem ou da indicação geográfica (..)" – a marca (registada de boa fé) é que beneficia de um *"favor"* e não a DO ou a IG]. Uma marca só poderá *impedir* o registo de uma DO ou de uma IG posterior se: *a)* atendendo à reputação da marca, à sua notoriedade e à duração da sua utilização *b)* o registo da DO ou da IG for susceptível de induzir em erro o consumidor quanto à verdadeira identidade do produto (art. 14.°/3).[49]

---

[47] Trata-se da publicação no JOCE de um série de dados que constam do pedido de registo de uma DO ou de uma IG, uma vez superado o exame formal.

[48] O art. 3.°/1 (Motivos de recusa ou de nulidade) determina: "1. Será recusado o registo ou ficarão sujeitos a declaração de nulidade, uma vez efectuados, os registos relativos:(..) c) A marcas constituídas exclusivamente por sinais ou indicações que possam servir, no comércio, para designar a espécie, a qualidade, a quantidade, o destino, o valor, a proveniência geográfica ou a época de produção do produto ou da prestação do serviço, ou outras características dos mesmos;(..) g) A marcas que sejam susceptíveis de enganar o público, por exemplo no que respeita à natureza, à qualidade ou à proveniência geográfica do produto ou do serviço (..)". O art. 12.°/2 (Motivos de caducidade) estabelece: "O registo de uma marca fica igualmente passível de caducidade se, após a data em que o registo foi efectuado: (..) b) No seguimento do uso feito pelo titular da marca, ou com o seu consentimento, para os produtos ou serviços para que foi registada, a marca for propícia a induzir o público em erro, nomeadamente acerca da natureza, qualidade e origem geográfica desses produtos ou serviços".

[49] Veja-se, ainda, o art. 142.° do Regulamento (CE) n.° 40/94, sobre a marca comunitária.

378   *II Curso de Direito Industrial*

Podemos concluir que a DO posterior pode afastar a marca anterior e esta é impotente para impedir o registo de uma DO posterior. Neste confronto a marca perde.

No nosso ordenamento jurídico, e sem prejuízo da aplicabilidade das referidas normas comunitárias, o CPI estabelece que será recusado o registo das DO ou das IG quando constitua infracção de direitos de propriedade industrial [art. 253.°/*e*)]. Nestes termos, julgamos que não podem ser registadas DO ou IG que sejam idênticas ou semelhantes a uma marca registada para produtos idênticos ou afins.

3. Marca geográfica.

Por fim, vamos estudar a questão da marca ser constituída por um nome geográfico (seja este o único elemento da marca; seja um elemento falso; seja, ainda, uma DO). [50]

3.1. A marca pode ser constituída por um nome geográfico. Mas uma marca não pode ser constituída *exclusivamente* por sinais ou indicações que possam servir no comércio para designar a proveniência geográfica do produto ou da prestação do serviço [arts. 166.°/1/*b*) e 188.°/1/*b*) do CPI]. [51] Estes preceitos proíbem o registo de marcas constituídas exclusivamente por indicações descritivas. Assim, foi recusado entre nós o registo da marca "Encostas da Beira" para vinhos [52]. O tribunal referiu que se trata "de denominações genéricas, que não podem nem devem ser monopolizadas por uma entidade em seu proveito exclusivo, sob pena de se prejudicar todos os restantes eventuais produtores dessa região e consumidores desses produtos". Em França, Yves Saint Laurent foi condenado [53] pelo facto de ter utilizado a palavra "Paris" isoladamente e não associada à sigla "Y.S.L.", tal como a marca (marca complexa) tinha sido

---

[50] Sobre isto veja-se, entre outros, Caroline Buhl, *Le Droit des Noms Géographiques*, Paris, Litec, 1998, pp. 95-319; Donald S. Chisum, Michael A. Jacobs, *Understanding Intellectual Property Law*, San Francisco, USA, Matthew Bender & Company Inc., 1999, pp. 5-15 e ss., 5-61 e ss. e 5-95 e ss.

[51] Cfr. o art. 79.° § 1.° do CPI anterior; o art. 3.°/1/*c*) da Directiva n.° 89/104/CEE; e o art. 7.°/1/*c*) do Regulamento (CE) n.° 40/94.

[52] Sentença de 7/12/92, proferida pelo 16.° Juízo Cível da Comarca de Lisboa no processo de registo da marca nacional n.° 234663, Boletim da Propriedade Industrial, n.° 5, 1993, p. 2364.

[53] Sentença de 19/9/84, do tribunal de "grande instance" de Paris, Revue Trimestrielle de Droit Commercial et de Droit Économique, tome xxxvii, Anné 1984, pp. 671-672.

registada ("Paris YSL"). O tribunal entendeu que o nome Paris não pode ser apropriado por um único produtor de perfumes parisienses.

Como resulta desta última decisão, se a marca é complexa o obstáculo legal referido é contornado. Mas, haverá sempre que verificar se marca no seu conjunto possui eficácia distintiva; se o elemento adicionado é suficiente para que a marca, como um todo, seja capaz de individualizar o produto. Todavia, o nome geográfico que entre na composição da marca não é privativo do titular da marca, apenas o conteúdo original lhe pertence exclusivamente (art. 166.°/2). Assim, outros produtores ou comerciantes estabelecidos no local poderão utilizar o nome geográfico, incluído numa marca complexa, para individualizar os produtos aí fabricados ou daí provenientes.

Se se proíbe que uma marca seja composta exclusivamente por um nome geográfico para impedir que o seu titular monopolize uma palavra que outros comerciantes ou produtores têm igualmente o direito de empregar, não se proíbe o registo de uma marca constituída exclusivamente por um nome geográfico que adquiriu carácter distintivo (arts. 166.°/2 *in fine* e 188.°/3) [54]. As palavras constitutivas de uma marca desta natureza podem-se tornar de facto, pelo uso que dela foi feito, um sinal distintivo dos produtos. O que importa é o valor que as palavras adquiriram no comércio, o seu "secondary meaning". Neste caso os interesses dos comerciantes ou produtores estabelecidos na localidade e que queiram utilizar o nome geográfico ficam prejudicados, por um lado, pelos interesses da pessoa que tornou o nome distintivo devido a um uso exclusivo e certamente longo e, por outro, pelo interesse do público em não ser induzido em erro.

Sobre esta questão vejamos, brevemente, o acórdão do Tribunal de Justiça das Comunidades Europeias (TJCE), de 4/5/99, processos apensos C-108/97 e C- 109/97, Windsurfing Chimsee Produktions – und Vertriebs GmbH (WSC) / Boots – und Segelzubehör Walter Huber e Franz Attenberger (Col. Jur. pp. I-2279 e ss.). Uma das questões prejudiciais colocadas pelo Landgericht München prendia-se com a interpretação do art. 3.°/3, primeiro período, da Directiva 89/104/CEE do Conselho, de 21/12/88. Com esta questão, o órgão jurisdicional de reenvio pergunta que exigências deve satisfazer, para efeitos daquela disposição, o carácter distintivo de uma marca adquirido pelo uso. Questiona, em particular, se estas exigências diferem em função do grau do imperativo de disponibilidade

---

[54] Veja-se, igualmente, o art. 3.°/3 da Directiva n.° 89/104/CEE e o art. 7.°/3 do Regulamento (CE) n.° 40/94.

("Freihaltebedürfnis") existente e se esta norma fixa exigências quanto ao modo como o carácter distintivo adquirido pelo uso deve ser verificado.

O Tribunal começa por lembrar que o referido art. 3.°/3 prevê que um sinal possa adquirir, através do uso que dele é feito, um carácter distintivo que ele não tinha inicialmente e possa, portanto, ser registado como marca. É através do seu uso que o sinal adquire o carácter distintivo essencial ao seu registo. Esta norma é uma excepção à regra prevista no artigo 3.°/1/*b*), *c*) e *d*) da directiva.

O Tribunal vem estabelecer o seguinte: o carácter distintivo de uma marca obtido através do uso que dela é feito significa – tal como o carácter distintivo para efeitos do art. 3.°/1/*b*) – que esta seja adequada para identificar o produto para o qual é pedido o registo como proveniente de uma empresa determinada e, portanto, a distinguir esse produto dos das outras empresas. Um nome geográfico pode ser registado como marca se, após o uso que dele tenha sido feito, tiver adquirido aquele sentido. Nesta hipótese, o nome geográfico não é apenas descritivo, tendo adquirido um outro significado. O tribunal esclarece que a noção de carácter distintivo não é diferente consoante o interesse identificado em manter o nome geográfico disponível para uso de outras empresas.

Para decidir se uma marca adquiriu um carácter distintivo após o uso que dela foi feito, a autoridade competente deve apreciar globalmente os elementos necessários. Para este fim, diz o Tribunal, deve ter em atenção o carácter específico do nome geográfico em causa. Se se trata de um nome geográfico muito conhecido, ele só pode adquirir um carácter distintivo na acepção do citado art. 3.°/3 se houver um uso prolongado e intensivo da marca pela empresa que pede o seu registo. Se se trata de um nome já conhecido como indicação de proveniência geográfica de uma certa categoria de produtos, é necessário que a empresa que pede o seu registo para um produto da mesma categoria faça prova de um uso da marca cuja duração e intensidade sejam particularmente notórios.

Com vista a determinar o carácter distintivo da marca pode ser tido em conta "a parte do mercado detida pela marca, a intensidade, a área geográfica e a duração do uso dessa marca, a importância dos investimentos feitos pela empresa para a promover, a proporção dos meios interessados que identificam o produto como proveniente de uma empresa determinada graças à marca e declarações das câmaras de comércio e de indústria ou de outras associações profissionais". Se a autoridade competente considerar, com base nestes factores, que *os meios interessados* ou, pelo menos, uma *fracção significativa* destes, identificam, graças à marca, o produto como proveniente de uma empresa determinada, deve

Denominações Geográficas e Marca 381

decidir que a condição do art. 3.º/3 para o registo da marca está preenchida. Para avaliar o carácter distintivo da marca cujo registo se pede a autoridade competente pode recorrer a uma sondagem de opinião.

3.2. O nosso ordenamento jurídico proíbe não só as marcas geográficas sem capacidade distintiva, mas também as marcas geográficas enganadoras, isto é, que contenham falsas indicações de proveniência. De acordo com o art. 189.º/1/l) será recusado o registo das marcas que contenham "sinais que sejam susceptíveis de induzir em erro o público, nomeadamente sobre (..) a proveniência geográfica do produto ou serviço a que a marca se destina".[55] Enquanto que esta norma pretende assegurar a verdade da marca, nos arts. 166.º/1/*b*) e 188.º/1/*b*) estava em causa a distintividade da marca.

Delicado é determinar quando é que existe falsa indicação de proveniência.

Aqui ou acolá já encontramos uma certa tendência para se admitir que uma indicação de proveniência é falsa quando não é exacta (quase que escrevíamos "verdadeira"!). Neste sentido encontramos o art. 23.º/2 do acordo TRIP's concluído no âmbito da OMC, que estabelece que o registo de uma marca para vinhos que inclua ou consista numa indicação geográfica que identifique vinhos, ou o registo de uma marca para bebidas alcoólicas que inclua ou consista numa indicação geográfica que identifique bebidas alcoólicas, *será recusado ou invalidado relativamente aos vinhos ou às bebidas alcoólicas que não tenham essa origem.* Por causa desta disposição o art. 7.º do Regulamento (CE) n.º 40/94 foi recentemente alterado. Na verdade, nos termos do art. 7.º/1/*g*) do Regulamento (CE) n.º 40/94 o registo de uma marca para vinhos ou bebidas alcoólicas que contenha uma errada indicação geográfica só poderá ser recusado ou anulado com fundamento na *susceptibilidade de engano do público*, enquanto que segundo o art. 23.º/2 do ADPIC é suficiente que objectivamente se estabeleça que a indicação geográfica é inexacta. Dada a intenção do texto do ADPIC em eliminar o recurso a elementos subjectivos, como seja o carácter enganador das indicações geográficas para vinhos e bebidas alcoólicas, tornou-se necessário alterar o Regulamento (CE) n.º 40/94. Assim, o Regulamento (CE) n.º 3288/94, de 22/12/94 (JOCE, n.º L 349/83, de 31/12/94), veio aditar uma alínea *j*) ao art. 7.º do Regulamento (CE) n.º 40/94: "Será recusado o registo: De marcas de

---

[55] Cfr. o art. 260.º/f do CPI; os arts. 93.º/11.º e 212.º/6.º do CPI anterior; o art. 3.º/1/*g*) da Directiva n.º 89/104/CEE; e o art. 7.º/1/*g*) do Regulamento (CE) n.º 40/94.

vinhos que contenham ou consistam em indicações geográficas que identifiquem vinhos, ou de marcas de bebidas espirituosas que contenham ou consistam em indicações geográficas que identifiquem bebidas espirituosas, em relação a vinhos ou bebidas espirituosas que não tenham essa origem".

Todavia, o caminho dominante não é, ainda, este. A maioria da doutrina defende que poderá não existir falsa indicação de proveniência quando o nome geográfico usado como marca é arbitrário e de fantasia em relação aos produtos em causa. São os exemplos clássicos de "Polo Norte" para bananas, de "Alasca" para tabaco ou "Evereste" para leite em pó. Nestes casos, diz-se, não existe qualquer possibilidade de o público interpretar o termo geográfico como sendo a verdadeira origem dos produtos. Tais produtos nunca poderiam ser produzidos ou fabricados no local indicado como marca, e para o público tal nome geográfico pode gerar diversas associações, mas nunca a ideia de origem. A maioria da doutrina defende, igualmente, que não existe falsa indicação de proveniência, podendo o nome geográfico ser registado como marca, quando o nome geográfico tem um outro significado sendo este o mais conhecido [56] e quando o nome geográfico é o de uma pequena vila, cidade ou outro local praticamente desconhecido.

Vejamos, de seguida, a atitude da jurisprudência nacional apresentando alguns exemplos. Admitiu-se entre nós o registo de uma marca composta pela palavra "Soviet" e com uma estrela por cima, destinada a produtos de papel, cartões, etc.[57] O tribunal decidiu que "não resulta da marca em questão qualquer indicação de proveniência (..)" e não existem obstáculos "ao registo requerido por falta de qualquer conexão dos produtos que tal marca assinala com a ex-União Soviética (..)". Esta decisão baseou-se no acórdão do Supremo Tribunal de Justiça (S.T.J.), de 20/2/70, B.M.J., n.º 194, p. 261: "as falsas indicações de proveniência só são relevantes à recusa do registo da marca quando haja um elemento valorativo de conexão do produto com a localidade ou região e não uma mera referência à localidade ou região que é irrelevante por não haver falsa indi-

---

[56] S. Ladas, *Patents..*, *ob. cit.* pp. 1010 e ss., dá o exemplo de Magnólia. "Magnólia" é o nome de uma árvore e é muito mais conhecido como tal do que como o nome de uma pequena estância de férias em Massachusetts. Os tribunais ingleses protegeram a marca "Magnólia" para produtos de metal [Magnolia Metal Co's Trademarks, 14 RCP (1987), 265, 621].

[57] Sentença de 14/4/93, proferida pelo 17.º Juízo Cível da Comarca de Lisboa no processo de registo da marca internacional n.º 565498, Boletim da Propriedade Industrial, n.º 8, 1993, p. 4055.

Denominações Geográficas e Marca 383

cação de proveniência". Neste acórdão do S.T.J., de 20/2/70, estava em causa o registo da marca "Scotch-Tred", destinada a material decorativo. O tribunal entendeu que o elemento "Scotch" não determina a confusão de que o produto, embora americano, é originário da Escócia. Definiu a indicação de proveniência no sentido de designar a localidade ou região que se tornou conhecida pelos seus produtos. Assim, o tribunal decidiu que não existia falsa indicação de proveniência, que as falsas indicações de proveniência só são relevantes quando haja um elemento valorativo de conexão do produto com a localidade ou região.

Esta orientação foi esclarecida no caso "Bristol" (S.T.J., acórdão de 30/1/85, B.M.J., n.° 343, p. 347). O S.T.J. referiu que o uso ou emprego de falsas indicações de proveniência "só se dá quando algo de valorativo gozam as mercadorias ou produtos do país, região ou localidade (..), de cuja proveniência a nova marca se quer apropriar falsamente (..)". O art. 93.°/11.° abrange "todas as indicações falsas de proveniência da mercadoria conexa com a valoração da origem de uma outra (..) pois só nesta altura se pode concluir haver a possibilidade do consumidor médio ser enganado e prejudicado, violando-se o princípio da verdade da marca (..) Não havendo essa conexão valorativa, o uso ou emprego de qualquer expressão geográfica não passa de um elemento de fantasia, sem signifi-cado concorrencial, pois não é provocatório de engano do consumidor médio". Com este raciocínio decidiu que a marca "Bristol" para produtos medicinais e farmacêuticos, é de fantasia e não engana o consumidor médio quanto à origem inglesa desses produtos, pois essa cidade não é conhecida como sua fabricante ou produtora.

Em conclusão, no nosso ordenamento jurídico uma marca só con-tém uma falsa indicação de proveniência, susceptível de provocar a recusa do registo, quando seja composta por sinais que possam induzir o público consumidor em erro quanto à proveniência geográfica do pro-duto ou serviço a que a marca se destina. Ou seja, não é suficiente que a marca seja constituída por uma denominação geográfica inexacta, é preciso que o consumidor seja levado a supor que o produto é realmente proveniente do local indicado. Esta circunstância apenas se verifica, segundo a jurisprudência dominante, quando existe uma conexão valora-tiva entre o produto em causa e a localidade ou região cujo nome consta da marca. Por outras palavras, é preciso que a localidade ou região em causa (cujo nome consta da marca) seja conhecida no público consumi-dor pela produção ou fabrico de mercadorias idênticas ou semelhantes àquelas que a marca distingue (mas estas não provêm daquela localidade ou região).

A posição doutrinal dominante que acima referimos e a orientação da nossa jurisprudência têm merecido diversas críticas.

Neste sentido (e em critica à jurisprudência nacional) encontramos M. Nogueira Serens, A 'Vulgarização' da.., ob. cit., pp. 47 e ss., n. 14. O autor defende que o princípio da verdade, ínsito no art. 93.°/11.° (do antigo CPI), deve ser mais abrangente. Não se devem proibir apenas as marcas constituídas por um nome de um lugar, que não é aquele onde o empresário se encontra estabelecido, e que é afamado pela produção dos produtos a que a marca se destina. Deve-se proibir também "o registo de marcas constituídas por nomes de lugares conhecidos (por exemplo, *Champs Elysées, Arc de Triomphe*), e destinados a contradistinguir produtos (por exemplo, *charutos, cigarros, cigarrilhas*) que, dada a sua natureza, os consumidores possam razoavelmente supor ou acreditar terem sido fabricados no lugar que é indicado (Paris e, de um modo geral, a França são, decerto, lugares de produção de charutos, cigarros e cigarrilhas)". Mesmo que o lugar (cujo nome consta da marca) não seja reputado pela produção dos produtos a que a marca se destina, mas seja um lugar conhecido, o consumidor pode ser induzido em erro (porque convencido – pelo impacto do nome geográfico ou pela ilusão criada – que os produtos assim marcados provêm do lugar indicado na marca). Dada a interpretação restritiva que tem sido feita do art. 93.°/11.°, o autor defende que tais marcas deceptivas devem ser proibidas pelo recurso à cláusula geral do art. 212.° do CPI (dado que o art. 212.°/6.° será, provavelmente, interpretado da mesma forma que o art. 93.°/11.°) ou às disposições do Código da Publicidade.

O mesmo autor defende (em critica à doutrina dominante), ainda (em A 'Vulgarização' da..., ob. cit., pp. 34 e 46 e ss.) que quando a marca é constituída por um nome geográfico desconhecido que não é o nome do lugar onde o empresário se encontra estabelecido, o seu registo deve ser recusado se existe necessidade de deixar o nome geográfico na livre disponibilidade dos concorrentes do requerente do registo ("necessidade de preservação"). Essa necessidade verifica-se, diz o autor, se já houver outros concorrentes instalados no lugar em causa (concorrentes actuais) ou, não os havendo, se não se puder liminarmente excluir a possibilidade de eles se virem aí a instalar (concorrentes potenciais).

Enquadra-se nesta orientação Carlos Fernandez Novoa em *La adopción de um nombre geografico extranjero como marca*, Actas de Derecho Industrial, 1975, pp. 1 e ss., onde o autor cita jurisprudência de diversos países em que se prescinde da conexão valorativa defendida pela nossa jurisprudência. O autor refere, em especial, duas sentenças dos tribunais alemães. Em primeiro lugar, a sentença de 14/1/1963, relativa à palavra "Nola" (nome de uma cidade italiana). O tribunal alemão decidiu que este nome geográfico não poderia ser registado como marca para identificar produtos alimentares produzidos na Alemanha. Ainda que esta cidade italiana fosse praticamente desconhecida dos alemães e que nela não se produzissem mercadorias a que a marca se destinava, o Tribunal entendeu que não se podem registar como marcas nomes de localidades que no futuro, em virtude do seu desenvolvimento económico, venham a ser indicações de proveniência. Neste sentido, o uso desse nome geográfico deverá ficar reservado para os sujeitos interessados. A sentença é clara no sentido de que não deverão ser registados como marcas aqueles nomes geográficos que, ainda que actualmente o público os considere como designações de fantasia, num futuro previsível converter-se-ão em indicações do lugar de produção de determinados produtos. O registo de um nome geográfico como marca seria injusto na medida em que os habitantes da localidade com esse nome não poderiam no futuro utilizar o nome da sua própria localidade como indicação de proveniência dos seus produtos. Assim, não se deverá registar como marca o nome geográfico "Nola", o qual deve manter-se na livre disponibilidade dos meios económicos interessados.

Este mesmo autor cita a este propósito Beier (*ob. cit.*, p. 9, n. 34) dizendo que as denominações geográficas não estão destinadas, pela sua natureza, a converterem-se em marcas de uma empresa; muito pelo contrário, as denominações geográficas devem poder ser livremente utilizadas por todos os empresários estabelecidos na localidade correspondente. Esta mesma orientação deve aplicar-se às denominações geográficas que constituem "indicações de proveniência potenciais"; isto é àquelas denominações geográficas que no momento do seu registo como marca não são indicações de proveniência, mas que poderão adquirir tal carácter num futuro próximo. Beier afirma que a sentença do caso "Nola" inspira-se neste raciocínio.

Uma outra sentença significativa é a de 7/1/1970 relativa ao registo da palavra "Samos" (nome de uma ilha grega) para peças de computador, proferida, igualmente, por um tribunal alemão. O Tribunal começa por analisar se "Samos" é uma denominação cujo uso deva ser reservado para os empresários estabelecidos na ilha de Samos. O Tribunal entende que esta questão deve ser analisada não apenas à luz das circunstâncias existentes no momento do pedido de registo da marca, mas também a possível e provável evolução da vida económica, devendo assim negar-se o registo como marca do nome de um local que o público desconhece e considera como uma designação de fantasia. O Tribunal decidiu que o nome Samos deve ficar disponível para ser usado na designação de peças de computador que possam vir a ser aí fabricadas.

Novoa, mais adiante (*ob. cit.*, pp. 21-22), apresenta a sua posição. Entende que o único requisito que deve exigir-se para recusar o registo como marca de um nome geográfico é que este constitua uma indicação de proveniência. Não é necessário que o nome geográfico seja uma indicação de reputação industrial. Na Alemanha foi recusado o registo da marca "Schwarzwald" (Floresta Negra) em 15/11/1956, com o fundamento de que não era preciso que o nome geográfico empregue como marca gozasse de um especial renome em relação às correspondentes mercadorias; antes pelo contrário, era suficiente que a utilização desse nome geográfico induzisse em erro quanto à procedência das mercadorias. Significa isto que o fundamental é saber se o nome geográfico constitui uma indicação de proveniência. O autor defende ainda que se deve ter em conta não só as indicações de proveniência actuais, mas também as indicações de proveniência potenciais. Deve-se ter em consideração se na localidade cujo nome se solicita para registar como marca de certas produtos, existem empresas dedicadas à produção ou fabrico desses produtos. Por outro lado, deve-se analisar se, ainda que nessa localidade não se produzam actualmente mercadorias em relação às quais se pede o registo da marca, existem fundados indícios de que num futuro próximo tais mercadorias serão produzidas nessa localidade (convertendo-se, num futuro previsível, o nome geográfico em indicação de proveniência). Se assim for deve recusar-se o registo de tal marca.

Entendemos que se deverá recusar o registo de uma marca constituída por um nome de um local geográfico (que não é o local onde o empresário se encontra estabelecido) se existir a possibilidade das mercadorias (para as quais a marca foi solicitada) poderem aí ser produzidas (sem necessidade de uma prova efectiva ou real de num breve prazo essas mercadorias poderem ser produzidas nesse local). Não será o consumidor induzido em erro se aos seus olhos for possível que naquele local provavelmente se produzirão mercadorias idênticas ou similares àquelas para as quais a marca se destina? Mas, ainda que não "passe pela cabeça" do consumidor que naquele local se produzem mercadorias idênticas ou similares àquelas que a marca pretende distinguir, o nome geográfico deverá ser reservado para os actuais e futuros interessados (comerciantes, produtores, etc.) daquele local. E, mesmo que o público desconheça que o nome com o qual a marca se pretende constituir é um nome geográfico (desconhece completamente a sua existência), este deverá, do mesmo modo, ficar reservado para os actuais e futuros interessados daquele local. Esta orientação aproxima-se da "indicação de proveniência inexacta ou não verdadeira", afastando-se da "indicação de proveniência falsa" tal como interpretada pela doutrina e jurisprudência dominantes.

Vejamos, para terminar esta questão, o acórdão do TJCE, de 4/5/1999, Windsurfing Chimsee, já citado. É certo que a questão prejudicial colocada pelo Landgericht München prendia-se, essencialmente, com a interpretação do art. 3.°/1/c) da Directiva 89/104/CEE, de 21/12/1988, e não com a alínea g) do mesmo artigo e número. Apesar disso, não deixam de ser relevantes, para este efeito, as conclusões do Tribunal. O órgão jurisdicional de reenvio pergunta em que circunstâncias o art. 3.°/1/c) se opõe ao registo de uma marca composta exclusivamente de um nome geográfico. Questiona, em particular, se a aplicação do art. 3.°/1/c) depende da existência de um imperativo de disponibilidade concreto, actual e sério, e que nexo deve existir entre o lugar geográfico e os produtos para os quais é pedido o registo do nome geográfico desse lugar como marca.

O Tribunal começa por lembrar que, nos termos do art. 3.°/1/c), é recusado o registo de marcas descritivas, ou seja, de marcas compostas exclusivamente de sinais ou de indicações que possam servir para designar as características das categorias de produtos ou de serviços para as quais esse registo é pedido. O Tribunal refere que esta disposição prossegue um fim de interesse geral. De facto as indicações descritivas devem poder ser livremente utilizadas por todos (inseridas em marcas colectivas, ou em marcas complexas ou gráficas) e, por isso, não devem ser reservadas, pela via da marca, a uma única empresa. Quando tais indicações possam servir para designar a proveniência geográfica (i. e. nomes geográficos) de categorias de produtos para as quais é pedido o registo da marca "existe um interesse geral em preservar a sua disponibilidade".

O art. 3.°/1/c) não se limita, diz o Tribunal, a proibir o registo de nomes geográficos como marcas quando designam lugares geográficos que sejam já reputados ou conhecidos em relação à categoria do produto em causa e que, por isso, tenham um nexo com este nos meios interessados (o comércio e o consumidor médio desta categoria de produtos). Na medida em que os nomes geográficos devem ficar à disposição das empresas como indicações de proveniência geográfica da categoria de produtos em causa, "a autoridade competente deve apreciar se um nome geográfico cujo registo como marca é pedido designa um lugar que apresenta actualmente, para os meios interessados, uma ligação com a categoria de produ-

388   *II Curso de Direito Industrial*

tos em causa ou se é razoável pensar que, no futuro, tal nexo possa ser estabelecido". Para se determinar se um nome geográfico pode constituir uma indicação de proveniência deve-se ter em atenção o conhecimento maior ou menor que os meios interessados têm desse nome, as características do lugar e a categoria dos produtos em causa.

Apesar do exposto, o Tribunal vem dizer, por um lado, que, em princípio, o art. 3.º/1/*c*), não se opõe ao registo de nomes geográficos que sejam desconhecidos nos meios interessados ou, pelo menos, desconhecidos como designação de um lugar geográfico ou ainda de nomes em relação aos quais, devido às características do lugar designado (por exemplo, uma montanha ou um lago), é inverosímil que os meios interessados possam pensar que a categoria de produtos em causa provenha desse lugar; mas, por outro lado, admite que não se pode excluir que o nome de um lago (Chimsee) possa designar uma proveniência geográfica na acepção do art. 3.º/1/*c*) mesmo para produtos como os que estão em causa nos processos principais (vestuário desportivo), na condição de esse nome poder ser entendido pelos meios interessados como incluindo as margens do lago ou a região adjacente.

Nestes termos, para o Tribunal, a necessidade de preservar a disponibilidade não é total, ou não existe sempre. O que não é necessário, diz, é que exista (para a aplicação do art. 3.º/1/*c*) um imperativo de disponibilidade ("Freihaltebedürfnis") concreto, actual ou sério, na acepção da jurisprudência alemã. Na verdade, era preciso decidir se a interpretação do art. 3.º/1/*c*) seria determinada e limitada por um imperativo de disponibilidade ("Freihaltebedürfnis") que, em conformidade com a jurisprudência alemã, deveria ser concreto, actual ou sério. Se não houvesse que ter em conta um "imperativo sério de disponibilidade", o termo "Chiemsee" seria abrangido pelo art. 3.º/1/*c*), pois poderia sempre servir para designar a proveniência geográfica de produtos têxteis. Se, pelo contrário, houvesse que encarar um "imperativo sério de disponibilidade", haveria igualmente que ter em conta o facto de não existir indústria têxtil nas margens do Chiemsee (os produtos da recorrida são desenhados neste lago, mas são fabricados no estrangeiro).

Também em relação a este último ponto o Tribunal encontrou uma terceira solução, adoptando uma interpretação ampla de indicação geográfica "verdadeira". De facto, o Tribunal diz "embora a indicação de proveniência geográfica do produto a que se refere o art. 3.º/1/*c*) da directiva seja certamente, nos casos habituais, a indicação do lugar onde o produto foi fabricado ou o poderia ter sido, não se pode excluir que a ligação entre a categoria de produtos e o lugar geográfico depende doutros elementos de

Denominações Geográficas e Marca

389

conexão, por exemplo, o facto de o produto ter sido concebido e desenhado no lugar geográfico em causa".[58]

3.3. Por fim, pode uma DO fazer parte de uma marca?

Como já vimos, uma DO pode fazer parte de uma marca complexa se o produto a que se aplica tem direito à DO. Todavia, só o elemento adicionado (que acompanha a DO e que lhe confere distintividade) confere um direito privativo. Assim, uma tal marca não impedirá os outros produtores com direito à DO de a fazerem figurar igualmente nas suas marcas.[59]

Se o nome que constitui a DO fizer parte de uma marca aplicável a produtos idênticos ou semelhantes (àqueles a que a DO se aplica), provenientes da região delimitada, julgamos que tal marca não é admissível, seja com base no disposto no art. 166.°/1/*b*), já estudado, seja, principalmente, com fundamento no art. 189.°/1/*l*), dado que se trataria de um sinal que seria susceptível de induzir o público em erro sobre as qualidades do produto. A DO garante não só uma certa proveniência, mas também que o produto contém certas características qualitativas. Isto sem prejuízo da aplicação das normas sobre concorrência desleal (art. 260.°).

Se a marca é constituída por um nome, correspondente a uma DO, e é aplicada a produtos idênticos ou semelhantes aos que têm direito à DO,

---

[58] Críticas acentuadas merecem as conclusões do Advogado-Geral Georges Cosmas (desde logo no que respeita à sua concepção de indicação de proveniência; à exigência de um nexo causal entre o produto e o local; a inutilidade do nome geográfico continuar disponível; a necessidade do produto ser característico; etc.), mas que deixaremos para um outro local.

[59] O uso de designações de vinhos como componentes de uma marca foi já objecto de uma decisão do TJCE. Trata-se do acórdão de 29/6/95, Proc. n.° C-456/93, Zentrale zur Bekampfung unlauteren Wettbewerbs e V. contra Privatkellerei Franz Wilhelm Langguth Erben GmbH & Co. KG (Col. Jur., p. I-1737), em que estavam em causa as indicações "Kabinett", "Spatlese", "Auslese" e "Weibherbst", utilizadas na composição da marca. Algumas dificuldades têm surgido em França quando o nome da DO é o nome de um domínio privado pertencente a uma única pessoa. Neste caso o proprietário pode adoptar como marca o nome da propriedade, dado que ele não se apropria de um valor colectivo, pois a DO só a ele pertence. A doutrina e a jurisprudência levantam obstáculos a esta possibilidade pelas dificuldades que podem surgir no caso de divisão do domínio privado, caso em que todos os novos proprietários têm direito à DO. O TJCE debruçou-se sobre um problema semelhante no acórdão de 29/6/94, Proc. n.° C-403/92, Claire Lafforgue, de solteira Baux, e François Baux contra Château de Calce SCI e Société coopérative de Calce (Col. Jur., p. I-2961), em que estava em causa a utilização da designação "château" (na DO "Cotês du Roussillon"), em que tinha havido lugar a uma divisão de domínio.

mas são produtos não provenientes da região delimitada, tal marca não é válida por ser susceptível de induzir o público em erro quanto à proveniência geográfica do produto [art. 189.°/1/l)], dado que aqui haverá a referida conexão valorativa. Conexão que se poderá estender, para consumidor menos atento, às próprias características qualitativas do produto. Para além deste fundamento no direito das marcas, temos o estabelecido no art. 251.°/2 que parece proibir que as palavras constitutivas de uma DO figurem, "de forma alguma", em produtos que não sejam provenientes da região delimitada. Aqui, novamente, sem prejuízo da aplicação das regras sobre concorrência desleal (art. 260.°).

Já por nós abordado foi o problema da marca, assim composta, ser aplicada a produtos não idênticos ou afins aos que têm direito à DO, sejam ou não provenientes da região delimitada. A jurisprudência mais recente pretende afastar do campo da DO o princípio da especialidade, principalmente se se trata de DO com renome. Argumentando que a DO pode ser desvalorizada ou depreciada, que o seu renome ou valor atractivo pode ser enfraquecido, alguma jurisprudência tem admitido (em particular para a DO com renome) que o seu uso comercial deve ser reservado apenas para os produtos que têm direito a ela de acordo com a legislação sobre as DO. Assim, em França, foi proibida a marca "Champagne" para perfume, como vimos; foram igualmente proibidas as marcas "Champagne", "Champagne meilleurs crus de Virginie" e "Champagne Prestige et Tradition" para tabaco e fósforos [tribunal de "grande instance" de Paris, sentença de 5/3/84 (P.I.B.D., 1984, III, 200)], e as marcas "Chateau Yquem" e "Chateau Margaux" para cigarros (Trib. grande inst. Boudeaux, 30/6/1981, P.I.B.D., 1982, III, 8; Trib. grande inst. Bordeaux, 4/6/1980)[60].

Finalmente, tem-se sentido um esforço para que não seja permitido o emprego de uma denominação (idêntica ou similar) como DO e como marca (quando destinada a produtos que não têm direito ao nome que compõe a DO). No ordenamento jurídico francês a lei n.° 92-597, de 2/7/92, no seu art. L. 711-4 estabelece que "Ne peut être adopté comme marque un signe portant atteinte à des droits antérieurs, et notamment: (..) d) A une appellation d'origine protégée (..)".O art. 189.°/1/h) do CPI estabelece que será recusado o registo das marcas que contenham "sinais que constituam infracção de direitos de autor ou de propriedade

---

[60] *Vide* a Revue Trimestrielle de Droit Commercial et de Droit Économique, t. XXXVII, anné 1984, pp. 671-672.

Denominações Geográficas e Marca

industrial"[61]. A marca não pode prejudicar direitos anteriores adquiridos a título de sinal distintivo, por exemplo, uma DO. Esta disposição remete para a disciplina de cada direito de propriedade industrial; o que importa determinar é a amplitude desta disciplina, o conteúdo deste direito, por exemplo, se o princípio da especialidade é ou não afastado nas DO ou terá aqui um âmbito merceológico diferente.

---

[61] Veja-se o art. 4.º/4/*b*) e *c*) iv da Directiva n.º 89/104/CEE e os arts. 8.º/4, 42.º/1/*c*), 52.º/1/*c*) e 52.º/2/*d*) do Regulamento (CE) n.º 40/94.

ÍNDICE

A marca comunitária — *José de Oliveira Ascensão* 5

A marca comunitária e a marca nacional – Parte II – Portugal — *José de Oliveira Ascensão* 39

Notas sobre las licencias obligatorias de patentes — *Alberto Bercovitz* 81

Direito Industrial e Direito Penal — *José Luís Soares Curado* 91

Função da Marca — *Luís M. Couto Gonçalves* 99

A Propriedade Industrial e a Competência dos Tribunais de Comércio — *Carlos Olavo* 113

Concorrência Desleal e Segredos de Negócio — *Jorge Patrício Paúl* 139

Patentes biotecnológicas e direitos de obtentor de variedades vegetais – Diferenças de regime e pistas para a respectiva articulação — *J. P. Remédio Marques* 163

O "Esgotamento" do Direito Industrial e as "Importações Paralelas" – desenvolvimentos recentes da jurisprudência comunitária e nacional — *Pedro Sousa e Silva* 233

Direito Industrial e Tutela do Consumidor — *Luís Silveira Rodrigues* 257

"O Acordo TRIPS/ADPIC: Avaliação — *Gonçalo Moreira Rato* 281

Circuitos Integrados: Protecção Jurídica das Topografias de Produtos Semicondutores — *Alexandre Dias Pereira* 309

Denominações Geográficas e Marca — *Alberto Francisco Ribeiro de Almeida* 341